初级
财务会计

刘春华　主　编
许新亮　副主编

立信会计出版社

图书在版编目(CIP)数据

初级财务会计 / 刘春华主编. —上海：立信会计出版社，2024.2
ISBN 978-7-5429-7519-5

Ⅰ.①初… Ⅱ.①刘… Ⅲ.①财务会计—高等职业教育—教材 Ⅳ.①F234.4

中国国家版本馆 CIP 数据核字(2024)第 014715 号

策划编辑　窦乔伊
责任编辑　郭　光
助理编辑　窦乔伊
美术编辑　吴博闻

初级财务会计
CHUJI CAIWU KUAIJI

出版发行	立信会计出版社
地　　址	上海市中山西路 2230 号　邮政编码　200235
电　　话	(021)64411389　传　真　(021)64411325
网　　址	www.lixinaph.com　电子邮箱　lixinaph2019@126.com
网上书店	http://lixin.jd.com　http://lxkjcbs.tmall.com
经　　销	各地新华书店
印　　刷	浙江临安曙光印务有限公司
开　　本	787 毫米×1092 毫米　1/16
印　　张	21.75
字　　数	516 千字
版　　次	2024 年 2 月第 1 版
印　　次	2024 年 2 月第 1 次
书　　号	ISBN 978-7-5429-7519-5/F
定　　价	55.00 元

如有印订差错,请与本社联系调换

前 言

2022年10月,党的二十大报告提出"实施科教兴国战略,强化现代化建设人才支撑"。实现现代化会计人才的培养,教材的改革是关键。《初级财务会计》以党的二十大报告为指引,力求把习近平新时代中国特色社会主义思想的世界观和方法论贯穿到现代化会计人才的培养中,同时紧跟会计准则、会计政策和税法的最新变化,以培养学生职业能力为中心,突出培养会计人才的实际应用能力,力求将会计岗位对人才的需求与本书的培养目标相一致。

"初级财务会计"课程是高等院校财经、管理类专业的主干课程,是在学生学完会计学原理的基础上,在掌握了会计的基本理论、基本方法之后,对财务会计理论和方法的进一步深化,本书就是针对该门课程而编写的。本书立足会计实务,以资产、负债、所有者权益、收入、费用和利润六个会计要素为主线,系统、完整地阐述了其确认、计量和报告,为学生进一步学习"中级财务会计""高级财务会计"课程奠定基础。为满足财经类、管理类专业的教学要求,本书注重理论与实际相结合,力求做到基础性、科学性和前瞻性并重。本书各章由"案例导入"开始,引入"课程思政",加入典型例题,由"本章练习题"结束,把学生的学习兴趣、学习能力、学习实践有机地结合起来。此外,本书配有教学课件、教学大纲等教学资源,供教师教学使用。

本书的主要特色如下:

(1) 立德树人,思政融入。本书深入贯彻党的二十大精神,把立德树人贯穿教育教学的全过程,实施"嵌入式"思政教育。本书结合专业知识,深入挖掘"初级财务会计"课程中所涉及的思政元素,把思政元素融入教学的每一章中,从而强化会计职业道德。例如,第一章树立学生的会计意识、爱岗敬业的职业道德思想;第二章培养学生廉洁自律、崇正义、对价取之有道;第三章告诫学生诚信纳税是企业责任和公民职责,要兼顾国家和集体利益,做到客观公正;第四章培养学生坚持准则、诚实守信;第五章引导学生厉行节约、杜绝浪费,并有机地融入国情教育,明确节约资源和保护环境的基本国策,培养学生精打细算、量入为出的生活作风;第六章培养学生行事做人要像编制财务报表一样严谨;第七章培养学生的社会责任感和奉献精神。"嵌入式"的思政融入使职业素养润物无声地传授给学生,是提高思政教育的有效措施之一。

（2）紧跟时代，内容新颖。本书以2019年修订的《企业会计准则》为依据，紧跟会计政策、税收改革和会计国际化的最新变化，书中所举案例为近年最新企业发生的实例，案例既贴合实际，又与理论知识有机结合。

（3）兴趣为先，案例引导。本书各章设置"案例导入"引导学生深入思考，旨在为各章教学提供学习情境，提升学生学习的热情度和积极性，并且使学生了解会计知识并不是枯燥无味的，而是博大精深、充满乐趣的，从而提升学生的学习兴趣，加深对会计理论知识的理解与学习。

（4）产教融通，强化应用。本书内容涉及服务会计行业发展，对接会计人员职业标准，实现产教融合。本书是校企"双元"合作开发，行业企业专家深度参与，由校企联合进行课程研发并编写的教学、实习和就业为一体的特色教材。同时，本书理论知识包括会计类证书考试及与企业岗位实务高度贴合的内容，如本书特别增加了与初级会计专业技术资格考试相契合的"第七章 管理会计基础"的内容，使会计专业技术资格考试与会计专业理论学习有机结合。各章引入了大量实用性、针对性强的实例，立足于会计职业能力的培养，配置同步练习题，旨在注重技能训练和能力培养的同时强化应用性和操作性，便于帮助学生提高分析问题、解决问题的能力。

本书由成都文理学院刘春华教授担任主编，确定基本框架结构，并最后进行统纂及修改；由成都文理学院许新亮副教授担任副主编；其他参编人员包括成都文理学院杨爱香、孙蓓、王皓冰老师，四川开元弘宇税务师事务所有限公司文宇合伙人，以及澳大利亚国立大学在读研究生曾麟朝同学。在本书编写过程中，四川开元弘宇税务师事务所有限公司和新道科技股份有限公司专家提供了专业指导和技术支持，在此特别鸣谢！

本书可作为高等院校财经类、管理类专业用书，也可作为社会会计人员的培训教材及自学参考用书。

本书如有疏漏和不当之处，敬请读者批评指正，以便再版时修订和完善。

编 者

2023年12月

目 录

第一章 会计概述 ... 1
- 第一节 会计的概念、职能和目标 ... 2
- 第二节 会计基本假设、会计基础和会计信息质量要求 ... 4
- 第三节 会计要素及其确认与计量 ... 11
- 第四节 会计科目与账户及借贷记账法 ... 22
- 第五节 会计凭证、会计账簿和会计账务处理程序 ... 38
- 第六节 财产清查 ... 66
- 第七节 财务报告 ... 68
- 本章小结 ... 69
- 本章练习题 ... 69

第二章 资产 ... 73
- 第一节 货币资金 ... 74
- 第二节 应收及预付款项 ... 82
- 第三节 交易性金融资产 ... 93
- 第四节 存货 ... 101
- 第五节 固定资产 ... 132
- 第六节 无形资产和长期待摊费用 ... 153
- 本章小结 ... 163
- 本章练习题 ... 163

第三章 负债 ... 173
- 第一节 短期借款 ... 174
- 第二节 应付及预收款项 ... 176
- 第三节 应付职工薪酬 ... 182
- 第四节 应交税费 ... 189
- 本章小结 ... 206
- 本章练习题 ... 206

第四章 所有者权益 ... 209
- 第一节 实收资本(或股本)和其他权益工具 ... 210

第二节　资本公积和其他综合收益 ································· 215
　　第三节　留存收益 ··· 218
　　本章小结 ··· 222
　　本章练习题 ··· 222

第五章　收入、费用和利润 ·· 229
　　第一节　收入 ··· 230
　　第二节　费用 ··· 249
　　第三节　利润 ··· 253
　　本章小结 ··· 261
　　本章练习题 ··· 261

第六章　财务报表 ·· 269
　　第一节　资产负债表 ··· 270
　　第二节　利润表 ··· 281
　　第三节　现金流量表 ··· 286
　　第四节　所有者权益变动表 ··· 302
　　第五节　附注 ··· 307
　　本章小结 ··· 308
　　本章练习题 ··· 308

第七章　管理会计基础 ·· 311
　　第一节　管理会计概述 ··· 312
　　第二节　产品成本核算 ··· 315
　　第三节　产品成本的归集和分配 ······································· 318
　　第四节　产品成本计算方法 ··· 333
　　本章小结 ··· 338
　　本章练习题 ··· 339

参考文献 ·· 341

第一章 会计概述

> 会计是一种"商业语言",其按照一定的方法和程序对企业经营活动进行描述,将经济活动中蕴含的信息通过特定的表达方式传递给信息使用者,以便信息使用者通过这些信息评价企业的财务状况和经营成果,并作出合理的经济决策。

案例导入

甲和乙两个人在同一天各自成立了一家糖水商铺(以下简称甲商铺和乙商铺),自经营一个月以来,甲商铺取得了 23 000 元的收入,乙商铺取得了 20 000 元的收入。甲、乙两家商铺这一期间各自产生 8 000 元的原料、人力等成本,并且为了促进营销,在附近的商场张贴海报宣传开业,都产生了 6 000 元的广告支出,假设甲、乙两家商铺均没有产生其他收支。月底计算这段时间的收益时,甲商铺将花费的 6 000 元广告支出全部作为这一个月的费用,计算得出本月收益为 9 000 元(23 000−8 000−6 000);乙商铺则认为 6 000 元的广告宣传也将在下两个月持续起作用,故应该将 6 000 元在这三个月平均分摊,本月仅承担 2 000 元即可,计算得出本月收益为 10 000 元(20 000−8 000−2 000)。甲商铺和乙商铺准备于下月初开始筹资扩张。

问题:

(1) 假设作为一个潜在投资者,你会选择哪家商铺投资呢?

(2) 关于案例中广告支出的处理,你认为哪家商铺的处理是正确的呢?

(3) 结合本案例,如果每家企业都采用不同的方法核算经济业务,会带来什么问题呢?

学习目标

通过本章的学习,学生能够达到以下学习目标:

(1) 了解会计的概念、职能、目标和会计基本假设。

(2) 了解权责发生制和收付实现制的概念及区别。

(3) 了解会计信息质量要求、会计要素的确认条件、计量属性及其应用原则。

(4) 熟练掌握会计等式、会计科目的设置和分类,以及会计账户及其结构。

(5) 熟练掌握复式记账的原理和借贷记账法。

(6) 熟悉原始凭证、记账凭证的分类与填制及会计凭证的审核、传递与保管。

(7) 了解和掌握会计账簿的种类以及登记方法。

(8) 了解和掌握对账、结账和错账更正的方法及账务处理程序。
(9) 熟悉财产清查的主要方法。
(10) 熟悉财务报表的组成。

 课程思政

中国会计的历史源远流长,在旧石器时代的中晚期就出现了"结绳记事""刻契记数"等最为原始的计量刻录行为。公元前1100年至公元前250年左右的西周和春秋战国时,我国已产生了"会计",其中在西周时代专门设有核算官方财赋收支的官职"司会",并对财物收支采取了"月计岁会"的办法,即"零星算之为计,总合算之为会",旨在通过核算达到正确考核王朝财政经济收支的目的。我国在西汉时期产生了名为"计簿"或"簿书"的账簿的概念。我国在宋朝时期实行"四柱清册"结账方法,采用"旧管+新收=开除+实在"的平衡公式,该平衡公式与现代会计中所使用的"期初余额+本期增加-本期减少=期末余额"有异曲同工之妙,这足以让我们看到古人卓绝的智慧。15世纪后,随着近代会计的发展,我国在明末清初时期产生了具有复式记账特征的"龙门账",即把全部账目分为"进""缴""存""该"四个部分,以"进-缴=存-该"作为会计平衡等式。20世纪初,我国学者蔡锡勇所著的《连环账谱》一书,开创了我国引进西方复式簿记的先河。20世纪50年代后,我国开始拥有自己的会计制度与机构。1992年,财政部颁布了我国第一部《企业会计准则》。为适应我国加入世界贸易组织(World Trade Organization,WTO)的客观要求,强化企业内部会计监督,整顿和规范社会主义市场经济秩序,财政部于2001年发布了《内部会计控制规范——基本规范(试行)》。2006年,财政部发布《企业会计准则——基本准则》,成为我国会计准则与国际会计准则趋同的重要里程碑,并在之后多次对各项已发布的具体准则进行修订和补充,如2017年的修订涉及了收入、金融工具、政府补助等,2019年的修订涉及了非货币性资产交换和债务重组等。我国的会计发展从古至今经历了近3 000年漫长的发展,实属不易,虽历经沧桑,但熠熠生辉。

通过对我国会计史的学习,我们应增加民族自豪感。我们要深入学习贯彻党的二十大精神,学好会计专业技能,要不负"请党放心、强国有我"的青春誓言,书写上下一心、实干兴邦的青春篇章,为全面建设社会主义现代化国家、全面推进中华民族伟大复兴而团结奋斗。

第一节 会计的概念、职能和目标

人类社会不断发展与资源的有限性和稀缺性存在矛盾,人们需要在经济活动中对有关人力和物力的投入、耗费和成果进行观察、计量、记录和比较,以提高资源的使用效率,会计由此应运而生。为了适应市场经济发展和现代企业制度建立的需要,会计承担着如实反映受托责任履行情况、保护财产安全、提高经济资源有效配置等职责。

一、会计的概念

会计是以货币为主要计量单位,以如实反映受托责任履行情况和提供有用经济信息为主要目的,对企业和行政、事业单位的经济活动及其结果经由会计确认、计量、记录和报告的程序,进行完整、连续、系统、准确的核算和监督,根据生成的会计信息进行绩效评价、分析、控制与预测,并协助会计信息使用者作出合理经济决策的经济管理活动。

二、会计职能

会计职能是指会计在经济管理中所具有的功能。会计职能包括核算职能和监督职能两项基本职能,以及预测经济前景、参与经济决策、评价经营业绩等扩展职能。

(一) 基本职能

1. 核算职能

会计的核算职能也称为"反映"职能,是会计最基本的职能,贯穿整个经济活动,是指会计以货币为主要计量单位,对特定主体的经济活动进行会计确认、计量、记录和报告的功能。

会计核算的内容主要包括:

(1) 款项和有价证券的收付。
(2) 财物的收发、增减和使用。
(3) 债权、债务的发生和结算。
(4) 资本、基金的增减。
(5) 收入、支出、费用、成本的计算。
(6) 财务成果的计算和处理。
(7) 需要办理会计手续、进行会计核算的其他事项。

2. 监督职能

会计的监督职能是指按照一定的目的和标准,对特定主体经济活动和相关会计核算的真实性、完整性、合法性和合理性进行审查,使之达到预期经济活动和会计核算目标的功能。会计监督的依据主要有法律、法规、国家统一会计制度、各单位根据《中华人民共和国会计法》和国家统一会计制度制定单位内部会计管理制度,以及各单位内部的预算、财务计划、经济计划和业务计划等。

会计核算职能与监督职能是相辅相成、辩证统一的。会计核算职能是会计监督职能的基础,没有核算提供的会计信息,监督便失去了存在的前提和依据;监督则是如实核算的质量保障,没有严格的监督,便难以保证核算所提供的会计信息的真实性、可靠性。

(二) 扩展职能

1. 预测经济前景

预测经济前景是指根据财务报告等提供的会计信息,对主体经营管理活动的发展趋势进行定量或者定性的推测和评估,以指导和调节经营管理活动,提高经济效益。

2. 参与经济决策

参与经济决策是指根据财务报告等提供的会计信息,通过定量或定性分析方法,对备选方案开展可行性分析,为企业生产经营管理活动提供与决策相关的信息。

3. 评价经营业绩

评价经营业绩是指根据财务报告等提供的会计信息,按照制定的评价标准,对企业在一段时间内的经营成果和财务状况进行定量或定性的对比分析,从而作出客观、真实的综合评价。

三、会计目标

会计目标是要求会计工作完成的任务或达到的标准,其具体是指向财务报告使用者提供与决策相关的信息,反映企业管理层受托责任履行情况,有助于财务报告使用者作出经济决策,并通过规范会计行为,保证会计信息的真实性、完整性,加强经济管理与财务管理,维护社会主义市场经济秩序,提高企业、事业单位以及整个社会的经济效益和效率。

企业通过编制财务报告,向其使用者提供企业财务状况、经营成果和现金流量等与决策相关的信息,有助于财务报告使用者分析、评价和预测企业的盈利能力、营运能力、偿债能力、发展能力和资产质量等,作出理性的关于投资、贷款等决策,促进经济资源合理分配。财务报告使用者主要包括投资者、债权人、政府及其有关部门和社会公众等。

对于企业来说,会计目标要求满足财务报告使用者作决策的需要,同时反映企业管理层受托责任的履行情况。对于投资者,即权益投资人来说,出资委托企业管理层经营企业,以获得更多的财富价值,通过财务报告获得企业盈利能力和抗风险能力等相关信息,作出是否持续投资的决策;企业管理层,即被股东聘用的、对企业的经济资源进行统筹配置的人,接受投资者的委托,从事生产经营活动,以实现资产的保值增值和风险防范,促进企业的可持续发展,以履行受托责任,为投资者提供回报,为社会创造价值。

第二节 会计基本假设、会计基础和会计信息质量要求

一、会计基本假设

会计基本假设是企业会计确认、计量、记录和报告的前提,是对会计核算时间、空间范围和所采用的主要计量单位等所作的合理假定。会计基本假设包括会计主体假设、持续经营假设、会计分期假设和货币计量假设。

(一) 会计主体假设

会计主体是企业会计确认、计量、记录和报告的空间范围,具体是指会计核算和监督的特定对象。

会计主体假设包括:

(1) 通过明确特定的会计主体,才能界定会计所要处理的各项交易或事项的范围。

【例1-1】 甲公司以银行存款从乙公司采购原材料。在进行甲公司交易事项的会计确认、计量、记录和报告时,应以甲公司为特定对象,确认为原材料的增加和银行存款的减少,而不是站在银行或乙公司的角度进行会计信息的处理。会计主体假设,即将特定的会计主体(甲公司)与其他经济实体(乙公司、银行)区别开来。如果以乙公司为会计主体,销售给

甲公司原材料,并收到银行存款,在进行会计信息处理时,应确认原材料的减少和银行存款的增加。

(2) 通过明确特定的会计主体,才能将会计主体的交易或事项与会计主体的所有者所发生的交易或事项区分开来。

【例1-2】 丙(个人)投资成立甲公司。在会计主体假设下,甲公司作为特定对象,进行日常经营活动的会计核算时,不包括丙本人家庭的收支或买卖活动;如果丙将一笔资金投入甲公司,或者甲公司向丙分配利润时,则属于该会计主体(甲公司)的核算范围。

需要强调的是,会计主体不同于法律主体。法律主体必然是会计主体,但是会计主体不一定是法律主体。法律主体是指在法律关系中享有权利或承担义务的自然人和法人,自然人是生物学意义上的人,法人是依法独立享有民事权利和承担民事义务的资格的组织。例如,有限责任公司、股份有限公司等都是法律主体。

【例1-3】 甲公司作为一个依法独立享有民事权利和承担民事义务的资格的组织,通俗来说,如果甲公司与其他企业发生法律纠纷,它有资格在法院提起诉讼,即甲公司是一个法律主体;同时,甲公司作为会计核算和监督的特定对象,它是一个会计主体。如果甲公司计划单独核算公司里某生产车间或销售部门的日常经济活动,那么该生产车间或销售部门,也可以作为会计核算和监督的特定对象,即作为一个会计主体;但是当发生法律纠纷时,在法律上,甲公司的生产车间或销售部门没有资格起诉或被起诉,因为该生产车间或销售部门不是一个法律主体,没有独立享有民事权利和承担民事义务的资格。

【例1-4】 某家母公司通过控股与甲、乙、丙形成母子公司关系的集团公司。在法律上,该母公司、甲公司、乙公司和丙公司分别为四个不同的法律主体,也是四个会计主体,但为了全面真实地反映整个集团公司的财务状况,可以将集团公司作为一个会计主体进行会计核算和监督,消除四个公司间的关联方交易,编制集团公司合并财务报告,需注意的是集团公司不是法律主体。

(二) 持续经营假设

持续经营假设是指在可以预见的将来,企业会按照当前的规模和状态继续经营下去,不会停业或破产,也不会大规模消减业务。在持续经营假设下,会计确认、计量、记录和报告应当以企业开展持续、正常的生产经营活动为前提,企业的资产将按照既定的用途正常使用,债务也将按照既定的合约条件清偿债务。会计人员在该假设的基础上选择适当的会计政策和估计方法,如固定资产使用寿命、折旧的方法、预计净残值等。

【例1-5】 甲公司是一家服装制造厂,布匹经过剪裁、缝制、整烫、包装等流程后制成产品,在持续经营假设下,布匹、服装半成品、包装物和缝制机器等资产的价值将按照正常价值进行账务处理,但如果在市场经济环境下,甲公司破产,不能持续经营,那么甲公司应当改变会计核算的原则和方法,按照布匹、服装半成品、包装物和缝制机器清算或处置的价值进行财务处理。

(三) 会计分期假设

会计分期假设是指将一个企业持续经营的生产经营活动期间,划分为一个个连续的、长短相同的期间。

(1) 持续经营假设是会计分期假设的前提。会计分期的目的是将持续经营的生产经营活动期间分成连续、相同的期间，从而可以及时向财务报告使用者提供决策相关的信息。根据持续经营假设，假定某家企业将持续存在下去，不会在可预见的未来清算解体，如果想最终确定其生产经营成果，只能等到该企业若干年后歇业时核算从开始经营一直到歇业这段时间的盈亏情况。但是，企业的经营管理者和财务报告使用者需要及时的信息来作相关决策，不可能等到企业歇业，于是在持续经营假设的前提下，将企业持续经营的生产活动期间，划分为若干连续的、长短相同的期间，进行分期的会计确认、计量、记录和报告，反映企业的财务状况、经营成果和现金流量。持续经营和会计分期的关系如图1-1所示。

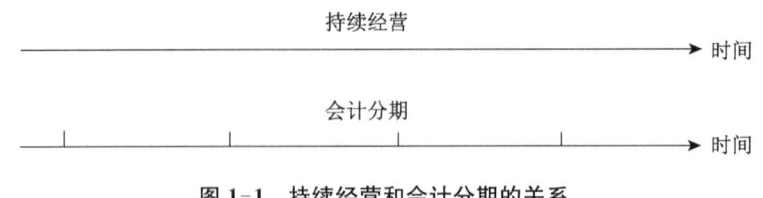

图1-1 持续经营和会计分期的关系

(2) 会计分期为会计核算确定了时间范围。会计期间产生于会计分期假设下。会计期间分为会计年度和中期。《企业会计准则》规定，会计年度采用公历年度，从每年公历1月1日开始至12月31日结束。中期是指短于一个完整的会计年度的报告期间，包括月度、季度和半年度。由于产生了会计分期，才产生了当期、以前期间和以后期间的划分，产生了权责发生制和收付实现制的区别，进而出现了应收、应付、预收、预付、折旧和摊销等账务处理方法。

(四) 货币计量假设

货币计量假设是指会计主体在会计确认、计量、记录和报告时，主要以货币作为计量单位反映会计主体的生产经营活动过程及其结果。

(1) 在货币计量假设下，《企业会计准则》规定，企业会计核算以人民币为记账本位币。业务收支存在外币的企业，根据实际业务核算的需要，可以选定其中一种货币作为记账本位币，但是在编制财务报告时，应当折算为人民币反映。在境外设立的中国企业，在向境内报送财务报告时，也应折算为人民币反映。

(2) 由于货币是商品的一般等价物，可以从量上进行汇总和比较，选择货币作为计量尺度，能够较全面、综合地反映企业生产经营情况。其他计量单位，如重量、件、匹等只能从一个侧面反映企业的生产经营情况，难以对不同性质和种类的交易或事项按照统一的计量单位进行账务处理，并难以汇总和比较。同时，采用货币计量单位进行会计核算和监督时，企业可以采用其他计量单位对货币计量单位进行补充和说明。例如，企业原材料的收发计量，通过吨、千克、件、匹等实物量度补充说明原材料的储蓄情况和耗费情况。

(3) 货币计量亦存在一些缺陷。一方面，货币计量假设隐含了另一个假设，即假定不同期间货币的价值是稳定的，但实际上货币会随着物价的波动而改变；另一方面，企业的财务状况、经营成果和现金流量状况会受到企业研发能力、管理者领导能力、经营战略、社会责任等方面的影响，这些因素对于财务报告使用者了解企业经营状况和发展前景的预测也同样重要，但是它们难以通过货币进行可靠计量。

二、会计基础

会计基础是指会计确认、计量、记录和报告的基础,具体包括权责发生制和收付实现制。会计分期假设产生了会计期间,进而划分了当期、以前期间和以后期间,企业的经济业务发生的会计期间与相关货币收付的会计期间并不完全一致。

【例1-6】 甲公司在2023年10月销售给乙公司10万元的商品,该项业务符合收入确认的条件,按合同约定,乙公司将于2024年1月收回款项,若不考虑销售过程产生的相关税费,那么对于甲公司来说,这10万元是作为2023年度的收入,还是应该作为2024年度的收入呢?与甲公司该笔经济业务相关的时间轴如图1-2所示。

图1-2 甲公司经济业务的时间轴

(一) 权责发生制

权责发生制也称为应计制,是指以取得收取款项的权利或支付款项的义务为标志来确认收入和费用,而不以款项是否实际收到或支付为标志的会计核算基础。《企业会计准则》规定,企业应当以权责发生制为基础进行会计确认、计量、记录和报告。

在企业日常生产经营过程中,企业交易或事项发生的时间与相关款项的收付时间并非完全一致。采用权责发生制的会计基础,要求凡是当期已经实现的收入和已经发生或者应当负担的费用,无论款项是否收到,都应当作为当期的收入和费用;凡是不属于当期的收入和费用,即使款项已经在当期收付,也不应当作为当期的收入和费用。

在[例1-6]中,甲公司如果采用权责发生制的会计基础,那么它应当将10万元作为2023年度的销售收入来确认。

(二) 收付实现制

收付实现制也称为现金制,是指以现金的实际收付为标志来确定本期收入和费用的会计核算基础。在我国,政府会计由预算会计和财务会计构成,其中预算会计采用收付实现制,国务院另有规定的,依照其规定;财务会计采用权责发生制。

在[例1-6]中,甲公司如果采用收付实现制的会计基础,那么应当将10万元归属于2024年度的销售收入。

当交易或者事项的发生时间与相关款项收付时间不一致时,权责发生制和收付实现制这两种会计基础下确认的利润会不一致,其账务处理结构有差异。

【例1-7】 甲公司在2023年1月发生如下经济业务:

(1) 销售商品170 000元,收到货款90 000元,其余80 000元按合同约定下个月收回。

(2) 收到客户预先支付的商品定金10 000元,按合同约定,将于下个月发货。

(3) 收到客户上一年度12月份的所欠货款60 000元。

(4) 支付当年1月至6月的厂房租金120 000元。

(5) 支付上一年度的银行借款利息30 000元。

(6) 计算本月应支付职工的工资20 000元,将于2月15日支付。

假设不考虑相关税费,分别按权责发生制和收付实现制,计算甲公司本月的收入、费用和利润,如表1-1所示。

表1-1 收入、费用和利润比较表   单位:元

业务	权责发生制			收付实现制		
	收入	费用	说明	收入	费用	说明
(1)	170 000		本月销售已实现	90 000		收到货款90 000元
(2)			预收货款,销售尚未实现	10 000		收到货款10 000元
(3)			上年度收入而非本月收入	60 000		收到货款60 000元
(4)		20 000	120 000元分摊6个月		120 000	支付货款120 000元
(5)			上年度费用而非本月费用		30 000	支付利息费用30 000元
(6)		20 000	本月应承担的工资费用			款项尚未支付
合计	170 000	40 000	利润为130 000元	160 000	150 000	利润为10 000元

三、会计信息质量要求

会计信息能够有效约束企业管理层的行为,提高企业治理的效率;同时,降低企业和外部利益相关者之间的信息不对称,有助于投资者分析和预测投资的优劣,合理进行资源分配,优化投资决策,有利于债权人作出授信决策。为了使会计信息能够达到上述效果,会计信息需要达到符合会计法律、会计准则等规定要求的程度,于是会计信息质量要求产生了。

会计信息质量要求是使财务报告所提供的会计信息对投资者、债权人等信息使用者决策有用应具备的基本特征。它主要包括可靠性、相关性、可理解性、可比性、实质重于形式、重要性、谨慎性和及时性等。

(一) 可靠性

可靠性是高质量会计信息的重要基础和关键所在。可靠性要求企业应当以实际发生的交易或者事项为依据进行确认、计量和报告,如实反映符合确认和计量要求的各项会计要素及其他相关信息,保证会计信息真实准确、内容完整和客观中立。

(1) 保证会计信息真实准确。可靠性要求企业各单位的会计核算必须以实际发生的经济业务及证明经济业务发生的合法凭证为依据,按照符合国家统一会计制度的规定进行账务处理,如实反映财务状况及经营成果,做到内容真实、数字准确、项目完整、手续齐备、资料可靠,不得伪造、变造会计凭证和会计账簿,不得设置账外账,不得报送虚假会计报表。

(2) 保证会计信息内容完整。在符合重要性和成本效益原则的前提下,保证会计信息

的完整性。例如，编制的会计报表及其附注内容等应当保持完整，不能随意遗漏或者减少应予披露的信息，与会计信息使用者决策相关的有用信息都应当充分披露。

（3）保证会计信息客观中立。在会计核算中，涉及会计职业判断和会计政策选择时，应保持中立、无偏的立场，不得为了达到某种事先设定的结果，有目的地选择或列示有关会计信息，以影响财务报告使用者决策和判断。例如，在资产负债表日，对应收账款的账面价值进行评估时，应基于应收账款的信用减值迹象的客观事实进行职业判断，并获得评估结果，而不是迫于股东或管理层的压力，通过会计确认、计量、记录和报告信用减值损失，以达到操纵当期利润的意图。

（二）相关性

相关性要求企业提供的会计信息应当与财务报告使用者的经济决策需要相关，有助于财务报告使用者对企业过去、现在或者未来的情况作出评价或者预测，即提供有用的会计信息。相关的会计信息具有反馈、预测两种价值。

（1）相关的会计信息具有反馈价值。相关的会计信息应当有助于会计信息使用者评价企业过去的决策，证实或修正过去的有关预测。相关的会计信息能够把过去由决策产生的结果反馈给决策者，使决策者将结果与之前的预期相比较，以验证过去的决策是否正确，促进决策者总结经验和调整期望。

（2）相关的会计信息具有预测价值。相关的会计信息应当有助于会计信息使用者依据企业提供的会计信息，预测企业未来的财务状况、经营成果和现金流量。

（三）可理解性

可理解性要求企业提供的会计信息应当清晰明了，便于投资者等财务报告使用者理解和使用。例如，企业在会计核算工作中，数据记录和文字说明应当明确，可以一目了然地反映经济交易或事项的来龙去脉。又如，企业在编制财务报告时，资产负债表中汇总合计列报的项目，如货币资金、存货等，应在附注中逐项列示，并说明其明细核算的信息。

需要注意的是，会计信息是一种专业性较强的信息产品，可理解性并不是要求会计信息完全丧失其专业性，可理解性假定会计信息使用者已经具备了一定会计相关的专业知识，并愿意付出努力学习和研究会计信息。

（四）可比性

可比性要求企业提供的会计信息应当相互可比，保证同一企业不同时期的会计信息可比及不同企业相同会计期间的会计信息可比。

（1）保证同一企业不同时期的会计信息可比。同一企业不同时期发生的相同或者相似的交易或者事项，应当采用一致的会计政策，不得随意变更，即纵向可比。例如，在同一年度中，同一类固定资产所采取的折旧方法应该保持一致。但是，如果按照规定或者在会计政策变更后能够提供更可靠、更相关的会计信息，企业可以变更会计政策。有关会计政策变更的情况，应当在附注中予以说明。

保持同一企业不同时期会计信息的可比性，一方面，便于会计信息使用者了解企业财务状况、经营成果和现金流量的变化趋势，比较企业在不同时期的会计信息，能够较全面、客观地评价过去和预测未来；另一方面，有助于考核企业管理层受托责任的履行情况。

(2) 保证不同企业相同会计期间的会计信息可比。不同企业同一会计期间发生的相同或者相似的交易或事项,应当采用同一会计政策,确保会计信息口径一致、相互可比,使不同企业按照一致的会计确认、计量、记录和报告要求提供有关会计信息,即横向可比。

保持不同企业相同时期会计信息的可比性,便于会计信息使用者比较不同企业的财务状况、经营成果和现金流量。

(五) 实质重于形式

实质重于形式要求企业应当按照交易或者事项的经济实质进行会计确认、计量、记录和报告,不仅仅以交易或事项的法律形式为依据。

多数情况下,企业发生交易或事项的经济实质与法律形式是一致的。然而,交易或事项的法律形式并不总能完全反映其经济实质内容,在某些特殊情况下,企业会发生交易或事项的经济实质与法律形式不一致的情况。

【例1-8】 甲公司销售给乙公司一台设备,销售价格为1 000万元,同时甲公司承诺5年后将以1 200万元的价格回购该设备。这类售后回购业务,在法律形式上是销售商品,乙公司持有了该设备,但其经济实质是融资交易,即甲公司抵押设备给乙公司,从而得到1 000万元的融资,5年后偿还乙公司本金和利息合计1 200万元。由于甲公司将会回购或者有权回购该商品,乙公司主导该商品的使用并从中获得几乎全部的经济利益的能力是受到限制的。在销售时点,乙公司并没有获得商品的控制权,根据实质重于形式的会计信息质量要求,甲公司不能在销售时点确认收入。

除了售后回购业务,企业租入资产(短期租赁和低值资产租赁除外)的账务处理也体现了实质重于形式的会计信息质量要求。虽然从法律形式来看,企业租用资产,即作为承租方,并不拥有其所有权,但是由于租赁合同规定的租赁期较长,往往接近于该资产的使用寿命,并且在租赁结束时,企业有优先购买该资产的选择权,在租赁期内,该承租企业拥有该资产的使用权,并有权支配该资产从中获取利益,从交易的经济实质来看,承租企业能够控制该资产所创造的经济利益,在会计核算中,应当将租入的资产视为承租企业的资产,并在资产负债表中填列"使用权资产"。

(六) 重要性

重要性要求企业提供的会计信息应当反映与企业财务状况、经营成果和现金流量有关的所有重要交易或事项。如果某项会计信息的省略或者错报会影响投资者等财务报告使用者据此作出的决策,该项会计信息就具有重要性。重要性的应用需要依赖会计人员的职业判断,企业应当根据其所处环境和实际情况,从项目的功能、性质和金额大小等多方面加以判断。例如,企业发生的某些支出金额较小,从支出的受益期来看,可能需要在若干会计期间进行分摊,但根据重要性要求,可以一次性计入当期损益。

(七) 谨慎性

谨慎性要求企业对交易或事项进行会计确认、计量、记录和报告应当保持应有的谨慎,不应高估资产或收益、低估负债或费用。企业开展生产经营活动会面临各种风险和不确定性,会计信息的谨慎性要求企业在面临不确定性因素,需要作出职业判断时,应当保持谨慎,充分考虑潜在的风险和损失。

为便于理解会计信息质量谨慎性的要求,这里引入以下两个公式:

$$利润 = 收入 - 费用 \tag{1.1}$$

$$资产负债率 = 负债 \div 资产 \tag{1.2}$$

根据式(1.1),如果企业高估收益、低估费用,会导致利润的高估,可能导致会计信息使用者高估企业盈利能力,盲目乐观,从而影响决策的质量。

根据式(1.2),资产负债率是衡量企业负债水平及风险程度的指标,资产负债率越高,说明企业通过借债筹资的资产越多,风险越大。对于债权人来说,他们倾向于把钱借给资产负债率较低的企业,这是因为资金收回的可能性会相对大一些。如果企业高估资产、低估负债,使资产负债率偏低,从而诱导会计信息使用者高估企业的偿债能力,作出不正确的决策。

因此,企业对可能发生减值的各项资产计提减值准备、对已销售的商品很可能发生的售后保修义务确认预计负债、对特殊行业的特定固定资产,如核电站的核设施,很可能在弃置时要承担环保责任和生态恢复义务,那么在对这类固定资产进行初始计量时,确认相应的预计负债体现了谨慎性的会计信息质量要求。

需要注意的是,谨慎性强调企业不能高估资产或收益、低估负债或费用,并不意味着可以低估资产或收益、高估负债或费用。

(八) 及时性

及时性要求企业对已经发生的交易或事项,应当及时进行会计确认、计量、记录和报告,不得提前或延后。由于信息具有时效性,影响信息使用者作出决策,及时性要求贯穿于整个会计确认、计量、记录和报告过程,主要包含以下三个方面:

(1) 要求及时收集会计信息,即企业在交易或事项发生后,应当及时收集整理各种原始单据或者凭证。

(2) 要求及时处理会计信息,即企业按照会计准则的规定,应当及时对交易或事项进行会计确认、计量、记录和报告。

(3) 要求及时传递会计信息,即企业按照国家规定的有关时限,应当及时将编制的财务报告传递给会计信息使用者,便于会计信息使用者及时使用和作出相关经济决策。

第三节 会计要素及其确认与计量

一、会计要素及其确认条件

会计要素是根据交易或者事项的经济特征,对所确定的财务会计对象所作出的基本分类。会计要素按照其性质,可分为资产、负债、所有者权益、收入、费用和利润六大类;会计要素按照其作用,可归纳为两大类:①资产负债表要素,包括资产、负债和所有者权益,侧重于反映企业的财务状况。②利润表要素,包括收入、费用和利润,侧重于反映企业的经营成果。

(一) 资产

1. 资产的定义及特征

资产是指企业过去的交易或者事项形成的、由企业拥有或者控制的、预期会给企业带来经济利益的资源。资产具有以下三方面特征:

(1) 资产是由企业过去的交易或者事项形成的。过去的交易或事项包括购买、生产、建造行为等。只有过去的交易或事项才能产生资产,企业预期在未来发生的交易或者事项不形成资产。

【例1-9】 甲公司计划购买某项设备,但是购买行为尚未发生,不符合资产的定义,不能将该项设备确认为甲公司的资产。

【例1-10】 甲公司正在与丙公司进行买卖合同的谈判,如果谈判成功,丙公司将购买甲公司一批货物,并通过银行转账的方式支付给甲公司300万元。那么,这300万元是否可以作为甲公司的资产呢?

答案是否定的,因为[例1-10]中提到"如果谈判成功",表示这只是一种可能的结果,而不是过去的交易或事项形成的客观存在。

(2) 资产是企业拥有或者控制的资源。拥有或者控制是指企业享有某项资源的所有权,或者虽然不享有某项资源的所有权,但该资源能被企业所控制。

【例1-11】 甲公司从丙租赁公司租入一台价值为1 000万元的生产设备,租赁期为8年,该生产设备预期使用寿命为10年。对于甲公司来说,虽然不拥有该生产设备的所有权,但是由于租赁合同规定的租赁期较长,接近于该生产设备的使用寿命,甲公司实际控制了该生产设备的使用及其所能带来的经济利益,该租入的生产设备可以确认为甲公司的资产。

(3) 资产预期会给企业带来经济利益。预期会给企业带来经济利益是指资产直接或间接导致现金和现金等价物流入企业的潜力。这种潜力可以来自企业日常的或者非日常的生产经营活动;带来的经济利益可以是现金或者现金等价物,也可以是转化为现金或者现金等价物的形式,或者是可以减少现金或者现金等价物流出的形式。如果一项资源以前期间被确认为资产,但本期预计将不能再为企业带来经济利益,那么本期不能将该资源确认为企业的一项资产。

【例1-12】 甲企业是一家服装制造企业:①银行账户中的存款是一项资产。这是因为银行存款可用于购置生产经营需要的资源。②采购的布匹、丝线等原材料是一项资产。这是因为这些原材料可以用于服装的生产,生产出的服装对外销售后,产生销售货款,从而实现现金流入,即获得经济利益。③因管理不善,发生毁损的原材料,不能再使用在生产中,预期不能为企业带来经济利益,不符合资产的定义,故这批原材料不应当再作为资产反映在资产负债表中。④一台缝纫设备因为陈旧老化,预期将不再投入使用,虽然该设备是过去的交易或事项形成的,并且依然归企业所控制,但是不能产生现金流入,不符合资产的定义,即不属于企业的资产。

2. 资产的确认条件

将一项资源确认为资产,除了需要符合资产的定义,还应同时满足以下两个条件:

(1) 与该资源有关的经济利益很可能流入企业。根据资产的定义,能为企业带来经济利益是资产的一个本质特征。然而,由于经济环境的变化,与资源有关的经济利益能否流入企业,或者能够流入多少,实际上带有一定不确定性,资产的确认还应与经济利益流入企业的不确定性程度的判断结合起来。

(2) 该资源的成本或者价值能够可靠地计量。只有当有关资源的成本或者价值能够可靠计量时,资产才能予以确认。例如,人力资源和良好的客户关系是过去交易或事项形成的、预期能够为企业带来经济利益的资源,但是由于人力资源和良好的客户关系无法可靠计量,不能将其确认为企业的资产。

3. 资产的分类和内容

按资产的流动性或变现程度的高低顺序,资产分为流动资产和非流动资产两大类。

流动资产是指可以在1年内或者超过1年的一个营业周期内变现或耗用的资产。它包括货币资金、交易性金融资产、衍生金融资产、应收票据、应收账款、应收款项融资、预付款项、其他应收款、存货、合同资产、持有待售资产、1年内到期的非流动资产、其他流动资产。

非流动资产也称为长期资产,是指不能在1年内或者超过1年的一个营业周期内变现或耗用的资产。它包括债权投资、其他债权投资、长期应收款、长期股权投资、其他权益工具投资、其他非流动金融资产、投资性房地产、固定资产、在建工程、生产性生物资产、油气资产、使用权资产、无形资产、开发支出、商誉、长期待摊费用、递延所得税资产、其他非流动资产。

(二) 负债

1. 负债的定义及特征

负债是指企业过去的交易或者事项形成的、预期会导致经济利益流出企业的现时义务。负债具有以下三方面特征:

(1) 负债是由企业过去的交易或者事项形成的。只有过去的交易或者事项才形成负债,企业将在未来发生的承诺、签订的合同等交易或者事项不形成负债。

(2) 负债是企业承担的现时义务。现时义务是指企业在现行条件下已承担的义务。未来发生的交易或者事项形成的义务,不属于现时义务,不应确认为负债。

(3) 负债预期会导致经济利益流出企业。只有企业在履行义务时会导致经济利益流出企业的,才符合负债的定义。在履行现时义务清偿负债时,导致经济利益流出企业的形式有很多种,如用现金偿还、以实物资产形式偿还、以提供劳务形式偿还、将负债转为资本等。

【例1-13】 甲公司向银行借款100万元,借款期限为3个月,年利率为6%,到期一次还本付息。甲公司在借入款项时,可以将其确认为负债下的短期借款,理由是该交易是过去形成的,3个月到期后还本付息是甲公司应履行的义务,并且到期后,甲公司将通过银行存款偿还本金及利息,预期导致经济利益流出甲公司101.5万元[100+100×6%×(1÷12)×3],满足负债的定义。

【例1-14】 甲公司在2023年6月预收到了乙公司支付的一批货物的定金10 000元,合同约定甲公司将在2023年7月给乙公司发货。甲公司在6月份收到乙公司的货物定金时,可以将其确认为负债下的预收账款,理由是该交易是过去发生的,7月向乙公司发货是甲公司在现行条件下已承担的义务,同时,甲公司于7月通过合同的约定发送货物,即以实物资产的形式偿还义务,满足负债的定义。

2. 负债的确认条件

将一项现时义务确认为负债,除了需要符合负债的定义,还应同时满足以下两个条件:

(1) 与该义务有关的经济利益很可能流出企业。在实务中,企业履行义务所需流出的经济利益有时带有不确定性,因此,负债的确认应当与经济利益流出企业的不确定性程度的判断结合起来。

【例1-15】 甲公司与乙公司签订担保合同,承诺为乙公司的5年期项目贷款提供担保。由于担保合同的签订,甲公司承担了一项现时义务,即如果乙公司发生还款违约的行为,甲公司将承担连带责任,为乙公司清偿到期的债务,预期将导致经济利益流出,该交易满足负债的定义。但是,承担该项现时义务并不意味着经济利益很可能因此流出企业,如果乙公司的财务状况良好,说明甲公司履行连带责任的可能性较小,那么这项担保的经济业务不满足负债的确认条件。需要注意的是,虽然甲公司不需要将该项担保业务确认为负债,但由于这项经济业务的信息可能会影响会计信息使用者对甲公司潜在风险的判断,从而影响决策,甲公司应当按照相关规定在财务报告附注中披露有关信息,如担保的种类及其形成原因、经济利益流出的不确定性和对企业财务状况可能产生的影响等。

(2) 未来流出的经济利益的金额能够可靠地计量。只有当未来流出的经济利益的金额能够可靠计量时,负债才能予以确认。

【例1-16】 甲公司向丁客户销售了一台价值为30 000元的空调。甲公司对消费者作出以下承诺:产品售后3年内如果出现任何质量问题,甲公司免费负责保修。根据以前年度的维修记录,每台空调发生质量问题产生的维修费用为500元;根据公司技术部门的预测,在本年度销售的产品中,有5%会产生质量问题。

甲公司向丁客户销售了一台空调是已经完成的交易,那么3年的产品质量保证就是在现行条件下已承担的义务,属于现时义务,在3年内如果发生质量问题,将会导致甲公司产生维修费用,即预期导致经济利益流出企业,满足负债的定义。同时,未来流出的经济利益的金额能够可靠地计量,根据甲公司以前年度的维修记录和技术部门的预测,预计的经济利益流出为25元(500×5%),该笔经济业务可以确认为负债。

【例1-17】 甲公司生产并销售食品,某段时间销售的产品被消费者发现有严重的质量问题,甲公司得知后,尽可能地将分销店铺的产品调回公司销毁,并承诺承担一切赔偿费用。因为事态还在发展中,所发生的损失和赔偿费用难以预计。

食品质量问题已发生,甲公司应承担相关的赔偿义务,并且赔偿的发生预期会导致甲公司的经济利益很可能流出企业,满足负债的定义和负债的第(1)个确认条件,但是因为未来流出的经济利益的金额不能可靠计量,所以甲公司无法将其确认为一项负债。

3. 负债的分类和内容

负债分为流动负债和非流动负债两大类。

流动负债是指预计在1年内或者超过1年的一个正常营业周期内清偿的债务。它包括短期借款、交易性金融负债、衍生金融负债、应付票据、应付账款、预收款项、合同负债、应付职工薪酬、应交税费、其他应付款、持有待售负债、1年内到期的非流动负债、其他流动负债。

非流动负债也称为长期负债,是偿还期在1年或者超过1年的一个营业周期以上的债务。它包括长期借款、应付债券、租赁负债、长期应付款、预计负债、递延收益、递延所得税负债、其他非流动负债。

(三) 所有者权益

1. 所有者权益的定义及特征

所有者权益是指企业资产扣除负债后,由所有者享有的剩余权益。所有者权益具有以下三方面特征:

(1) 资本永久性。所有者投入企业的资本,除非发生减资、清算或分派现金股利,所有者权益不需要偿还。

(2) 受偿滞后性。在企业清算时,只有在清偿所有的负债后,所有者权益才可以返还给所有者。所有者权益是所有者对企业资产的剩余索取权,是企业的资产扣除债权人权益后应由所有者享有的部分,反映所有者投入资本的保值增值情况,也体现保护债权人权益的理念。

(3) 权利双重性。所有者凭借所有者权益,享有对利润分配的权利和对资产管理的权利。

2. 所有者权益的确认条件

根据所有者权益的定义,所有者权益在数量上等于企业资产扣除债权人权益后的净额,即企业的净资产。因此,所有者权益的确认和计量,主要依赖于资产和负债的确认和计量。

【例1-18】 乙公司接受投资者投入的生产机床,如果该生产机床符合资产的确认条件,则相应地符合了所有者权益的确认条件;同时,如果该资产的价值能够可靠计量,则所有者权益的金额也就可以确定。

3. 所有者权益的来源及其内容

所有者权益的来源包括:

(1) 所有者投入的资本。它包括构成企业注册资本或者股本的金额,通过"实收资本"或"股本"核算,以及投入资本超过注册资本或股本部分的金额,通过"资本公积(资本溢价或股本溢价)"核算。

(2) 其他综合收益。它是指企业根据会计准则规定未在当期损益中确认的各项利得和损失。

(3) 留存收益。它是指企业从历年实现的利润中提取或形成的留存于企业的内部积累,包括盈余公积和未分配利润。

(四) 收入

1. 收入的定义及特征

收入是指企业在日常活动中形成的、会导致所有者权益增加的、与所有者投入资本无关的经济利益的总流入。收入具有以下三方面特征:

(1) 收入是由企业在日常活动中形成的。日常活动是指企业为完成其经营目标所从事的经常性活动,以及与之相关的活动。例如,工业企业制造并销售产品和出售多余的原材料,都属于其日常活动。

明确企业的日常活动是为了将企业发生的"收入"和"利得"区分开来,日常活动所形成的经济利益的流入,才是收入确认的范畴;非日常活动所形成的经济利益的流入,不能确认为收入,应形成利得。例如,对于工业企业来说,销售产品和出售多余的原材料、让渡闲置资产的使用权等,属于其日常活动,所形成的经济利益流入构成收入,但是偶然发生的罚没利得、接受其他企业的捐赠、盘盈的现金,均属于非日常活动,应形成利得。

会计实务中,收入是指营业收入,包括主营业务收入和其他业务收入。

(2) 收入会导致所有者权益的增加。与收入相关的经济利益的流入应当会导致所有者权益的增加,不会导致所有者权益增加的经济利益的流入不符合收入的定义,不应确认为收入。

【例 1-19】 企业向银行借入款项,虽然导致经济利益流入企业,但是该经济利益的流入一方面增加了企业的资产,另一方面使企业承担了一项现时义务,并没有使所有者权益增加,所以在核算这笔经济业务时,企业不能将其确认为收入。

(3) 收入是与所有者投入资本无关的经济利益的总流入。收入会导致经济利益的流入,从而导致资产的增加或者负债的减少。然而,经济利益的流入有时是所有者投入资本所引起的,所有者投入资本的增加,应当确认为所有者权益。

2. 收入的确认条件

当企业与客户之间的合同同时满足下列条件时,企业应当在客户取得相关商品控制权时确认收入:

(1) 合同各方已批准该合同并承诺将履行各自义务。

(2) 该合同明确了合同各方与所转让商品或提供劳务相关的权利和义务。

(3) 该合同有明确的与所转让商品或提供劳务相关的支付条款。

(4) 该合同具有商业实质,即履行该合同将改变企业未来现金流量的风险、时间分布或金额。

(5) 企业因向客户转让商品或提供劳务而有权取得的对价很可能收回。

(五) 费用

1. 费用的定义及特征

费用是指企业在日常活动中发生的、会导致所有者权益减少的、与向所有者分配利润无关的经济利益的总流出。费用具有以下三方面特征:

(1) 费用是由企业在日常活动中形成的。日常活动的界定与收入定义中涉及的日常活动的界定相一致。企业的日常活动产生的费用通常包括营业成本(主营业务成本和其他业务成本)、税金及附加、销售费用、管理费用、财务费用等。

将费用界定为由企业在日常活动中形成的,目的是将其与损失相区分,企业非日常活动形成的经济利益的流出不能确认为费用,而应当计入损失,如企业对外捐赠、税收滞纳金、罚款、合同违约金、自然灾害导致的损失等。

(2) 费用会导致所有者权益的减少。与费用相关的经济利益的流出应当会导致所有者权益的减少,不会导致所有者权益减少的经济利益的流出不符合费用的定义,不应确认为费用。

(3) 费用是与向所有者分配利润无关的经济利益的总流出。费用的发生应当会导致经济利益的流出,从而导致资产的减少或者负债的增加。然而,企业向所有者分配利润也会导致经济利益的流出,该经济利益的流出属于所有者权益的抵减项目,不应确认为费用,所以将其排除在费用的定义之外。

2. 费用的确认条件

费用的确认除了应当符合其定义,还应当符合以下三个条件:

(1) 与费用相关的经济利益应当很可能流出企业。

(2) 经济利益流出企业的结果会导致资产的减少或者负债的增加。

(3) 经济利益流出的金额能够可靠计量。

(六) 利润

1. 利润的定义及内容

利润是指企业在一定会计期间的经营成果。它主要包括以下两方面内容:

(1) 收入减去费用后的净额。它反映企业日常活动的业绩。

(2) 直接计入当期利润的利得和损失。它是指应计入当期损益、会导致所有者权益发生增减变动的、与所有者投入资本或者向所有者分配利润无关的利得或损失。其中,利得是指由企业非日常活动所形成的、会导致所有者权益增加的、与所有者投入资本无关的经济利益的流入;损失是指由企业非日常活动所形成的、会导致所有者权益减少的、与向所有者分配利润无关的经济利益的流出。

如果利润是正数,表明企业实现了利润,会使企业的所有者权益增加;反之,如果利润是负数,表明企业发生亏损,会使企业的所有者权益减少。

2. 利润的确认条件

利润反映的是收入减去费用,以及利得减去损失后的净额。因此,利润的确认及其金额的确定主要取决于收入、费用、利得和损失的确认和计量。

二、会计要素计量属性及其应用原则

(一) 历史成本

历史成本也称为实际成本,是指企业取得或制造某项财产物资而实际支付的现金或者现金等价物。在历史成本计量下,资产按照其购置时支付的现金或现金等价物的金额,或者按照购置时所付出对价的公允价值计量;负债按照企业因承担该现时义务而实际收到的款项或资产的金额,或者承担现时义务的合同金额,或者按照日常活动中为偿还负债预期需要支付的现金或现金等价物的金额计量。

《企业会计准则——基本准则》规定,企业在对会计要素进行计量时,一般采用历史成本。但如果采用历史成本难以达到会计信息质量要求时,有必要采取其他会计计量属性。采用重置成本、可变现净值、现值、公允价值计量的,应当保证所确定的会计要素金额能够取得并可靠计量。

【例1-20】 甲公司于2023年7月购买了一台不需要安装的设备,价款为500万元,另支付运输费2万元,不考虑相关税费。全部款项以银行存款支付。该设备按历史成本计量,即为了取得该设备企业实际支付的代价,包括价款500万元和为了使设备送达企业所支付的运输费2万元,共计502万元。

(二) 重置成本

重置成本也称为现行成本,是指企业按照当前市场条件,重新取得同样一项资产所需支付的现金或现金等价物金额。在重置成本计量下,资产按照现在购买相同或者相似资产所需支付的现金或者现金等价物的金额计量;负债按照现在偿付该项债务所需支付的现金或者现金等价物的金额计量。

重置成本多用于盘盈固定资产的计量。

【例 1-21】 甲公司在年末盘点资产时,盘盈一台全新的未入过账的设备,在当前市场条件下,购买同类的一台设备的市场价格为 15 000 元。该设备按重置成本进行计量,入账金额为 15 000 元。

(三) 可变现净值

可变现净值是指企业在生产经营过程中,以预计售价减去进一步加工成本和销售所必需的预计税金、费用后的净值。在可变现净值计量下,资产按照企业将其正常对外销售所能收到现金或者现金等价物的金额,扣减该资产至完工时估计将要发生的成本、估计的销售费用以及相关税费后的金额计量。

可变现净值通常应用在存货资产减值情况下的后续计量。

【例 1-22】 年末,甲公司 A 型号的库存商品的账面价值为 270 万元,由于消费者偏好发生变化,市场价格逐渐下跌,此时这些库存商品的市场价格为 230 万元,估计销售该型号的存货时需要发生的销售费用和相关税金为 10 万元。A 型号的库存商品按可变现净值计量,金额为 220 万元,即以预计售价 230 万元减去预计销售过程中所必需的销售费用和相关税费 10 万元。

(四) 现值

现值是考虑货币时间价值的一种计量属性,是指对未来现金流量以恰当的折现率进行折现后的价值。在现值计量下,资产按照预计从其持续使用和最终处置中所产生的未来净现金流入量的折现金额计量;负债按照预计期限内需要偿还的未来净现金流出量的折现金额计量。

现值通常应用于非流动资产可收回金额的计量,以及以摊余成本计量的金融资产价值的确定。

【例 1-23】 乙公司在 2023 年 1 月 1 日采用分期付款的方式购买一条生产线,总金额为 600 万元,合同约定在未来 3 年每年年末支付 200 万元。假定折现率为 10%。由于货币的时间价值,未来的 100 元与今天的 100 元价值是不同的,该生产线采用现值计量,即计算未来 3 年每年年末支付 200 万元,分别折现到 2023 年 1 月 1 日的合计金额,现值计算的方法如图 1-3 所示。

将 2023 年 12 月 31 日、2024 年 12 月 31 日和 2025 年 12 月 31 日需要支付的 200 万元,按照折现率 10% 分别折现到 2023 年 1 月 1 日,可计算出该生产线在 2023 年 1 月 1 日的价值为:

$$\frac{200}{1+10\%} + \frac{200}{(1+10\%)^2} + \frac{200}{(1+10\%)^3} = 497.37(万元)$$

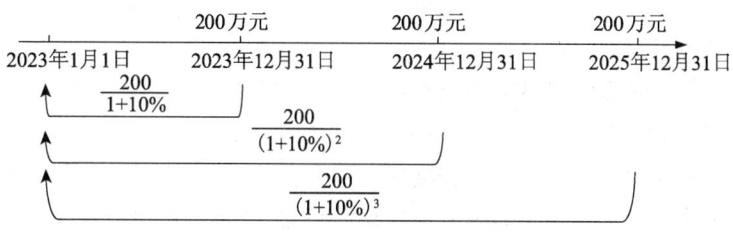

图1-3 现值计算的方法

(五) 公允价值

公允价值,即脱手价格,是指市场参与者在计量日发生的有序交易中,出售一项资产所能收到或者转移一项负债所需支付的价格。

公允价值主要应用于以公允价值计量且其变动计入当期损益的金融资产、金融负债等的计量。

【例1-24】 甲公司在2023年12月2日从二级市场以每股10元的价格购入丙公司的股票20万股作为交易性金融资产。在2023年12月31日,该股票的收盘价为每股12元。该项资产在2023年12月31日按公允价值计量,价值为240万元(20×12)。

三、会计等式

(一) 会计等式的表现形式

会计等式也称为会计恒等式、会计方程式或会计平衡公式,是表明会计要素之间基本关系的等式。会计等式包括财务状况等式、经营结果等式和扩展的会计等式。

1. 财务状况等式

企业要开展生产经营活动,必须拥有一定数量和质量的能给企业带来经济利益的经济资源,即资产,表明企业拥有什么经济资源和拥有多少经济资源。企业的资产来源于两个方面,即谁提供了这些经济资源:

(1) 由企业所有者投入,以及企业生产经营中产生的留存收益。所有者将其拥有的资源提供给企业使用,相应的对企业的资产享有要求权,以及参与利润分配的权利,称为所有者权益。

(2) 向债权人借入。债权人将其拥有的资源提供给企业使用,对相应的资产享有要求权,称为债权人权益,即负债。

因此,在任何一个时点上,企业有多少金额的资产,必有其等量的权益,用公式表示如下:

$$资产 = 权益$$

如上所述,企业的资源来源于企业的所有者和债权人,对应所有者权益和债权人权益(即负债)。因此,资产、负债和所有者权益三者之间,在数量上存在恒等或平衡关系,用公式表示如下:

$$资产 = 负债 + 所有者权益$$

这一等式反映了企业在某一特定时点上的财务状况,故该等式被称为财务状况等式或静态会计等式,又因为该等式是会计等式中最通用、最一般的形式,因此它也被称为会计基本等式。该等式是复式记账法的理论基础,也是编制资产负债表的依据。

2. 经营结果等式

企业进行生产经营活动的目的是获取收入,实现盈利。企业在取得收入的同时,必然要发生相应的费用。例如,商业企业销售商品取得收入,必然会有相应的进货支出;提供劳务的企业,通过向客户提供服务获得收入,必然会产生相应的职工薪酬支出和办公水电费等。

通过收入与费用的比较,才能确定一定期间的盈利水平或亏损水平,确定当期实现的利润总额或发生的亏损总额。在不考虑利得和损失的情况下,收入、费用和利润三者之间的关系用公式表示如下:

$$收入 - 费用 = 利润$$

这一等式体现了企业利润的实现过程,也反映了企业一定会计期间的经营成果,因此,它被称为经营成果等式或动态会计等式。该等式是编制利润表的依据。

3. 扩展的会计等式

由于企业是由其所有者投资成立的,企业实现的利润必然归属于所有者。利润的实现会使所有者权益增加;反之,企业发生的亏损,也必然由所有者承担,从而引起所有者权益减少。由此,将财务状况等式和经营成果等式相结合:

$$资产 = 负债 + 所有者权益 + 利润$$
$$= 负债 + 所有者权益 + 收入 - 费用$$

通过移项,可以等到如下扩展的会计等式:

$$资产 + 费用 = 负债 + 所有者权益 + 收入$$

(二) 交易或事项对财务状况等式的影响

企业发生的交易或事项按其对财务状况等式的影响不同,可以分为九种基本类型,如表 1-2 所示。

表 1-2 交易或事项对财务状况等式影响的九种基本类型

交易或事项	资产	负债	所有者权益	对财务状况等式的影响
类型 1	增加	增加		等式左右两边的金额等额增加
类型 2	增加		增加	
类型 3	减少	减少		等式左右两边的金额等额减少
类型 4	减少		减少	
类型 5		增加	减少	等式左右两边的金额保持不变
类型 6		减少	增加	
类型 7	增加;减少			
类型 8		增加;减少		
类型 9			增加;减少	

【例 1-25】 甲公司在 2023 年 1 月发生的经济业务资料如下(假设不考虑相关税费):

(1) 从丙公司购入一台设备,需要支付 15 000 元,款项尚未支付。

该项经济业务发生后,甲公司拥有的财产物资增加,即一项资产(固定资产)增加 15 000 元。同时,甲公司承担的现时义务增加,即一项负债(应付账款)增加 15 000 元。会计等式左右两边金额等额增加,其平衡关系保持不变。

(2) 投资者 A 投入 300 000 元资本金,资金已存入企业开设的账户。

该项经济业务发生后,甲公司拥有的货币资金增加,即一项资产(银行存款)增加 300 000 元。同时,该项资产是由投资者投入的,故一项所有者权益(实收资本)增加 300 000 元。会计等式左右两边等额增加,其平衡关系保持不变。

(3) 以 10 000 元银行存款偿还一部分之前购买设备的欠款。

该项经济业务发生后,甲公司拥有的货币资金减少,即一项资产(银行存款)减少 10 000 元。同时,由于清偿了欠款,一项负债(应付账款)减少 10 000 元。会计等式左右两边金额等额减少,其平衡关系保持不变。

(4) 股东大会决定减少注册资本 100 000 元,以银行存款向投资者退回其投入的资本。

该项经济业务发生后,甲公司拥有的货币资金减少,即一项资产(银行存款)减少 100 000 元。同时,由于将投资者投入的资源退还给投资者,一项所有者权益(实收资本)减少 100 000 元。会计等式左右两边金额等额减少,其平衡关系保持不变。

(5) 经股东大会决议后,宣告向股东分配现金股利 85 000 元,暂未发放。

该项经济业务发生后,甲公司承担向股东发放现金股利的现时义务,即一项负债(应付股利)增加 85 000 元。同时,甲公司将累积的利润向投资者分配股利,而公司已实现的利润又归属于所有者,宣告分配现金股利会导致一项所有者权益(利润分配)减少 85 000 元。会计等式右边一项负债增加,一项所有者权益等额减少,其平衡关系保持不变。

(6) 丙公司决定将甲公司所欠部分设备款 5 000 元转为丙公司对甲公司的投资,已办好相关法律手续,并收到相关出资证明。

该项经济业务发生后,甲公司承担的需要偿还的一项负债(应付账款)减少 5 000 元。同时,由投资者投入的部分增加,即一项所有者权益(实收资本)增加 5 000 元。会计等式右边一项负债减少,一项所有者权益等额增加,其平衡关系保持不变。

(7) 从乙公司购进商品,通过银行存款支付货款 60 000 元。

该项经济业务发生后,甲公司拥有的物资增加,即一项资产(库存商品)增加 60 000 元。同时,支付货款使拥有的货币资金减少,即一项资产(银行存款)减少 60 000 元。会计等式左边资产要素内部的金额有增有减,增减金额相等,其平衡关系保持不变。

(8) 甲公司开出一张面值 10 000 元、期限 3 个月的商业汇票,用来抵付之前所欠供应商丁公司的货款。

该项经济业务发生后,一项负债(应付账款)减少 10 000 元。同时,甲公司通过开出商业汇票,承担 3 个月到期后应向丁公司支付货款的现时义务,即另一项负债(应付票据)增加 10 000 元。会计等式右边负债要素内部的金额有增有减,增减金额相等,其平衡关系保持不变。

(9) 甲公司扩大业务规模,经批准将 40 000 元的资本公积转为实收资本。

该项经济业务发生后,甲公司的一项所有者权益(实收资本)增加 40 000 元。同时,另一项所有者权益(资本公积)减少 40 000 元。会计等式右边所有者权益要素内部的金额有增有减,增减金额相等,其平衡关系保持不变。

上述甲公司经济业务对财务状况等式的影响如表 1-3 所示。

表 1-3　甲公司经济业务对财务状况等式的影响汇总表　　　　单位:元

经济业务	资产	负债	所有者权益
(1)	+15 000	+15 000	
(2)	+300 000		+300 000
(3)	−10 000	−10 000	
(4)	−100 000		−100 000
(5)		+85 000	−85 000
(6)		−5 000	+5 000
(7)	+60 000;−60 000		
(8)		+10 000;−10 000	
(9)			+40 000;−40 000

由[例 1-25]可以得出结论,企业的一项经济业务的发生,必然会引起会计等式的一边或两边有关项目相互联系地发生等额变动。在任何时点上,资产总额总是等于负债总额和所有者权益总额之和。具体来看,当经济业务涉及会计等式的一边时,有关项目的金额发生相反方向的等额变动;而当经济业务涉及会计等式的两边时,有关项目的金额发生相同方向的等额变动,但始终不会影响会计等式的平衡关系。

第四节　会计科目与账户及借贷记账法

一、会计科目与账户

(一) 会计科目

会计科目简称科目,是对会计要素具体内容进行分类核算的项目,是进行会计核算和提供会计信息的基础。会计科目可以按其反映的经济内容(即所属会计要素)、提供信息的详细程度及其统驭关系等标准进行分类。

1. 按反映的经济内容分类

会计科目按其反映的经济内容不同,可分为资产类科目、负债类科目、共同类科目、所有者权益类科目、成本类科目和损益类科目。每一类会计科目可按一定标准再分为若干具体科目。

(1)资产类科目,是对资产要素的具体内容进行分类核算的项目。按资产的流动性不同,资产类科目分为反映流动资产的科目和反映非流动资产的科目。

反映流动资产的科目主要包括"库存现金""银行存款""应收账款""原材料""库存商品""预付账款"等科目;反映非流动资产的科目主要包括"长期股权投资""长期应收款""固

定资产""在建工程""无形资产"等科目。

在资产类科目中,还有一些是反映资产价值损耗或损失的科目,被称为备抵科目或抵减科目,如"累计折旧""累计摊销""坏账准备""存货跌价准备"等科目。

(2) 负债类科目,是对负债要素的具体内容进行分类核算的项目。按负债偿还期限的长短不同,负债类科目分为反映流动负债的科目和反映非流动负债的科目。

反映流动负债的科目主要包括"短期借款""应付账款""应付职工薪酬""应交税费""预收账款"等科目;反映非流动负债的科目主要包括"长期借款""应付债券""长期应付款"等科目。

(3) 共同类科目,是既有资产性质又有负债性质的科目,其最终性质取决于科目核算的结果。它主要包括"清算资金往来""货币兑换""套期工具""被套期项目"等科目。

(4) 所有者权益类科目,是对所有者权益要素的具体内容进行分类核算的项目。它主要包括"实收资本(或股本)""资本公积""其他综合收益""盈余公积""本年利润""利润分配""库存股"等科目。

需要注意的是,"本年利润"科目归属于利润要素,但企业实现利润会增加所有者权益,因此将"本年利润"作为所有者权益类科目。

(5) 成本类科目,是对可归属于产品生产成本、劳务成本等的具体内容进行分类核算的项目。它主要包括"生产成本""制造费用""研发支出"等科目。

(6) 损益类科目,是对收入、费用等要素的具体内容进行分类核算的项目。按损益的内容不同,损益类科目可分为反映收入的损益类科目和反映费用的损益类科目。

反映收入的损益类科目主要包括"主营业务收入""其他业务收入"等科目;反映费用的损益类科目主要包括"主营业务成本""其他业务成本""销售费用""管理费用""财务费用"等科目。

综上所述,除了共同类科目,会计要素与会计科目之间的关系如图1-4所示。

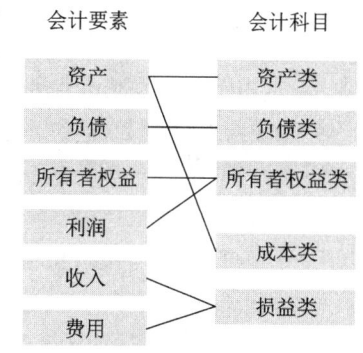

图1-4 会计要素与会计科目之间的关系图

2. 按提供信息的详细程度及其统驭关系分类

会计科目按其提供信息的详细程度及其统驭关系,可分为总分类科目和明细分类科目。

(1) 总分类科目也称为总账科目或一级科目,是对会计要素的具体内容进行总括分类,提供总括信息的会计科目。

总分类科目是由国家统一会计制度规定的会计科目,即会计科目表中列示的科目,如"银行存款""原材料""库存商品""应收账款"等科目。

(2) 明细分类科目也称为明细科目,是对总分类科目作进一步分类,提供更为详细和具体会计信息的科目。

如果某一总分类科目所辖的明细分类科目较多,可在总分类科目下设置二级明细科目,在二级明细科目下设置三级明细科目,以此类推。二级明细科目是对总分类科目进一步分类的科目,三级明细科目是对二级明细科目进一步分类的科目。

【例1-26】 某服装制造业部分原材料、应收账款总分类科目与各级明细分类科目之间的关系如表1-4、表1-5所示。

表1-4 原材料总分类科目与各级明细分类科目之间的关系

总分类科目(一级科目)	明细分类科目	
	二级明细科目	三级明细科目
原材料	面料	棉布
		麻布
		混纺织物
	纽扣	真贝扣
		木制纽扣
		树脂扣

表1-5 应收账款总分类科目与各级明细分类科目之间的关系

总分类科目(一级科目)	明细分类科目
	二级明细科目
应收账款	甲公司
	乙公司
	丙公司

(二) 账户

账户是根据会计科目设置的,具有一定格式和结构,能够连续、系统、综合地记录经济业务,是用于分类反映会计要素增减变动情况及其结果的工具。

账户与会计科目分类相对应,可以根据其核算的经济内容、提供信息的详细程度及其统驭关系进行分类。根据核算的经济内容,账户分为资产类账户、负债类账户、共同类账户、所有者权益类账户、成本类账户和损益类账户;根据提供信息的详细程度及其统驭关系,账户分为总分类账户和明细分类账户。

与会计科目不同的是,账户具有一定的结构,以用来连续、系统、完整地记录企业经济活动。完整的账户结构主要包含以下内容:

(1) 账户名称,即会计科目。
(2) 日期和摘要,用来记录经济业务的日期和概括说明经济业务的内容。
(3) 凭证号数,表明账户记录的依据。
(4) 交易或事项所引起的金额增加和减少,以及余额。

以借贷记账法为例,完整的账户的一般格式如表1-6所示。

由于经济业务发生所引起的各项会计要素的变动,从数量上看只有增加和减少两种情况,为了便于实务操作,将账户的基本结构从账户中截取下来,只保留左和右两个部分,分别记录账户的增加额和减少额,至于哪一方登记增加额,哪一方登记减少额,取决于账户的性质。简化后的账户的基本结构被形象地称为"丁"字账户或"T"形账户,如图1-5所示。

表 1-6　账户的一般格式

账户名称

年		凭证字号	摘要	借方	贷方	借或贷	余额
月	日						

图 1-5　"丁"字账户或"T"形账户

账户中主要体现的数据信息有期初余额、本期增加发生额、本期减少发生额和期末余额四项。对于同一账户而言,这四项内容之间的基本关系用公式表示为:

期末余额 ＝ 期初余额 ＋ 本期增加发生额 － 本期减少发生额

二、借贷记账法

复式记账法是以"资产＝负债＋所有者权益"为理论依据和记账原理,对每一笔经济业务,都必须用相等的金额在两个或两个以上相互联系的账户中进行登记,全面、系统地反映会计要素增减变化的一种记账方法。复式记账法有借贷记账法、增减记账法、收付记账法等。

根据《企业会计准则》的规定,企业、行政单位和事业单位的会计核算采用借贷记账法记账。

借贷记账法是以"借"和"贷"作为记账符号的一种复式记账法。"借"和"贷"两字最初用来表示债权和债务的增减变动,但随着社会经济的发展,"借"和"贷"逐渐扩展为说明财产物资和经营损益等经济业务的增减变动,之后经过会计相关理论的不断发展和完善,"借"和"贷"已不再表示其最初的含义,而演变成为纯的记账符号。

(一)借贷记账法的账户结构

借贷记账法下,账户的左方为借方,右方为贷方。所有账户的借方和贷方按相反方向记录增加数和减少数,即一方登记增加额,另一方就登记减少额。"借"表示增加,还是"贷"表示增加,取决于账户的性质与所记录经济内容的性质。

通常来说,资产类、成本类和费用类账户,借方表示增加,贷方表示减少;负债类、所有者权益类和收入类账户,贷方表示增加,借方表示减少。在一定会计期间内,借方登记的金额合计,称为本期借方发生额;贷方登记的金额合计,称为本期贷方发生额。

1. 资产类和成本类账户的结构

在借贷记账法下,资产类、成本类账户的借方登记增加额,贷方登记减少额,期末余额一般在增加的一方,即借方。由于会计期间首尾相接,期初余额是由上一个会计期间的期

末余额转入本期的,期初余额一般也在增加的一方。期末借方余额的计算公式为:

$$期末借方余额 = 期初借方余额 + 本期借方发生额 - 本期贷方发生额$$

需要注意的是,对于资产类账户来说,通常借方登记增加额,贷方登记减少额;备抵账户的结构恰好相反,贷方登记增加额,借方登记减少额,期末余额在贷方。

例如,资产类账户"固定资产"账户借方表示增加,贷方表示减少;"固定资产"账户的备抵账户"累计折旧"账户和"固定资产减值准备"账户,贷方表示增加,借方表示减少。

资产类和成本类账户的结构用"T"形账户表示,如图1-6所示。

借方	资产类、成本类账户		贷方
期初余额	×××		
本期增加额	×××	本期减少额	×××
	×××		×××
	…		…
本期借方发生额合计	×××	本期贷方发生额合计	×××
期末余额	×××		

图1-6 资产类和成本类账户的结构

2. 负债类和所有者权益类账户的结构

在借贷记账法下,负债类、所有者权益类账户的借方登记减少额,贷方登记增加额,期末余额一般在贷方。期末贷方余额的计算公式为:

$$期末贷方余额 = 期初贷方余额 + 本期贷方发生额 - 本期借方发生额$$

负债类和所有者权益类账户的结构用"T"形账户表示,如图1-7所示。

借方	负债类、所有者权益类账户		贷方
		期初余额	×××
本期减少额	×××	本期增加额	×××
	×××		×××
	…		…
本期借方发生额合计	×××	本期贷方发生额合计	×××
		期末余额	×××

图1-7 负债类和所有者权益类账户的结构

3. 损益类账户的结构

损益类账户包括收入类账户和费用类账户。

1) 收入类账户的结构

收入的增加会导致企业利润的增加,利润的实现会使所有者权益增加,因此,收入的增加会间接导致所有者权益的增加。收入类账户的结构与所有者权益类账户的结构基本相同,即借方登记减少额或转出额,贷方登记增加额。

为了在每一会计期间能准确地反映当期的实际收入情况,每期期末,需要将本期收入的净额转入"本年利润"账户的贷方,用以计算当期损益,反映企业在一定会计期间取得的经营成果,所以收入类账户结转后无余额。

收入类账户的结构用"T"形账户表示,如图1-8所示。

借方	收入类账户		贷方
本期减少额	×××	本期增加额	×××
本期转出额	×××		×××
	…		…
本期借方发生额合计	×××	本期贷方发生额合计	×××

图1-8 收入类账户的结构

2)费用类账户的结构

费用类账户的结构与收入类账户的结构恰好相反。费用的发生会导致利润的减少,进而使所有者权益减少,因此,费用的增加会间接导致所有者权益的减少。费用类账户的结构与所有者权益类账户的结构也相反,即借方登记增加额,贷方登记减少额或转出额。

费用类账户与收入类账户同理,为了计算当期损益,反映企业在一定会计期间取得的经营成果,每期期末,需要将本期费用的净额转入"本年利润"账户的借方,结转后无余额。

费用类账户的结构用"T"形账户表示,如图1-9所示。

借方	费用类账户		贷方
本期增加额	×××	本期减少额	×××
	×××	本期转出额	×××
	…		…
本期借方发生额合计	×××	本期贷方发生额合计	×××

图1-9 费用类账户的结构

结合借贷记账法的记账规则和"资产=负债+所有者权益"的会计恒等关系,借贷记账法的账户结构和记忆规律总结如下:①通常情况下,等式左边的会计要素,借方表示增加,贷方表示减少;等式右边的会计要素,借方表示减少,贷方表示增加。②成本类账户与资产类账户的结构一致。③收入的增加会间接使所有者权益增加,所以收入类账户与所有者权益类账户的结构一致。④费用的增加会间接使所有者权益减少,所以费用类账户与所有者权益类账户的结构相反。⑤损益类账户(收入类账户和费用类账户)期末结转后无余额。

借贷记账法的账户结构总结如图1-10所示。

(二)借贷记账法的记账规则

记账规则是指采用某种记账方法登记具体经济业务时应当遵循的规律。

借贷记账法的记账规则是"有借必有贷,借贷必相等"。即任何经济业务的发生总会涉

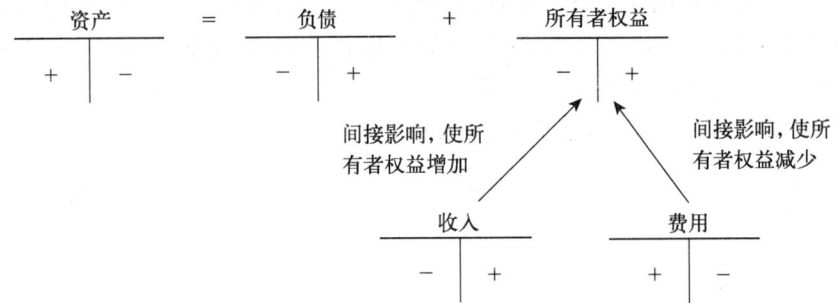

图 1-10 借贷记账法的账户结构总结

及两个或两个以上相互联系的账户,一方(或几方)记入借方,另一方(或几方)记入贷方,记入借方的金额等于记入贷方的金额;如果涉及多个账户,记入借方账户金额的合计数等于记入贷方账户金额的合计数。

企业实际运用借贷记账法的记账规则登记经济业务时,一般按以下四个步骤进行:

(1) 分析发生的经济业务中所涉及的账户名称,准确判断其性质,是资产还是权益。

(2) 判断账户中所涉及的金额变动是增加还是减少。

(3) 根据账户性质,确定相关金额应记入所涉及账户的方向,即计入哪个或哪些账户的借方,哪个或哪些账户的贷方。

(4) 确定借贷方向是否正确,检查借贷双方的金额合计是否相等。

表 1-2 所列举的九种基本经济业务,运用借贷记账法记账,其记账规则的对应关系如表 1-7 所示。

表 1-7 基本经济业务借贷记账法的记账规则

交易或事项	资产	负债	所有者权益
类型 1	增加(借方)	增加(贷方)	
类型 2	增加(借方)		增加(贷方)
类型 3	减少(贷方)	减少(借方)	
类型 4	减少(贷方)		减少(借方)
类型 5		增加(贷方)	减少(借方)
类型 6		减少(借方)	增加(贷方)
类型 7	增加(借方);减少(贷方)		
类型 8		增加(贷方);减少(借方)	
类型 9			增加(贷方);减少(借方)

思考:以[例 1-25]的九项经济业务为例,说明借贷记账法记账规则的具体运用。

【例 1-27】 假设不考虑相关税费,2023 年 1 月 1 日,甲公司各账户的期初余额如表 1-8 所示。甲公司在 2023 年 1 月发生的经济业务资料如下。

表 1-8　甲公司各账户的期初余额　　　　　　　　　　　　　　　单位：元

资产	金额	负债	金额
银行存款	390 000	应付票据	23 000
库存商品	125 000	应付账款	13 000
固定资产	251 000	应付股利	—
		所有者权益	
		实收资本	500 000
		资本公积	100 000
		利润分配	130 000
合计	766 000	合计	766 000

(1) 从丙公司购入一台设备，需要支付 15 000 元，款项尚未支付。

该项经济业务使甲公司的资产和负债同时增加，涉及资产类账户"固定资产"账户增加 15 000 元，负债类账户"应付账款"账户增加 15 000 元；"固定资产"账户金额的增加登记在借方，"应付账款"账户金额的增加登记在贷方。该项经济业务在"T"形账户中的登记结果如图 1-11 所示。

```
         应付账款                         固定资产
  期初余额      13 000          期初余额      251 000
  本期增加额  ①15 000   ←→    本期增加额  ①15 000
```

图 1-11　资产与负债同时增加的登记结果

(2) 投资者 A 投入 300 000 元资本金，资金已存入企业开设的账户。

该项经济业务使甲公司的资产和所有者权益同时增加，涉及资产类账户"银行存款"账户增加 300 000 元，所有者权益类账户"实收资本"账户增加 300 000 元；"银行存款"账户金额的增加登记在借方，"实收资本"账户金额的增加登记在贷方。该项经济业务在"T"形账户中的登记结果如图 1-12 所示。

```
         实收资本                         银行存款
  期初余额     500 000          期初余额     390 000
  本期增加额 ②300 000   ←→    本期增加额 ②300 000
```

图 1-12　资产与所有者权益同时增加的登记结果

(3) 甲公司以银行存款 10 000 元偿还一部分之前购买设备的欠款。

该项经济业务使甲公司的资产和负债同时减少，涉及资产类账户"银行存款"账户减少 10 000 元，负债类账户"应付账款"账户减少 10 000 元；"银行存款"账户的减少登记在贷方，

"应付账款"账户的减少登记在借方。该项经济业务在"T"形账户中的登记结果如图1-13 所示。

银行存款		应付账款	
期初余额 390 000			期初余额 13 000
本期增加额 ②300 000	本期减少额 ③10 000 ⟷	本期减少额 ③10 000	本期增加额 ①15 000

图 1-13 资产与负债同时减少的登记结果

（4）经股东大会决议，减少注册资本 100 000 元，以银行存款向投资者退回其投入的资本。

该项经济业务使甲公司的资产和所有者权益同时减少，涉及资产类账户"银行存款"账户减少 100 000 元，所有者权益类账户"实收资本"账户减少 100 000 元；"银行存款"账户的减少登记在贷方，"实收资本"账户的减少登记在借方。该项经济业务在"T"形账户中的登记结果如图 1-14 所示。

银行存款		实收资本	
期初余额 390 000			期初余额 500 000
本期增加额 ②300 000	本期减少额 ③10 000		本期增加额 ②300 000
	④100 000 ⟷	本期减少额 ④100 000	

图 1-14 资产与所有者权益同时减少的登记结果

（5）经股东大会决议，宣告向股东分配现金股利 85 000 元，暂未发放。

该项经济业务使甲公司的负债增加，所有者权益减少，涉及负债类账户"应付股利"账户增加 85 000 元，所有者权益类账户"利润分配"账户减少 85 000 元；"应付股利"账户的增加登记在贷方，"利润分配——应付现金股利"账户的减少登记在借方。该项经济业务在"T"形账户中的登记结果如图 1-15 所示。

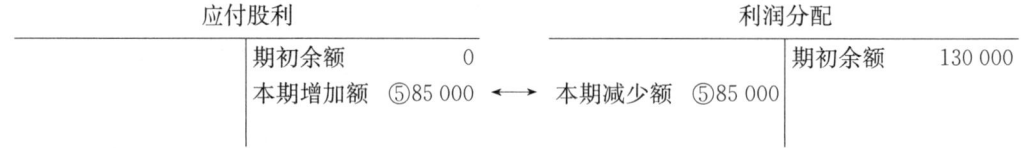

应付股利		利润分配	
	期初余额 0	期初余额 130 000	
	本期增加额 ⑤85 000 ⟷	本期减少额 ⑤85 000	

图 1-15 负债增加、所有者权益减少的登记结果

（6）丙公司决定将甲公司所欠部分设备款 5 000 元，转为丙公司对甲公司的投资，已办好相关的法律手续，并收到相关出资证明。

该项经济业务使甲公司的负债减少，所有者权益增加，涉及负债类账户"应付账款"账户减少 5 000 元，所有者权益类账户"实收资本"账户增加 5 000 元；"应付账款"账户的减少登记在借方，"实收资本"账户的增加登记在贷方。该项经济业务在"T"形账户中的登记结果如图 1-16 所示。

实收资本			应付账款	
	期初余额 500 000			期初余额 13 000
本期减少额 ④100 000	本期增加额 ②300 000	本期减少额 ③10 000		本期增加额 ①15 000
	⑥5 000 ⟷			⑥5 000

图 1-16 负债减少、所有者权益增加的登记结果

（7）从乙公司购进商品，通过银行存款支付货款 60 000 元。

该项经济业务使甲公司的一项资产增加，另一项资产减少，涉及资产类账户"库存商品"账户增加 60 000 元，"银行存款"账户减少 60 000 元；应在"库存商品"账户的借方登记增加额，"银行存款"账户贷方登记减少额。该项经济业务在"T"形账户中的登记结果如图 1-17 所示。

银行存款			库存商品	
期初余额 390 000			期初余额 125 000	
本期增加额 ②300 000	本期减少额 ③10 000			
	④100 000			
	⑦60 000 ⟷	本期增加额 ⑦60 000		

图 1-17 资产内部项目等额此增彼减的登记结果

（8）甲公司开出面值 10 000 元、期限 3 个月的商业汇票，用来抵付之前所欠供应商丁公司的货款。

该项经济业务使甲公司的一项负债增加，另一项负债减少，涉及负债类账户"应付票据"账户增加 10 000 元，"应付账款"账户减少 10 000 元；应在"应付票据"账户的贷方登记增加额，"应付账款"账户的借方登记减少额。该项经济业务在"T"形账户中的登记结果如图 1-18 所示。

应付票据			应付账款	
	期初余额 23 000			期初余额 13 000
		本期减少额 ③10 000		本期增加额 ①15 000
				⑥5 000
本期增加额 ⑧10 000 ⟷		⑧10 000		

图 1-18 负债内部项目等额此增彼减的登记结果

（9）甲公司因扩大业务规模，经批准将 40 000 元的资本公积转为实收资本。

该项经济业务使甲公司的一项所有者权益增加，另一项所有者权益减少，涉及所有者权益类账户"实收资本"账户增加 40 000 元，"资本公积"账户减少 40 000 元；应在"实收资本"账户的贷方登记增加额，"资本公积"账户的借方登记减少额。该项经济业务在"T"形账户中的登记结果如图 1-19 所示。

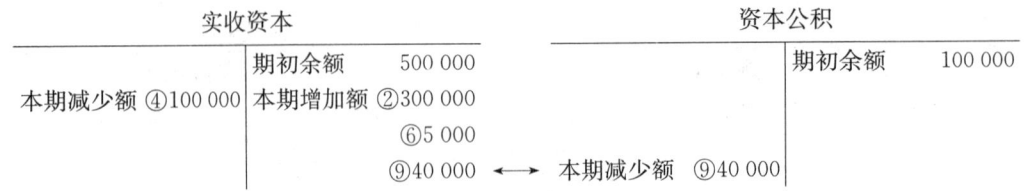

图 1-19　所有者权益内部项目等额此增彼减的登记结果

[例 1-27]的经济业务所涉及的账户只有一个借方和一个贷方,但实务中,有可能会出现一个账户的借方对应多个账户的贷方,或多个账户的借方对应一个账户的贷方,以及多个账户的借方对应多个账户的贷方等情况。但是无论发生何种经济业务,企业在借贷记账法下必须遵循"有借必有贷,借贷必相等"的记账规则。

【例 1-28】　乙公司收到了投资者投入的资本金 30 000 元和一台生产设备 20 000 元,款项已存入银行,设备已达到预定可使用状态,假设不考虑增值税。

该笔经济业务使乙公司增加两项资产,即货币资金和生产设备,同时增加一项所有者权益,涉及资产类账户"银行存款"账户增加 30 000 元,"固定资产"账户增加 20 000 元,所有者权益类账户"实收资本"账户增加 50 000 元;应在"银行存款"账户和"固定资产"账户的借方登记增加额,"实收资本"账户的贷方登记增加额。本例属于两个账户的借方对应一个账户的贷方,并且根据"有借必有贷,借贷必相等"的记账规则,两个账户借方的金额合计数等于计入贷方的金额。该项经济业务在"T"形账户中的登记结果如图 1-20 所示。

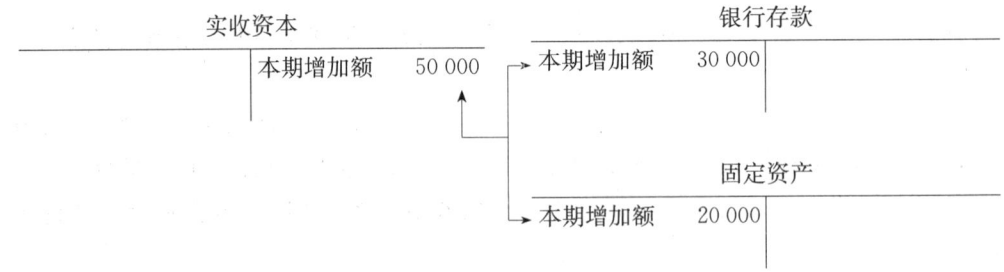

图 1-20　多个账户借方对应一个账户贷方的登记结果

(三) 借贷记账法下的账户对应关系与会计分录

1. 账户对应关系

账户对应关系是指采用借贷记账法对每笔交易或事项进行记录时,有关账户之间形成的应借、应贷的相互关系。存在对应关系的账户称为对应账户。

一方面,恰当地确定对应账户,才能如实反映经济业务的内容;另一方面,通过分析账户的对应关系,有助于了解经济业务的来龙去脉,同时可以检查经济业务的发生是否合理合法、账务处理是否符合有关会计准则。

2. 会计分录

会计分录简称分录,是对每项经济业务应借、应贷的账户名称(会计科目)及其金额的一种记录。会计分录由三个要素构成:①记账符号,即应借、应贷的方向。②账户名称,即相互对应的会计科目。③记账金额。

在我国,为了保证账户记录的正确性并减少登记账簿的工作量,经济业务发生后,企业并不像[例 1-27]那样直接登记在有关账户,而是先将会计分录记载于记账凭证中,再根据记账凭证过入有关账户。

会计分录按照所涉及账户的多少,分为简单会计分录和复合会计分录。简单会计分录是指只涉及一个账户借方和一个账户贷方的会计分录,即一借一贷的会计分录,如[例 1-29]所涉及的会计分录;复合会计分录是指有两个以上对应账户的会计分录,即一借多贷、多借一贷或多借多贷的会计分录,如[例 1-30]所涉及的会计分录。

为了保持账户对应关系清晰和便于会计工作更好地反映经济业务的实质,一般不应把不同经济业务合并在一起,只有当一项经济业务客观存在复杂关系时,才编制多借多贷的复合会计分录。

【例 1-29】 以[例 1-27]中的经济业务为例,编制会计分录:

(1) 从丙公司购入一台设备,需要支付 15 000 元,款项尚未支付。

借:固定资产 15 000
  贷:应付账款 15 000

(2) 投资者 A 投入 300 000 元资本金,资金已存入企业开设的账户。

借:银行存款 300 000
  贷:实收资本 300 000

(3) 甲公司以银行存款 10 000 元偿还一部分之前购买设备的欠款。

借:应付账款 10 000
  贷:银行存款 10 000

(4) 经股东大会决议,减少注册资本 100 000 元,以银行存款向投资者退回其投入的资本。

借:实收资本 100 000
  贷:银行存款 100 000

(5) 经股东大会决议,宣告向股东分配现金股利 85 000 元,暂未发放。

借:利润分配 85 000
  贷:应付股利 85 000

(6) 丙公司决定将甲公司所欠部分设备款 5 000 元,转为丙公司对甲公司的投资,已办好相关的法律手续,并收到相关出资证明。

借:应付账款 5 000
  贷:实收资本 5 000

(7) 从乙公司购进商品,通过银行存款支付货款 60 000 元。

借:库存商品 60 000
  贷:银行存款 60 000

(8) 甲公司开出一张面值10 000元、期限3个月的商业汇票,用来抵付之前所欠供应商丁公司的货款。

借:应付账款　　　　　　　　　　　　　　　　　　　　　10 000
　　贷:应付票据　　　　　　　　　　　　　　　　　　　　　　10 000

(9) 甲公司因扩大业务规模,经批准将40 000元的资本公积转为实收资本。

借:资本公积　　　　　　　　　　　　　　　　　　　　　　40 000
　　贷:实收资本　　　　　　　　　　　　　　　　　　　　　　40 000

【例1-30】 以[例1-28]中的经济业务为例,编制会计分录:

借:银行存款　　　　　　　　　　　　　　　　　　　　　　30 000
　　固定资产　　　　　　　　　　　　　　　　　　　　　　20 000
　　贷:实收资本　　　　　　　　　　　　　　　　　　　　　　50 000

(四) 借贷记账法下的试算平衡

试算平衡是指根据借贷记账法的记账规则和"资产＝负债＋所有者权益"的会计恒等关系,通过对所有账户的发生额和余额的汇总计算和比较,来检验账户记录是否正确的一种方法。

1. 试算平衡的分类

1) 发生额试算平衡

发生额试算平衡是指全部账户本期借方发生额合计与全部账户本期贷方发生额合计保持平衡,即:

全部账户本期借方发生额合计 ＝ 全部账户本期贷方发生额合计

发生额试算平衡的直接依据是借贷记账法的记账规则,即"有借必有贷,借贷必相等"。

2) 余额试算平衡

余额试算平衡是指全部账户借方期末(初)余额合计与全部账户贷方期末(初)余额合计保持平衡,即:

全部账户借方期初余额合计 ＝ 全部账户贷方期初余额合计
全部账户借方期末余额合计 ＝ 全部账户贷方期末余额合计

余额试算平衡的直接依据是财务状况等式,即:

资产 ＝ 负债＋所有者权益

2. 试算平衡表的编制

试算平衡是通过编制试算平衡表进行的。试算平衡表通常是在期末结出各个账户的本期发生额合计和期末余额后编制的,试算平衡表中一般应设置"期初余额""本期发生额""期末余额"三大栏目,其下分设"借方"和"贷方"两个栏目。各大栏中的借方合计与贷方合计应该平衡相等,否则存在记账错误。为了简化表格,试算平衡表也可只根据各个账户的本期发生额编制,不填列各个账户的期初余额和期末余额。

试算平衡表的一般格式如表1-9所示。

表 1-9　试算平衡表

账户名称	期初余额		本期发生额		期末余额	
	借　方	贷　方	借　方	贷　方	借　方	贷　方
合　计						

【例 1-31】　根据[例 1-27]中的 9 笔经济业务编制试算平衡表。

第一步：根据企业发生的经济业务，编制会计分录，见[例 1-29]。

第二步：根据第一步编制的会计分录登记总分类账户，期末结算出各总分类账户的本期发生额和期末余额，如图 1-21 至图 1-29 所示。

银行存款

期初余额	390 000		
本期增加额	②300 000	本期减少额	③10 000
			④100 000
			⑦60 000
本期借方发生额合计	300 000	本期贷方发生额合计	170 000
期末余额	520 000		

图 1-21　"银行存款"账户

库存商品

期初余额	125 000		
本期增加额	⑦60 000	本期减少额	—
本期借方发生额合计	60 000	本期贷方发生额合计	—
期末余额	185 000		

图 1-22　"库存商品"账户

固定资产

期初余额	251 000		
本期增加额	①15 000	本期减少额	—
本期借方发生额合计	15 000	本期贷方发生额合计	—
期末余额	266 000		

图 1-23　"固定资产"账户

应付票据

		期初余额	23 000
本期减少额	—	本期增加额	⑧10 000
本期借方发生额合计	—	本期贷方发生额合计	10 000
		期末余额	33 000

图 1-24 "应付票据"账户

应付账款

		期初余额	13 000
本期减少额	③10 000	本期增加额	①15 000
	⑥5 000		
	⑧10 000		
本期借方发生额合计	25 000	本期贷方发生额合计	15 000
		期末余额	3 000

图 1-25 "应付账款"账户

应付股利

		期初余额	—
本期减少额	—	本期增加额	⑤85 000
本期借方发生额合计	—	本期贷方发生额合计	⑤85 000
		期末余额	85 000

图 1-26 "应付股利"账户

实收资本

		期初余额	500 000
本期减少额	④100 000	本期增加额	②300 000
			⑥5 000
			⑨40 000
本期借方发生额合计	100 000	本期贷方发生额合计	345 000
		期末余额	745 000

图 1-27 "实收资本"账户

资本公积

		期初余额	100 000
本期减少额	⑨40 000	本期增加额	—
本期借方发生额合计	40 000	本期贷方发生额合计	—
		期末余额	60 000

图 1-28 "资本公积"账户

利润分配

		期初余额	130 000
本期减少额	⑤85 000	本期增加额	—
本期借方发生额合计	85 000	本期贷方发生额合计	—
		期末余额	45 000

图 1-29　"利润分配"账户

第三步：根据各账户的期初余额、本期发生额和期末余额，编制总分类账户试算平衡表进行试算平衡，如表 1-10 所示。

表 1-10　甲公司总分类账户试算平衡表

2023 年 1 月 31 日　　　　　　　　　　　　　　　　　　　　单位：元

账户名称	期初余额		本期发生额		期末余额	
	借方	贷方	借方	贷方	借方	贷方
银行存款	390 000		300 000	170 000	520 000	
库存商品	125 000		60 000		185 000	
固定资产	251 000		15 000		266 000	
应付票据		23 000		10 000		33 000
应付账款		13 000	25 000	15 000		3 000
应付股利				85 000		85 000
实收资本		500 000	100 000	345 000		745 000
资本公积		100 000	40 000			60 000
利润分配		130 000	85 000			45 000
合　计	766 000	766 000	625 000	625 000	971 000	971 000

根据表 1-10，本期发生额借贷合计数、期末余额借贷方合计数均相等，表明账户记录基本正确。

通过上述举例可以发现，试算平衡是通过借贷金额是否平衡来检查账户记录是否正确的一种方法。如果借贷双方发生额或余额相等，表明账户记录基本正确，但有些错误并不影响借贷双方的平衡。因此，账户试算平衡并不能表明记账一定正确，但是账户试算不平衡，表示记账一定有错误。

不影响借贷双方平衡关系的错误通常有：

（1）漏记某项经济业务，使本期借贷双方的发生额等额减少，借贷仍然平衡。

（2）重复记录某项经济业务，使本期借贷双方的发生额等额虚增，借贷仍然平衡。

（3）某项经济业务记录的应借、应贷账户正确，但借贷双方金额同时多记或少记，且金额一致，借贷仍然平衡。

（4）某项经济业务记错有关账户，借贷仍然平衡。

（5）某项经济业务在账户记录中，颠倒了记账方向，借贷仍然平衡。

(6) 借方或贷方发生额中,偶然发生某笔经济业务多记,而另一笔经济业务少记,恰好相互抵消,借贷仍然平衡。

由于账户记录可能存在上述错误,无法通过编制试算平衡表发现,企业需要对一切会计记录进行日常或定期的复核,以保证账户记录的正确性。

第五节 会计凭证、会计账簿和会计账务处理程序

一、会计凭证

(一) 会计凭证概述

会计凭证是指记录经济业务发生或者完成情况的书面证明,是登记账簿的依据。它包括纸质会计凭证和电子会计凭证两种形式。

每项经济业务发生后,企业都必须按一定的程序填制或取得会计凭证,并且需要经过审核,只有审核无误的会计凭证,才能作为登记账簿的依据。

会计凭证按照填制程序和用途,可分为原始凭证和记账凭证。

1. 原始凭证

原始凭证也称为单据,是指在经济业务发生或完成时取得或填制的,用以记录或证明经济业务的发生或完成情况,明确经办人员的经济责任并具有法律效力的一种证明文件。原始凭证是进行会计核算的原始资料和重要依据。

常用的原始凭证有现金收据、银行进账单、发货票、增值税专用发票、增值税普通发票、差旅费报销单、产品入库单、领料单等。

需要注意的是,原始凭证必须能够反映经济业务的发生或完成情况,不能证明经济业务发生或完成情况的各种材料,均不能作为原始凭证,如银行对账单、银行存款余额调节表、试算平衡表、购货申请表、购销合同等。

1) 原始凭证的种类

(1) 原始凭证按取得来源分类,可分为自制原始凭证和外来原始凭证。

自制原始凭证是指由本单位有关部门和人员在经办或完成某项经济业务时填制的原始凭证,如领料单、收料单、产品入库单、借款单等。单位内部使用的领料单如表1-11所示。

表1-11 领料单

领料部门:									发料仓库:	
用途:			年 月 日						凭证编号:	
材料类别	材料编号	材料名称	规格型号	计量单位	请领数量	实发数量	单价(元)	金额(元)	备注
仓库负责人:		仓库保管员:		领料人:		审核人:		制单人:		

外来原始凭证是指在经济业务发生或完成时，从其他单位或个人直接取得的原始凭证，如购买原材料取得的增值税专用发票、职工出差报销的飞机票、火车票和餐饮费发票等。全面数字化的电子专用发票的格式如图 1-30 所示。

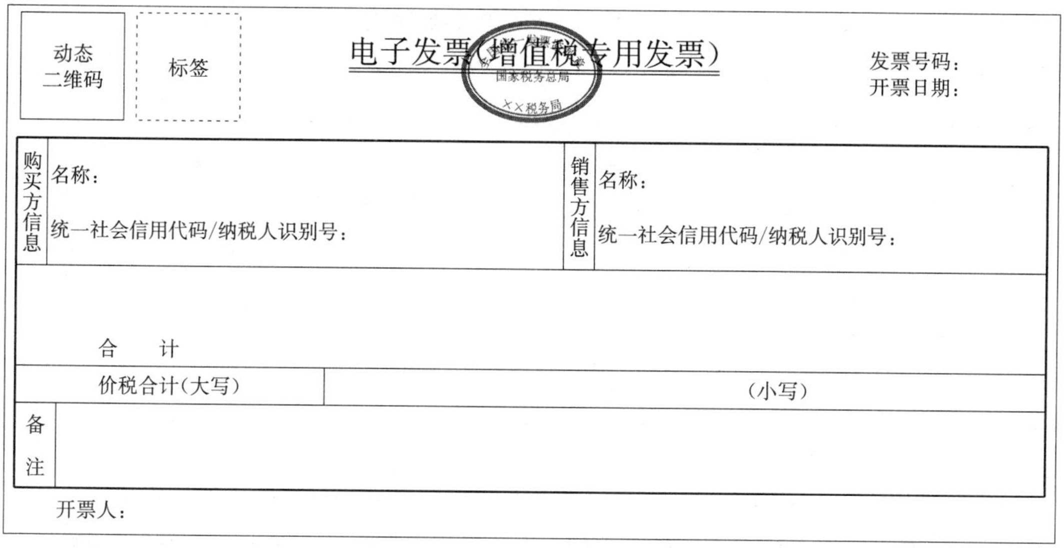
动态二维码　标签

电子发票（增值税专用发票）

发票号码：
开票日期：

购买方信息	名称： 统一社会信用代码/纳税人识别号：	销售方信息	名称： 统一社会信用代码/纳税人识别号：

合　计

价税合计（大写）	（小写）
备注	

开票人：

图 1-30　全面数字化的电子专用发票

（2）原始凭证按格式分类，可分为通用凭证和专用凭证。

通用凭证是指由有关部门统一印制、在一定范围内使用的具有统一格式和使用方法的原始凭证。通用凭证的使用范围因制作部门的不同而有所差异，可以是分地区、分行业使用，也可以是全国通用。例如，某省（市）印制的在该省（市）通用的发票，由中国人民银行制作的在全国范围内通用的银行转账结算凭证，由国家税务总局统一印制的全国通用的增值税专用发票、增值税普通发票等。增值税电子普通发票的格式如图 1-31 所示。

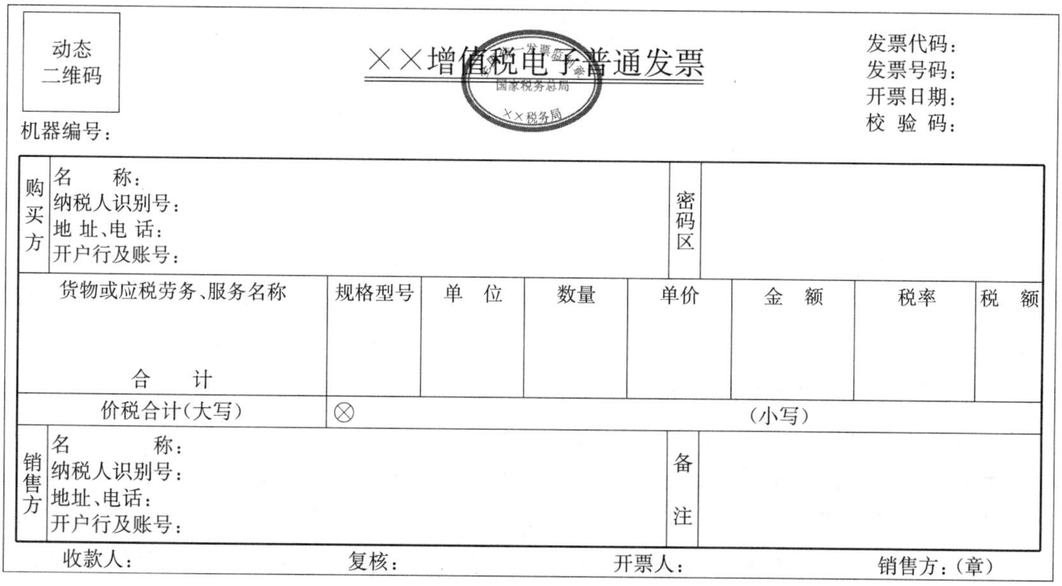
动态二维码

××增值税电子普通发票

机器编号：

发票代码：
发票号码：
开票日期：
校 验 码：

购买方	名　称： 纳税人识别号： 地 址、电 话： 开户行及账号：	密码区	

货物或应税劳务、服务名称	规格型号	单　位	数量	单价	金　额	税率	税　额
合　计							
价税合计（大写）	⊗			（小写）			

销售方	名　称： 纳税人识别号： 地址、电话： 开户行及账号：	备注	

收款人：　复核：　开票人：　销售方：（章）

图 1-31　增值税电子普通发票

专用凭证是指由单位自行印制的原始凭证,如领料单、差旅费报销单、固定资产折旧计算表、无形资产摊销表、工资费用分配表、制造费用分配表等。固定资产折旧计算表的一般格式如表1-12所示。

表1-12 固定资产折旧计算表

金额单位：

数量单位：

名称	入账时间	原值			摊销年限(年)	残值率	已摊销月数(月)	本月应摊销金额	累计已摊销金额	备注
		数量	单价	金额						
合计										

(3) 原始凭证按填制手续和内容分类,可分为一次凭证、累计凭证和汇总凭证。

一次凭证是在经济业务发生或完成时,由相关业务人员一次性填制完成,只记录一笔经济业务且仅一次有效的原始凭证,如收据、增值税专用发票、增值税普通发票、收料单、发货票、借款单、银行结算凭证等。收料单的一般格式如表1-13所示。

表1-13 收料单

供货单位：　　　　　　　　　　　　　　　　　　　　　　　　　收料仓库：

发票编号：　　　　　　　　　年　月　日　　　　　　　　　　凭证编号：

材料类别	材料编号	名称及规格	计量单位	数量		实际成本(元)			
				应收	实收	发票价格	采购费用	合计	单价

累计凭证是指在一定时期内多次记录发生的同类经济业务且多次有效的原始凭证,如限额领料单。累计凭证的填制要求和特点是在每次经济业务完成后,由相关人员在同一张凭证上重复填制完成。由于在一张凭证内可以连续多次记录相同类型的经济业务,随时结出累计数和结余数,能够简化会计核算手续,并按照费用限额进行费用控制,期末按实际发生额记账。限额领料单的一般格式如表1-14所示。

汇总凭证是指对一定时期内反映相同经济业务内容的若干张原始凭证,按照一定标准汇总填制而成的原始凭证。该凭证只能将类型相同的经济业务进行汇总,不能汇总两类或两类以上的经济业务。由于汇总凭证合并了同类经济业务,能够简化核算手续和记账工作。常见的汇总凭证有差旅费报销单、发料凭证汇总表、收料凭证汇总表、工资结算汇总表等。发料凭证汇总表的一般格式如表1-15所示。

表 1-14　限额领料单

领料部门：　　　　　　　　　　　　　　　　　　　　　　　　　发料仓库：
领料用途：　　　　　　　　　年　月　日　　　　　　　　　　　编　号：

材料编号	材料名称	规格	计量单位	计划单价	领用限额	数量	
						数量	金额(元)

领用日期	请领		实发		限额结余	退库	
	数量	领料人签章	数量	发料人签章		数量	退料单编号
合　计							

生产计划部门负责人：　　　　领料部门负责人：　　　　仓库负责人：　　　　仓库保管员：

表 1-15　发料凭证汇总表　　　　　　　　　　　　　　　　　　附件：张
　　　　　　　　年　月　　　　　　　　　　　　　　　　　　　单位：元

领用部门及用途	甲材料	乙材料	丙材料	合　计
合　计				

2) 原始凭证的基本内容

原始凭证的基本内容也称为原始凭证要素，原始凭证的格式和内容因经济业务和经营管理的不同而有所差异，但原始凭证应当具备以下基本内容：

（1）凭证的名称。

（2）填制凭证的日期。

（3）填制凭证单位名称和填制人姓名。

（4）经办人员的签名或者盖章。

（5）接受凭证单位名称。

（6）经济业务内容。

（7）数量、单价和金额。

3) 原始凭证的填制要求

（1）原始凭证要求记录真实、及时的信息。在经济业务发生后，各种原始凭证一定要及时填写，并按规定的程序和手续及时传递给会计部门审核和记账。原始凭证上所填列的经济业务内容、日期和数字必须真实可靠，与实际情况相符。

需要注意的是，原始凭证中的年、月、日要按照填制原始凭证的实际日期进行填写，而不是按照经济业务发生的日期。例如，领料单是在经济业务发生前，根据生产需要来填制的；收料单是在经济业务发生时，根据执行或完成情况填制的；发料汇总表是在经济业务完成后，根据某一期间内各部门领用材料的情况记录整理编制的。

(2) 原始凭证的内容要完整,附件资料要齐全。原始凭证所要求填列的项目必须逐项填列齐全,不得遗漏或省略。例如,名称要齐全,不能简化;品名或用途要填写明确,不能含糊不清;有关人员的签章必须齐全。

(3) 原始凭证要明确经济责任,手续要完备,涉及的签名或盖章要齐全。单位自制的原始凭证,如入库单、领料单等,必须有经办部门相关负责人的签名或盖章;从外部取得的原始凭证,如收据、增值税专用发票、付款通知单等,必须盖有填制单位的公章或者财务专用章;从个人取得的原始凭证,必须有填制人员的签名或盖章;对外开出的原始凭证必须加盖本单位公章或者财务专用章;对外开出或从外取得的电子形式的原始凭证必须附有符合《中华人民共和国电子签名法》的电子签名。

(4) 原始凭证的文字、数字要清楚、规范。原始凭证要按规定填写,文字、数字的书写要做到字迹清晰,工整规范,易于辨认,不得使用未经国务院公布的简化汉字。具体包括以下几个方面:①大小写金额必须符合填写规范,小写金额用阿拉伯数字逐个书写,不得写连笔字。②在数字金额前应填写币种符号,如人民币符号"¥"。若使用外币时,应填写相应外币符号,且币种符号与阿拉伯数字之间不得留有空白。金额数字一律填写到角、分;如果无角无分,写"00"或符号"—";如果有角无分,分位写"0",不得用符号"—"代替。③大写金额一律用汉字正楷或行书字书写,如零、壹、贰、叁、肆、伍、陆、柒、捌、玖、拾、佰、仟、万、亿、元、角、分、整等。大写金额前未印有"人民币"字样的,应加写"人民币"三个字,并且"人民币"字样和大写金额之间不得留有空白。大写金额到元或角为止的,在"元"或"角"后面应当写"整"或"正"字;大写金额到分为止的,在"分"后面不写"整"或"正"字。

【例1-32】 小写金额为"¥384 200.00",则大写金额应写为"人民币叁拾捌万肆仟贰佰元整"。小写金额为"¥5 972.30",则大写金额应写为"人民币伍仟玖佰柒拾贰元叁角整"。小写金额为"¥160 390.37",则大写金额应写为"人民币壹拾陆万零叁佰玖拾元叁角柒分"。

(5) 原始凭证编号要连续。各种原始凭证要连续编号,以便查找或检查。如果凭证已预先印定编号,如收据、发票、支票等重要凭证,在因错作废时,应加盖"作废"戳记,连同存根一起妥善保管,不得撕毁。

(6) 原始凭证不得涂改、刮擦、挖补。原始凭证金额有错误的,应当由出具原始凭证的单位重新开具,不得在原始凭证上进行更正;原始凭证有其他错误的,应当由出具单位重开或更正,更正处应当加盖出具单位的印章。

4) 原始凭证的审核

为了如实反映经济业务的发生和完成情况,充分发挥会计的监督职能,保证会计信息的真实可靠,会计人员必须对原始凭证进行严格审核。审核的内容主要包括:

(1) 原始凭证的真实性。真实性的审核包括对经济业务内容、填制凭证日期、数据是否真实等方面的审核。对于外来原始凭证,必须有填制单位的公章或财务专用章或发票专用章,以及填制人员的签章。其中,电子形式的外来原始凭证,应当附有符合《中华人民共和国电子签名法》的电子签名(章);对于自制原始凭证,必须有经办部门和经办人员的签名或盖章;对于通用原始凭证,还应审核凭证本身的真实性,以防造假。

(2) 原始凭证的合法性、合理性。合法性、合理性的审核包括审核原始凭证所记录经济业务是否符合国家法律法规,是否履行了规定的凭证传递和审核程序;审核原始凭证所记录经济业务是否符合企业经济活动的需要,是否符合企业有关的计划、预算及生产经营目标等。

(3)原始凭证的完整性。完整性的审核包括审核原始凭证各项基本要素是否齐全、是否有漏项情况、内容是否完整、数字和文字是否清晰工整、有关人员签章是否齐全、凭证联次是否正确等。

(4)原始凭证的正确性。正确性的审核是指审核原始凭证记载的各项内容是否正确,主要包括以下三点内容:①接受原始凭证单位的名称是否正确。②金额的填写和计算是否正确。具体审核阿拉伯数字是否分位填写,注意不得连写;小写金额前要标明"¥"字样,中间不能留有空位;大写金额前要加"人民币"字样;大写金额与小写金额是否相符。③更正是否正确。需要注意的是,原始凭证记载的各项内容均不得涂改、刮擦和挖补。

【例1-33】 甲黄酒公司位于廊坊,销售部门经理张明于2023年6月参加丙公司在绍兴举办的黄酒展销会。出差归来后报销差旅费,依据往返航空运输电子客票行程单2张、往返高铁票2张和住宿酒店开出的全面数字化的电子专用发票1张等外来原始凭证(图1-32至图1-34)。试填制"差旅费报销单"(表1-16)。

图1-32 往返航空运输电子客票行程单

图 1-33　往返高铁票

图 1-34　全面数字化的电子专用发票

表 1-16　差旅费报销单

报销日期 2023 年 6 月 14 日　　　　　　　　　　　　　　　　　　　　附单据 5 张

姓名		张明		出差事由		参加丙公司在绍兴举办的黄酒展销会				
启程日期及地点		到达日期及地点		交通工具	金额	出差补助		住宿费		金额合计
月	日	地点	月	日	地点			天数	金额	价款	税款	
6	10	北京	6	10	上海	1 160.00	1 160.00	4	800.00	1 440.00	86.40	3 486.40
6	10	上海	6	10	绍兴	92.50	92.50					92.50
6	14	绍兴	6	14	上海	92.50	92.50					92.50
6	14	上海	6	14	北京	1 410.00	1 410.00					1 410.00
					合计	2 755.00			800.00	1 440.00	86.40	5 081.40

(续表)

实报金额	人民币(大写)伍仟零捌拾壹元肆角整 ￥5 081.40		（小写）	预借金额 ￥5 500.00	应补金额 —	应退金额 ￥418.60
购进国内旅客运输服务票外应抵扣的进项税额计算	航空、铁路运输			(1 110＋92.5＋92.5＋1 360)÷ (1＋9%)×9%＝219.22		
	公路、水路等运输					

单位负责人：×× 　财务负责人：×× 　部门负责人：×× 　出纳：×× 　审核：×× 　出差人：张明

填写提示与说明：根据增值税改革相关规定，纳税人购进国内旅客运输服务，其进项税额允许从销项税额中抵扣。纳税人未取得增值税专用发票的，暂按以下规定确定增值税进项税额：①取得注明旅客身份信息的航空运输电子客票行程单的，按"航空旅客运输进项税额＝(票价＋燃油附加费)÷(1＋9%)×9%"计算增值税进项税额，机场建设费(乘坐国内航班50元人民币/人)不可以抵扣进项税额。②取得注明旅客身份信息的铁路车票的，按"铁路旅客运输进项税额＝票面金额÷(1＋9%)×9%"计算增值税进项税额。③取得注明旅客身份信息的公路、水路等其他客票的，按"公路、水路等其他旅客运输进项税额＝票面金额÷(1＋3%)×3%"计算增值税进项税额。

"差旅费报销单"既是专用凭证又是汇总凭证，是单位自行印刷的单据。反映销售部门经理张明出差这项经济业务涉及的航空运输电子客票行程单、高铁票和住宿发票等若干原始凭证，应汇总填制在一张标准化单据上。财务人员在审核航空运输电子客票行程单、高铁票和住宿发票等外来原始凭证时，应注意是否真实，是否有填制单位的公章或财务专用章或发票专用章，是否与差旅费报销单的金额匹配；审核差旅费的报销是否符合公司报销政策的规定，如住宿的消费标准和报销限额等，以及评估报销费用是否合理和必要；审核差旅费报销单上各项目时，检查是否按规定填列完整，金额填写是否正确，以及有关部门人员的签字或盖章是否齐全。

2．记账凭证

记账凭证是指会计人员根据审核无误的原始凭证，按照经济业务的内容加以归类，并据以确定会计分录后填制的会计凭证，是作为登记账簿的直接依据。记账凭证的作用主要包括确定会计分录进行账簿登记、反映经济业务的发生或完成情况、监督企业经济活动、明确相关人员的责任。

1）记账凭证的种类

记账凭证按照用途，可分为专用记账凭证和通用记账凭证。其中，专用记账凭证按照其反映的经济业务的内容划分，通常可进一步分为收款凭证、付款凭证和转账凭证。

（1）收款凭证是指用于记录库存现金和银行存款收款业务的记账凭证。收款凭证根据有关库存现金和银行存款收款业务的原始凭证进行填制，可分为库存现金收款凭证和银行存款收款凭证。收款凭证是登记库存现金日记账、银行存款日记账，以及有关明细分类账和总分类账等账簿的依据，也是出纳人员收讫款项的依据。

（2）付款凭证是指用于记录库存现金和银行存款付款业务的记账凭证。付款凭证根据有关库存现金和银行存款支付业务的原始凭证进行填制，可分为库存现金付款凭证和银行存款付款凭证。付款凭证是登记库存现金日记账、银行存款日记账，以及有关明细分类账和总分类账等账簿的依据，也是出纳人员支付款项的依据。

（3）转账凭证是指用于记录不涉及库存现金和银行存款业务的记账凭证。转账凭证根据有关转账业务的原始凭证填制。转账凭证是登记有关明细分类账和总分类账等账簿的依据。

通用记账凭证是指各类经济业务共同使用的、统一格式的记账凭证，即无论是收款业务、付款业务，还是转账业务，均使用通用格式。通用记账凭证的格式与转账凭证的格式基本相同。

2）记账凭证的基本内容

记账凭证是登记账簿的依据，为了保证账簿记录的正确性，记账凭证必须具备以下基本内容：

（1）填制凭证的日期。

（2）凭证编号。

（3）经济业务摘要。

（4）应借、应贷会计科目。

（5）金额。

（6）所附原始凭证张数。

（7）填制凭证人员、稽核人员、记账人员、会计机构负责人、会计主管人员签名或者盖章。其中，收款凭证和付款凭证还应当由出纳人员签名或者盖章。

3）记账凭证的填制要求

填制记账凭证包括如下几点要求：

（1）记账凭证各项内容必须完整，书写应当清楚、规范。

（2）结账和更正错账可以不附原始凭证，其他记账凭证必须附原始凭证。

（3）记账凭证可以根据每一张原始凭证填制，也可以根据若干张同类原始凭证汇总填制，还可以根据原始凭证汇总表填制；但不得将不同内容和类别的原始凭证汇总填制在一张记账凭证上。

（4）记账凭证应连续编号。记账凭证应由主管该项业务的会计人员，按业务发生的先后顺序，并按不同种类的记账凭证采用"字号编号法"连续编号。例如，银行存款收款凭证从1号开始编制，为"银收字1号""银收字2号"等；银行存款付款凭证从1号开始编制，为"银付字1号""银付字2号"等。同理，库存现金收款凭证从1号开始编制，为"现收字1号""现收字2号"等；库存现金付款凭证从1号开始编制，为"现付字1号""现付字2号"等。

如果一笔经济业务需要填制两张或两张以上记账凭证，可以采用"分数编号法"编号，即所填制的几张记账凭证应采用一个总号，在此总号码下，附带分数表示。

需要注意的是，为便于监督，反映付款业务的会计凭证不得由出纳人员编号。

【例1-34】 甲公司于2023年7月31日发生某笔业务，需要填制转账凭证第72号，由于涉及的会计分录较长，需要填制三张转账凭证，那么这三张转账凭证的编号按顺序应该是："转字$72\frac{1}{3}$号""转字$72\frac{2}{3}$号""转字$72\frac{3}{3}$号"。

(5)如果填制记账凭证时发生错误,应分情况处理:①如果还没有根据该记账凭证登记账簿,将错误的记账凭证作废后,重新填制即可。②已经根据错误的记账凭证登记入账的,如果在当年内发现填写错误,可以用红字填写一张与原内容相同的记账凭证,在摘要栏注明"注销某月某日某号凭证"字样,同时再用蓝字重新填制一张正确的记账凭证,注明"订正某月某日某号凭证"字样;如果会计科目没有错误,只是金额发生错误,也可以将正确数字与错误数字之间的差额另编一张调整的记账凭证,调增金额用蓝字,调减金额用红字;如果发现以前年度记账凭证有错误,应当用蓝字填制一张更正的记账凭证。

(6)记账凭证填制完成后,如有空行,应当自金额栏最后一笔金额数字下的空行处至合计数上的空行处划线注销。

【例 1-35】 甲公司于 2023 年 4 月 21 日向丙食品店销售一批蛋糕和饼干,货已发出,收到款项 51 980 元且已通过银行转账收讫。甲公司开具的增值税专用发票上显示蛋糕价款为 12 000 元,税款为 1 560 元,饼干价款为 34 000 元,税款为 4 420 元。该项业务为甲公司当期第 13 笔银行存款收款业务,会计人员吴莉根据银行存款进账单、增值税专用发票和产品出库单等原始凭证,编制收款凭证(表 1-17)。

表 1-17 收款凭证

借方科目:银行存款　　　　　2023 年 4 月 21 日　　　　　银收 字第 13 号　　附件 3 张

摘要	贷方科目		记账	金额									
	总账科目	明细科目		亿	千	百	十	万	千	百	十	元	角	分
销售蛋糕和饼干	主营业务收入	蛋糕					1	2	0	0	0	0	0
		饼干					3	4	0	0	0	0	0
	应交税费	应交增值税（销项税额）						5	9	8	0	0	0
合 计							¥	5	1	9	8	0	0	0

会计主管:　　　记账:　　　出纳:　　　审核:　　　制单:吴莉

结合[例 1-35],注意收款凭证有以下填制要求:①收款凭证左上角的借方科目按收款的性质填写"库存现金"或"银行存款"。②收款凭证上的日期为填制本凭证的日期。③右上角填写填制收款凭证的顺序号。④"摘要"栏填写所记录经济业务的简要说明。⑤"贷方科目"栏填写与"库存现金"或"银行存款"相对应的会计科目。⑥"记账"是指本凭证已登记账簿的标记,为了防止经济业务重记或漏记,登记账簿后,标记记账符号"√"。⑦"金额"是指该项经济业务的发生额。⑧收款凭证右上角或右边"附单据×张"是指本记账凭证所附原始凭证的张数。⑨相关金额填制完成后,金额栏空行处至合计数上的空行处划线注销。⑩收款凭证最下边分别由有关人员签章,以明确经济责任。

【例 1-36】 2023 年 6 月 8 日,甲公司销售部门经理张明为参加丙公司在绍兴举办的黄酒展销会,预借差旅费 5 500 元。该项业务为甲公司当期第 3 笔库存现金付款业务,会计人员吴莉根据借款单,编制付款凭证(表 1-18)。

表 1-18 付款凭证

现付 字第 3 号

贷方科目:库存现金　　　　　　2023 年 6 月 9 日　　　　　　　　附件 1 张

摘　要	借方科目		记账	金额									
	总账科目	明细科目		亿	千	百	十	万	千	百	十	元	角	分
预借差旅费	其他应收款	张明							5	5	0	0	0	0
合　计									¥	5	5	0	0	0	0

会计主管:　　　　记账:　　　　出纳:　　　　审核:　　　　制单:吴莉

付款凭证是根据审核无误的库存现金或银行存款的付款业务的原始凭证填制的。通过[例 1-36]可以看出,付款凭证的填制方法与收款凭证基本相同,不同的是在付款凭证的左上角应填列贷方科目,即"库存现金"或"银行存款"科目,"借方科目"栏应填写与"库存现金"或"银行存款"相对应的总账科目和明细科目。

对于涉及"库存现金"和"银行存款"之间的相互划转业务,如将现金存入银行或从银行提取现金,为了避免重复记账,一般只填制付款凭证,不再填制收款凭证。

需要注意的是,出纳人员在办理收款或付款业务后,应在原始凭证上加盖"收讫"或"付讫"的印章以免重复收款或付款,如[例 1-37]所示。

【例 1-37】 [例 1-36]中,张明收到借款前,需要填写借款单,并经相关部门负责人审批同意并签章;之后,由出纳人员审核借款单,如借款金额、原因和签章是否正确;出纳人员审核无误后,清点现金后支付给张明,并在该借款单上加盖"现金付讫"印章,表示库存现金已支付。张明填制的借款单如表 1-19 所示。

表 1-19 借款单

借款部门	销售部门	借款日期	2023 年 6 月 8 日	借款人	张明
借款理由	参加绍兴黄酒展销会				
借款金额(大写)	伍仟伍佰元整			(小写)¥5 500.00	
付款方式	现　金	还款或报销日期		2023 年 6 月 30 日之前	
部门负责人 审批意见	同意。 　　　　　　李× 2023 年 6 月 8 日	财务负责人 审批意见		同意。 　　　　　　赵× 2023 年 6 月 8 日	

出纳:王×　　　　　　　　　　　　　　　　　　　　　　　　　　　借款人:张明

【例 1-38】 甲公司于 2023 年 7 月 6 日从乙供应商购买一批酵母,已验收入库,收到的增值税专用发票上酵母价款为24 000元,税款为3 120元。根据合同约定,货款将于下月支付。该项业务为甲公司当期第10笔转账业务,会计人员吴莉根据业务审批单、收料单和增值税专用发票等原始凭证,编制转账凭证(表1-20)。

表1-20 转账凭证

2023年7月6日　　　　　　　　　　　　　　　　　　　　　　　　转 字第 10 号　　附件 3 张

摘　要	总账科目	明细科目	记账	借方金额 亿千百十万千百十元角分	贷方金额 亿千百十万千百十元角分
赊购原材料	原材料	酵母		2 4 0 0 0 0 0	
	应交税费	应交增值税 (进项税额)		3 1 2 0 0 0	
	应付账款	乙供应商			2 7 1 2 0 0 0
合　计				￥ 2 7 1 2 0 0 0	￥ 2 7 1 2 0 0 0

会计主管:　　　记账:　　　出纳:　　　审核:　　　制单:吴莉

转账凭证在填制过程中,需要注意"总账科目"和"明细科目"栏填写应借、应贷的总账科目和明细科目,借方科目应记金额在同一行的"借方金额"栏填列,贷方科目应记金额在同一行的"贷方金额"栏填列,"借方金额"栏合计数与"贷方金额"栏合计数应相等。

通用记账凭证的格式与转账凭证类似,凭证填制的内容与要求也与转账凭证基本相同,只是反映的内容不受经济业务类别的限制,即不必区分收款业务、付款业务和转账业务,只需要在记账凭证上直接进行会计分录和相应内容的编制即可。通用记账凭证的格式如表1-21所示。通用记账凭证可以记录各种业务,格式单一,填制方法易于掌握,适用范围广泛,印制成本低。

表1-21 记账凭证

年　月　日　　　　　　　　　　　　　　　　　　　　　　　　第　号　　附件　张

摘　要	总账科目	明细科目	记账	借方金额 亿千百十万千百十元角分	贷方金额 亿千百十万千百十元角分
合　计					

会计主管:　　　记账:　　　出纳:　　　审核:　　　制单:

4) 记账凭证的审核

为了保证会计信息的质量,在记账之前应由有关稽核人员对记账凭证进行严格的审核,审核的内容主要包括以下三方面：

(1) 记账凭证是否以原始凭证为依据,所附原始凭证或原始凭证汇总表与记账凭证的内容是否一致。

(2) 记账凭证中的会计分录是否正确,应借、应贷科目以及对应关系是否正确,所记录的金额与原始凭证的有关金额是否一致,计算是否正确。

(3) 记账凭证各项目的填写是否齐全;所记录的文字、数字是否工整、清晰;有关人员是否都已签名或盖章;出纳人员在办理收款或付款业务后,是否已在原始凭证上加盖"收讫"或"付讫"的戳记。

在审核记账凭证的过程中,如果发现差错,应查明原因,按规定办法及时处理和更正。只有审核无误的记账凭证,才能作为登记账簿的依据。

(二) 会计凭证的保管

会计凭证的保管包括会计凭证记账后的整理、装订、归档和存查工作。会计凭证作为记账的依据,是重要的会计档案和经济资料。任何单位在完成经济业务手续和记账后,必须将会计凭证按规定的立卷归档制度形成会计档案,妥善保管,防止丢失,不得任意销毁,以便日后随时查阅。

会计凭证的保管要求主要有以下几点内容：

(1) 会计部门在依据会计凭证记账后,应定期(每天、每旬或每月)对各种会计凭证进行分类整理,将各种记账凭证按照编号顺序,连同所附的原始凭证一起加具封面和封底,装订成册,并在装订线上加贴封签,防止抽换凭证。会计凭证封面应注明单位名称、凭证种类、凭证张数、起止号数、年度、月份、会计主管人员和装订人员等有关事项,会计主管人员和保管人员等应在封面上签章。

如果原始凭证较多,可单独装订,但应在凭证封面注明所属记账凭证的日期、编号和种类,同时在所属的记账凭证上应当注明"附件另订"及原始凭证的名称和编号,以便查阅。对各种重要的原始凭证,如押金收据、提货单等,以及各种需要随时查阅和退回的单据,应另编目录,单独保管,并在有关的记账凭证和原始凭证上分别注明日期和编号。

(2) 从外单位取得的原始凭证遗失时,应取得原签发单位盖有公章的证明,并注明原始凭证的号码、金额、内容等,由经办单位会计机构负责人、会计主管人员和单位负责人批准后,才能代作原始凭证。若确实无法取得证明,如车票丢失,则应由当事人写明详细情况,由经办单位会计机构负责人、会计主管人员和单位负责人批准后,代作原始凭证。

(3) 单位保存的会计档案一般不得对外借出,确因工作需要且根据国家有关规定必须借出的,应当严格按照规定办理相关手续;其他单位如有特殊原因,确实需要使用单位会计档案时,经本单位会计机构负责人、会计主管人员批准,可以复制;向外单位提供的会计档案复制件,应在专设的登记簿上登记,并由提供人员和收取人员共同签名或者盖章。

(4) 每年装订成册的会计凭证,在会计年度终了后,可由单位会计机构临时保管 1 年,期满后应当移交本单位档案管理机构统一保管;因工作需要确需推迟移交的,应当经单位档案管理机构同意,且最长不超过 3 年;单位未设立档案管理机构的,应在会计机构等机构内部指定专人保管;出纳人员不得兼管会计档案。

(5) 单位内部形成的属于归档范围的电子会计凭证等电子会计资料,在满足一定条件的情况下,可仅以电子形式保存,形成电子会计档案,无须打印电子会计资料纸质件进行归档保存。单位仅以电子形式保存会计档案的,原则上应从一个完整会计年度的年初开始执行,以保证其年度会计档案保存形式的一致性。

(6)严格遵守会计档案的保管期限要求,保管期满前不得任意销毁;保管期满后,要先报经上级主管部门批准,确实没有保存价值后,方可销毁。

二、会计账簿

(一)会计账簿概述

会计账簿简称账簿,是指由一定格式的账页组成的,以经过审核的会计凭证为依据,全面、系统、连续地记录各项经济业务的簿籍。

会计凭证和会计账簿都是记录经济业务的会计资料,但是两者的记录方式和作用不同。每张会计凭证上只能记载单个经济业务的内容,所提供的会计资料比较分散;而会计账簿能够把分散在会计凭证中的会计信息进行汇总和归类整理,使会计信息更加条理化和综合化。

1. 会计账簿的基本内容

在实际工作中,由于各种会计账簿所记录的经济业务不同,账簿的格式也多种多样,但各种账簿都应具备以下基本内容:

(1)封面。封面主要用来标明账簿的名称,如总分类账、各种明细分类账、库存现金日记账、银行存款日记账等。银行存款日记账和总分类账的封面如图1-35所示。

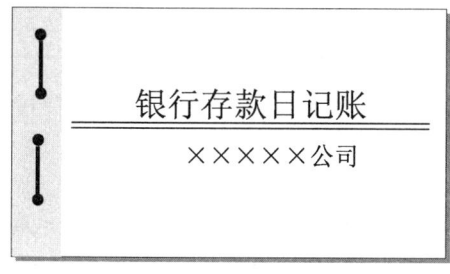
(a)银行存款日记账的封面

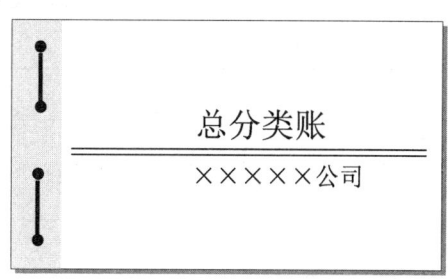
(b)总分类账的封面

图1-35 银行存款日记账和总分类账的封面

(2)扉页。扉页主要用来列明会计账簿的使用信息,如科目索引、账簿启用和经管人员一览表等。科目索引的格式如表1-22所示,账簿启用登记和经管人员一览表的格式如表1-23所示。

表1-22 科目索引(部分)

编号	科目名称	起讫页码	编号	科目名称	起讫页码	编号	科目名称	起讫页码
1001	库存现金		1231	其他应收款		1601	固定资产	
1002	银行存款		1241	坏账准备		1602	累计折旧	
1121	应收票据		1402	在途物资		1606	在建工程	
1122	应收账款		1403	原材料		1701	无形资产	
1123	预付账款		1406	库存商品		1702	累计摊销	

表 1-23 账簿启用登记和经管人员一览表

账簿名称：　　　　　　　　　　　　　　　　　　　　　　　　单位名称：
账簿编号：　　　　　　　　　　　　　　　　　　　　　　　　账簿册数：
账簿页数：　　　　　　　　　　　　　　　　　　　　　　　　启用日期：
会计主管：　　　　　　　　　　　　　　　　　　　　　　　　记账人员：

移交日期			移交人		接管日期			接管人		会计主管	
年	月	日	签名	签章	年	月	日	签名	签章	签名	签章

（3）账页。账页是账簿用来记录经济业务的主要载体，包括账户的名称、日期栏、凭证种类和编号栏、摘要栏、金额栏，以及总页次和分户页次等基本内容。

2. 会计账簿的种类

会计账簿可以按照用途、账页格式、外形特征等进行分类。

（1）按用途分类。会计账簿按照用途可以分为序时账簿、分类账簿和备查账簿。

序时账簿也称为日记账，是按照经济业务发生时间的先后顺序逐日、逐笔登记的账簿。在我国，大部分企业一般只设置库存现金日记账和银行存款日记账。库存现金日记账的格式如表 1-24 所示。

表 1-24 库存现金日记账

第　　页

年		凭证字号	摘　要	对方科目	收入	支出	结余
月	日						

分类账簿是指按照分类账户设置登记的账簿。分类账簿是会计账簿的主体，也是编制财务报表的主要依据。分类账簿按其反映经济业务的详略程度，可分为总分类账簿和明细分类账簿。其中，总分类账簿简称总账，是根据总分类账户设置的，总括地反映某类经济活动。总分类账簿主要为编制财务报表提供直接数据资料，其格式通常是三栏式。明细分类账簿简称明细账，是根据明细分类账户设置的，用来提供明细的核算资料。明细分类账簿可采用的格式主要有三栏式明细账、多栏式明细账、数量金额式明细账等。总分类账对所辖的明细账起统驭作用，明细账对总账进行补充和说明，两种账簿相辅相成。

备查账簿也称为辅助登记簿或补充登记簿，是对某些在序时账簿和分类账簿中未能记载或记载不全的经济业务进行补充登记的账簿。例如，反映应付票据详细信息的"应付票据登记簿"（表 1-25）、反映企业租入固定资产的"租入固定资产登记簿"、反映委托其他企业加工材料相关信息的"委托加工材料登记簿"等都是备查账簿。备查账簿只是对其他账簿记录的一种补充，与其他账簿之间不存在严密的依存和勾稽关系。备查账簿根据企业的实际需要设置，没有固定的格式要求。

表 1-25 ××公司——应付票据登记簿

_____年度

出票银行	对方单位	银行承兑汇票号码	票面金额	出票日期	到期日	备注

(2) 按账页格式分类。会计账簿按照账页格式可以分为三栏式账簿、多栏式账簿、数量金额式账簿。

三栏式账簿是设有借方、贷方和余额三个金额栏目的账簿。各种日记账、总账,以及资本、债权债务明细账都可采用三栏式账簿。三栏式账簿又分为设对方科目和不设对方科目两种,其区别是在摘要栏和借方栏之间是否有"对方科目"一栏。总分类账和设对方科目的三栏式明细账分别如表 1-26 和表 1-27 所示。

表 1-26 总分类账

××××(科目名称)总账

第____页

年		凭证字号	摘要	借方	贷方	借或贷	余额
月	日						

表 1-27 设有对方科目的三栏式明细账

××××(科目名称) 明细账

二级科目编号及名称: 总第____页 分第____页

年		凭证字号	摘要	对方科目	借方	贷方	借或贷	余额
月	日							

多栏式账簿是在账簿的两个金额栏目(借方和贷方)按需要分设若干专栏的账簿。这种账簿可以按"借方"和"贷方"分设专栏,也可以只设"借方"或"贷方"专栏,设多少栏目则根据需要确定。收入、成本、费用明细账一般采用多栏式账簿。销售费用明细账如表 1-28 所示。

表 1-28 销售费用明细账

明细账户编号及名称: 总第____页 分第____页

年		凭证字号	摘要	借方				贷方	余额
月	日			工资薪酬	广告费	折旧费	运输费		

数量金额式账簿是在账簿的借方、贷方和余额三个栏目内,再各分设数量、单价和金额三小栏,用来反映财产物资的实物数量和价值量的账簿。原材料、库存商品等存货类明细账一般采用数量金额式账簿。原材料明细账如表 1-29 所示。

表 1-29 原材料明细账

明细账户编号及名称:　　　　　　　　　　　　　　　　　总第＿＿页　分第＿＿页
类别:　　　　品名及规格:　　　计量单位:　　　存放地点:

年		凭证字号	摘要	收入			发出			结存		
月	日			数量	单价	金额	数量	单价	金额	数量	单价	金额

(3) 按外形特征分类。会计账簿按照外形特征可以分为订本式账簿、活页式账簿、卡片式账簿。

订本式账簿简称订本账,是在启用前将编有顺序页码的一定数量的账页装订成册的账簿。订本式账簿的优点是能避免账页散失和防止抽换账页;缺点是不能准确为各账户预留账页,且一本账簿在同一时间只能由一人进行登记,不便于记账人员的工作分工。订本式账簿一般适用于比较重要的、具有统驭性的账簿,如总分类账、库存现金日记账和银行存款日记账。

活页式账簿简称活页账,是在启用前没有编有顺序页码,而是将一定数量的账页置于活页夹内,可根据记账内容的变化随时增加或减少部分账页的账簿;当账簿登记完毕之后,才将账页装订,加以封面,并给各账页连续编码。活页式账簿的优点是使用灵活,会计人员在记账时可以根据实际需要,随时将空白账页装入账簿,或抽去不需要的账页,便于分工记账;缺点是如果管理不善,可能会造成账页散失或故意抽换账页。活页式账簿一般适用于明细分类账。

卡片式账簿简称卡片账,是将一定数量的卡片式账页存放于专设的卡片箱中,可以根据需要随时增添账页的账簿。卡片式账簿可跨年度连续使用。在我国,企业一般只对固定资产明细账的核算采用卡片式账簿,也有少数企业在材料核算中使用材料卡片。固定资产卡片如图 1-36 所示。

(二) 会计账簿的启用和登记要求

启用会计账簿时,记账人员应当在账簿封面上写明单位名称和账簿名称(图 1-35),并在账簿扉页上附启用表(表 1-22 和表 1-23)。启用订本式账簿应当从第一页到最后一页顺序编定页数,不得跳页、缺号;使用活页式账簿应当按账户顺序编号,并必须定期装订成册,装订后再按实际使用的账页顺序编定页码,另加目录以便于记明每个账户的名称和页次。

为了保证账簿记录的正确性,记账人员必须根据审核无误的会计凭证,并符合有关法律、行政法规和国家统一的会计制度的规定登记会计账簿。登记会计账簿的主要要求

<table>
<tr><td colspan="4" align="center">固定资产卡片</td></tr>
<tr><td>名　称</td><td></td><td>资产编号</td><td></td></tr>
<tr><td>规　格</td><td></td><td>凭证编号</td><td></td></tr>
<tr><td>数　量</td><td></td><td>开始使用日期</td><td></td></tr>
<tr><td>建造单位</td><td></td><td>使用年限</td><td></td></tr>
<tr><td>购建日期</td><td></td><td>预计残值</td><td></td></tr>
<tr><td>固定资产原值(元)</td><td></td><td>折旧方法</td><td></td></tr>
<tr><td>其中：安装成本</td><td></td><td>年折旧率</td><td></td></tr>
</table>

使用记录　　　　　　　　　　　　　　　　大修记录

年	月	使用部门	年	月	修理情况

停用记录　　　　　　　　　　　　　　　　出售或报废记录

停用原因	停用日期	起用日期	

图 1-36　固定资产卡片

如下：

（1）登记会计账簿时，记账人员应当将会计凭证日期、编号、业务内容摘要、金额和其他有关资料逐项记入账内。账簿记录中的日期，应该填写记账凭证上的日期；以自制原始凭证（如收料单、领料单等）作为记账依据的，账簿记录中的日期应按有关自制原始凭证上的日期填列。记账凭证登记完毕后，要在记账凭证上签名或者盖章，并注明已经登账的符号，如"√"，表示已经登账，避免重复记录或漏记。

（2）登记会计账簿时，记账人员应当按照账户页次顺序连续登记，不得跳行、隔页。如果发现有跳行或隔页的情况，应当在空行、空页处用红色墨水笔画对角线注销，或注明"此行空白"或"此页空白"字样，并由记账人员在更正处签名或盖章。

（3）账簿中书写的文字和数字应尽量沿底线书写，占 1/2 格距，不要写满格，为不慎登记错误时，留有更正的空间。同时，为了保持账簿记录的持久性，防止涂改，登记账簿必须使用蓝黑墨水或碳素墨水书写，不得使用圆珠笔（银行的复写账簿除外）或者铅笔书写。

只有出现以下四种情况，记账人员才可以使用红色墨水登记账簿：

第一，按照红字冲账的记账凭证，冲销错误记录使用红色墨水。

第二，在不设借、贷等栏的多栏式账页中，用红色墨水登记减少数。

【例 1-39】 甲公司的营业外收入明细账如表 1-30 所示，该营业外收入明细账属于不设借方的贷方多栏式明细账。甲公司在 2023 年 3 月 31 日结转营业外收入至"本年利润"账户时,需要用红色墨水记账,表示"减少数"。

表 1-30　营业外收入明细账

明细账户编号及名称：　　　　　　　　　　　　　　　　　　　总第　32　页　分第　1　页

2023年		凭证字号	摘　要	贷方发生额	贷方金额分析			
月	日				捐赠利得	盘盈利得	罚没收入	债务转入
3	12	转10	接受捐赠	10 000	10 000			
	29	转16	现金盘盈	200		200		
	30	转19	罚款利得	500			500	
	31	转21	无法支付的应付账款	3 500				3 500
	31	转22	结转至本年利润	−14 200	−10 000	−200	−500	−3 500

第三,在三栏式账户的余额栏如未印明余额方向的,在余额栏内使用红色墨水登记负数余额。

第四,根据国家规定可以用红字登记的其他会计记录。

(4) 凡需要结出余额的账户,结出余额后,应当在"借或贷"栏目内注明"借"或"贷"字样,以示余额的方向;对于没有余额的账户,应在"借或贷"栏内写"平"字,并在"余额"栏"元"位处用"0"表示。库存现金日记账和银行存款日记账必须逐日结出余额。

(5) 每一账页登记完毕时,应当结出本页发生额合计及余额,在该账页最末一行"摘要"栏注明"转次页"或"过次页",并将这一金额记入下一页第一行有关金额栏内,在该行"摘要"栏注明"承前页",以保持账簿记录的连续性,便于对账和结账。

(6) 账簿记录发生错误时,不得刮擦、挖补或用褪色药水更改字迹,应采用规定的方法更正。

(三) 会计账簿的格式与登记方法

1. 日记账的格式与登记方法

1) 库存现金日记账的格式与登记方法

库存现金日记账是由出纳人员根据审核无误的、与库存现金收、付业务有关的记账凭证,按时间先后顺序逐日、逐笔进行登记。根据账款分管的原则,库存现金总账由会计人员进行汇总登记。

库存现金日记账必须使用订本账,其格式主要是三栏式,如表 1-31 所示。在有关库存现金收、付的经济业务较多时,企业也可以采用多栏式,即按收入的来源和支出的用途设专栏,由于"库存现金"科目借、贷双方对应的科目太多会形成太长的账页,不便于登记和保管,实务中可以将多栏式库存现金日记账按照现金收入业务和支出业务,分为多栏式库存现金收入日记账(表 1-32)和多栏式库存现金支出日记账(表 1-33)。

登记库存现金日记账的方法具体如下：

(1) 日期栏,即记账凭证日期,应与库存现金实际收、付日期一致。

(2) 凭证字号栏,登记入账的收、付款凭证的种类和编号,用于查账和核对。

(3) 摘要栏,简要说明经济业务的内容。

表 1-31　库存现金日记账

第 15 页

2023年		凭证字号	摘　要	对方科目	收入	支出	结余
月	日						
10			承上页		97 420	82 350	86 820
	16	现收 6	收回欠款	应收账款	200		
	16		本日合计		1 200	300	87 720
	17	现付 13	购买办公用品	管理费用		5 000	
	17	银付 20	从银行提取备用金	银行存款	10 000		
	17		本日合计		10 000	5 000	92 720

表 1-32　多栏式库存现金收入日记账

年		凭证字号	摘要	贷方科目				收入合计	支出合计	余额
月	日			银行存款	主营业务收入	其他业务收入	应收账款			

表 1-33　多栏式库存现金支出日记账

年		凭证字号	摘要	借方科目				支出合计
月	日			银行存款	其他应收款	销售费用	管理费用	

（4）对方科目栏，登记库存现金收入的来源科目或支出的用途科目。如果账务处理中有不止一个对方科目，应填写主要科目，一般指金额最大的科目。

（5）收入、支出栏（或借方、贷方），是登记库存现金实际收、付的金额。每日终了，应分别计算收入、付出总额，并结出余额，同时将余额与出纳人员的库存现金核对，即"日清"，如果账款不相符，应查明原因，记录备案；月终同样要计算库存现金收、付和结存的合计数，即"月结"。

2）银行存款日记账的格式与登记方法

银行存款日记账是由出纳人员根据审核无误的、与银行存款收、付业务有关的记账凭证，按时间先后顺序逐日、逐笔进行登记。根据账款分管的原则，银行存款总账由会计人员进行汇总登记。

银行存款日记账必须使用订本账，其格式与库存现金日记账基本相同，主要是三栏式（表 1-34），也可以是多栏式。银行存款日记账的登记方法与库存现金日记账类似，必须"日清、月结"，每日结出账面结余金额，防止签发空头支票，同时便于定期与开户银行发来的"银行存款对账单"逐笔核对。

表 1-34　银行存款日记账

第 7 页

2023年		凭证字号	摘　要	对方科目	收入	支出	结余
月	日						
6	1		月初余额				42 000
	1	银收1	销售商品	主营业务收入	7 000		
	1	银付1	材料采购	原材料		4 500	
	1	现付2	现金存入银行	库存现金	3 200		
	1		本日合计		10 200	4 500	47 700

2. 总分类账的格式与登记方法

总分类账是按照总分类账户分类登记以提供总括会计信息的账簿。总分类账最常用的格式为三栏式，设有借方、贷方和余额三个金额栏目。

总分类账的登记方法因登记的依据不同而有所不同。经济业务少的小型单位的总分类账，可以根据记账凭证逐笔登记；经济业务多的大中型单位的总分类账，可以根据汇总记账凭证或记账凭证汇总表（也称为科目汇总表）等定期登记。

【例 1-40】　甲公司根据 2023 年 7 月上旬发生的经济业务编制科目汇总表（表 1-35）。之后，甲公司根据科目汇总表登记各科目总分类账。其中，原材料总账如表 1-36 所示。

表 1-35　科目汇总表

2023 年 7 月 1 日至 7 月 15 日　　　　　　　　　　　第 1 页

会计科目	本期发生额汇总		编制单位：甲公司
	借　方	贷　方	
银行存款	50 000	160 000	附件__32__张，记账凭证：
应收收款		50 000	收款凭证　第1号至第9号共9张
原材料	100 000		付款凭证　第1号至第12号共12张
短期借款	85 000	60 000	转账凭证　第1号至第11号共11张
应付账款	95 000	30 000	会计主管：×××
实收资本		30 000	记账：×××
			审核：×××
合　计	330 000	330 000	制单：×××

注：科目汇总表，即记账凭证汇总表，是企业定期对全部记账凭证进行汇总后按照不同的会计科目分别列示各账户借方发生额和贷方发生额的一种汇总凭证。

表 1-36　原材料总账

第 1 页

2023年		凭证字号	摘　要	借方	贷方	借或贷	余额
月	日						
7	1		期初余额			借	6 000
	15	科汇1	1日至15日发生额	100 000		借	106 000

3. 明细分类账的格式与登记方法

明细分类账是根据有关明细分类账户设置并登记的账簿，一般根据记账凭证和相应的原始凭证进行登记。明细分类账常采用活页式账簿、卡片式账簿。根据各种明细分类账所记录经济业务的特点，常用的明细分类账的格式主要有以下三种：

（1）三栏式。明细分类账的格式与总分类账格式相同，三栏式账页适用于债权债务类明细账和资本类明细账。

【例 1-41】 甲服装公司的主要客户有乙公司和丙公司，为了详细核算与乙公司和丙公司的往来账务，甲服装公司在"应收账款"总分类账户下设"乙公司"和"丙公司"两个明细账户。"应收账款"总账下设的"乙公司"明细账如表 1-37 所示。

表 1-37　应收账款明细账

明细账户编号及名称：乙公司　　　　　　　　　　　　　　　　总第　4　页　分第　1　页

2023 年		凭证字号	摘要	对方科目	借方	贷方	借或贷	余额
月	日							
12	1		月初余额				借	26 000
	2	银收 3	收到上月销售所欠货款	银行存款		26 000	平	0
	7	转 10	赊销产品	主营业务收入	13 200		借	13 200

（2）多栏式。多栏式账页将属于同一个总账科目的各个明细科目合并在一张账页上进行登记，即在这种格式账页的借方或贷方金额栏内按照明细科目设若干专栏。这种格式适用于收入、成本、费用类科目的明细核算。多栏式明细账的格式如表 1-28 和表 1-30 所示。

（3）数量金额式。数量金额式账页适用于既要进行金额核算又要进行数量核算的账户，如原材料、库存商品等存货账户，其借方（收入）、贷方（发出）和余额（结存）都分别设有数量、单价和金额三个专栏。

【例 1-42】 甲公司是一家糕点制造企业，其原材料有食用油、鸡蛋、小麦粉、发酵粉、白砂糖等。甲公司在"原材料"总分类账户下设"食用油""鸡蛋""小麦粉""发酵粉""白砂糖"等明细分类账户。其中，"鸡蛋"明细账如表 1-38 所示。

表 1-38　原材料明细账

明细账户编号及名称：鸡蛋　　　　　　　　　　　　　　　　　总第　15　页　分第　2　页
类别：蛋制品类　　　　品名及规格：　　　　计量单位：千克　　　　存放地点：第三仓库

2023 年		凭证字号	摘要	收入			发出			结存		
月	日			数量	单价	金额	数量	单价	金额	数量	单价	金额
11	1		月初余额							500	17.0	8 500
	1	转 1	购入鸡蛋	350	17.2	6 020				850		
	1	转 3	蛋糕生产				200			650		
	3	转 7	饼干生产				300			350		

注：假设甲公司采用月末一次加权平均法进行存货计量。

4. 总分类账与明细分类账的平行登记

平行登记是指对所发生的每项经济业务都要以会计凭证为依据，一方面记入有关总分类账户，另一方面记入所辖明细分类账户的记账方法。总分类账户与明细分类账户平行登记的要点如下：

(1) 方向相同。对于一项经济业务，在依据同一会计凭证登记总分类账户的借、贷方向，与登记其所辖的明细分类账户中的借、贷方向必须一致。

(2) 期间一致。对发生的经济业务，记入总分类账户和所辖明细分类账户的具体时间可以有先后，但应在同一个会计期间记入总分类账户和所辖明细分类账户。

(3) 金额相等。记入总分类账户的金额必须与记入其所辖的一个或几个明细分类账户的金额合计数相等。

(四) 对账与结账

1. 对账

对账，即核对账目，是指对账簿记录进行核对，以确保期末用于编制会计报表的数据真实、准确。对账工作一般在月末进行，即记账之后结账之前。对账一般分为账证核对、账账核对、账实核对。

账证核对是指将账簿记录与会计凭证进行核对，核对账簿记录与原始凭证及记账凭证的时间、凭证字号、内容、金额等是否一致，记账方向是否相符，做到账证相符。

账账核对是指将不同账簿之间的有关记录进行核对，做到账账相符。账账核对主要包含以下四方面内容：

(1) 总分类账簿之间的核对。根据会计等式"资产＝负债＋所有者权益"和记账规则"有借必有贷，借贷必相等"，总分类账簿各账户之间存在以下平衡关系：

全部账户本期借方发生额合计 ＝ 全部账户本期贷方发生额合计
全部账户借方期初余额合计 ＝ 全部账户贷方期初余额合计
全部账户借方期末余额合计 ＝ 全部账户贷方期末余额合计

(2) 总分类账簿与所辖明细分类账簿之间的核对。由于总分类账与明细分类账采用平行登记，总分类账各账户的期末余额应与其所辖的各明细分类账的期末余额之和核对相符。

(3) 总分类账簿与序时账簿之间的核对。这主要是指库存现金总账的期末余额与库存现金日记账的期末余额之间的核对，以及银行存款总账的期末余额和银行存款日记账的期末余额之间的核对。

(4) 明细分类账簿之间的核对。这主要是指将会计部门的各种财产物资明细账与财产物资保管部门或使用部门的有关财产物资明细分类账之间进行核对，检查余额是否相符。核对方法一般是由财产物资保管部门或使用部门定期编制收、发、结存汇总表，报给会计部门核对。

账实核对是指各项财产物资、债权债务等账面余额与实有数额之间的核对。账实核对的内容主要包括：库存现金日记账账面余额与现金实际库存数逐日核对是否相符；银行存款日记账账面余额与银行对账单余额定期核对是否相符；各项财产物资明细账账面余额与财产物资实有数额定期核对是否相符;有关债权债务明细账账面余额与对方单位债权债务账面记录核对是否相符。

2. 结账

结账是指将账簿记录定期结算清楚的会计工作,即为了编制财务报表,把一定时期内(如月末、季末或年末)发生的经济业务在全部登记入账的基础上,按照规定的方法对该时期内的账簿记录进行小结,结计出本期发生额合计数和期末余额,并将余额结转下期或者转入新账。

结账具体包括月结、季结和年结。其内容主要包括两个方面:一方面,结清各种损益类账户,据以计算确定本期利润;另一方面,结出各资产、负债和所有者权益账户的本期发生额合计和期末余额。

结账要点主要有以下内容:

(1) 对不需按月结计本期发生额的账户,如各项应收、应付款项明细账和各项财产物资明细账等,每次记账以后,都要随时结出余额,每月最后一笔余额是月末余额。月末结账时,记账人员只需要在最后一笔经济业务记录下面通栏划单红线,以表示本期与下期的区分,不需要再次结计余额。

(2) 需要按月结计本期发生额的账户,如库存现金日记账、银行存款日记账,以及"表结法"下损益类账户明细账,每月结账时,记账人员要在最后一笔经济业务记录下面通栏划单红线,之后结出本月发生额和期末余额,在摘要栏内注明"本月合计"字样,并在下面通栏划单红线,以表示本月账簿记录已经结束,也表示下月经济业务登记的开始。

(3) 既需要按月结计本期发生额,又需要结计本年累计发生额的明细账户,如"账结法"下损益类账户明细账,每月结账时,记账人员应在"本月合计"行下结出自年初起至本月末止的累计发生额,登记在月份发生额下面,在摘要栏内注明"本年累计"字样,并在下面通栏划单红线。12月末的"本年累计"是全年累计发生额,全年累计发生额下面通栏划双红线。

(4) 总账账户平时只需结出月末余额。年终结账时,为总括反映全年各项资金运动情况的全貌,核对账目,记账人员要将所有总账账户结出全年发生额和年末余额,在摘要栏内注明"本年合计"字样,并在合计数下面通栏划双红线。

(5) 年度终了结账时,有余额的账户,记账人员应将其余额结转下年,并在摘要栏注明"结转下年"字样;在下一会计年度新建有关账户的第一行余额栏内填写上年结转的余额,并在摘要栏注明"上年结转"字样,以免混淆有余额的账户和无余额的账户。

(五) 错账更正的方法

如果账簿登记发生错误,记账人员可以进行错账更正。错账更正的方法主要包含划线更正法、红字更正法和补充登记法。

1. 划线更正法

划线更正法适用于结账前发现账簿记录有文字或数字错误,而记账凭证没有错误的情形。更正时,记账人员可在错误的文字或数字上划一条红线,在红线的上方填写正确的文字或数字,并由记账人员和会计机构负责人(会计主管人员)在更正处盖章,以明确责任。需要注意的是,更正一串错误数字时,不得只划掉其中个别错误的数字,应将全部数字划销,并保持原数字清晰可辨;对于文字错误,可只划去错误的部分,而不用全部划去。

如果记账凭证中的文字或数字发生错误,在尚未过账前,也可用划线更正法更正错误。

【例 1-43】 记账人员李莉根据记账凭证登记账簿。记账凭证金额为 5 765.00 元,李莉记账时误记为 5 675.00 元,且在写账簿摘要时,不慎将"赊购一批原材料"写为"赊销一批原材料"。李莉应作如下更正:

$$
\begin{array}{ll}
\text{购} & \text{5 765.00} \\
\text{赊销一批原材料} & \text{5 675.00}
\end{array}
$$

2. 红字更正法

红字更正法,适用于以下两种情形:

(1)记账后发现记账凭证中应借、应贷会计科目有错误而引起记账错误,账簿记录与记账凭证是一致的。

更正时,记账人员先用红字填写一张与原记账凭证完全相同的记账凭证,并在摘要栏注明"注销×月×日×号凭证",并据以用红字登记入账;再用蓝字填写一张正确的记账凭证,并据以用蓝字登记入账。

【例 1-44】 2023 年 11 月 16 日,以银行存款支付广告费 5 000 元。记账人员填制记账凭证时,误将会计分录写错,且其已根据该错误的记账凭证登记入账。原错误记账凭证上的会计分录为:

$$
\begin{array}{ll}
\text{借:管理费用} & \text{5 000} \\
\quad \text{贷:银行存款} & \text{5 000}
\end{array}
$$

发现错误后,记账人员先用红字填制一张与原错误记账凭证内容完全相同的记账凭证,并根据该凭证,红字登记入账:

$$
\begin{array}{ll}
\text{借:管理费用} & \boxed{\text{5 000}}① \\
\quad \text{贷:银行存款} & \boxed{\text{5 000}}
\end{array}
$$

之后,记账人员再用蓝字填制一张正确的记账凭证,并根据该凭证登记入账:

$$
\begin{array}{ll}
\text{借:销售费用} & \text{5 000} \\
\quad \text{贷:银行存款} & \text{5 000}
\end{array}
$$

(2)记账后发现记账凭证和账簿记录中应借、应贷会计科目无误,只是所记金额大于应记金额。

更正时,记账人员按多记金额用红字编制一张与原记账凭证应借、应贷科目完全相同的记账凭证,摘要栏注明"冲销×月×日第×号记账凭证多记金额",以冲销多记的金额,并据以用红字登记入账。

【例 1-45】 2023 年 11 月 16 日,以银行存款支付广告费 5 000 元。记账人员填制记账凭证时,误将金额"5 000"写为"50 000",且其已根据该错误的记账凭证登记入账。原错误记账凭证上的会计分录为:

$$
\begin{array}{ll}
\text{借:销售费用} & \text{50 000} \\
\quad \text{贷:银行存款} & \text{50 000}
\end{array}
$$

---

① □代表红字,下同。

记账凭证和账簿记录中应借、应贷会计科目无误,只是所记金额大于应记金额,之间的差额为 45 000 元。更正时,记账人员将多记的金额用红字填制一张与原记账凭证应借、应贷科目完全相同的记账凭证,并根据该记账凭证,用红字登记入账:

借:销售费用　　　　　　　　　　　　　　　　　　　　　45 000
　　贷:银行存款　　　　　　　　　　　　　　　　　　　　　　　45 000

3. 补充登记法

记账后发现记账凭证和账簿记录中应借、应贷科目无误,只是所记金额小于应记金额时,应当采用补充登记法。

更正时,记账人员按少记金额用蓝字编制一张与原记账凭证应借、应贷科目完全相同的记账凭证,在摘要栏注明"补记×月×日第×号记账凭证少记金额",以补充少记的金额,并据以用蓝字登记入账。

【例1-46】 2023年11月16日,以银行存款支付广告费5 000元。记账人员填制记账凭证时,误将金额"5 000"写为"500",且其已根据该错误的记账凭证登记入账。原错误记账凭证上的会计分录为:

借:销售费用　　　　　　　　　　　　　　　　　　　　　　500
　　贷:银行存款　　　　　　　　　　　　　　　　　　　　　　　500

记账凭证和账簿记录中应借、应贷科目无误,只是所记金额小于应记金额,之间的差额为4 500元。更正时,记账人员应将少计的金额用蓝字填制一张与原始凭证应借、应贷科目完全相同的记账凭证,并根据该记账凭证,用蓝字登记入账:

借:销售费用　　　　　　　　　　　　　　　　　　　　　　4 500
　　贷:银行存款　　　　　　　　　　　　　　　　　　　　　　　4 500

(六) 会计账簿的管理

会计账簿是各单位重要的经济资料,必须建立管理制度,妥善保管。根据会计账簿使用的特点,会计账簿的管理主要包括以下两个方面。

1. 会计账簿的日常管理

(1) 各种会计账簿要分工明确,指定专人管理。

(2) 未经本单位领导和会计负责人或有关人员批准,非经管人员不能随意翻阅查看会计账簿。除了需要与外单位核对账目,会计账簿一般不能被携带外出;对于需要携带外出的会计账簿,一般应由本单位领导或会计负责人批准,并指定专人负责,不能随意交予其他人员管理,以保证会计账簿的安全,防止会计账簿被任意涂改。

2. 会计账簿的归档管理

(1) 年度终了,更换并启用新账后,对更换下来的旧账需要整理装订成册,按期移交档案部门保管。关于会计账簿的更换,一般情况下,总分类账、库存现金日记账、银行存款日记账,以及大部分明细账都应每年更换一次;对于在年度内业务发生量较少、账簿变动不大的部分明细账,如固定资产明细账或卡片账,可以跨年度连续使用;各种备查账簿也可以跨年度连续使用。

(2) 实行会计电算化的单位,满足《会计档案管理办法》相关规定的,无需定期打印会计账簿,可仅以电子形式保存;确实需要打印的,会计账簿必须连续编号,审核无误后装订成册,并由记账人员、会计机构负责人和会计主管人员签字或者盖章。

(3) 各种会计账簿需要在保管年限内妥善保管,不得丢失和任意销毁;保管期满后,经鉴定可以销毁的,方可按照审批程序报经批准后销毁。

三、会计账务处理程序

会计账务处理程序也称为会计核算组织程序或会计核算形式,是指会计凭证、会计账簿、会计报表相结合的方式。企业常用的会计账务处理程序,主要有记账凭证账务处理程序、汇总记账凭证账务处理程序和科目汇总表账务处理程序,它们之间的主要区别是登记总分类账的依据和方法不同。

(一) 记账凭证账务处理程序

记账凭证账务处理程序是指对发生的经济业务,先根据原始凭证或原始凭证汇总表填制记账凭证,再根据记账凭证登记总分类账的一种账务处理程序。该账务处理程序的一般步骤如图 1-37 所示。

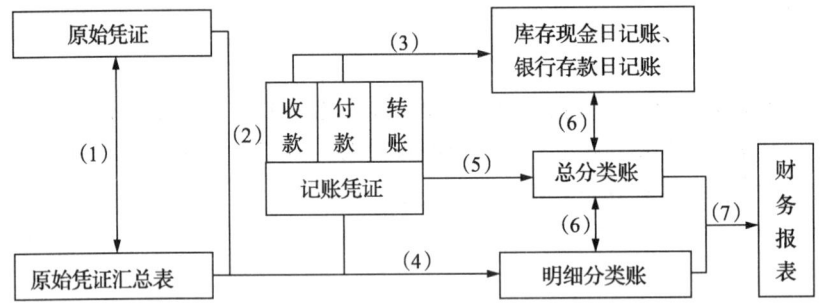

图 1-37 记账凭证账务处理程序的一般步骤

(1) 根据原始凭证填制原始凭证汇总表。

(2) 根据原始凭证或原始凭证汇总表,填制收款凭证、付款凭证和转账凭证,也可以填制通用记账凭证。

(3) 根据收款凭证和付款凭证,逐笔登记库存现金日记账和银行存款日记账。

(4) 根据原始凭证或原始凭证汇总表、记账凭证,登记各种明细分类账。

(5) 根据记账凭证,逐笔登记总分类账。

(6) 期末,将库存现金日记账、银行存款日记账和明细分类账的余额与有关总分类账的余额核对相符。

(7) 期末,根据总分类账和明细分类账的记录,编制财务报表。

记账凭证账务处理程序的特点是直接根据记账凭证对总分类账进行逐笔登记。该账务处理程序简单明了,易于理解,总分类账可以较详细地反映经济业务的发生情况,但是登记总分类账的工作量较大。记账凭证账务处理程序适用于规模较小、经济业务量较少的单位。

(二)汇总记账凭证账务处理程序

汇总记账凭证账务处理程序是指先根据原始凭证或原始凭证汇总表填制记账凭证,定期根据记账凭证分类编制汇总记账凭证(包括汇总收款凭证、汇总付款凭证和汇总转账凭证),再根据汇总记账凭证登记总分类账的一种账务处理程序。该账务处理程序的一般步骤如图1-38所示。

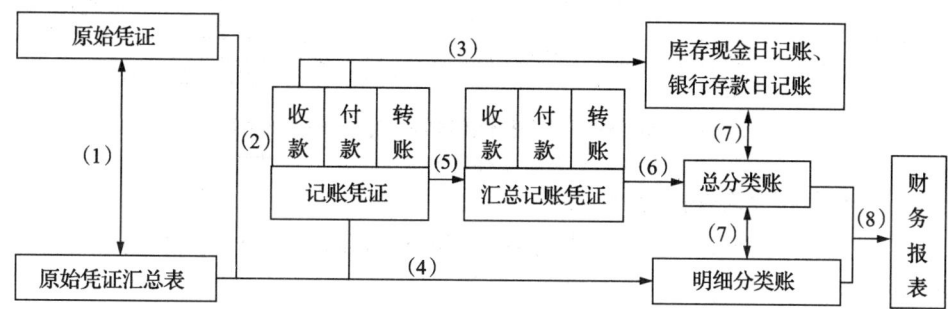

图1-38 汇总记账凭证账务处理程序的一般步骤

(1)根据原始凭证填制原始凭证汇总表。

(2)根据原始凭证或原始凭证汇总表,填制收款凭证、付款凭证和转账凭证,也可以填制通用记账凭证。

(3)根据收款凭证、付款凭证,逐笔登记库存现金日记账和银行存款日记账。

(4)根据原始凭证或原始凭证汇总表、记账凭证,登记各种明细分类账。

(5)根据各种记账凭证编制有关汇总记账凭证。

(6)根据各种汇总记账凭证登记总分类账。

(7)期末,将库存现金日记账、银行存款日记账和明细分类账的余额与有关总分类账的余额核对相符。

(8)期末,根据总分类账和明细分类账的记录,编制财务报表。

汇总记账凭证账务处理程序的特点是先根据记账凭证编制汇总记账凭证,再根据汇总记账凭证登记总分类账。该账务处理程序减轻了登记总分类账的工作量,但是当转账凭证较多时,编制汇总转账凭证的工作量较大。汇总记账凭证账务处理程序适用于规模较大、经济业务较多的单位。

(三)科目汇总表账务处理程序

科目汇总表账务处理程序也称为记账凭证汇总表账务处理程序,是指先根据记账凭证定期编制科目汇总表,再根据科目汇总表登记总分类账的一种账务处理程序。该账务处理程序的一般步骤如图1-39所示。

(1)根据原始凭证填制原始凭证汇总表。

(2)根据原始凭证或原始凭证汇总表填制记账凭证。

(3)根据收款凭证、付款凭证,逐笔登记库存现金日记账和银行存款日记账。

(4)根据原始凭证或原始凭证汇总表、记账凭证,登记各种明细分类账。

(5)根据各种记账凭证编制科目汇总表。

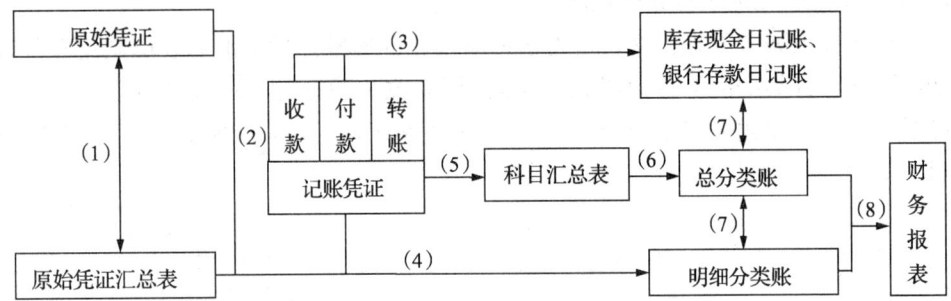

图 1-39 科目汇总表账务处理程序的一般步骤

(6) 根据科目汇总表登记总分类账。

(7) 期末,将库存现金日记账、银行存款日记账和明细分类账的余额同有关总分类账的余额核对相符。

(8) 期末,根据总分类账和明细分类账的记录,编制财务报表。

科目汇总表账务处理程序的特点是先将所有记账凭证汇总编制成科目汇总表,再根据科目汇总表登记总分类账。该账务处理程序减轻了登记总分类账的工作量,并且能够起到试算平衡的作用,但其缺点是不能反映各个账户之间的对应关系,不利于对账目进行检查。科目汇总表账务处理程序适用于经济业务较多的单位。

第六节 财产清查

一、财产清查概述

财产清查是指通过对货币资金、实物资产和往来款项等财产物资进行盘点或核对,确定其实存数,查明账存数与实存数是否相符的一种专门方法。

(一)财产清查的种类

1. 按照清查的范围分类

按照清查的范围,财产清查可以分为全面清查和局部清查。

(1) 全面清查是指企业对所有的财产进行全面的盘点和核对。企业需要进行全面清查的情况通常有:年终决算前;合并、撤销或改变隶属关系前;中外合资、国内合资前;股份制改造前;开展全面的资产评估、清产核资前;单位主要领导调离工作前等。全面清查的特点是清查范围大、投入人力多、耗费时间长,不适合经常进行。

(2) 局部清查是指企业根据需要,只对部分财产进行盘点和核对。相比于全面清查,局部清查的范围和对象是根据业务的需要而展开的。企业需要进行局部清查的情况通常有:对于流动性较大的财产物资,如原材料、在产品、产成品,应根据需要随时轮流盘点或重点抽查;对于贵重财产物资,每月都要进行清查盘点;对于库存现金,每日终了,应由出纳人员进行清点核对;对于银行存款,企业至少每月与银行核对一次;对于债权债务,企业应每年至少与债权人、债务人核对一至两次。局部清查的特点是清查范围小、投入人力较少、耗费时间较短，但专业性较强。

2. 按照清查的时间分类

按照清查的时间，财产清查可以分为定期清查和不定期清查。

(1) 定期清查是指企业按照预先计划安排的时间对财产进行盘点和核对。定期清查一般在年末、季末、月末进行。定期清查可以是全面清查，也可以是局部清查。

(2) 不定期清查是指企业事前不规定清查日期，而是根据特殊需要临时对财产进行盘点和核对。不定期清查主要有以下情况：①财产物资、库存现金保管人员更换时，要对有关人员保管的财产物资、库存现金进行清查，以分清经济责任，便于办理交接手续。②发生自然灾害和意外损失时，要对受损失的财产物资进行清查，以查明损失情况。③上级主管、财政、审计和银行等部门，对本单位进行会计检查，应按检查的要求和范围对财产物资进行清查，以验证会计资料的可靠性。④进行临时性清产核资时，要对本单位的财产物资进行清查，以便"摸清家底"。

3. 按照清查的执行系统分类

按照清查的执行系统，财产清查可以分为内部清查和外部清查。

(1) 内部清查，即自查，是指由本单位内部自行组织清查工作小组所进行的财产清查工作。大多数财产清查都是内部清查。

(2) 外部清查是指上级主管部门、审计机关、司法部门、注册会计师等根据国家有关规定或情况需要，对本单位进行的财产清查。

(二) 财产清查的一般程序

财产清查涉及面广、工作量大，需要企业有计划、有组织地开展。财产清查一般包括以下程序：

(1) 建立财产清查组织。

(2) 组织清查人员学习有关政策规定，掌握有关法律、法规和相关业务知识，以提高财产清查工作的质量。

(3) 确定清查对象、范围，明确清查任务。

(4) 制定清查方案，具体安排清查内容、时间、步骤、方法，以及必要的清查前的准备工作。

(5) 清查要本着先清查数量、核对有关账簿记录等，后认定质量的原则进行。

(6) 填制盘存清单。

(7) 根据盘存清单，填制实物、往来账项清查结果报告表。

二、财产清查的方法

(一) 货币资金的清查方法

1. 库存现金的清查方法

库存现金的清查采用实地盘点法确定库存现金的实存数，一般由会计主管人员或财务负责人和出纳人员共同清点出各种面值钞票的张数和硬币的个数，并且与库存现金日记账的账面余额相核对，确定账实是否相符。

2. 银行存款的清查方法

银行存款的清查一般在月末进行,采用与开户银行核对账目的方法进行,即将本单位银行存款日记账的账簿记录与开户银行转来的对账单逐笔进行核对,来查明银行存款的实有数额。

如果银行存款日记账和银行对账单的余额相符,通常说明没有错误;如果两者余额不相符,则可能是企业或银行一方或双方记账过程有错误或者存在未达账项。未达账项是指企业与其开户银行之间,一方收到凭证并已入账,另一方未收到凭证因而未能入账的账项。

(二) 实物资产的清查方法

实物资产的清查是指对固定资产、存货等实物资产数量和质量进行清查。其通常采用以下两种方法:

(1) 实地盘点法,即通过点数、过磅、批尺等方法来确定实物资产的实有数量。该方法适用范围较广,在多数财产物资清查中都可以采用。

(2) 技术推算法,即通过量方、计尺等技术对财产物资的实存数进行推算,而不是逐一清点计数。该方法适用于堆垛量大、单位价值不高、逐一清点难度较大的财产物资的清查,如大量堆放的砂石、煤炭等。

(三) 往来账项的清查方法

往来款项主要包括应收、应付款项和预收、预付款项等,其清查一般采用发函询证的方法。

第七节 财务报告

财务报告是指企业对外提供的反映企业某一特定日期的财务状况和某一会计期间的经营成果、现金流量等会计信息的文件。财务报告的目标是向企业投资者、债权人、政府管理者和社会公众等财务报告使用者提供关于企业的财务状况、经营成果和现金流量等会计信息,评价、考核和监督企业管理者受托经管责任的履行情况,并协助财务报告使用者作出合理的经济决策。

财务报告包括财务报表和其他应当在财务报告中披露的相关信息和资料。财务报表是财务报告的主体和核心内容,其他应当在财务报告中披露的相关信息和资料是对财务报表的补充和说明。一套完整的财务报表应当至少包括"四表一注":

(1) 资产负债表,是反映企业某一特定日期财务状况的会计报表。

(2) 利润表,是反映企业在一定会计期间经营成果的会计报表。

(3) 现金流量表,是反映企业在一定会计期间现金和现金等价物流入和流出的会计报表。

(4) 所有者权益(或股东权益)变动表,是反映构成所有者权益各组成部分当期增减变动情况的会计报表。

(5) 附注,是对资产负债表、利润表、现金流量表和所有者权益(或股东权益)变动表等会计报表中列示项目的文字描述或明细资料,以及对未能在这些会计报表中列示项目的说明等。

本章小结

本章主要介绍了基础会计学相关的知识,企业在会计主体、持续经营、会计分期和货币计量四个会计基本假设下,在经济业务发生后,先根据发票、收据等原始凭证,结合"资产＝负债＋所有者权益"的会计恒等关系和"有借必有贷,借贷必相等"的记账规则,在记账凭证上编制会计分录,由此将经济信息转化为会计信息;再通过登记会计账簿,将分散在会计凭证中的会计信息进行汇总和归类整理;最后根据会计账簿编制财务报表,形成财务报告。这一过程经由会计确认、计量、记录和报告的程序,进行连续、系统、全面地核算和监督,目的是提供满足会计信息质量要求的会计信息,以反映企业管理者受托经管责任的履行情况,协助会计信息使用者作出合理的经济决策。

本章练习题

一、单项选择题

1. 下列各项中,不通过所有者权益类账户核算的是(　　)。
   A. 固定资产毁损的净损失　　　　　B. 接受投资者投入的货币资金
   C. 发行的股票产生的溢价　　　　　D. 提取的法定盈余公积

2. 下列各项中,引起企业会计等式中资产和负债同时增加的业务是(　　)。
   A. 收到购货方归还前欠货款,存入银行　B. 从银行存款中提取现金备用
   C. 以银行存款偿还前欠劳务款　　　　D. 从银行取得短期借款,存入银行

3. 将无力支付的商业承兑票据转为企业的应付账款,对会计等式的影响是(　　)。
   A. 一项资产减少,一项负债减少　　　B. 一项负债减少,一项所有者权益减少
   C. 一项资产增加,一项负债增加　　　D. 一项负债增加,一项负债减少

4. 2023年9月30日,某企业负债总额为500万元。2023年10月,收回应收账款60万元,以银行存款归还短期借款40万元,预收客户货款20万元。不考虑其他因素,2023年10月31日,该企业负债总额为(　　)万元。
   A. 440　　　　　　B. 480　　　　　　C. 460　　　　　　D. 380

5. 下列各项中,应由会计人员填制的原始凭证是(　　)。
   A. 固定资产折旧计算表　　　　　　B. 差旅费报销单
   C. 产品入库单　　　　　　　　　　D. 领料单

6. 下列各项中,属于企业累计原始凭证的是(　　)。
   A. 增值税专用发票　　　　　　　　B. 出差报销的火车票
   C. 银行结算凭证　　　　　　　　　D. 限额领料单

7. 下列各项中,属于数量金额式账簿的是(　　)。
   A. 库存商品明细账　　　　　　　　B. 短期借款明细账

C. 银行存款明细账　　　　　　　　D. 制造费用明细账
8. 下列各项中,属于账实核对的是(　　)。
　　A. 总账和明细账核对　　　　　　　B. 银行存款日记账和银行对账单核对
　　C. 账簿记录和记账凭证核对　　　　D. 总账和日记账核对
9. 记账人员在结账前发现总账账簿记录将 60 000 元误记为 6 000 元,而记账凭证正确无误。下列各项中,应采用的正确错账更正方法是(　　)。
　　A. 补充登记法　　B. 蓝字更正法　　C. 红字更正法　　D. 划线更正法
10. 下列各项中,属于对企业会计核算空间范围所作的合理假设的是(　　)。
　　A. 会计主体　　　B. 会计分期　　　C. 货币计量　　　D. 持续经营

二、多项选择题

1. 下列关于会计职能的表述中,正确的有(　　)。
　　A. 监督职能是核算职能的保障
　　B. 核算与监督是基本职能
　　C. 核算职能是监督职能的基础
　　D. 预测经济前景、参与经济决策和评价经营业绩是拓展职能
2. 下列各项中,属于成本类账户的有(　　)。
　　A. 主营业务成本　B. 生产成本　　　C. 研发支出　　　D. 制造费用
3. 下列各项中,属于损益类账户的有(　　)。
　　A. 销售费用　　　B. 应收账款　　　C. 管理费用　　　D. 制造费用
4. 下列各项中,引起企业资产总额增加的经济业务有(　　)。
　　A. 以银行存款偿还前欠货款　　　　B. 收到投资者投入的设备
　　C. 收回异地采购外埠存款专户结余款项　D. 从银行借入短期借款
5. 通过试算平衡,可以检查出的错误有(　　)。
　　A. 漏登或重登了借方金额或贷方金额　　B. 登错了借方金额或贷方金额
　　C. 将借方金额登到了贷方　　　　　　　D. 漏登或重登了一笔业务
6. 下列各项中,企业应根据相关业务的原始凭证编制收款凭证的有(　　)。
　　A. 销售产品取得货款存入银行　　　B. 从银行存款中提取现金
　　C. 收取出租包装物租金　　　　　　D. 将库存现金送存银行
7. 下列关于科目汇总表账务处理程序的表述中,正确的有(　　)。
　　A. 该账务处理程序不利于单位对账目进行检查
　　B. 该账务处理程序可减轻单位登记总分类账的工作量
　　C. 该账务处理程序下单位应根据记账凭证直接登记总分类账
　　D. 该账务处理程序通常适用于经济业务较多的单位
8. 下列各项中,企业必须进行财产全面清查的有(　　)。
　　A. 股份制改造前　　　　　　　　　B. 单位改变隶属关系前
　　C. 单位主要领导人离任交接前　　　D. 清产核资前
9. 下列各项中,采用发函询证方法进行财产清查的有(　　)。
　　A. 应收账款　　　B. 预付账款　　　C. 银行存款　　　D. 存货

10. 下列各项中,可以确认为会计主体的有( )。
　　A. 子公司　　　B. 销售部门　　　C. 集团公司　　　D. 母公司

三、判断题

1. 企业试算平衡表中全部账户本期借方发生额合计等于全部账户本期贷方发生额合计,表明该企业本期记账正确。　　　　　　　　　　　　　　　　　　　　　　　　　( )
2. 企业应当设置库存现金总账和库存现金日记账,分别进行库存现金的总分类核算和明细分类核算。　　　　　　　　　　　　　　　　　　　　　　　　　　　　　　( )
3. 记账后发现记账凭证中会计科目无误,所记金额小于应记金额,导致账簿记录错误的,应采用红字更正法。　　　　　　　　　　　　　　　　　　　　　　　　　　　( )
4. 会计主体是指会计工作服务的特定对象,是企业会计确认、计量和报告的空间范围。
　　　　　　　　　　　　　　　　　　　　　　　　　　　　　　　　　　　　　( )
5. 无形资产摊销可以按照其价值和使用情况确定采用合适的摊销方法,其依据的会计核算前提是持续经营。　　　　　　　　　　　　　　　　　　　　　　　　　　　( )
6. 不同企业同一会计期间发生相同的交易,应当采用一致的会计政策,这体现了可靠性会计信息质量要求。　　　　　　　　　　　　　　　　　　　　　　　　　　　( )
7. 金额较小的低值易耗品采用一次摊销法摊销,体现了谨慎性会计信息质量要求。( )
8. 会计账簿按照外形特征,可分为三栏式账簿、多栏式账簿和数量金额式账簿。( )
9. 登记账簿时,记账人员应当一律使用蓝黑墨水或碳素墨水书写。　　　　　　( )
10. 生产车间发生的制造费用和向客户赊销商品形成的应收账款,都适合采用三栏式明细分类账簿进行明细账核算。　　　　　　　　　　　　　　　　　　　　　　( )

四、经济业务题

资料一:2023年1月初,甲公司各账户的余额如表1-39所示。

表1-39 期初各账户余额表

2023年1月1日　　　　　　　　　　　　　　　　　　　　　　　　　单位:元

账户名称	期初借方余额	账户名称	期初贷方余额
库存现金	10 000	短期借款	60 000
银行存款	150 000	应付票据	120 000
原材料	30 000	应付账款	81 000
固定资产	221 000	实收资本	150 000
合计	411 000	合计	411 000

资料二:2023年1月,甲公司发生如下经济业务(假定不考虑增值税因素):
(1) 收到投资者按投资合同投入资本42 000元,已存入银行。
(2) 向银行借入期限为3个月的借款60 000元存入银行。
(3) 从银行提取现金8 000元备用。
(4) 购买原材料6 000元已验收入库,款未付。
(5) 签发3个月到期的商业汇票50 000元抵付上月所欠货款。
(6) 用银行存款30 000元偿还短期借款。

(7) 用银行存款 30 000 元购买不需安装的机器设备一台,设备已交付使用。

(8) 购买原材料 4 000 元,其中用银行存款支付 3 000 元,其余货款未付,材料已验收入库。

(9) 以银行存款偿还应付票据 60 000 元。

要求:

(1) 根据资料二中所发生的经济业务编制会计分录。

(2) 根据所给资料一中各账户余额的信息,开设有关总分类账(开设"T"形账户),并根据第(1)题所编制的会计分录,登记入账。

(3) 根据第(2)题账户的登记结果,编制"总分类账户发生额及余额试算平衡表"。

答案及解析

第二章 资 产

资产是指由过去的交易或事项形成的并由企业拥有或控制的资源,该资源预期会给企业带来经济利益(现金或现金等价物)。资产按是否具有实物形态分为有形资产和无形资产,按其流动性分为流动资产和非流动资产。

案例导入

甲公司为增值税一般纳税人,于2023年3月25日从乙工厂购入F原材料一批,原材料已验收入库,增值税发票及账单未收到,但有一张随料清单。2023年3月31日,增值税发票及账单仍未收到,无法确定其实际成本。针对上述业务,财务内部产生了分歧:①该批材料属不属于公司的材料,该不该确认为本期资产。②如果确认,该批材料应在2023年3月25日确认,还是在2023年3月31日确认,确认的成本应该是多少。

财务部门刘主管对此进行总结:该批材料应该确认为公司本期资产,确认时间应该是2023年3月31日,确认价值为随料清单上的估计价值,如果随料清单上只有数量没有价值,可按材料的计划价或合同价进行估价入账。

问题:

(1) 你同意刘主管的结论吗?若不同意,你的观点又是什么?

(2) 你认为刘主管的判断依据是什么?

学习目标

通过本章的学习,学生能够达到以下学习目标:

(1) 了解和掌握货币资金的账务处理。

(2) 掌握银行存款余额调节表的编制。

(3) 掌握坏账准备的账务处理。

(4) 了解和掌握存货初始成本的计量及发出计价的方法。

(5) 掌握外购固定资产、自行建造固定资产入账成本的计算及相关账务处理。

(6) 了解和掌握固定资产折旧的计算及账务处理。

(7) 掌握固定资产后续支出及固定资产处置的账务处理。

(8) 熟悉外购方式及自行研发方式下无形资产的初始计量及账务处理。

(9) 掌握无形资产摊销及无形资产处置的账务处理。

(10) 了解长期待摊费用的界定及账务处理。

课程思政

为保护存货等资产的安全,企业对于资产的管理除了要形成严格的内部控制,特别是在存货取得环节中,请购、审批和实际采购不能全部由一个人完成,避免虚开发票骗取国家的财产,同时企业职工思想政治教育及法律意识的培养也至关重要。我们要树立正确的三观,做到君子爱财取之有道,如若不然将走上"不归之路"。例如,2001年10月,北京第二中级人民法院判处利用职务之便贪污公款840万元人民币的原北京第六市政工程公司水电工作处主任沈某死刑,缓期2年执行,剥夺政治权利终身,并没收个人全部财产。法院经审理查明,沈某在担任北京第六市政工程公司水电工程处主任期间,利用职务之便,伪造了工矿产品购销合同,虚构了水电工程处从北京某电缆公司购买价值382.6万元电力电缆的事实,并指令保管员填写虚假的材料入库验收单,又用两张空白发票平账。沈某通过虚购材料入库等方式贪污挪用公款达到840万元之多,沈某错误的价值观、腐败的生活作风、败坏的政治道德给国家带来了巨大的损失,也把自己带向了深渊,让自己美好前程从此断送。

资料来源:中国新闻网.北京—国企蛀虫贪污挪用公款840万元被判死缓[EB/OL].(2001-10-04)[2023-09-17].https://www.chinanews.com/2001-10-04/26/127743.html.

第一节 货币资金

货币资金是指企业在生产经营过程中处于货币形态的资产,它属于企业的一种金融资产。货币资金主要包括库存现金、银行存款及其他货币资金。

一、库存现金

库存现金通常是指存放于企业财务部门,由出纳人员保管的现金。库存现金是企业流动性最强的资产,企业应当严格遵守国家有关现金管理制度,正确进行现金收支核算、监督现金使用的合理性与合法性。

(一)库存现金的使用范围

库存现金的使用范围包括:

(1) 职工工资、津贴。

(2) 个人劳务报酬。

(3) 根据国家规定颁发给个人的科学技术、文化艺术、体育比赛等各种奖金。

(4) 各种劳保、福利费用,以及国家规定的对个人的其他支出。

(5) 向个人收购农副产品和其他物资的价款。

(6) 出差人员必须随身携带的差旅费。

(7) 结算起点(1 000元)以下的零星支出。

(8) 中国人民银行确定需要支付现金的其他支出。

除了企业可以现金支付的款项中的第(5)、第(6)项,开户单位支付给个人的款项,超过使用现金限额(即个人劳务报酬)的部分,应当以支票或者银行本票等方式支付;确需全额支付现金的,经开户银行审核后,予以支付现金。

(二) 库存现金限额的确定

库存现金限额按以下规定确定:

(1) 一般按照单位 3～5 天日常零星开支所需确定。

(2) 边远地区和交通不便地区的开户单位的库存现金限额,可按多于 5 天,但不得超过 15 天的日常零星开支的需要确定。经核定的库存现金限额,开户单位必须严格遵守,超过部分应于当日终了前存入银行。

(三) 库存现金收支的规定

库存现金的收支应当遵循以下几条规定:

(1) 当日送存银行。当日送存确有困难的,由开户银行确定送存时间。

(2) 不得坐支现金。开户单位支付库存现金,可以从本单位库存现金限额中支付或从开户银行提取,不得从本单位的库存现金收入中直接支付。因特殊情况需要坐支库存现金的,应当事先报经开户银行审查批准,由开户银行核定坐支范围和限额。坐支单位应当定期向开户银行报送坐支金额和使用情况。

(3) 提现需注明用途,经主管签章、银行审核后方可执行。

(4) 特殊情况支用现金的,由主管签章、银行审核后方可执行。特殊情况支用现金主要指因采购地点不确定、交通不便、生产或市场急需、抢险救灾以及其他特殊情况,必须使用库存现金。

(四) 库存现金的账务处理

为了反映和监督企业库存现金的收支和结存情况,企业应设置库存现金日记账和库存现金总账,分别进行库存现金的总分类核算和明细分类核算。现金收入的内容主要有:从银行提取现金;职工出差报销时交回的剩余借款;收取结算起点以下的零星收入款;收取对个人的罚款;无法查明原因的现金溢余等。企业收取现金时,借记"库存现金"科目,贷记有关科目。企业应当严格按照国家有关现金管理制度的规定,在允许的范围内,办理现金支出业务。企业按照现金开支范围的规定支付现金时,借记有关科目,贷记"库存现金"科目。出纳人员对库存现金日记账的登记,具体应做到如下几点:

(1) 逐日、逐笔登记日记账,由出纳人员根据收、付款凭证,按照业务发生顺序进行逐笔登记,做到"日清月结"。

(2) 每天做到账款相符,每日终了,出纳人员应当在库存现金日记账上计算出当日库存现金收入合计额、库存现金支出合计额和结余额,并将库存现金日记账的余额与实际库存现金余额相核对,保证账款相符。

(3) 每月做到账账相符,月度终了,出纳人员应当将库存现金日记账的余额与库存现金总账的余额相核对,做到账账相符。

备用金是指为了满足企业内部各部门和所属报账单位用于日常零星开支而预付的备用现金,企业对其可设置"其他应收款——备用金"科目单独核算。

(五) 库存现金的清查

为保证库存现金的安全、完整，企业应当按规定对库存现金进行定期和不定期的清查，包括出纳人员每日终了前进行的现金账款核对和清查小组进行的定期或不定期的现金盘点。库存现金一般采用实地盘点法清查。对于清查结果，企业应该填写库存现金盘点报告单，如表2-1所示。

表2-1 库存现金盘点报告单

单位名称：　　　　　　　　　　　年　月　日　　　　　　　　　　　单位：元

实存现金	库存现金	对比结果		备注
		盘盈	盘亏	

负责人签章：　　　　　　盘点人签章：　　　　　　出纳人员签章：

如果盘点中发现挪用库存现金、白条抵库的情况，企业应及时予以纠正；对于超限额留存的库存现金，企业应及时送存银行。如果经盘点账实不符，有待查明原因的库存现金溢余或短缺，应先通过"待处理财产损溢"科目核算。对于库存现金溢余或短缺的情况，按管理权限经批准后，应当作出相应的处理。按现行会计准则的规定，资产负债表日，如果还有未作出审批意见的盘盈或盘亏应作出处理意见，结平"待处理财产损溢"科目，使得该科目期末无余额。库存现金溢余或短缺的账务处理如表2-2所示。

表2-2 库存现金溢余或短缺的账务处理

业务		账务处理
库存现金溢余（盘盈）	审批前	借：库存现金 　贷：待处理财产损溢
	审批后	借：待处理财产损溢 　贷：其他应付款（应支付给单位或个人） 　　营业外收入（无法查明原因）
库存现金短缺（盘亏）	审批前	借：待处理财产损溢 　贷：库存现金
	审批后	借：管理费用（无法查明原因） 　　其他应收款（应由责任人、保险公司赔偿部分） 　贷：待处理财产损溢

【例2-1】 甲公司于2023年3月末进行现金盘点，发现现金溢余150元，无法查明原因。甲公司应编制如下会计分录：

(1) 清查（审批前）：

借：库存现金　　　　　　　　　　　　　　　　　　150
　　贷：待处理财产损溢　　　　　　　　　　　　　　　150

(2) 批准处理（审批后）：

借：待处理财产损溢　　　　　　　　　　　　　　　150
　　贷：营业外收入　　　　　　　　　　　　　　　　　150

【例 2-2】 甲公司于 2023 年 4 月末进行现金盘点,发现现金短缺 200 元,无法查明原因。甲公司应编制如下会计分录:

(1) 清查(审批前):

借:待处理财产损溢　　　　　　　　　　　　　　　　　　　　　　　　　200
　　贷:库存现金　　　　　　　　　　　　　　　　　　　　　　　　　　　　　200

(2) 批准处理(审批后):

借:管理费用　　　　　　　　　　　　　　　　　　　　　　　　　　　　　200
　　贷:待处理财产损溢　　　　　　　　　　　　　　　　　　　　　　　　　　200

二、银行存款

(一) 银行存款的定义及其账务处理

银行存款是指企业存放在银行或其他金融机构的货币资金。企业应当根据经济业务活动的需要,按照规定在其所在地银行开设账户,通过开设的账户对存款、取款以及其他各种收支转账业务进行结算。银行存款的收、付、结转应严格执行银行结算制度的相关规定。银行结算账户分为基本存款账户、一般存款账户、专用存款账户和临时存款账户四类。

为了反映和监督企业银行存款的收入、支出和结存情况,企业应当设置"银行存款"科目。企业还应当设置银行存款总账和银行存款日记账,并分别进行银行存款的总分类核算和明细分类核算,出纳人员依据收付凭证,按照业务发生的先后顺序逐日、逐笔登记,每日终了,应结出余额。

企业将款项存入银行或其他金融机构时,应借记"银行存款"科目,贷记"库存现金""应收账款"等科目;提取或使用已存入银行和其他金融机构存款时,借记"库存现金""应付账款"等科目,贷记"银行存款"科目。

(二) 银行存款的核对

企业银行存款日记账的账面记录及余额应与开户银行对账单的记录余额进行核对,做到账账相符。在实际工作中,企业银行存款日记账的账面记录与银行对账单往往不一致,其原因主要有以下两种情况:①企业或银行记账发生错误。②存在未达账项。

上述任何一种情况的存在,都会导致企业的银行存款日记账和银行对账单两者余额不一致。为了消除未达账项对企业和银行双方存款余额的影响,企业应定期将银行存款日记账和银行对账单逐笔核对,至少每月核对一次,并对未达账项编制银行存款余额调节表进行调整。银行存款余额调节表只是为了核对账目,并不能作为调整银行存款账面余额的记账依据。银行存款余额调节表如表 2-3 所示。

表 2-3　银行存款余额调节表　　　　　　　　　　　　　　　　　　　　　单位:元

项目	金额	项目	金额
企业银行存款日记账余额		银行对账单余额	
加:银行已收,企业未收		加:企业已收,银行未收	
减:银行已付,企业未付		减:企业已付,银行未付	
调节后的存款余额		调节后的存款余额	

【例 2-3】 2023 年 3 月 31 日，甲企业进行银行存款的对账，企业银行存款日记账（简表）的账面记录与银行对账单（简表）的核对情况如图 2-1 所示。

企业银行存款日记账（简表） 单位：元					逐笔核对	银行对账单（简表） 单位：元			
摘要	借	贷		余		摘要	借	贷	余
月初余额				1 000		月初余额			1 000
3 日存入	500			1 500	√	3 日存入		500	1 500
8 日付		300		1 200	√	8 日付	300		1 200
16 日存入	400			1 600	√	16 日存入		400	1 600
25 日取现		100		1 500	√	25 日取现	100		1 500
30 日开出支票		150		1 350		30 日代收款		200	1 700
31 日收到支票	600			1 950		31 日代扣款	250		1 450

图 2-1 甲企业银行存款日记账（简表）与银行对账单（简表）的核对情况

根据图 2-1，填写银行存款余额调节表（表 2-4）。

表 2-4 银行存款余额调节表   单位：元

项目	金额	项目	金额
企业银行存款日记账余额	1 950	银行对账单余额	1 450
加：银行已收，企业未收	200	加：企业已收，银行未收	600
减：银行已付，企业未付	250	减：企业已付，银行未付	150
调节后的存款余额	1 900	调节后的存款余额	1 900

通过银行存款余额调节表调节后的存款余额相等，一般可以说明双方记账没有差错。如果经调节仍不相等，则要么是未达账项没有全部查出，要么是一方或双方记账出现差错，需要进一步采用对账方法查明原因，加以更正。

三、其他货币资金

(一) 其他货币资金的内容

其他货币资金是指企业除库存现金、银行存款以外的其他各种货币资金。它包括外埠存款、银行汇票存款、银行本票存款、信用卡存款、信用证保证金存款和存出投资款等。

(二) 其他货币资金的账务处理

为了反映和监督其他货币资金的收支和结存情况，企业应当设置"其他货币资金"科目。其借方登记其他货币资金的增加，贷方登记其他货币资金的减少；期末余额在借方，反映企业实际持有的其他货币资金的金额。"其他货币资金"科目应当按照其他货币资金的种类设置明细科目进行核算，分"银行汇票""银行本票""信用卡""信用证保证金""存出投资款""外埠存款"等进行明细核算。其账务处理，大致可以分为办理（或开立）时、收到发票账单、收到多余退款三个阶段，如表 2-5 所示。

表 2-5　其他货币资金的账务处理

时间	账务处理
办理(或开立)时	借：其他货币资金——×× 　　贷：银行存款
收到发票账单	借：在途物资、材料采购等 　　应交税费——应交增值税(进项税额) 　　贷：其他货币资金——××
收到多余退款	借：银行存款 　　贷：其他货币资金——××

1. 外埠存款

外埠存款是指企业到外地进行临时或零星采购时，汇往采购地银行开立采购专户的款项。企业将款项汇往外地时，应填写汇款委托书，委托开户银行办理汇款，汇入地银行以汇款单位名义开立临时采购账户，该账户的存款不计利息、只付不收、付完清户，除了采购人员可从中提取少批现金，一律采用转账结算。

【例2-4】 甲公司(增值税一般纳税人)采购员张红在外地进行零星采购C材料，2023年8月1日，委托开户银行汇往采购地银行60 000元开立采购专户。2023年8月12日，张红归来，交回供应单位发票账单等报销凭证共计56 500元，增值税专用发票载明C材料的价款为50 000元，增值税额为6 500元，材料未入库，多余款项已转回所在地银行。甲公司应编制如下会计分录：

(1) 开立采购专户时，根据信汇结算凭证回单：

借：其他货币资金——外埠存款　　　　　　　　　　　　　　60 000
　　贷：银行存款　　　　　　　　　　　　　　　　　　　　　60 000

(2) 企业收到张红交来的供应单位发票账单等报销凭证：

借：在途物资——C材料　　　　　　　　　　　　　　　　　50 000
　　应交税费——应交增值税(进项税额)　　　　　　　　　　 6 500
　　贷：其他货币资金——外埠存款　　　　　　　　　　　　 56 500

(3) 企业接到开户银行通知，多余的外埠存款已转回开户银行，结清"其他货币资金——外埠存款"科目：

借：银行存款　　　　　　　　　　　　　　　　　　　　　　 3 500
　　贷：其他货币资金——外埠存款　　　　　　　　　　　　　3 500

2. 银行汇票存款

银行汇票存款是指企业为取得银行汇票按照规定存入银行的款项。银行汇票是由出票银行签发的，由其在见票时按照实际结算金额无条件支付给收款人或者持票人的票据，银行汇票的出票银行为银行汇票的付款人。单位和个人各种款项的结算，均可使用银行汇票。银行汇票可以用于转账,填明"现金"字样的银行汇票也可以用于支取现金。汇款单位(即申请人)使用银行汇票,应向出票银行提交银行汇票申请书,填明收款人名称、汇票金额、申请人名称、申请日期等事项并签章,签章是其预留银行的签章。

【例2-5】 甲公司为增值税一般纳税人,于2023年3月8日向银行申请办理银行汇票用以购买原材料,将款项250 000元交存银行转作银行汇票存款。2023年3月12日,甲公司向乙公司购入原材料一批已验收入库,取得的增值税专用发票注明的价款为200 000元,增值税额为26 000元,已用该银行汇票结算。甲公司应编制如下会计分录:

(1) 向银行申请办理银行汇票时:

借:其他货币资金——银行汇票　　　　　　　　　　　　　　250 000
　　贷:银行存款　　　　　　　　　　　　　　　　　　　　250 000

(2) 购入原材料时:

借:原材料　　　　　　　　　　　　　　　　　　　　　　200 000
　　应交税费——应交增值税(进项税额)　　　　　　　　　　26 000
　　贷:其他货币资金——银行汇票　　　　　　　　　　　　226 000

(3) 假设甲公司接到开户银行通知,多余存款已转回开户银行:

借:银行存款　　　　　　　　　　　　　　　　　　　　　24 000
　　贷:其他货币资金——银行汇票　　　　　　　　　　　　24 000

3. 银行本票存款

银行本票存款是指企业为了取得银行本票按规定存入银行的款项。银行本票是银行签发的,承诺自己在见票时无条件支付确定的金额给收款人或持票人的票据。单位和个人在同一票据交换区域需要支付的各种款项,均可使用银行本票,银行本票可以用于转账,注明"现金"字样的银行本票可以用于支取现金。

4. 信用卡存款

信用卡存款是指企业为取得信用卡而存入银行信用卡专户的款项。凡在中国境内金融机构开立基本存款账户的单位可申领单位卡,单位卡可申领若干张,持卡人资格由申领单位法定代表人或其委托的代理人书面指定和注销。单位卡账户的资金一律从其基本存款账户转账存入,不得交存现金,不得将销货收入的款项存入其账户。持卡人可持信用卡在特约单位购物、消费,但单位卡不得用于10万元以上的商品交易、劳务供应款项的结算,不得支取现金。特约单位在每日营业终了,应将当日受理的信用卡签购单汇总,计算手续费和净额,并填写汇总计价单和进账单,连同签购单一并送交收单银行办理进账。

【例2-6】 甲公司为增值税一般纳税人,于2023年8月24日向银行申领信用卡,向银行交存50 000元。2023年9月10日,该公司用信用卡购买图书3 000元,增值税专用发票上注明的增值税额为270元。甲公司应编制如下会计分录:

(1) 2023年8月24日,申领信用卡时:

```
借：其他货币资金——信用卡                                    50 000
    贷：银行存款                                                      50 000
```

（2）2023年9月10日，购买办公用品时：

```
借：管理费用                                                3 000
    应交税费——应交增值税（进项税额）                            270
    贷：其他货币资金——信用卡                                    3 270
```

5. 信用证保证金存款

信用证保证金存款是指采用信用证结算方式的企业为开具信用证而存入银行信用证保证金专户的款项。信用证结算方式一般用于国际贸易的结算。企业向银行申请开立信用证，应按规定向银行提交开证申请书、信用证申请人承诺书和购销合同。企业向银行交纳保证金，即信用证保证金，是指企业为取得信用证按规定存入银行的保证金。

【例2-7】 甲公司于2023年8月6日委托中国银行开出9 000 000元信用证；于2023年8月10日从境外购入一批货物，动用信用证保证金存款共计7 800 000元（假设不考虑进口增值税、关税等），该货物已入库。甲公司将未用完的信用证存款及时转回银行账户。甲公司应编制如下会计分录：

（1）委托中国银行开出信用证时：

```
借：其他货币资金——信用证保证金                          9 000 000
    贷：银行存款                                              9 000 000
```

（2）购入货物时：

```
借：原材料                                              7 800 000
    贷：其他货币资金——信用证保证金                          7 800 000
```

（3）将未用完的信用证保证金存款转回银行账户时：

```
借：银行存款                                            1 200 000
    贷：其他货币资金——信用证保证金                          1 200 000
```

6. 存出投资款

存出投资款是指企业为购买股票、债券、基金等根据有关规定存入证券公司指定银行开立的投资款专户的款项。

【例2-8】 甲公司于2023年3月15日存入1 000 000元到某证券公司准备进行短期投资。2023年3月20日，甲公司委托该证券公司从证券市场购入乙公司股票实际支付的价款为1 000 000元。甲公司应编制如下会计分录：

（1）甲公司向证券公司划出资金时：

```
借：其他货币资金——存出投资款                            1 000 000
    贷：银行存款                                              1 000 000
```

（2）购买股票时：

```
借：交易性金融资产                                      1 000 000
    贷：其他货币资金——存出投资款                            1 000 000
```

第二节 应收及预付款项

一、应收及预付款项概述

应收及预付款项是企业在日常生产经营过程中产生的各种债权。它包括应收款项和预付款项,即包括应收票据、应收账款、预付账款、应收股利、应收利息、其他应收款等。

(一) 应收票据

1. 应收票据概述

1) 应收票据的概念

应收票据是指企业因销售商品、产品及提供劳务等而收到的商业汇票。商业汇票是指企业开出并承诺一定时期后支付给持票人一定金额的书面证明。商业汇票可以由收款单位签发,也可以由付款单位签发,商业汇票的承兑期限最长不能超过6个月。

2) 商业汇票的分类

根据承兑人不同,商业汇票分为商业承兑汇票和银行承兑汇票。

(1) 商业承兑汇票是指由付款人签发并承兑,或由收款人签发交由付款人承兑的汇票。商业承兑汇票的付款人收到开户银行的付款通知,应在当日通知银行付款。付款人在接到通知日的次日起3日内(遇法定休假日顺延)未通知银行付款的,视同付款人承诺付款,银行于付款人接到通知日的次日起第4日(遇法定休假日顺延)将票款划给持票人。付款人提前收到由其承兑的商业汇票,应通知银行于汇票到期日付款,银行在办理划款时,付款人存款账户不足支付的,银行应填制付款人未付票款通知书,连同商业承兑汇票邮寄持票人开户银行转交持票人。

(2) 银行承兑汇票是指由在承兑银行开立存款账户的存款人(即出票人)签发,由承兑银行承兑的票据。企业申请使用银行承兑汇票时,应向其承兑银行交纳手续费,银行承兑汇票的出票人应于汇票到期前将票款足额交存其开户银行。承兑银行应在汇票到期日或到期日后的见票当日支付票款。银行承兑汇票的出票人于汇票到期前未能足额交存票款时,承兑银行除凭票向持票人无条件付款外,对出票人尚未支付的汇票金额按每天万分之五计收利息。

3) 应收票据到期日的确定

应收票据到期日的确定一般分以下三种情况:

(1) 按月份定期。按月份定期的应收票据应以到期月份与出票日相同的那一天为到期日,如6月13日签发3个月商业汇票,到期日为9月13日。若到期月份无此相同日,应按到期月份的最后日确定,如3月31日签发期限3个月商业汇票,到期日为6月30日。

(2) 按日数定期。按日数定期的应收票据应从出票起按实际经历天数计算。通常出票日和到期日,只能计算其中的一天,即"算头不算尾"或"算尾不算头"。例如,4月15日签发的60天到期的商业汇票的到期日是6月14日。

(3) 按规定日期定期。按规定日期定期的应收票据是在票据上具体指定某年某月某日到期日。

2. 应收票据的账务处理

为了反映和监督应收票据取得、票款收回等情况,企业应当设置"应收票据"科目。其借方登记取得的应收票据的面值,贷方登记到期收回票款或到期前向银行贴现的应收票据的票面金额;期末余额在借方,反映企业持有的商业汇票的票面金额。"应收票据"科目可以按照开出、承兑商业汇票的单位进行明细核算,同时企业设置应收票据备查账簿,逐笔登记商业汇票的种类、号数和出票日、票面金额、交易合同号和付款人、承兑人、背书人姓名或单位名称、到期日、背书转让日、贴现日、贴现率和贴现净额等内容,商业汇票到期结清票款或退票后,应在备查账簿中予以注销。应收票据的账务处理如表 2-6 所示。

表 2-6 应收票据的账务处理

业务		账务处理
不带息应收票据	赊销取得票据	借:应收票据 　贷:主营业务收入 　　　应交税费——应交增值税(销项税额)
	到期按面值收回票款	借:银行存款 　贷:应收票据
	票据到期债务人无力支付款项	借:应收账款 　贷:应收票据
带息应收票据	赊销取得票据	借:应收票据 　贷:主营业务收入 　　　应交税费——应交增值税(销项税额)
	计提利息(一般应在中期期末,即 6 月 30 日和年末 12 月 31 日计提利息)	借:应收票据 　贷:财务费用
	到期收回票据本息	借:银行存款 　贷:应收票据(面值+已提利息) 　　　财务费用(剩余的未提利息)
	如果票据到期债务人无力支付票款	借:应收账款 　贷:应收票据(面值+已提利息) 　　　财务费用(剩余的未提利息)

【例 2-9】 甲公司赊销商品给乙公司(甲、乙公司均为增值税一般纳税人),售价为 100 万元,成本为 80 万元,增值税税率为 13%。乙公司开出并商业承兑汇票一张(不带利息商业汇票),面值为 113 万元。甲公司应编制如下会计分录:

(1) 赊销取得票据时:

借:应收票据　　　　　　　　　　　　　　　　　　　　　　　1 130 000
　贷:主营业务收入　　　　　　　　　　　　　　　　　　　　　1 000 000
　　　应交税费——应交增值税(销项税额)　　　　　　　　　　　130 000

借:主营业务成本　　　　　　　　　　　　　　　　　　　　　　800 000
　贷:库存商品　　　　　　　　　　　　　　　　　　　　　　　　800 000

(2) 到期按面值收回票款时：

借：银行存款　　　　　　　　　　　　　　　　　　　　　　　　1 130 000
　　贷：应收票据　　　　　　　　　　　　　　　　　　　　　　　　　　1 130 000

(3) 若票据到期债务人乙公司无力支付款项时：

借：应收账款　　　　　　　　　　　　　　　　　　　　　　　　1 130 000
　　贷：应收票据　　　　　　　　　　　　　　　　　　　　　　　　　　1 130 000

【例2-10】 甲公司于2023年3月1日赊销商品给乙公司，售价为100万元，成本为80万元，增值税税率为13％，当天乙公司开出并承兑商业汇票一张(带利息商业汇票)，面值为113万元，期限为6个月，票面年利率为6％，甲公司应编制如下会计分录：

(1) 2023年3月1日，发生赊销时：

借：应收票据　　　　　　　　　　　　　　　　　　　　　　　　1 130 000
　　贷：主营业务收入　　　　　　　　　　　　　　　　　　　　　　　1 000 000
　　　　应交税费——应交增值税(销项税额)　　　　　　　　　　　　　　130 000

借：主营业务成本　　　　　　　　　　　　　　　　　　　　　　　800 000
　　贷：库存商品　　　　　　　　　　　　　　　　　　　　　　　　　　800 000

(2) 2023年6月30日，计提利息时：

借：应收票据(1 130 000×6％×4÷12)　　　　　　　　　　　　　　22 600
　　贷：财务费用　　　　　　　　　　　　　　　　　　　　　　　　　　22 600

(3) 票据到期时：

借：银行存款(1 130 000+1 130 000×6％×6÷12)　　　　　　　　1 163 900
　　贷：应收票据(1 130 000+22 600)　　　　　　　　　　　　　　　1 152 600
　　　　财务费用　　　　　　　　　　　　　　　　　　　　　　　　　　11 300

【例2-11】 甲公司于2023年4月30日把4月15日签发的60天到期、票面利率为10％(年利率)、票据面值为600 000元的带息应收票据向银行贴现，贴现率为16％。甲公司计算过程及账务处理如下：

(1) 计算票据到期值：

600 000+600 000×10％÷360×60=610 000(元)

(2) 计算贴现利息：

先计算到期日：6月14日(4月15日签发，采用"算头不算尾"计算过程如下：4月为16天(30－15+1)；5月为31天；6月为13天；合计60天，即票据期限为60天)

再计算贴现天数：(从贴现日4月30日至到期日6月14日，共计45天，计算过程如下：4月为1天(30－30+1)；5月为31天；6月为13天；合计45天，即贴现天数为45天)

贴现利息=610 000×16％÷360×45=12 200(元)

(3) 计算贴现收入(实际收到的银行存款)：

610 000－12 200=597 800(元)

(4) 贴现时的会计分录如下：

借：银行存款　　　　　　　　　　　　　　　　　　　　　　　　　597 800
　　财务费用　　　　　　　　　　　　　　　　　　　　　　　　　　2 200
　　贷：应收票据　　　　　　　　　　　　　　　　　　　　　　　　　　　600 000

(二) 应收账款

1. 应收账款概述

应收账款是指企业因销售商品，提供劳务等经营活动，应向购货单位或接受劳务单位收取的款项。它主要包括企业销售商品或提供劳务等应向有关债务人收取的价款、增值税，以及代垫包装费、运杂费等。

2. 应收账款的账务处理

为了反映和监督应收账款的增减变动及其结存情况，企业应设置"应收账款"科目，预收账款不多的企业也可以不单独设置"预收账款"科目，预收的账款可以在"应收账款"科目中核算。"应收账款"科目的借方登记应收账款的增加，贷方登记应收账款的收回及确认的坏账损失；期末余额一般在借方，反映企业尚未收回的应收账款，如果期末余额在贷方，一般为企业预收的账款。应收账款的账务处理如表2-7所示。

表2-7　应收账款的账务处理

业务	账务处理
赊销时	借：应收账款 　　贷：主营业务收入 　　　　应交税费——应交增值税（销项税额） 　　　　银行存款（代垫费用）
收到货款时	借：银行存款 　　贷：应收账款
企业应收账款改用应收票据结算方式	借：应收票据 　　贷：应收账款

【例2-12】 甲服装厂为增值税一般纳税人，于2023年9月5日销售给某商场一批服装，开出的增值税发票上载明货款价值为58 000元，增值税额为7 540元，代购货单位垫付运杂费2 000元，已办妥托收手续。双方协定于2023年9月20日支付货款。甲服装厂应编制如下会计分录：

(1) 2023年9月5日，销售时：

借：应收账款　　　　　　　　　　　　　　　　　　　　　　　　　67 540
　　贷：主营业务收入　　　　　　　　　　　　　　　　　　　　　　　　58 000
　　　　应交税费——应交增值税（销项税额）　　　　　　　　　　　　　7 540
　　　　银行存款　　　　　　　　　　　　　　　　　　　　　　　　　　2 000

(2) 如果2023年9月20日收到货款：

借：银行存款　　　　　　　　　　　　　　　　　　　　　　　　　　67 540
　　贷：应收账款　　　　　　　　　　　　　　　　　　　　　　　　　　67 540

（3）如果 2023 年 9 月 20 日未收到货款，但收到一张商业汇票：

借：应收票据　　　　　　　　　　　　　　　　　　　　　　67 540
　　贷：应收账款　　　　　　　　　　　　　　　　　　　　　　　　67 540

3. 特殊销售业务的应收账款

1）商业折扣

商业折扣是指企业根据市场供需情况或针对顾客购买商品数量的多少，在商品价格上给予的优惠。

【例 2-13】甲公司为增值税一般纳税人，于 2023 年 5 月销售服装 200 件给乙公司，服装原单价为每件 100 元（不含税价），增值税税率为 13%，甲公司给出商业折扣为购 100 件以上（含 100 件）可打 8 折（享受 20% 的商业折扣），甲公司货款未收到。甲公司应编制如下会计分录：

借：应收账款　　　　　　　　　　　　　　　　　　　　　　18 080
　　贷：主营业务收入　　　　　　　　　　　　　　　　　　　　　16 000
　　　　应交税费——应交增值税（销项税额）　　　　　　　　　　 2 080

[例 2-13]中，甲公司在销售确认时，商业折扣已经发生，因此其在确认收入时应将扣除商业折扣后的金额确认为主营业务收入的金额，即 16 000 元[200×100×（1－20%）]。

2）现金折扣

现金折扣是指债权人为鼓励债务人在规定期限内早日付款，而向债务人提供的债务扣除。例如，"2/10,1/30,n/50"，意思为 10 天内付款可以享受 2% 的现金折扣，10 天至 30 天付款可以享受 1% 的现金折扣，30 天至 50 天付款的不享受现金折扣且 50 天是最后的付款期限。

现金折扣使企业与客户的合同约定的对价是不固定的，由此形成了可变对价。可变对价是指企业与客户的合同约定的对价可能是固定的，也可能会因折扣、价格折让、返利、退款、奖励积分、激励措施、业绩奖金、索赔等因素而变化。若合同中存在可变对价，企业应当对计入交易价格的可变对价进行估计，企业应当按照期望值或最可能发生金额确定可变对价的最佳估计值，但企业不能在这两种方法之间随意进行选择。

【例 2-14】甲公司为增值税一般纳税人，于 2023 年 9 月 1 日销售 A 商品 5 000 件，开具增值税专用发票，每件商品标价 180 元（不含税价），A 商品的增值税税率为 13%；每件商品的实际成本为 120 元，并在销售合同中规定现金折扣条件为"2/20,1/30,n/40"，计算现金折扣不考虑增值税。甲公司基于对客户的了解，预计客户 20 天内付款的概率为 70%，20～30 天付款的概率为 20%，30 天后付款的概率为 10%，2023 年 9 月 18 日，收到客户支付的货款。甲公司应编制如下会计分录：

（1）假设甲公司按照最可能发生金额确定可变对价的最佳估计值，那么最可能发生金额的概率为 70%，即购货方在 20 天内付款，可享受 2% 的现金折扣，确认的收入为：

收入＝180×5 000×（1－2%）＝882 000（元）

增值税额＝180×5 000×13%＝117 000（元）

2023 年 9 月 1 日，确认收入，结转成本时：

借：应收账款	999 000	
贷：主营业务收入		882 000
应交税费——应交增值税(销项税额)		117 000
借：主营业务成本	600 000	
贷：库存商品		600 000

2023年9月18日，收到货款时：

借：银行存款	999 000	
贷：应收账款		999 000

(2) 假设甲公司按照期望值确定可变对价的最佳估计值，那么确认的收入为：

收入 = $180×5\,000×(1-2\%)×70\% + 180×5\,000×(1-1\%)×20\%$
   $+ 180×5\,000×10\%$
  = 885 600(元)

增值税额 = $180×5\,000×13\% = 117\,000$(元)

2023年9月1日，确认收入，结转成本时：

借：应收账款	1 002 600	
贷：主营业务收入		885 600
应交税费——应交增值税(销项税额)		117 000
借：主营业务成本	600 000	
贷：库存商品		600 000

(三) 预付账款

预付账款是指企业按照合同规定预付的款项，如预付的材料款、商品采购款、在建工程价款等。

为了反映和监督预付账款的增减变动及其结存情况，企业应当设置"预付账款"科目。"预付账款"科目的借方登记预付的款项及补付的款项，贷方登记收到所购物资时根据有关发票账单记入"原材料"等科目的金额及收回多付款项的金额；期末余额在借方，反映企业实际预付的款项，如果期末余额在贷方，则反映企业应付或应补付的款项。预付款项不多的企业，可以不设置"预付账款"科目，而将预付的款项通过"应付账款"科目核算。预付账款的账务处理如表2-8所示。

表2-8 预付账款的账务处理

业务	账务处理
企业据购货合同向供应商预付款(补付货款)	借：预付账款 贷：银行存款

企业收到所购物资，按应计入购入物资成本的金额	借：材料采购/原材料/库存商品等
	  应交税费——应交增值税(进项税额)
	  贷：预付账款

收到退回多付货款	借：银行存款 贷：预付账款

【例2-15】 甲公司为增值税一般纳税人,向乙公司采购材料1 000千克,每千克单价为10元(不含税价格),所需支付的款项总额为10 000元。按照合同规定,甲公司向乙公司预付不含税货款的50%。甲公司应编制如下会计分录:

(1) 预付50%的货款时:

借:预付账款——乙公司　　　　　　　　　　　　　　　　　　　5 000
　　贷:银行存款　　　　　　　　　　　　　　　　　　　　　　　　　　5 000

(2) 收到乙公司发来的1 000千克材料,验收无误,增值税专用发票记载的货款为10 000元,增值税额为1 300元。以银行存款补付所欠款项6 300元:

借:原材料　　　　　　　　　　　　　　　　　　　　　　　　　10 000
　　应交税费——应交增值税(进项税额)　　　　　　　　　　　　　1 300
　　贷:预付账款——乙公司　　　　　　　　　　　　　　　　　11 300(全额)
借:预付账款——乙公司　　　　　　　　　　　　　　　　　　　6 300
　　贷:银行存款　　　　　　　　　　　　　　　　　6 300(补付货款与预付货款时分录相同)

【例2-16】 承[例2-15],若甲公司未设置"预付账款"科目,甲公司应编制如下会计分录:

(1) 预付50%的货款时:

借:应付账款——乙公司　　　　　　　　　　　　　　　　　　　5 000
　　贷:银行存款　　　　　　　　　　　　　　　　　　　　　　　　　　5 000

(2) 收到乙公司发来的1 000千克材料,验收无误,增值税专用发票记载的货款为10 000元,增值税额为1 300元。以银行存款补付所欠款项6 300元。

借:原材料　　　　　　　　　　　　　　　　　　　　　　　　　10 000
　　应交税费——应交增值税(进项税额)　　　　　　　　　　　　　1 300
　　贷:应付账款——乙公司　　　　　　　　　　　　　　　　　11 300(全额)
借:应付账款——乙公司　　　　　　　　　　　　　　　　　　　6 300
　　贷:银行存款　　　　　　　　　　　　　　　　　　　　　　　　　　6 300

(四) 应收股利

应收股利是指企业应收取的现金股利或应收取其他单位分配的利润。为了反映和监督应收股利的增减变动及其结存情况,企业应设置"应收股利"科目,"应收股利"科目应当按照被投资单位设置明细科目进行核算。

【例2-17】 甲公司持有丙上市公司股票,作为以公允价值计量且其变动计入当期损益的金融资产(交易性金融资产)进行管理和核算。2023年6月10日,丙上市公司宣告发放2022年现金股利,甲公司按其持有丙上市公司股份计算确定的应分得的现金股利为500 000元,假定不考虑相关税费。甲公司应编制如下会计分录:

借:应收股利——丙上市公司　　　　　　　　　　　　　　　　500 000
　　贷:投资收益——丙上市公司　　　　　　　　　　　　　　　　500 000

【例2-18】 承[例2-17],2023年6月30日,甲公司收到丙上市公司发放的现金股利500 000元,款项已存入银行,假定不考虑相关税费。甲公司应编制如下会计分录:

借:其他货币资金——存出投资款　　　　　　　　　　　　　　500 000
　　贷:应收股利——丙上市公司　　　　　　　　　　　　　　　　　500 000

需要说明的是,如果企业通过证券公司购入上市公司股票所形成的股权投资取得现金股利时,应借记"其他货币资金——存出投资款"科目,贷记"应收股利"科目;如果是企业持有的其他股权投资,收到被投资单位分配的现金股利时,借记"银行存款"科目,贷记"应收股利"科目。

(五) 应收利息

应收利息是指企业根据合同或协议规定应向债务人收取的利息。为了反映和监督应收利息的增减变动及其结存情况,企业应设置"应收利息"科目。"应收利息"科目的借方登记应收利息的增加,贷方登记收到的利息,期末余额一般在借方,反映企业尚未收到的利息。

【例2-19】 甲公司持有乙公司发行的债券,2023年1月15日,甲公司收到乙公司通知,拟向其支付2022年利息2 000 000元,款项尚未支付。假定不考虑相关税费。甲公司应编制如下会计分录:

借:应收利息——乙公司　　　　　　　　　　　　　　　　　　2 000 000
　　贷:投资收益——乙公司　　　　　　　　　　　　　　　　　　2 000 000

(六) 其他应收款

其他应收款是指企业除应收票据、应收账款、预付账款、应收股利和应收利息以外的其他各种应收及暂付款项。其主要内容包括:职工出差借款备用金;应向职工收取的各种垫付款项,如为职工垫付的水电费、应由职工负担的医药费、房租费等;存出保证金,如租入包装物支付的押金;应收的出租包装物租金;未收的租金收入;应收的各种罚款;应收的各种赔款,如因企业财产等遭受意外损失而应向有关保险公司收取的赔款等。

【例2-20】 甲公司由于自然灾害发生材料毁损,按保险合同规定,应由M保险公司赔偿损失30 000元,赔款尚未收到。甲公司应编制如下会计分录:

(1) 未收到赔款时:

借:其他应收款——M保险公司　　　　　　　　　　　　　　　30 000
　　贷:原材料　　　　　　　　　　　　　　　　　　　　　　　　30 000

(2) 甲公司如数收到上述M保险公司的赔款时:

借:银行存款　　　　　　　　　　　　　　　　　　　　　　　30 000
　　贷:其他应收款——M保险公司　　　　　　　　　　　　　　　30 000

【例2-21】 甲公司以银行存款替职工王某垫付应由其个人负担的医疗费5 000元,拟从其工资中扣回。甲公司应编制如下会计分录:

(2) 垫付医疗费时：

借：其他应收款——王某　　　　　　　　　　　　　　　　5 000
　　贷：银行存款　　　　　　　　　　　　　　　　　　　　　　5 000

(3) 垫付的医疗费从工资中扣款时：

借：应付职工薪酬　　　　　　　　　　　　　　　　　　　5 000
　　贷：其他应收款——王某　　　　　　　　　　　　　　　　5 000

【例 2-22】 甲公司向丁公司租入包装物一批，以银行存款向丁公司支付押金 20 000 元。甲公司应编制如下会计分录：

(1) 支付押金时：

借：其他应收款——丁公司　　　　　　　　　　　　　　20 000
　　贷：银行存款　　　　　　　　　　　　　　　　　　　　　20 000

(2) 甲公司按期如数向丁公司退回所租包装物，并收到丁公司退还的押金 20 000 元，且已存入银行时：

借：银行存款　　　　　　　　　　　　　　　　　　　　20 000
　　贷：其他应收款——丁公司　　　　　　　　　　　　　　　20 000

二、应收款项的减值

企业的各项应收款项，可能会因债务人拒付、破产、死亡等信用缺失原因而使部分或全部无法收回，这类无法收回的应收款项通常称为坏账，企业因坏账而遭受的损失称为坏账损失。应收款项的减值有两种核算方法，即直接转销法和备抵法。《企业会计准则》规定，应收款项减值的核算应采用备抵法；《小企业会计准则》规定，应收款项减值采用直接转销法。

(一) 直接转销法

在直接转销下，应收款项可能发生坏账损失时不予考虑，只有在实际发生坏账时，才作为坏账损失计入当期损益，同时直接冲销应收款项。

1. 确认坏账损失条件

小企业应收及预付款项符合下列条件之一的，减除可收回的金额后确认的无法收回的应收及预付款项，作为坏账损失：

(1) 债务人依法宣告破产、关闭、解散、被撤销，或者被依法注销、吊销营业执照，其清算财产不足清偿的。

(2) 债务人死亡，或者依法被宣告失踪、死亡，其财产或者遗产不足清偿的。

(3) 债务人逾期 3 年以上未清偿，且有确凿证据证明已无力清偿债务的。

(4) 与债务人达成债务重组协议或法院批准破产重整计划后，无法追偿的。

(5) 因自然灾害、战争等不可抗力导致无法收回的。

(6) 国务院财政、税务主管部门规定的其他条件。

2. 直接转销法的账务处理

按照《小企业会计准则》的规定,应收账款实际发生的坏账损失应当按照实际发生坏账损失金额,借记"营业外支出——坏账损失"科目,贷记"应收账款"等科目。

【例 2-23】 某小企业于 2019 年发生的一笔 20 000 元的应收账款,因债务人财务状况原因长期未能收回,于 2022 年年末经催收确实无法收回确认为坏账。该小企业应编制如下会计分录:

该小企业在 2022 年年末确认坏账损失时:

借:营业外支出——坏账损失　　　　　　　　　　　　　　　　　20 000
　　贷:应收账款　　　　　　　　　　　　　　　　　　　　　　　　　20 000

3. 直接转销法的优缺点

直接转销法的优点是账务处理简单,将坏账损失在实际发生时确认为损失符合其偶发性特征和小企业经营管理的特点。

直接转销法的缺点是不符合权责发生制会计基础,并与资产定义存在一定的冲突。在这种方法下,只有坏账实际发生时,才将其确认为当期损益,导致资产和各期损益不实。此外,在资产负债表上,应收账款是按账面余额而不是按账面价值反映的,这在一定程度上高估了期末应收款项。

(二) 备抵法

备抵法是指在资产负债表日,企业采用一定的方法按期确定预期信用损失,计入当期损益,同时建立坏账准备;待坏账实际发生时,冲销已提的坏账准备和相应的应收款项。

1. 信用损失的确定

企业对于《企业会计准则第 14 号——收入》规范的交易形成且不含重大融资成分的应收款项,始终按照相当于整个存续期内预期信用损失的金额计量其损失准备,即坏账准备。

信用损失是指企业按照实际利率折现的合同应收的所有合同现金流量与预期收取的所有现金流量之间的差额。

预期信用损失是指以发生违约的风险为权重的金融工具信用损失的加权平均值。

应收款项坏账准备可以分项分类计算确定(表 2-9),也可以以组合为基础计算确定(表 2-10)。

表 2-9　应收票据坏账准备分类计算表

类别	期末余额			
	账面余额		坏账准备	
	金额(万元)	比例	金额(万元)	计提比例
按单项计提坏账准备的应收票据	1 000	100.00%	30	5.00%
其中:				
银行承兑汇票	400	40.00%		
商业承兑汇票	600	60.00%	30	5.00%
合计	1 000	100.00%	30	

表 2-10　应收账款坏账准备计算表

年限	期末余额		
	账面余额（万元）	坏账准备（万元）	计提比例
1年以内	2 000	100.0	5.00%
1～2年	350	35.0	10.00%
2～3年	200	60.0	30.00%
3～4年	100	50.0	50.00%
4～5年	25	17.5	70.00%
5年以上	2	2.0	100.00%
合计	2 677	264.5	—

2. 坏账准备的账务处理

为了反映和监督应收款项的坏账准备计提、转销等事项，企业应当设置"坏账准备"科目。"坏账准备"科目的账户结构如图 2-2 所示，相应的账务处理如表 2-11 所示。

坏账准备

① 实际发生的坏账损失金额 ② 冲减的坏账准备金额	期初余额 ③ 当期计提（补提）的坏账准备金额 ④ 收回已转销的应收账款而恢复的坏账准备金额
	期末余额：企业已计提但尚未转销的坏账准备

图 2-2　坏账准备的账户结构

坏账准备可按以下公式计提：

$$\text{当期应计提的坏账准备} = \text{当期(期末)按应收款项计算的坏账准备金额} - (\text{或} +) \text{"坏账准备"科目的贷方(或借方)余额}$$

表 2-11　坏账准备的账务处理

业务	账务处理
提取（补提）坏账准备时	借：信用减值损失——计提的坏账准备 　贷：坏账准备
冲减多计提的坏账准备时	借：坏账准备 　贷：信用减值损失——计提的坏账准备
发生坏账损失时	借：坏账准备 　贷：应收账款/其他应收款等
收回已转销的应收账款时	借：应收账款/其他应收款等 　贷：坏账准备 借：银行存款 　贷：应收账款/其他应收款等

【例2-24】 2022年12月31日,甲公司应收丙公司的账款余额为2 000 000元,甲公司根据《企业会计准则》的规定,确定应计提坏账准备的金额为200 000元。甲公司应编制如下会计分录:

计提坏账准备时:

借:信用减值损失——计提的坏账准备　　　　　　　　　　　　　　200 000
　　贷:坏账准备　　　　　　　　　　　　　　　　　　　　　　　　200 000

【例2-25】 承[例2-24],2023年6月,甲公司应收丙公司的销货款实际发生坏账损失120 000元。甲公司应编制如下会计分录:

确认坏账损失时:

借:坏账准备　　　　　　　　　　　　　　　　　　　　　　　　　120 000
　　贷:应收账款　　　　　　　　　　　　　　　　　　　　　　　　120 000

【例2-26】 承[例2-24]和[例2-24],2023年12月31日,甲公司应收丙公司的账款余额为1 200 000元,甲公司根据预计信用减值损失,确认该应收款项应计提坏账准备的金额为120 000元。甲公司应编制如下会计分录:(2023年年末,甲公司应计提的坏账准备金额为40 000元。应有120 000元,原已有贷方余额80 000元(200 000-120 000),应补提准备40 000元。)

借:信用减值损失——计提的坏账准备　　　　　　　　　　　　　　 40 000
　　贷:坏账准备　　　　　　　　　　　　　　　　　　　　　　　　 40 000

【例2-27】 2023年1月20日,甲公司收回2022年已转销的坏账20 000元,已存入银行。甲公司应编制如下会计分录:

发生的坏账又收回时:

借:应收账款　　　　　　　　　　　　　　　　　　　　　　　　　 20 000
　　贷:坏账准备　　　　　　　　　　　　　　　　　　　　　　　　 20 000
借:银行存款　　　　　　　　　　　　　　　　　　　　　　　　　 20 000
　　贷:应收账款　　　　　　　　　　　　　　　　　　　　　　　　 20 000

第三节　交易性金融资产

一、金融资产及其分类

(一) 金融资产

金融资产是指企业持有的现金、其他方的权益工具以及符合下列条件之一的资产:

(1) 从其他方收取现金或其他金融资产的合同权利。例如,应收账款由于是从其他方收取现金,其是金融资产;而预付账款由于是向其他方收取货物或劳务,则其不是金融资产。

(2) 在潜在有利条件下,与其他方交换金融资产或金融负债的合同权利。

(3) 将来须用或可用企业自身权益工具进行结算的非衍生工具合同,且企业根据该合同将收到可变数量的自身权益工具。

(4) 将来须用或可用企业自身权益工具进行结算的衍生工具合同,但以固定数量的自身权益工具交换固定金额的现金或者其他金融资产的衍生工具合同除外。

在企业全部资产中,库存现金、银行存款、应收账款、应收票据、贷款、其他应收款、应收利息、债权投资、股权投资、基金投资和衍生金融资产等统称为金融资产。

(二)金融资产的分类

企业应当根据其管理金融资产的业务模式和金融资产的合同现金流量特征,将金融资产划分为以下三类:

(1) 以摊余成本计量的金融资产。管理该金融资产的业务模式是以收取合同现金流量为目标。该金融资产的合同条款规定,在特定日期产生的现金流量,仅为对本金和以未偿付本金金额为基础的利息的支付,如债权投资的合同现金流量包括投资期间各期应收的利息和到期日收回的本金等;其他属于以摊余成本计量的金融资产还有贷款、应收账款等。

(2) 以公允价值计量且其变动计入其他综合收益的金融资产。管理该金融资产的业务模式,既以收取合同现金流量为目标又以出售该金融资产为目标。该金融资产的合同条款规定,在特定日期产生的现金流量,仅为对本金和以未偿付本金金额为基础的利息的支付,如其他债权投资。

(3) 以公允价值计量且其变动计入当期损益的金融资产。它是指以摊余成本计量的金融资产和以公允价值计量且其变动计入其他综合收益的金融资产之外的金融资产,企业应当将其分类为以公允价值计量且其变动计入当期损益的金融资产,如交易性金融资产。

对金融资产的分类一经确定,不得随意变更,本节主要介绍交易性金融资产的账务处理。

二、交易性金融资产概述

(一)交易性金融资产的内容

交易性金融资产是指以公允价值计量且其变动计入当期损益的金融资产。它是企业为了近期内出售而持有的金融资产,如企业以赚取差价为目的从二级市场购入的股票、债券、基金等;或者在初始确认时属于集中管理的可辨认金融工具组合的一部分,且有客观证据表明近期实际存在短期获利模式的金融资产等,如企业管理的以公允价值进行业绩考核的某项投资组合。

交易性金融资产的特点是以"交易"为目的,企业仅仅通过"交易性"活动,即通过频繁地购买和出售,从市场价格波动中,赚取差价,使企业闲置资金能获得较高的投资回报,预期能在短期内变现以满足企业日常经营的需要。因此,在资产负债表中,交易性金融资产作为流动资产列示。

需要说明的是,从金融资产的合同现金流量特征来看,尽管交易性金融资产仍将收取合同现金流量,但只是偶尔为之,收取合同现金流量并非为了实现业务模式目标而不可或缺。

(二) 交易性金融资产的账务处理

为了全面反映和监督交易性金融资产的取得、收取现金股利或利息、出售等情况,企业应当设置"交易性金融资产""公允价值变动损益""投资收益"等科目进行核算。

"交易性金融资产"科目核算企业持有的以公允价值计量且其变动计入当期损益的金融资产,主要包括企业以交易为目的所持有的债券投资、股票投资、基金投资等资产的公允价值。"交易性金融资产"科目的借方登记交易性金融资产的取得成本、资产负债表日其公允价值高于账面余额的差额,以及出售交易性金融资产时结转公允价值低于账面余额的变动金额;贷方登记资产负债表日其公允价值低于账面余额的差额、企业出售交易性金融资产时结转的成本和公允价值高于账面余额的变动金额。企业应当按照交易性金融资产的类别和品种,分别设置"成本""公允价值变动"等明细科目进行核算。

"公允价值变动损益"科目核算企业因交易性金融资产等的公允价值变动而形成的应计入当期损益的利得或损失。它属于损益类科目,期末结转后无余额。"公允价值变动损益"科目的借方登记资产负债表日企业持有的交易性金融资产等的公允价值低于账面余额的差额;贷方登记资产负债表日企业持有的交易性金融资产等的公允价值高于账面余额的差额。

"投资收益"科目核算企业持有交易性金融资产等的期间内取得的投资收益,以及出售交易性金融资产等实现的投资收益或投资损失。它属于损益类科目,期末结转后无余额。"投资收益"科目的借方登记企业取得交易性金融资产时支付的交易费用、出售交易性金融资产等发生的投资损失;贷方登记企业持有交易性金融资产等的期间内取得的投资收益,以及出售交易性金融资产等实现的投资收益。"投资收益"科目应当按照投资项目设置明细科目进行核算。

1. 交易性金融资产的取得

企业在取得以公允价值计量且其变动计入当期损益的金融资产,即交易性金融资产时,应按照取得时的公允价值计量其价值。金融资产的公允价值,应当以市场交易价格为基础确定。

在取得交易性金融资产实际支付的价款中包含已宣告但尚未发放的现金股利或已到付息期但尚未领取的债券利息,应单独确认为"应收股利"或"应收利息"等应收项目,不构成交易性金融资产初始入账金额,也就是说不能计入该项交易性金融资产的成本。

企业在取得交易性金融资产时所发生的相关交易费用,应当在发生时直接计入当期损益,借记"投资收益"科目,发生交易费用取得增值税专用发票的,进项税额经认证后可从当月销项税额中扣除。交易费用是指可直接归属于购买、发行或处置金融工具新增的外部费用,包括支付给代理机构、咨询公司、券商等的手续费、佣金及其他必要支出,不包括债券溢价、折价、融资费用、内部管理成本和持有成本等与交易不直接相关的费用。取得交易性金融资产的账务处理如表 2-12 所示。

表 2-12　取得交易性金融资产的账务处理

业务	账务处理
取得交易性金融资产时	借：交易性金融资产——成本（取得时的公允价值） 　　应收股利（实际支付的款项中包含的已宣告但尚未发放的现金股利） 或者： 　　应收利息（实际支付的款项中包含的已到付息期但尚未领取的债券利息） 　　投资收益（发生的交易费用） 　　应交税费——应交增值税（进项税额） 　贷：银行存款等

【例 2-28】 甲公司为增值税一般纳税人，于 2023 年 5 月 10 日从二级市场上购入乙上市公司的股票 100 000 股，购买价款为 92.7 元/股；另支付交易费用，取得的增值税专用发票上载明交易费用为 30 000 元，增值税额为 1 800 元，甲公司将其划分为交易性金融资产进行管理和核算。甲公司应编制如下会计分录：

（1）购入股票时：

借：交易性金融资产——成本　　　　　　　　　　　　　　　　　9 270 000
　贷：银行存款　　　　　　　　　　　　　　　　　　　　　　　9 270 000

（2）支付交易费用时：

借：投资收益　　　　　　　　　　　　　　　　　　　　　　　　　30 000
　　应交税费——应交增值税（进项税额）　　　　　　　　　　　　　1 800
　贷：银行存款　　　　　　　　　　　　　　　　　　　　　　　　 31 800

【例 2-29】 甲公司为增值税一般纳税人，于 2023 年 5 月 10 日从二级市场上购入乙上市公司的股票 100 000 股，购买价款为 92.7 元/股（买价中包含已宣告但尚未发放的现金股利 2.7 元/股）；另支付交易费用，取得的增值税专用发票上载明交易费用为 30 000 元，增值税额为 1 800 元，甲公司将其划分为交易性金融资产进行管理和核算。甲公司应编制如下会计分录：

（1）购入股票时：

借：交易性金融资产——成本[（92.7－2.7）×100 000]　　　　　9 000 000
　　应收股利（2.7×100 000）　　　　　　　　　　　　　　　　　 270 000
　贷：银行存款　　　　　　　　　　　　　　　　　　　　　　　9 270 000

（2）支付交易费用时：

借：投资收益　　　　　　　　　　　　　　　　　　　　　　　　　30 000
　　应交税费——应交增值税（进项税额）　　　　　　　　　　　　　1 800
　贷：银行存款　　　　　　　　　　　　　　　　　　　　　　　　 31 800

[例 2-29]中，甲公司取得交易性金融资产时所发生的相关交易费用为 30 000 元，应当在发生时记入"投资收益"科目，取得的增值税专用发票进项税额经认证后从当月销项税额中扣除。若支付交易费用取得的是增值税普通发票，则应当将价税合计额记入"投资收益"科目。甲公司取得交易性金融资产支付价款 9 270 000 元中所包含已宣告但尚未发放的现

金股利为270 000元,应当记入"应收股利"科目。

【例2-30】 承[例2-29],假定2023年5月20日,甲公司收到乙上市公司向其发放的现金股利270 000元,并存入银行。假定不考虑相关税费。甲公司应编制如下会计分录:

甲公司收到现金股利时:

借:银行存款   270 000
　　贷:应收股利   270 000

2. 交易性金融资产的持有

1)持有收益确认的账务处理

企业持有交易性金融资产期间被投资单位宣告发放现金股利或在资产负债表日按分期付息一次还本债券投资的票面利率计算的利息,应记入"应收股利"或"应收利息"科目,即确认应收项目,并记入"投资收益"科目的贷方。

需要注意的是,企业只有在同时满足三个条件时,才能确认交易性金融资产所取得的股利或利息收入并计入当期损益:一是企业收取股利或利息的权利已经确立(如被投资单位已宣告发放现金股利)。二是与股利或利息相关的经济利益很可能流入企业。三是股利或利息的金额能够可靠计量。交易性金融资产持有收益确认的账务处理如表2-13所示。

表2-13 交易性金融资产持有收益确认的账务处理

业务		账务处理
现金股利收益	被投资单位宣告发放现金股利	借:应收股利 　　贷:投资收益
	实际收到现金股利	借:银行存款 　　贷:应收股利
债券利息收益	到计息期	借:应收利息 　　贷:投资收益
	实际收到利息	借:银行存款 　　贷:应收利息

【例2-31】 承[例2-29],假定2023年6月20日,乙上市公司宣告发放2022年现金股利,甲公司按其持有该上市公司股份计算确定的应分得的现金股利为500 000元。2023年6月30日,甲公司收到乙公司发放的现金股利500 000元。假定不考虑相关税费。甲公司应编制如下会计分录:

(1) 2023年6月20日,乙上市公司宣告发放现金股利时:

借:应收股利   500 000
　　贷:投资收益   500 000

(2) 2023年6月30日,甲公司收到现金股利为500 000元时:

借:银行存款   500 000
　　贷:应收股利   500 000

【例2-32】 2022年1月1日,甲公司购入B公司发行的公司债券,该笔债券于2021年

7月1日发行,面值为25 000 000元,票面利率为4%,上年债券利息于下年年初支付。甲公司将其划分为以公允价值计量且其变动计入当期损益的金融资产,支付价款26 000 000元(其中包含已到期但尚未领取的债券利息500 000元),另支付交易费用300 000元。2022年1月8日,甲公司收到该笔债券利息500 000元。2023年1月10日,甲公司收到债券利息1 000 000元。假定不考虑相关税费。甲公司应编制如下账务处理:

(1) 2022年1月1日,购入B公司的公司债券时:

借:交易性金融资产——成本(26 000 000−500 000) 25 500 000
　　应收利息 500 000
　　投资收益 300 000
　贷:银行存款 26 300 000

(2) 2022年1月8日,收到购买价款中包含的已到期但尚未领取的债券利息时:

借:银行存款 500 000
　贷:应收利息 500 000

(3) 2022年12月31日,确认B公司的公司债券利息收入时:

应收利息=25 000 000×4%=1 000 000(元)

借:应收利息 1 000 000
　贷:投资收益 1 000 000

(4) 2023年1月10日,收到持有B公司的公司债券利息时:

借:银行存款 1 000 000
　贷:应收利息 1 000 000

2) 期末计价的账务处理

资产负债表日,企业的交易性金融资产应当按照公允价值计量其价值,公允价值与账面余额之间的差额计入当期损益,即记入"公允价值变动损益"科目。交易性金融资产期末计价的账务处理如表2-14所示。

表2-14　交易性金融资产期末计价的账务处理

业务	账务处理
股价或债券价格上涨(交易性金融资产公允价值高于账面余额)	借:交易性金融资产——公允价值变动 　贷:公允价值变动损益
股价或债券价格下跌(交易性金融资产公允价值低于账面余额)	借:公允价值变动损益 　贷:交易性金融资产——公允价值变动

【例2-33】　承[例2-29],2022年6月30日,甲公司持有的乙上市公司的股票价格上涨到110元/股。2022年12月31日,乙上市公司股票价格为115元/股。甲公司应编制如下会计分录:

确认的公允价值变动损益=110×100 000−9 000 000=2 000 000(元)

(1) 2022年6月30日,甲公司确认持有乙上市公司股票的公允价值变动损益时:

借：交易性金融资产——公允价值变动　　　　　　　　　　　　2 000 000
　　贷：公允价值变动损益　　　　　　　　　　　　　　　　　　　　2 000 000

(2) 2022年12月31日，甲公司确认持有乙公司股票的公允价值变动损益时：

确认的公允价值变动损益＝115×100 000－11 000 000＝500 000（元）

借：交易性金融资产——公允价值变动　　　　　　　　　　　　　500 000
　　贷：公允价值变动损益　　　　　　　　　　　　　　　　　　　　　500 000

［例2-33］中，2022年6月30日为资产负债表日，甲公司持有的乙上市公司股票在该日的公允价值为11 000 000元，账面余额为9 000 000元。2022年6月30日，公允价值11 000 000元大于账面余额9 000 000元，应调高交易性金融资产的账面价值，借记"交易性金融资产"科目，同时贷记"公允价值变动损益"科目。2022年12月31日，股价变动情况与2022年6月30日相同。

［例2-34］ 承［例2-32］，假定2022年6月30日，甲公司购买的B公司债券的公允价值为27 800 000元。2022年12月31日，甲公司购买的B公司债券的公允价值为25 600 000元。甲公司应编制如下会计分录：

(1) 2022年6月30日，确认B公司债券的公允价值变动损益时：

借：交易性金融资产——公允价值变动(27 800 000－25 500 000)　　2 300 000
　　贷：公允价值变动损益　　　　　　　　　　　　　　　　　　　　2 300 000

(2) 2022年12月31日，确认B公司债券的公允价值变动损益时：

借：公允价值变动损益(25 600 000－27 800 000)　　　　　　　　2 200 000
　　贷：交易性金融资产——公允价值变动　　　　　　　　　　　　　2 200 000

［例2-34］中，2022年6月30日，B公司债券的公允价值为27 800 000元，账面余额为25 500 000元，公允价值大于账面余额2 300 000元，应将2 300 000元记入"公允价值变动损益"科目的贷方。2022年12月31日，B公司债券的公允价值为25 600 000元，账面余额为27 800 000元，公允价值小于账面余额2 200 000元，应将2 200 000元记入"公允价值变动损益"科目的借方。

3. 交易性金融资产的出售

企业在出售以公允价值计量且其变动计入当期损益的金融资产（交易性金融资产）时，按实际收到的金额，借记"银行存款"等科目，按该金融资产的账面余额，贷记"交易性金融资产"科目；应当将出售时交易性金融资产的公允价值与其账面余额之间的差额作为投资损益进行账务处理，即贷记或借记"投资收益"科目。交易性金融资产出售的账务处理如表2-15所示。

表2-15　交易性金融资产出售的账务处理

业务	账务处理
交易性金融资产出售	借：银行存款（售价－交易费用） 　　贷：交易性金融资产——成本 　　　　　　　　　　——公允价值变动（可能在借方） 　　　　投资收益（可能在借方）

【例2-35】 承[例2-29][例2-30]和[例2-33]，2023年1月5日，甲公司以120元/股的价格抛售了所持乙上市公司的股票100 000股，款项已存入银行，不考虑相关税费和其他因素。甲公司应编制如下会计分录：

借：银行存款　　　　　　　　　　　　　　　　　　　　　12 000 000
　　贷：交易性金融资产——成本　　　　　　　　　　　　　　9 000 000
　　　　　　　　　　——公允价值变动　　　　　　　　　　　2 500 000
　　　　投资收益　　　　　　　　　　　　　　　　　　　　　　500 000

[例2-35]中，2023年1月5日，甲公司出售持有乙上市公司全部股票的价款12 000 000元（120×100 000），与账面余额11 500 000元（即成本9 000 000元与公允价值变动2 500 000元之和）之间的差额为500 000元，应当将其作为投资收益，贷记"投资收益"科目。

【例2-36】 承[例2-32]和[例2-34]，假定2023年3月15日，甲公司出售了所持有的B公司债券，售价为25 650 000元，款项已存入银行，不考虑相关税费和其他因素。甲公司应编制如下会计分录：

借：银行存款　　　　　　　　　　　　　　　　　　　　　25 650 000
　　贷：交易性金融资产——成本　　　　　　　　　　　　　25 500 000
　　　　　　　　　　——公允价值变动　　　　　　　　　　　　100 000
　　　　投资收益　　　　　　　　　　　　　　　　　　　　　　50 000

[例2-36]中，2023年3月15日，甲公司出售所持B公司债券所得的价款25 650 000元与账面余额25 600 000元（即成本25 500 000元与公允价值变动100 000元之和）之间的差额为50 000元，应当将其作为投资收益，贷记"投资收益"科目。

4. 转让金融商品应交增值税

金融商品转让按照卖出价扣除买入价（不需要扣除已宣告但未发放现金股利和已到付息期末领取的利息）后的余额计算增值税，即转让金融商品按盈亏相抵后的余额为销售额。若相抵后出现负差，可结转下一纳税期与下期转让金融商品销售额互抵，但年末时仍出现负差的，不得转入下一会计年度继续抵减转让金融商品的收益。转让金融商品应交增值税的账务处理如表2-16所示。

表2-16　转让金融商品应交增值税的账务处理

业务	账务处理
月末，如产生转让收益	借：投资收益 　　贷：应交税费——转让金融商品应交增值税
月末，如产生转让损失可结转下月抵扣税额	借：应交税费——转让金融商品应交增值税 　　贷：投资收益
实际交纳增值税	借：应交税费——转让金融商品应交增值税 　　贷：银行存款
年末，"应交税费——转让金融商品应交增值税"科目出现借方余额，不得转入下年度抵减转让金融资产的收益，应将其借方余额通过贷方转出	借：投资收益 　　贷：应交税费——转让金融商品应交增值税

【例 2-37】 承[例 2-29]和[例 2-35],2023 年 1 月 5 日,甲公司以 120 元/股的价格抛售了所持乙上市公司的股票 100 000 股。甲公司计算出售该金融资产应交增值税,并编制如下会计分录:

$$甲公司转让金融商品应交增值税 = (出售价 - 买价) \div (1 + 6\%) \times 6\%$$
$$= (12\,000\,000 - 9\,270\,000) \div (1 + 6\%) \times 6\%$$
$$= 154\,528.30(元)$$

注:上述公式中的买价,即支付的价款(不扣除已宣告但尚未发放的现金股利)。

借:投资收益 154 528.30
　　贷:应交税费——转让金融商品应交增值税 154 528.30

【例 2-38】 承[例 2-32]和[例 2-36],假定 2023 年 3 月 15 日,甲公司出售了所持有的 B 公司债券,售价为 25 650 000 元。甲公司计算出售该金融资产应交增值税,并编制如下会计分录:

$$甲公司转让金融商品应交增值税 = (25\,650\,000 - 26\,000\,000) \div (1 + 6\%) \times 6\%$$
$$= -19\,811.32(元)$$

借:应交税费——转让金融商品应交增值税 19 811.32
　　贷:投资收益 19 811.32

[例 2-38]中,甲公司转让金融商品应交增值税为 -19 811.32 元,说明转让金融商品产生转让损失,则可抵扣转让金融商品的增值税额。但是如果到了年末,"应交税费——转让金融商品应交增值税"科目出现借方余额,不得转入下年度抵减转让金融资产的收益,应将其借方余额通过贷方转出。

第四节 存　货

一、存货概述

(一) 存货的内容

存货是指企业在日常活动中持有以备出售的产品或商品、处在生产过程中的在产品、在生产过程或提供劳务过程中储备的材料和物料等。存货的具体内容包括原材料、在产品、半成品、产成品、商品、包装物、低值易耗品、委托代销商品等。存货的分类及对应会计科目如表 2-17 所示。

表 2-17　存货的分类及对应会计科目

分类	项目内容	对应会计科目
原材料	包括构成产品主体的各种原料及主要材料、辅助材料、外购半成品(外购件)、修理用备品备件、包装材料及燃料等	原材料
在产品	包括正在各个生产工序加工的产品和已加工完毕但尚未检验或已检验但尚未办理入库手续的产品	生产成本

(续表)

分类	项目内容	对应会计科目
半成品	是指完成一定生产过程并已检验合格交付半成品仓库保管,但尚未制造完工为产成品,还需要进一步加工的中间产品,即可单独转让的在产品	生产成本
产成品	是指在一个企业内已完成全部生产过程、按规定标准检验合格并已验收入库,即完成待售品	库存商品
商品	即商品流通企业的流转商品	库存商品
包装物	即各种用于盛装、装潢产品或商品的容器	周转材料
低值易耗品	即工具、管理用具、玻璃器皿、劳保用品以及经营过程中周转使用的容器等	周转材料
委托代销商品	即企业委托其他单位代销的商品	发出商品

(二) 存货的确认条件

存货必须在符合定义的前提下,同时具备以下两个确认条件:

(1) 与该存货有关的经济利益很可能流入企业。
(2) 该存货的成本能够可靠地计量。

二、存货的初始计量

(一) 存货成本

存货应当按照成本进行初始计量。存货成本包括采购成本、加工成本、其他成本等。

1. 存货的采购成本

企业的外购存货主要包括原材料和商品。存货的采购成本,包括购买价款、相关税费、运输费、装卸费、保险费以及其他可归属于存货采购成本的费用。其中:

(1) 存货的购买价款是指企业购入的材料或商品的发票账单上列明的价款,但不包括按照规定可以抵扣的增值税进项税额。

(2) 存货的相关税费是指企业购买存货发生的进口关税、消费税、资源税和不能抵扣的增值税进项税额,以及相应的教育费附加等应计入存货采购成本的税费。

(3) 其他可归属于存货采购成本的费用是指采购成本中除上述各项以外的可归属于存货采购的费用,如在存货采购过程中发生的仓储费、包装费、运输途中的合理损耗、入库前的挑选整理费用(包括挑选整理中发生的工、费支出和挑选整理过程中所发生的数量损耗,并扣除回收的下脚废料价值)等。运输途中的合理损耗是指商品在运输过程中,因商品性质、自然条件及技术设备等因素,所发生的自然的或不可避免的损耗。例如,汽车在运输煤炭、化肥等的过程中的自然散落、易挥发产品在运输过程中的自然挥发等。

商品流通企业对采购费用的处理如下:在存货采购过程中发生的运输费、装卸费、保险费以及其他可归属于存货采购成本的费用,应当计入存货采购成本;也可以先行归集,期末再根据所购商品的存销情况进行分摊。对于已售商品的进货费用,计入当期损益;对于未售商品的进货费用,计入期末存货成本。如果商品流通企业采购商品的进货费用金额较小,可以在发生时直接计入当期损益。小企业(批发业、零售业)在购买商品过程中发生的费用(包括运输费、装卸费、包装费、保险费、运输途中的合理损耗和入库前的挑选整理费等),记入"销售费用"科目。

2. 存货的加工成本

存货的加工成本是指存货的加工过程中发生的追加的费用,包括直接人工以及按照一定方法分配的制造费用。直接人工是指企业在生产产品过程中发生的直接从事产品生产人员的职工薪酬。制造费用是指企业为生产产品和提供劳务而发生的各项间接费用。

3. 存货的其他成本

存货的其他成本是指除采购成本、加工成本以外的,使存货达到目前场所和状态所发生的其他支出。企业为特定客户设计产品所发生的、可直接认定的产品设计费用应计入存货的成本,但是设计产品发生的设计费用通常应计入当期损益。

(二) 不计入存货成本的费用

下列费用不应计入存货成本,而应在其发生时计入当期损益:

(1) 非正常消耗的直接材料、直接人工和制造费用。例如,因自然灾害而发生的直接材料、直接人工和制造费用,由于这些费用的发生无助于使该存货达到目前场所和状态,不应计入存货成本,而应确认为当期损益。

(2) 仓储费用。它是指企业在存货采购入库后发生的储存费用。但是,在生产过程中为达到下一个生产阶段所必需的仓储费用应计入存货成本。

(3) 不能归属于使存货达到目前场所和状态的其他支出。

【例 2-39】 甲公司系增值税一般纳税人,购入原材料 750 千克,收到的增值税专用发票上注明价款为 4 500 万元,增值税额为 585 万元;发生运输费用 9 万元并取得增值税专用发票,增值税税率为 9%;包装费用为 3 万元;途中保险费用为 2.7 万元。原材料运达后,验收入库数量为 748 千克,差额部分为运输途中发生的合理损耗。甲公司应作如下账务处理:

该批原材料的入账价值 = 4 500 + 9 + 3 + 2.7 = 4 514.7(万元)

甲公司应编制如下会计分录:

借:原材料 45 147 000
　　应交税费——应交增值税(进项税额)(5 850 000 + 90 000 × 9%) 5 858 100
　　贷:银行存款 51 005 100

该原材料的单位成本 = 4 514.7 ÷ 748 ≈ 6.035 6(万元/千克)

注:运输途中的合理损耗发生时,只是相应减少存货的数量,存货总成本不变,因此它仅仅提高了存货的单位成本,不影响存货的总成本。

三、发出存货的计价方法

企业发出存货的计价方法直接影响发出存货成本、结存存货成本和经营成果的计算结果,选择并采用合理、科学的计价方法是准确计算成本和经营成果的基础,企业应当根据各类存货的实物流转方式、存货的性质、企业管理的要求等实际情况,合理地选择发出存货成本的计算方法,存货计价方法的不同会对财务状况和经营成果产生不同的影响。

实务中,企业发出的存货可以按实际成本核算,也可以按计划成本核算,如采用计划成本核算的,会计期末应调整为实际成本。

在实际成本核算方式下,企业采用的发出存货成本的计价方法包括个别计价法、先进先出法、月末一次加权平均法和移动加权平均法。按照《小企业会计准则》的规定,小企业应当采用先进先出法、加权平均法或者个别计价法确定发出存货的实际成本。计价方法一经选用,不得随意变更。

(一) 个别计价法

个别计价法也称为个别认定法、具体辨认法,是假设存货具体项目的实物流转与成本流转相一致,按照各种存货逐一辨认各批发出存货和期末存货所属的购进批别或生产批别,分别按其购入或生产时所确定的单位成本计算各批发出存货和期末存货成本的一种方法。

个别计价法的优点是成本计算准确,符合实际情况;缺点是在存货收发频繁的情况下,其发出成本分辨的工作量较大。因此,这种方法通常的适用范围是一般不能替代使用的存货、为特定项目专门购入或制造的存货以及提供的劳务,如珠宝、名画等贵重物品。

【例 2-40】 2023 年 6 月,甲公司 A 商品购销明细账如表 2-18 所示。

表 2-18　A 商品购销明细账

2023 年		摘要	收入			发出			结存		
月	日		数量(件)	单价(元/件)	金额(元)	数量(件)	单价(元/件)	金额(元)	数量(件)	单价(元/件)	金额(元)
6	1	期初余额							300	10	3 000
	5	购入	900	11	9 900				1 200		
	10	发出				1 050			150		
	20	购入	600	12	7 200				750		
	25	发出				600			150		
6	30	本月合计	1 500	—	17 100	1 650			150		

假设经过具体辨认,本期发出存货的单位成本如下:6 月 10 日发出的 1 050 件存货中,200 件系期初结存存货,单位成本为 10 元,另外 850 件为 6 月 5 日购入的存货,单位成本为 11 元;6 月 25 日发出的 600 件存货中,100 件系期初结存存货,单位成本为 10 元,另外 500 件为 6 月 20 日购入的存货,单位成本为 12 元。则按照个别计价法,2023 年 6 月,甲公司 A 商品购销明细账如表 2-19 所示。

表 2-19　A 商品购销明细账(个别计价法)

2023 年		摘要	收入			发出			结存		
月	日		数量(件)	单价(元/件)	金额(元)	数量(件)	单价(元/件)	金额(元)	数量(件)	单价(元/件)	金额(元)
6	1	期初余额							300	10	3 000
	5	购入	900	11	9 900				300 900	10 11	3 000 9 900

(续表)

2023年		摘要	收入			发出			结存		
月	日		数量(件)	单价(元/件)	金额(元)	数量(件)	单价(元/件)	金额(元)	数量(件)	单价(元/件)	金额(元)
	10	发出				200 850	10 11	2 000 9 350	100 50	10 11	1 000 550
	20	购入	600	12	7 200				100 50 600	10 11 12	1 000 550 7 200
	25	发出				100 500	10 12	1 000 6 000	100	11 12	550 1 200
6	30	本月合计	1 500	—	17 100	1 650	—	18 350	50 100	11 12	550 1 200

从表2-19中可知,甲公司本期发出存货成本及期末结存存货成本如下:
本期发出存货成本 = (200×10+850×11)+(100×10+500×12) = 18 350(元)
期末结存存货成本 = 50×11+100×12 = 1 750(元)
或者:
期末结存存货成本 = 期初结存存货成本+本期收入存货成本-本期发出存货成本
    = 300×10+(900×11+600×12)-18 350
    = 1 750(元)

(二) 先进先出法

先进先出法是指先购入的存货应先发出(销售或耗用),以此计算发出存货成本和期末结存存货成本的一种方法。企业采用这种方法,在购入存货时,逐笔登记购入存货的数量、单价和金额;发出存货时,按照先进先出的原则逐笔登记存货的发出成本和结存金额。

先进先出法的优点是可以随时结转存货发出成本。其缺点是如果存货收、发业务较多,且存货单价不稳定时,工作量较大;在物价持续上升时,期末存货成本接近于市价,而发出成本偏低,会高估企业当期利润和库存存货价值,反之,则会低估企业当期利润和库存存货价值。

【例2-41】 承[例2-40],假设甲公司A商品购销明细账如表2-18所示。从该表可以看出存货成本的计价顺序,如于2023年6月10日发出的1 050件存货,按先进先出法的流转顺序,应先发出期初库存存货3 000元(300×10),再发出于2023年6月5日购入的750件,即8 250元(750×11),其他依次类推。先进先出法的计算过程如表2-20所示。

表2-20 A商品购销明细账(先进先出法)

2023年		摘要	收入			发出			结存		
月	日		数量(件)	单价(元/件)	金额(元)	数量(件)	单价(元/件)	金额(元)	数量(件)	单价(元/件)	金额(元)
6	1	期初余额							300	10	3 000

(续表)

2023年		摘要	收入			发出			结存		
月	日		数量(件)	单价(元/件)	金额(元)	数量(件)	单价(元/件)	金额(元)	数量(件)	单价(元/件)	金额(元)
	5	购入	900	11	9 900				300 900	10 11	3 000 9 900
	10	发出				300 750	10 11	3 000 8 250	150	11	1 650
	20	购入	600	12	7 200				150 600	11 12	1 650 7 200
	25	发出				150 450	11 12	1 650 5 400	150	12	1 800
6	30	本月合计	1 500	—	17 100	1 650	—	18 300	150	12	1 800

从表2-20中可知，甲公司本期发出存货成本及期末结存存货成本如下：

本期发出存货成本 = (300×10 + 750×11) + (150×11 + 450×12) = 18 300(元)

期末结存存货成本 = 150×12 = 1 800(元)

或者：

期末结存存货成本 = 期初结存存货成本 + 本期收入存货成本 − 本期发出存货成本
= (300×10) + (900×11 + 600×12) − 18 300
= 1 800(元)

（三）月末一次加权平均法

月末一次加权平均法也称为加权平均法，是以月收入全部存货的数量加上月初存货数量作为权数，去除本月收入存货全部成本和月初存货成本之和，计算出存货的加权平均单位成本，从而确定存货的发出成本和期末结存存货成本的一种方法。其计算公式为：

加权平均单位成本 = (期初库存存货实际成本 + 本期购入存货实际成本)
÷ (期初库存存货数量 + 本期购入存货数量)

本月发出存货成本 = 本月发出存货数量 × 加权平均单位成本

月末结存存货成本 = 月末结存存货数量 × 加权平均单位成本

或者：

月末结存存货成本 = 期初结存存货成本 + 本期购进存货成本 − 本月发出存货成本

月末一次加权平均法的优点是可以简化成本计算工作，缺点是只在月末一次计算加权平均单位成本和发出存货成本，企业没有计算月内单次发出存货成本和单次发出存货之后的结存存货成本，不便于存货成本的日常管理与控制。

【例2-42】 承[例2-40][例2-41]，假设甲公司采用月末一次加权平均法核算存货成本。2023年6月，A商品的加权平均单位成本计算如下：

A商品的加权平均单位成本 = (300×10 + 900×11 + 600×12) ÷ (300 + 900 + 600)
= 11.17(元/件)

2023年6月，A商品的本月发出成本与月末结存成本分别为：

A商品的本月发出成本＝(1 050＋600)×11.17＝18 430.50(元)

A商品的月末结存成本＝月初结存存货成本＋本月收入存货成本－本月发出存货成本
＝300×10＋(900×11＋600×12)－18 430.50
＝1 669.50(元)

2023年6月，A商品购销明细账如表2-21所示。

表2-21　A商品购销明细账(月末一次加权平均法)

2023年		摘要	收入			发出			结存		
月	日		数量(件)	单价(元/件)	金额(元)	数量(件)	单价(元/件)	金额(元)	数量(件)	单价(元/件)	金额(元)
6	1	期初余额							300	10	3 000
	5	购入	900	11	9 900				1 200		
	10	发出				1 050			150		
	20	购入	600	12	7 200				750		
	25	发出				600			150		
6	30	本月合计	1 500	—	17 100	1 650	11.17	18 430.50	150	11.13②	1 669.50①

注：①由于加权平均单位成本是四舍五入数，有尾差，应倒轧结存存货成本1 669.50元，系采用"月末结存存货成本＝月初结存存货成本＋本月收入存货成本－本月发出存货成本"计算确定的金额。②倒轧结存存货单位成本为11.13元/件(1 669.50÷150)，与月末一次加权平均法计算的加权平均单位成本理论上应完全一致，实务中有时出现不一致，系由四舍五入所致的。

(四) 移动加权平均法

移动加权平均法是指每次入库一批存货，重新计算一次加权平均单位成本，并以该单位作为下次发出存货的单位成本。相关计算公式如下：

存货平均单位成本＝(原结存存货成本＋本次购入存货成本)
÷(原结存存货数量＋本次购入存货数量)

本次发出存货成本＝本次发出存货数量×本次发货前的存货平均单位成本

期末库存存货成本＝期末库存存货数量×本月末存货平均单位成本

或者：

本月末结存存货成本＝月初结存存货成本＋本月收入存货成本－本月发出存货成本

移动加权平均法的优点是使企业能及时了解存货的结存情况，计算的平均单位成本以及发出和结存的存货成本比较客观；缺点是由于每次收货都要计算一次平均单位成本，计算工作量较大，对收、发业务较频繁的企业不适用。所以移动加权平均法适用成本简单，收发次数较少的存货。

【例2-43】 承[例2-40]至[例2-42]，假设甲公司采用移动加权平均法核算存货成本。根据表2-18，2023年6月，A商品各平均单位成本及发出存货成本计算如下：

6月5日，购入存货后单位成本＝(300×10＋900×11)÷(300＋900)＝10.75(元/件)

6月10日，发出存货成本＝1 050×10.75＝11 287.50(元)

6月20日，购入存货后单位成本＝(150×10.75＋600×12)÷(150＋600)
＝11.75(元/件)

6月25日，发出存货成本＝600×11.75＝7 050(元)

本月末库存存货成本＝月末库存存货的数量×本月月末存货单位成本
＝150×11.75＝1 762.50(元)

或者：

本月月末结存存货成本＝月初结存存货成本＋本月收入存货成本－本月发出存货成本
＝(300×10)＋(900×11＋600×12)－11 287.50－7 050
＝1 762.50(元)

2023年6月，A商品购销明细账如表2-22所示。

表2-22 A商品购销明细账(移动加权平均法)

2023年		摘要	收入			发出			结存		
月	日		数量(件)	单价(元/件)	金额(元)	数量(件)	单价(元/件)	金额(元)	数量(件)	单价(元/件)	金额(元)
6	1	期初余额							300	10.00	3 000.00
	5	购入	900	11	9 900				1 200	10.75	12 900.00
	10	发出				1 050	10.75	11 287.50	150	10.75	1 612.50
	20	购入	600	12	7 200				750	11.75	8 812.50
	25	发出				600	11.75	7 050	150		
6	30	本月合计	1 500	—	17 100	1 650	—	18 337.50	150	11.75	1 762.50

从[例2-40]至[例2-43]的计算结果中可以发现，不同发出存货的计价方法计算结果各不相同，个别计价法、先进先出法、月末一次加权平均法和移动加权平均法依次计算出的发出存货成本分别为18 350元、18 300元、18 430.50元和18 337.50元，其中，受存货实际进价波动影响(进货单价不断上涨)，发出存货成本最高的为采用月末一次加权平均法计算的18 430.50元，最低的为采用先进先出法计算的18 300元。这说明在企业进货单价不断上升的情况下，不考虑其他影响利润的因素，采用先进先出法计算的利润额最高，采用月末一次加权平均法计算的利润额最低，发出存货成本高则期末存货成本低。可见，存货计价方法的不同会对财务状况和经营成果产生不同的影响。因此，企业应在国家统一会计制度的规定范围内尽可能选择发出存货成本偏高的计价方法，以使企业利益相关者，特别是股东，作出谨慎的经济决策。

四、原材料

原材料是指企业在生产过程中经加工改变其形态或性质并构成产品主要实体的各种原料、主要原材料和外购半成品，以及不构成产品实体但有助于产品形成的辅助材料。

原材料的日常收入、发出及结存可以采用实际成本核算，也可以采用计划成本核算。采用实际成本核算，对于材料的收入、发出及结存，不存在成本差异的计算与结转等问题，具有方法简单、核算程序简便、易行等优点;但是采用实际成本核算,日常不能直接反映材料成本的节约或超支情况,不便于企业对材料等及时实施监督管理,不便于反映和考核材料物资采购、储存及其耗用等业务成果。因此,这种方法通常适用于材料收、发业务较少以及监督管理要求不高的企业。在会计实务工作中,对于材料收、发业务较多,监督管理要求较高,以及计划成本资料较为健全、准确的企业,一般可以采用计划成本核算原材料。

(一)采用实际成本核算原材料

1. 原材料核算应设置的会计科目

在实际成本核算方式下,原材料的收发和结存,无论是总分类核算还是明细分类核算,均按照实际成本计价,设置的会计科目有"原材料""在途物资"等科目。

"原材料"科目核算企业库存各种材料的收入、发出与结存情况,借方登记入库材料的实际成本,贷方登记发出材料的实际成本,期末余额在借方,反映企业库存材料的实际成本。"原材料"科目应按照材料的保管地点(仓库)、材料的类别、品种和规格等设置明细账进行明细核算。

"在途物资"科目核算企业采用实际成本(进价)进行材料、商品等物资的日常核算,价款已付但尚未验收入库的各种物资的采购成本,借方登记企业购入的在途物资的实际成本,贷方登记验收入库的在途物资的实际成本,期末余额在借方,反映企业在途物资的采购成本。"在途物资"科目应按照供应单位和物资品种设置明细账进行明细核算。

2. 原材料的账务处理

1)购入原材料

由于购入原材料的支付方式不同,原材料入库的时间与付款时间不一致,账务处理也是不同的。具体分为以下四种情况:

(1)货款已经支付或已开出承兑商业汇票,同时原材料已验收入库。

【例2-44】 甲公司为增值税一般纳税人,从某钢材厂购入A原材料一批,取得的增值税专用发票上记载货款为30 000元,增值税额为3 900元。全部款项已用转账支票付讫,原材料已验收入库。甲公司采用实际成本进行材料日常核算。甲公司应编制如下会计分录:

借:原材料——A原材料　　　　　　　　　　　　　　　　　　　　30 000
　　应交税费——应交增值税(进项税额)　　　　　　　　　　　　 3 900
　　贷:银行存款　　　　　　　　　　　　　　　　　　　　　　　33 900

【例2-45】 甲公司持银行汇票1 000 000元从某化工厂购入B原材料一批,取得的增值税专用发票上记载货款为800 000元,增值税额为104 000元,对方代垫运输费10 000元,增值税额为900元,原材料已验收入库,剩余票款退回并存入银行。甲公司为增值税一般纳税人,采用实际成本进行材料日常核算。甲公司应编制如下会计分录:

借:原材料——B原材料　　　　　　　　　　　　　　　　　　　810 000
　　应交税费——应交增值税(进项税额)　　　　　　　　　　　104 900
　　银行存款　　　　　　　　　　　　　　　　　　　　　　　 85 100
　　贷:其他货币资金——银行汇票　　　　　　　　　　　　　1 000 000

(2)货款已经支付或已开出承兑商业汇票,原材料尚未到达或尚未验收入库。

【例2-46】 甲公司采用汇兑结算方式向某化工厂购入D原材料一批,增值税专用发票及账单已收到,取得的增值税专用发票上记载货款为10 000元,增值税额为1 300元,运费为300元,原材料尚未到达。甲公司为增值税一般纳税人,采用实际成本进行材料日常核算。甲公司应编制如下会计分录:

借:在途物资——D原材料　　　　　　　　　　　　　　　　　　10 300
　　应交税费——应交增值税(进项税额)　　　　　　　　　　　　1 300
　　贷:银行存款　　　　　　　　　　　　　　　　　　　　　　11 600

【例2-47】 承[例2-46],甲公司购入的D原材料已收到,并全部验收入库。甲公司应编制如下会计分录:

借:原材料——D原材料　　　　　　　　　　　　　　　　　　　10 300
　　贷:在途物资——D原材料　　　　　　　　　　　　　　　　10 300

(3) 货款尚未支付,原材料已经验收入库。

【例2-48】 甲公司从乙公司购入G材料一批,取得的增值税专用发票上注明的价款为50 000元,增值税额为6 500元,对方代垫包装费1 000元。银行转来的结算凭证已到,款项尚未支付,材料已验收入库。甲公司为增值税一般纳税人,采用实际成本进行材料日常核算。甲公司应编制如下会计分录:

借:原材料——G材料　　　　　　　　　　　　　　　　　　　　51 000
　　应交税费——应交增值税(进项税额)　　　　　　　　　　　　6 500
　　贷:应付账款　　　　　　　　　　　　　　　　　　　　　　57 500

【例2-49】 甲公司购入C材料一批,材料已验收入库,但发票账单未到。月末,发票账单仍未收到,也无法确定其实际成本,暂估价值为50 000元。甲公司为增值税一般纳税人,采用实际成本进行材料日常核算。甲公司应编制如下会计分录:

月末,按材料暂估价值:

借:原材料——C材料　　　　　　　　　　　　　　　　　　　　50 000
　　贷:应付账款——暂估应付账款　　　　　　　　　　　　　　50 000

下月初,用红字冲销原暂估入账金额:

借:原材料——C材料　　　　　　　　　　　　　　　　　　　　50 000
　　贷:应付账款——暂估应付账款　　　　　　　　　　　　　　50 000

【例2-50】 承[例2-49],甲公司购入的C材料于次月收到发票账单,取得的增值税专用发票上记载价款为51 000元,增值税额为6 630元,已用银行存款付讫。甲公司应编制如下会计分录:

借:原材料——C材料　　　　　　　　　　　　　　　　　　　　51 000
　　应交税费——应交增值税(进项税额)　　　　　　　　　　　　6 630
　　贷:银行存款　　　　　　　　　　　　　　　　　　　　　　57 630

(4) 货款已经预付,原材料尚未验收入库。

【例2-51】 甲公司为增值税一般纳税人,根据其与某化工厂(为增值税一般纳税人)的购销合同的规定,为购买H材料向该化工厂预付100 000元货款的60%,共计60 000元,已通过银行存款付讫。甲公司采用实际成本进行材料日常核算。甲公司应编制如下会计分录:

借:预付账款——××化工厂　　　　　　　　　　　　　　　　　60 000
　　贷:银行存款　　　　　　　　　　　　　　　　　　　　　　　　60 000

【例2-52】 承[例2-51],甲公司收到该化工厂发来的H材料,已验收入库。取得的增值税专用发票上记载价款为100 000元,增值税额为13 000元,所欠款项以银行存款付讫。甲公司应编制如下会计分录:

材料入库时:

借:原材料——H材料　　　　　　　　　　　　　　　　　　　　100 000
　　应交税费——应交增值税(进项税额)　　　　　　　　　　　　　13 000
　　贷:预付账款　　　　　　　　　　　　　　　　　　　　　　　113 000

补付货款时:

借:预付账款　　　　　　　　　　　　　　　　　　　　　　　　　53 000
　　贷:银行存款　　　　　　　　　　　　　　　　　　　　　　　　53 000

2)发出原材料

发出原材料实际成本的确定,可以由企业从个别计价法、先进先出法、月末一次加权平均法、移动加权平均法等方法中选择。计价方法一经确定,不得随意变更;如需变更,应在会计报表附注中予以说明。

企业采用实际成本核算发出材料的成本,按照领用材料的用途和实际成本,借记"生产成本""制造费用""销售费用""管理费用""其他业务成本""委托加工物资"等科目,贷记"原材料"科目。

【例2-53】 甲公司库存材料采用实际成本法核算,按先进先出法计算收入、发出、结存A材料成本如表2-23所示,发出的A材料全部用于生产车间生产产品。

表2-23　A材料购销明细账(先进先出法)

2023年		摘要	收入			发出			结存		
月	日		数量(件)	单价(元/件)	金额(元)	数量(件)	单价(元/件)	金额(元)	数量(件)	单价(元/件)	金额(元)
6	1	期初余额							300	10	3 000
	5	购入	900	11	9 900				300 900	10 11	3 000 9 900
	10	发出				300 750	10 11	3 000 8 250	150	11	1 650
	20	购入	600	12	7 200				150 600	11 12	1 650 7 200

(续表)

2023年		摘要	收入			发出			结存		
月	日		数量（件）	单价（元/件）	金额（元）	数量（件）	单价（元/件）	金额（元）	数量（件）	单价（元/件）	金额（元）
	25	发出				150 450	11 12	1 650 5 400	150	12	1 800
6	30	本月合计	1 500	—	17 100	1 650		18 300	150	12	1 800

根据表 2-23，甲公司分别编制 2023 年 6 月 10 日和 2023 年 6 月 25 日发出材料的会计分录如下：

2023 年 6 月 10 日，发出 A 材料的成本为：

3 000+8 250=11 250（元）

借：生产成本——基本生产成本　　　　　　　　　　　　　　　　　11 250
　　贷：原材料——A 材料　　　　　　　　　　　　　　　　　　　　　　　11 250

2023 年 6 月 25 日，发出 A 材料的成本为：

1 650+5 400=7 050（元）

借：生产成本——基本生产成本　　　　　　　　　　　　　　　　　7 050
　　贷：原材料——A 材料　　　　　　　　　　　　　　　　　　　　　　　7 050

企业各生产单位及有关部门领用的原材料具有种类多、业务频繁等特点，为了简化核算，可以在月末根据领料单或限额领料单中有关领料的单位、部门等加以归类，编制发料凭证汇总表，据以编制记账凭证、登记入账。

【例 2-54】 甲公司根据 F 材料月末发料凭证汇总表，确认 1 月基本生产车间领用 300 000 元，辅助生产车间领用 20 000 元，车间管理部门领用 6 000 元，企业行政管理部门领用 5 000 元，销售机构消耗领用 500 元，出售材料 1 000 元，合计 332 500 元。甲公司应编制如下会计分录：

借：生产成本——基本生产成本　　　　　　　　　　　　　　　　　300 000
　　　　　　——辅助生产成本　　　　　　　　　　　　　　　　　　20 000
　　制造费用　　　　　　　　　　　　　　　　　　　　　　　　　　6 000
　　管理费用　　　　　　　　　　　　　　　　　　　　　　　　　　5 000
　　销售费用　　　　　　　　　　　　　　　　　　　　　　　　　　500
　　其他业务成本　　　　　　　　　　　　　　　　　　　　　　　　1 000
　　贷：原材料——F 材料　　　　　　　　　　　　　　　　　　　　　　　332 500

（二）采用计划成本核算原材料

1. 原材料核算应设置的会计科目

采用计划成本核算原材料时，原材料的收发和结存，无论总分类核算还是明细分类核算，均按照计划成本计价，设置的会计科目有"原材料""材料采购""材料成本差异"等科目。材料实际成本与计划成本的差异，通过"材料成本差异"科目核算。月末，企业需计算本月发出材料应负担的成本差异并进行分摊,根据领用材料的用途计入相关资产的成本或者当期损益,从而将发出材料的计划成本调整为实际成本。

"原材料"科目的借方登记入库材料的计划成本,贷方登记发出材料的计划成本,期末余额在借方,反映企业库存材料的计划成本。

"材料采购"科目借方登记采购材料的实际成本,贷方登记入库材料的计划成本。借方金额大于贷方金额表示超支,从"材料采购"科目的贷方转入"材料成本差异"科目的借方;贷方金额大于借方金额表示节约,从"材料采购"科目的借方转入"材料成本差异"科目的贷方。期末为借方余额,反映企业在途材料的实际采购成本。

"材料成本差异"科目反映企业已入库各种材料的实际成本与计划成本的差异。借方登记超支差异,以及发出材料应负担的节约差异;贷方登记节约差异,以及发出材料应负担的超支差异。期末如为借方余额,反映企业库存材料的实际成本大于计划成本的差异(即超支差异);如为贷方余额,反映企业库存材料的实际成本小于计划成本的差异(即节约差异)。

2. 原材料的账务处理

原材料采用计划成本核算的账务处理主要是将原材料分成采购、入库及发出三个步骤的账务处理,具体内容如表 2-24 所示。

表 2-24 原材料采用计划成本核算的账务处理

业务	账务处理
采购	借:材料采购(实际成本) 　　应交税费——应交增值税(进项税额) 　贷:银行存款、应付票据及应付账款等
入库	借:原材料(计划成本) 　贷:材料采购(计划成本) 同时: 借:材料成本差异(结转材料成本超支差异额,节约差异做相反的账务处理) 　贷:材料采购
发出	借:生产成本/制造费用/管理费用/销售费用/在建工程等 　贷:原材料 同时: 借:生产成本/制造费用/管理费用/销售费用/在建工程等(结转发出材料的成本超支差异) 　贷:材料成本差异(节约差异做相反的账务处理)

1) 采购、入库的核算

【例 2-55】 乙公司为增值税一般纳税人,购入 L 材料一批,取得的增值税专用发票上注明价款为 3 000 000 元,增值税额为 390 000 元,发票账单已收到,计划成本为 3 200 000 元,已验收入库,全部款项以银行存款支付,乙公司采用计划成本进行核算。乙公司应编制如下会计分录:

(1) 材料采购时:

借:材料采购——L 材料　　　　　　　　　　　　　　　　　　3 000 000
　　应交税费——应交增值税(进项税额)　　　　　　　　　　　390 000
　贷:银行存款　　　　　　　　　　　　　　　　　　　　　　3 390 000

(2) 材料入库时:

借:原材料——L材料　　　　　　　　　　　　　　　　　3 200 000
　　贷:材料采购——L材料　　　　　　　　　　　　　　　　　3 200 000

借:材料采购——L材料　　　　　　　　　　　　　　　　　200 000
　　贷:材料成本差异——L材料　　　　　　　　　　　　　　　　200 000

或者:

借:原材料——L材料　　　　　　　　　　　　　　　　　3 200 000
　　贷:材料采购——L材料　　　　　　　　　　　　　　　　　3 000 000
　　　　材料成本差异——L材料　　　　　　　　　　　　　　　　200 000

【例 2-56】 乙公司为增值税一般纳税人,采用汇兑结算方式购入 M 材料一批,取得的增值税专用发票上注明价款为 200 000 元,增值税额为 26 000 元,发票账单已收到,计划成本为 180 000 元,材料尚未入库,款项已用银行存款支付。乙公司采用计划成本进行材料日常核算。乙公司应编制如下会计分录:

借:材料采购——M材料　　　　　　　　　　　　　　　　　200 000
　　应交税费——应交增值税(进项税额)　　　　　　　　　　　26 000
　　贷:银行存款　　　　　　　　　　　　　　　　　　　　　226 000

注:计划成本法下,购入的材料无论是否验收入库,都要先通过"材料采购"科目进行核算,以反映企业所购材料的实际成本,从而与"原材料"科目进行比较,计算确定材料成本差异。

【例 2-57】 乙公司为增值税一般纳税人,购入 K 材料一批,材料已验收入库,发票账单未到。月末,发票账单仍未到,应按照计划成本 500 000 元估价入账。乙公司采用计划成本进行材料日常核算。乙公司应编制如下会计分录:

(1) 月末,按计划成本估价入账:

借:原材料——K材料　　　　　　　　　　　　　　　　　500 000
　　贷:应付账款——暂估应付账款　　　　　　　　　　　　　500 000

(2) 下月初,用红字冲销原暂估入账金额:

借:原材料——K材料　　　　　　　　　　　　　　　　　500 000
　　贷:应付账款——暂估应付账款　　　　　　　　　　　　　500 000

注:[例 2-56]中乙公司待收到账单发票,再采用正常的计划成本核算作账务处理。

2) 发出的核算

在会计实务中,为了简化核算,企业平时发出原材料不编制会计分录。每到月末,根据领料单编制发料凭证汇总表结转发出材料的计划成本,根据所发出材料的用途,按计划成本分别记入"生产成本""制造费用""销售费用""管理费用""其他业务成本""委托加工物资"等科目,贷记"原材料"科目,同时结转材料成本差异。

根据《企业会计准则第 1 号——存货》的相关规定,如果企业采用计划成本核算的,发出的材料成本应由计划成本调整为实际成本,通过"材料成本差异"科目进行结转,按照所发出材料的用途,分别记入"生产成本""制造费用""销售费用""管理费用""其他业务成本""委托加工物资"等科目,发出材料应负担的成本差异应当按期(月)分摊,不得在季末或年末一次计算。相关计算公式如下:

$$\text{本月材料成本差异率} = \left(\frac{\text{月初结存材料的成本差异} + \text{本月验收入库材料的成本差异}}{\text{月初结存材料的计划成本} + \text{本月验收入库材料的计划成本}}\right) \times 100\%$$

本月发出材料应负担的成本差异 = 本月发出材料的计划成本 × 本月材料成本差异率

如果企业的材料成本差异率各期之间是比较均衡的,也可以采用期初材料成本差异率分摊本期的材料成本差异。相关计算公式如下:

期初材料成本差异率 = 期初结存材料的成本差异 ÷ 期初结存材料的计划成本 × 100%

发出材料应负担的成本差异 = 发出材料的计划成本 × 期初材料成本差异率

【例2-58】 乙公司为增值税一般纳税人,月初结存L原材料的计划成本为100 000元。成本差异为超支3 074元;本月入库L原材料的计划成本为320 000元,成本差异为节约20 000元。乙公司根据发料凭证汇总表的记录,确认L原材料的消耗(计划成本)为290 000元,其中基本生产车间领用200 000元,辅助生产车间领用60 000元,车间管理部门领用10 000元,企业行政管理部门领用5 000元,在建工程领用15 000元。乙公司应编制如下会计分录:

(1)按计划成本发出材料时:

借:生产成本——基本生产成本	200 000
——辅助生产成本	60 000
制造费用	10 000
管理费用	5 000
在建工程	15 000
贷:原材料——L原材料	290 000

(2)结转发出材料的成本差异时:

L原材料的成本差异率=(3 074-20 000)÷(100 000+320 000)×100%=-4.03%

借:材料成本差异——L原材料(290 000×4.03%)	11 687
贷:生产成本——基本生产成本(200 000×4.03%)	8 060
——辅助生产成本(60 000×4.03%)	2 418
制造费用(10 000×4.03%)	403
管理费用(5 000×4.03%)	201.50
在建工程(15 000×4.03%)	604.50

本月发出材料实际成本=290 000-290 000×4.03%=278 313(元)

本月结存材料计划成本=100 000+320 000-290 000=130 000(元)

本月结存材料实际成本=130 000-130 000×4.03%=124 761(元)

五、周转材料

周转材料是指企业能够多次使用,不符合固定资产的定义,逐渐转移其价值但仍保持原有形态的材料物品。企业的周转材料包括包装物和低值易耗品。

(一) 包装物

1. 包装物的内容

包装物是指用于包装本企业产品，并随同产品出售、出租、出借给购买单位而储存的各种包装容器，如桶、箱、坛、袋等。包装物与其他原材料在核算上的不同之处主要表现在包装物发出和领用的核算。企业领用、发出包装物，主要有以下四种情况：

(1) 生产领用用于包装产品，作为产品组成部分的包装物。

(2) 销售领用，随同产品出售而不单独计价的包装物。

(3) 销售领用，随同产品出售单独计价的包装物。

(4) 出租或出借给购买单位使用的包装物。

2. 不属于包装物核算的范围

以下三种情况不属于包装物核算的范围：

(1) 各种包装材料，如纸、绳、铁丝、铁皮等。这类包装物属于一次性使用的包装材料，应在"原材料"科目核算。

(2) 用于储存和保管产品、材料而不对外出售的包装物。这类包装物应按其价值的大小和使用年限的长短，分别作为固定资产或低值易耗品进行管理和核算。

(3) 计划上单独列作企业商品、产品的自制包装物。这类包装物应作为库存商品进行管理和核算。

3. 包装物的账务处理

为了反映和监督包装物的增减变动及其价值损耗、结存等情况，企业应当设置"周转材料——包装物"科目，其借方登记包装物的增加、贷方登记包装物的减少；期末余额在借方，反映企业期末结存包装物的金额。包装物的取得的账务处理如原材料，此处不再做讲解，此处只讲解不同于原材料的包装物领用和发出的账务处理，如表 2-25 所示。

表 2-25　包装物领用和发出的账务处理

业务	账务处理
生产领用	借：生产成本 　　贷：周转材料——包装物 　　　　材料成本差异（或借方）
随同产品出售而不单独计价的包装物	借：销售费用 　　贷：周转材料——包装物 　　　　材料成本差异（或借方）
随同产品出售单独计价的包装物	借：银行存款 　　贷：其他业务收入 　　　　应交税费——应交增值税（销项税额） 借：其他业务成本 　　贷：周转材料——包装物 　　　　材料成本差异（或借方）

(续表)

业务	账务处理
出租或出借包装物	借：周转材料——包装物——出租包装物（或出借包装物） 　　贷：周转材料——包装物——库存包装物 　　　　材料成本差异（或借方） 借：其他业务成本（出租包装物） 　　销售费用（出借包装物） 　　贷：周转材料——包装物——包装物摊销

企业对于多次使用的包装物应根据使用的次数进行摊销，类似于低值易耗品的摊销，有关分次摊销法的举例参考[例2-62]。

【例2-59】 甲公司的加工车间为生产甲产品，领用包装纸箱一批，甲公司对包装物采用计划成本核算，其计划成本为100 000元，材料成本差异率为-3%。领用包装物时，甲公司应编制如下会计分录：

借：生产成本　　　　　　　　　　　　　　　　　　　　　　　　　97 000
　　材料成本差异　　　　　　　　　　　　　　　　　　　　　　　　3 000
　　贷：周转材料——包装物　　　　　　　　　　　　　　　　　　100 000

【例2-60】 甲公司为增值税一般纳税人，对包装物采用计划成本核算，某月为销售L商品领用不单独计价的包装物一批，该包装物的计划成本为200 000元，材料成本差异率为1%。甲公司应编制如下会计分录：

借：销售费用　　　　　　　　　　　　　　　　　　　　　　　　　202 000
　　贷：周转材料——包装物　　　　　　　　　　　　　　　　　　200 000
　　　　材料成本差异　　　　　　　　　　　　　　　　　　　　　　2 000

【例2-61】 甲公司在销售K产品时，随同K产品出售单独计价的包装物一批，该批包装物售价为100 000元，增值税额为13 000元，已通过银行收讫。甲公司对包装物采用计划成本核算，该批包装物的计划成本为80 000元，材料成本差异率为3%。甲公司应编制如下会计分录：

（1）出售单独计价包装物时：

借：银行存款　　　　　　　　　　　　　　　　　　　　　　　　　113 000
　　贷：其他业务收入　　　　　　　　　　　　　　　　　　　　　100 000
　　　　应交税费——应交增值税（销项税额）　　　　　　　　　　　13 000

（2）销售时领用包装物，结转包装物成本时：

借：其他业务成本　　　　　　　　　　　　　　　　　　　　　　　82 400
　　贷：周转材料——包装物　　　　　　　　　　　　　　　　　　 80 000
　　　　材料成本差异　　　　　　　　　　　　　　　　　　　　　　2 400

（二）低值易耗品

1. 低值易耗品的概念

低值易耗品是指单位价值较低、使用年限较短、不能作为固定资产的各种用具物品，如工具、管理用具、玻璃器皿，以及在经营过程中周转使用的包装容器等。

2. 低值易耗品的账务处理

为了反映和监督低值易耗品的增减变动及其结存情况，企业应当设置"周转材料——低值易耗品"科目，其借方登记低值易耗品的增加，贷方登记低值易耗品的减少；期末余额在借方，通常反映企业期末结存低值易耗品的金额。

企业购入、自制、委托外单位加工完成验收入库的低值易耗品的核算，与原材料基本相同，可以采用实际成本核算，也可以采用计划成本核算，可比照原材料的核算方法进行相应的账务处理。

发出低值易耗品的核算，因其价值大小的不同，摊销方法也有所不同，具体核算方法一般有以下两种：

（1）一次摊销法。一次摊销法是指在低值易耗品领用时，将其价值一次摊入有关成本、费用的方法。这种方法核算手续简便，但将领用低值易耗品的成本从账上一次转出，不利于财产的保管，并且各期负担的费用不够均衡，因此该方法适用于价值较低、使用期短、一次领用数量较少的低值易耗品。对于采用一次摊销法的低值易耗品为加强实物管理，企业应当在备查簿中进行登记，以便于对使用中的低值易耗品进行监督及管理。

（2）分次摊销法。分次摊销法是指在领用低值易耗品时，摊销其账面价值的单次平均摊销额，摊入领用当期有关的成本、费用，该方法适用于可供多次反复使用的低值易耗品。分次摊销法由于在账上能反映在用低值易耗品的成本，有利于明确低值易耗品的库存保管、领用和耗费等相关部门的经管责任，有利于保护低值易耗品的安全，提高会计核算的真实性、准确性、完整性。同时，这种方法在领用和各次使用低值易耗品时摊销，各期费用成本负担是均衡的。低值易耗品采用分次摊销法的账务处理如表 2-26 所示。

表 2-26 低值易耗品采用分次摊销法的账务处理

业务	账务处理
第一次领用时	借：周转材料——低值易耗品——在用 　　贷：周转材料——低值易耗品——在库 同时： 借：管理费用/制造费用/销售费用等 　　贷：周转材料——低值易耗品——摊销 　　　　材料成本差异（或借方）
再次使用时	借：管理费用/制造费用/销售费用等 　　贷：周转材料——低值易耗品——摊销 　　　　材料成本差异（或借方）
最后一次使用时	借：管理费用/制造费用/销售费用等 　　贷：周转材料——低值易耗品——摊销 　　　　材料成本差异（或借方） 同时： 借：周转材料——低值易耗品——摊销 　　贷：周转材料——低值易耗品——在用

【例 2-62】 甲公司为增值税一般纳税人,领用管理用具 8 件(作为低值易耗品)。假设甲公司对低值易耗品采用计划成本核算,每件计划成本为 100 元,共计 800 元,该管理用具估计使用次数为 2 次,采用分次摊销法进行摊销,该低值易耗品的成本差异率为 2%。甲公司应编制如下账务处理:

(1) 第一次领用时:

借:周转材料——低值易耗品——在用　　　　　　　　　　　　800
　　贷:周转材料——低值易耗品——在库　　　　　　　　　　　　800

同时,摊销低值易耗品价值的 50%:

借:管理费用　　　　　　　　　　　　　　　　　　　　　　408
　　贷:周转材料——低值易耗品——摊销　　　　　　　　　　　400
　　　　材料成本差异——低值易耗品成本差异　　　　　　　　　　8

(2) 第 2 次使用时,摊销剩余价值的 50%:

借:管理费用　　　　　　　　　　　　　　　　　　　　　　408
　　贷:周转材料——低值易耗品——摊销　　　　　　　　　　　400
　　　　材料成本差异——低值易耗品成本差异　　　　　　　　　　8

同时,注销报废低值易耗品在其明细账上的在用和摊销:

借:周转材料——低值易耗品——摊销　　　　　　　　　　　　800
　　贷:周转材料——低值易耗品——在用　　　　　　　　　　　　800

六、委托加工物资

(一) 委托加工物资的内容

委托加工物资是指企业由于本身生产条件的限制或其他原因,委托其他单位加工的各种原材料、商品等物资。与材料或商品销售不同,委托加工物资发出后,其保管地点发生位移,但仍属于企业存货的范畴。

委托加工物资一般要经过"物资发出——加工改制——完工入库"这一过程。委托加工物资在加工后,其实物形态、性能都会发生变化,使用价值亦发生相应的变化,在加工中要消耗原材料,还要发生各种费用支出,从而使其价值相应增加。企业进行委托加工物资的核算就是要正确反映和监督委托加工物资的发出、加工费用的发生、加工完工后的验收入库等,以便正确确定委托加工物资的成本。

企业委托其他单位加工的物资,其实际成本应包括:加工中耗用物资的实际成本;支付的加工费用;支付委托加工物资的往返运杂费;支付的税金,即委托加工物资应负担的增值税和消费税。

对于委托加工物资应负担的增值税和消费税,应分不同的情况予以区别对待:

(1) 加工物资应负担的增值税。凡属于加工物资用于应交增值税项目并取得增值税专用发票的一般纳税人,可将这部分增值税作为进项税额予以抵扣,不计入委托加工物资的成本;凡属于加工物资用于非应税项目的或用于免税项目的,以及未取得增值税专用发票的一般纳税人或小规模纳税人,则应将这部分增值税计入委托加工物资的成本。

(2)加工物资应负担的消费税。按照消费税的有关规定,如果企业委托加工物资属于应纳消费税的应税消费品,应由受托方向委托方交货时代扣代缴消费税。企业交纳的消费税,应区别不同情况进行账务处理。委托加工应税消费品收回后直接出售的,委托方支付给受托方的消费税,计入委托加工物资的成本;委托加工应税消费品收回后用于连续生产应税消费品,委托方支付给受托方的消费税,按规定准予抵扣,记入"应交税费——应交消费税"科目的借方,待用委托加工的应税消费品生产出应纳消费税的产品销售时,再抵扣其应交的销售环节的消费税。

(二)委托加工物资的账务处理

为了反映和监督委托加工物资增减变动及其结存情况,企业应当设置"委托加工物资"科目,其借方登记委托加工物资的实际成本,贷方登记加工完成验收入库的物资的实际成本和剩余物资的实际成本;期末余额在借方,反映企业尚未完工的委托加工物资的实际成本等。"委托加工物资"科目应按照加工合同、受托加工单位,以及加工物资的品种等进行明细核算。委托加工物资也可以采用计划成本或售价金额法进行核算,其方法与库存商品相关业务的账务处理基本相同。委托加工物资的账务处理如表 2-27 所示。

表 2-27 委托加工物资的账务处理

业务	账务处理
发出材料	借:委托加工物资 　贷:原材料 　　　材料成本差异(或借方)
支付的加工费、增值税和运杂费等	借:委托加工物资 　　应交税费——应交增值税(进项税额)(可抵扣的增值税) 　贷:银行存款 或者: 借:委托加工物资(不可抵扣的增值税) 　贷:银行存款
支付消费税	借:委托加工物资(收回加工物资直接出售) 　贷:银行存款 或者: 借:应交税费——应交消费税(收回加工物资后继续加工应税消费品) 　贷:银行存款
加工完成收回加工物资	借:原材料/库存商品等 　贷:委托加工物资 　　　材料成本差异(或借方)

【例 2-63】 甲公司为增值税一般纳税人,对材料和委托加工物资采用计划成本核算。2023 年 1 月 19 日,甲公司委托丁公司加工 L 半成品(属于应税消费品)100 000 件。有关经济业务如下:

(1)2023 年 1 月 20 日,甲公司发出 A 材料一批,计划成本为 6 000 000 元,材料成本差

异率为 -3%。甲公司发出委托加工材料。甲公司应编制如下会计分录：

  借：委托加工物资——L 半成品   5 820 000
    材料成本差异——A 材料   180 000
    贷：原材料——A 材料   6 000 000

（2）2023 年 2 月 20 日，甲公司支付半成品加工费 120 000 元，支付应当交纳的消费税 66 000 元，该半成品收回后用于连续生产应税消费品，消费税可抵扣，增值税专用发票上注明的增值税额为 15 600 元。甲公司应编制如下会计分录：

  借：委托加工物资——L 半成品   120 000
    应交税费——应交增值税（进项税额）   15 600
        ——应交消费税   66 000
    贷：银行存款   201 600

（3）2023 年 3 月 4 日，甲公司用银行存款支付运费 10 000 元，增值税专用发票上注明的增值税额为 900 元。甲公司应编制如下会计分录：

  借：委托加工物资——L 半成品   10 000
    应交税费——应交增值税（进项税额）   900
    贷：银行存款   10 900

（4）2023 年 3 月 5 日，L 半成品 100 000 件（每件计划成本为 65 元）加工完毕，已办理验收入库手续。甲公司应编制如下会计分录：

  借：原材料——L 半成品   6 500 000
    贷：委托加工物资——L 半成品   5 950 000
      材料成本差异——L 半成品   550 000

［例 2-63］中，2023 年 3 月 5 日，委托加工物资 100 000 加工完毕，委托加工物资的总成本 5 950 000 元（5 820 000+120 000+10 000）应通过贷方结平，余额为零。

七、库存商品

（一）库存商品的内容

库存商品是指企业完成全部生产过程、合乎标准规格和技术条件并已验收入库，可以按照合同规定的条件送交订货单位，或可以作为商品对外销售的产品，以及外购或委托加工完成验收入库用于销售的各类商品。

库存商品通常包括库存产成品、外购商品、存放在门市部准备出售的商品、发出展览的商品、寄存在外的商品、接受来料加工制造的代制品和为外单位加工修理代修品。已完成销售手续，但购买单位在月末未提取的产品，不应作为企业的库存商品，而应作为代管商品处理，单独设置"代管商品备查簿"进行登记。

为了反映和监督库存商品的增减变动及其结存情况，企业应当设置"库存商品"科目，其借方登记验收入库的库存商品成本，贷方登记发出的库存商品成本；期末余额在借方，反映各种库存商品的实际成本。"库存商品"科目应按库存商品的种类、品种和规格设置明细科目进行核算。

(二) 库存商品的账务处理

1. 库存商品验收入库

当产品完成生产并验收入库时,如果是按实际成本核算,借记"库存商品"科目,贷记"生产成本——基本生产成本"科目。

【例 2-64】 甲公司根据商品入库汇总表的记录,确认本月已验收入库 A 产品 300 台,实际单位成本为 1 000 元,共计 300 000 元;B 产品 500 台,实际单位成本为 2 000 元,共计 1 000 000 元。甲公司应编制如下会计分录:

```
借:库存商品——A 产品                                    300 000
          ——B 产品                                  1 000 000
    贷:生产成本——基本生产成本——A 产品                   300 000
                              ——B 产品                1 000 000
```

2. 销售商品

企业销售(发出)商品时,应当在确认收入时计算、结转与收入相关的产成品成本,借记"主营业务成本"等科目,贷记"库存商品"科目。产品销售成本的计算与结转,通常是在期(月)末汇总核算。采用实际成本进行产成品日常核算的,应根据本期(月)销售产品汇总数量及其相应的单位生产成本,计算确定本期产品销售成本的总额。

【例 2-65】 甲公司根据商品出库汇总表的记录,确认本月已销售 M 产品总计 2 000 件,N 产品 1 000 件;M 产品的实际单位成本为 500 元,N 产品实际单位成本为 200 元。结转本月销售商品成本时,甲公司应编制如下会计分录:

```
借:主营业务成本——M 产品                                1 000 000
              ——N 产品                                  200 000
    贷:库存商品——M 产品                                1 000 000
              ——N 产品                                  200 000
```

对于商品流通企业发出商品的核算,除采用上述方法外,还可以采用以下方法计算发出商品的成本:

(1) 毛利率法。毛利率法是指根据本期销售净额乘以上期实际(或本期计划)毛利率计算本期销售毛利,并据以计算发出存货和期末存货成本的一种方法。相关计算公式如下:

毛利率 = 销售毛利÷销售额×100%

销售净额 = 商品销售收入 − 销售退回与折让

销售毛利 = 销售净额×毛利率

销售成本 = 销售净额 − 销售毛利

期末存货成本 = 期初存货成本 + 本期购货成本 − 本期销售成本

【例 2-66】 甲商场采用毛利率法进行商品成本的核算。2023 年 4 月 1 日,针织品存货为 12 000 000 元,本月购进 35 000 000 元,本月销售收入为 50 000 000 元,上季度该类商品的毛利率为 20%。计算本月已销商品成本和月末库存商品成本如下:

销售毛利=销售净额×毛利率=50 000 000×20%=10 000 000(元)

本月销售成本=销售净额−销售毛利=50 000 000−10 000 000=40 000 000(元)

月末库存商品成本＝期初存货成本＋本期购货成本－本期销售成本
＝12 000 000＋35 000 000－40 000 000＝7 000 000(元)

(2) 售价金额核算法。售价金额核算法是指平时商品的购入、加工收回、销售均按售价记账,售价与进价的差额通过"商品进销差价"科目核算,期末按进销差价率和本期已销售商品应分摊的差价,调整本期销售成本的一种方法。相关计算公式如下:

$$商品进销差价率 = \left(\frac{期初库存商品}{进销差价} + \frac{本期购入商品}{进销差价} \right) \div \left(\frac{期初库存}{商品售价} + \frac{本期购入}{商品售价} \right) \times 100\%$$

本期销售商品应分摊的商品进销差价 ＝ 本期商品销售收入 × 商品进销差价率

本期销售商品的成本 ＝ 本期商品销售收入 － 本期销售商品应分摊的商品进销差价

期末结存商品的成本 ＝ 期初库存商品的进价成本 ＋ 本期购进商品的进价成本 － 本期销售商品的成本

对于从事商品零售业务的企业(如百货公司、超市等),由于经营的商品种类、品种、规格等繁多,对库存和货架陈列商品的管控要求高,采用售价金额核算法既可以满足按商品零售价格明码标价的要求,又便于加强库存和陈列商品的实物负责制管理。商品零售企业广泛采用这一方法。售价金额核算法的账务处理如表 2-28 所示。

表 2-28 售价金额核算法的账务处理

业务	账务处理
购进商品验收入库	借:库存商品(售价) 　　应交税费——应交增值税(进项税额) 　贷:银行存款 　　　商品进销差价
确认本月商品销售收入	借:银行存款 　贷:主营业务收入 　　　应交税费——应交增值税(销项税额)
结转销售成本并确认销售商品应分摊进销差价	借:主营业务成本 　贷:库存商品 同时: 借:商品进销差价 　贷:主营业务成本

【例 2-67】 甲商场(为增值税一般纳税人)采用售价金额核算法进行商品成本的核算。2023 年 7 月初,库存商品的进价成本总额为 600 000 元,售价总额为 800 000 元,本月购进该商品的进价成本总额为 680 000 元,售价总额为 850 000 元,本月销售收入共计为 1 000 000 元。

2023 年 7 月,购进商品验收入库,按售价金额入账,甲公司应编制如下会计分录:

借:库存商品(售价)　　　　　　　　　　　　　　　　　　　　　　　850 000
　　应交税费——应交增值税(进项税额)(680 000×13%)　　　　　　 88 400
　贷:银行存款[680 000×(1＋13%)]　　　　　　　　　　　　　　　　768 400
　　　商品进销差价(850 000－680 000)　　　　　　　　　　　　　　170 000

确认本月商品销售收入时，甲公司应编制如下会计分录：

借：银行存款　　　　　　　　　　　　　　　　　　　　　1 130 000
　　贷：主营业务收入　　　　　　　　　　　　　　　　　　　　1 000 000
　　　　应交税费——应交增值税(销项税额)　　　　　　　　　　130 000

同时，按售价结转销售成本，甲公司应编制如下会计分录：

借：主营业务成本　　　　　　　　　　　　　　　　　　　　1 000 000
　　贷：库存商品(售价)　　　　　　　　　　　　　　　　　　　1 000 000

2023年7月末，计算商品进销差价率，将平时按售价结转的销售成本调整为实际成本：

进销差价率＝[(800 000－600 000)＋(850 000－680 000)]÷(800 000＋850 000)×100%
　　　　　＝22.42%

已销商品分摊的进销差价＝1 000 000×22.42%＝224 200(元)

甲公司应编制如下会计分录：

借：商品进销差价　　　　　　　　　　　　　　　　　　　　　224 200
　　贷：主营业务成本　　　　　　　　　　　　　　　　　　　　　224 200

调整后本月销售商品实际成本为：

本期销售商品的实际成本＝1 000 000－224 200＝775 800(元)

期末结存商品的实际成本＝600 000＋680 000－775 800＝504 200(元)

八、消耗性生物资产

(一) 消耗性生物资产的定义

生物资产分为消耗性生物资产、生产性生物资产和公益性生物资产。

消耗性生物资产是指企业(农、林、牧、渔业)生长中的大田作物、蔬菜、用材林，以及存栏待售的牲畜等。例如，玉米和小麦等庄稼、用材林、存栏待售的牲畜、养殖的鱼等。

(二) 消耗性生物资产的成本

(1) 自行栽培的大田作物和蔬菜的成本包括在收获前耗用的种子、肥料、农药等材料费、人工费和应分摊的间接费用。

(2) 自行营造的林木类消耗性生物资产的成本包括郁闭前发生的造林费、抚育费、营林设施费、良种试验费、调查设计费和应分摊的间接费用。郁闭后发生的费用计入当期损益管理费用。

(3) 自行繁殖的育肥畜的成本包括出售前发生的饲料费、人工费和应分摊的间接费用。

(4) 水产养殖的动物和植物的成本包括在出售或入库前耗用的苗种、饲料、肥料等材料费、人工费和应分摊的间接费用。

(三) 消耗性生物资产的账务处理

为了反映和监督消耗性生物资产的增减变动及其结存情况，企业应当设置"消耗性生物资产"科目。"消耗性生物资产"科目核算企业(农、林、牧、渔业)持有的消耗性生物资产的实际成本，借方登记消耗性生物资产的增加金额，贷方登记销售消耗性生物资产的减少金额，期末借方余额，反映企业(农、林、牧、渔业)消耗性生物资产的实际成本，应在资产负债表中的"存货"项目中列示。本科目应按照消耗性生物资产的种类、群别等进行明细核算。消耗性生物资产的账务处理如表 2-29 所示。

表 2-29 消耗性生物资产的账务处理

业务	账务处理
取得消耗性生物资产时	借：消耗性生物资产 　　贷：银行存款/应付账款/原材料/生产成本/应付职工薪酬/ 　　　　累计折旧等
出售消耗性生物资产结转成本时	借：主营业务成本 　　贷：消耗性生物资产

【例 2-68】 甲公司为一家林业有限责任公司，该公司培植管护一片作为用材林的杨树林。2023 年 3 月，发生森林管护费用共计 80 000 元，其中本月应付人员薪酬为 40 000 元，仓库领用库存肥料为 24 000 元，管护设备折旧为 16 000 元。管护总面积为 1 000 公顷，其中已郁闭的杨树林占 800 公顷，其余 200 公顷尚未郁闭。甲公司对于消耗性生物资产的核算如下：

管护费用按照森林面积比例分配：

200 公顷未郁闭杨树林应分配的费用＝80 000×20％＝16 000（元）

800 公顷已郁闭杨树林应分配的费用＝80 000×80％＝64 000（元）

甲公司应编制如下会计分录：

借：消耗性生物资产——用材林——杨树林　　　　　　　　　16 000
　　管理费用　　　　　　　　　　　　　　　　　　　　　　64 000
　　贷：应付职工薪酬　　　　　　　　　　　　　　　　　　　　40 000
　　　　原材料　　　　　　　　　　　　　　　　　　　　　　　24 000
　　　　累计折旧　　　　　　　　　　　　　　　　　　　　　　16 000

企业至少应当于每年年度终了对消耗性生物资产进行检查，有确凿证据表明由于遭受自然灾害、病虫害、动物疫病侵袭或市场需求变化等原因，消耗性生物资产的可变现净值低于其账面价值的，应当按照可变现净值低于账面价值的差额，计提生物资产跌价准备，并计入当期损益。消耗性生物资产减值的影响因素已经消失的，减记金额应当予以恢复，并在原已计提的跌价准备金额内转回，转回的金额计入当期损益。可变现净值应当分别按照存货减值的办法确定。

九、存货的清查

（一）存货清查的内容

存货清查是指通过对存货的实地盘点，确定存货的实有数量，并与账面结存数核对，从而确定存货实存数与账面结存数是否相符的一种专门方法。存货清查，一方面如实反映存货的数量和实际成本，保护存货的安全、完整，做到账实相符；另一方面企业可以弄清自己有无属于呆滞积压物资的存货，以便及时处理，挖掘潜力，加速资金的周转。

存货清查中如果发现存货盘盈、盘亏和毁损情况，会计人员应当填写存货盘点报告（如账存实存对比表),并及时查明原因,按规定程序报批处理。批准之后,应根据盘盈、盘亏和毁损的原因及批准意见作相应的账务处理。

为了反映和监督存货清查中查明的各种存货的盘盈、盘亏和毁损情况,企业应当设置"待处理财产损溢"科目,其借方登记存货的盘亏、毁损金额及盘盈的转销金额,贷方登记存货的盘盈及盘亏的转销金额。企业清查的各种存货损溢,应在期末结账前处理完毕;期末,"待处理财产损溢"科目应无余额。

(二) 存货清查的账务处理

存货盘盈是指盘点后存货的账面结存数小于实际结存数的情况,一般是由于收发计量或核算上的错误等原因造成的,企业应根据"存货盘点报告"及时办理存货入账手续,调整存货的账面结存数。

存货盘亏是指盘点后存货的账面结存数大于实际结存数的情况。发生盘亏或毁损的存货,在报经批准前,应根据"存货盘点报告"按盘亏存货的成本调整存货账面的结存数;在报经批准后,根据形成盘亏和毁损的不同原因,分别进行账务处理,具体包括:①属于自然损耗产生的定额内损耗,经批准后转作管理费用。②属于计量收发差错和管理不善等原因造成的存货短缺或毁损,应先扣除残料价值、可收回的保险赔偿和过失人的赔偿,即其他应收款,再将其净损失计入管理费用。③属于自然灾害等不可抗拒的原因而造成的存货毁损,应先扣除残料价值和可收回的保险赔偿,然后将净损失转入营业外支出。

存货清查的账务处理如表 2-30 所示。

表 2-30 存货清查的账务处理

业务		账务处理
盘盈	审批处理前	借:原材料/周转材料/库存商品等 　贷:待处理财产损溢——待处理流动资产损溢
	审批处理后	借:待处理财产损溢——待处理流动资产损溢 　贷:管理费用
盘亏	审批处理前	借:待处理财产损溢——待处理流动资产损溢 　贷:原材料/周转材料/库存商品等
	审批处理后	借:管理费用/其他应收款/营业外支出 　贷:待处理财产损溢——待处理流动资产损溢

【例 2-69】 甲公司在存货清查中发现 K 原材料盘盈 20 千克,该材料的实际单价为 10 元,经查明是计量错误造成的。甲公司应编制如下会计分录:

(1) 审批处理前,调整账面的结存数时:

借:原材料——K 原材料　　　　　　　　　　　　　　200
　　贷:待处理财产损溢——待处理流动资产损溢　　　　　200

(2) 审批处理后,冲减管理费用时:

借:待处理财产损溢——待处理流动资产损溢　　　　200
　　贷:管理费用　　　　　　　　　　　　　　　　　　200

【例2-70】 甲公司在财产清查中发现毁损 H 原材料 100 千克,其实际成本为 50 000 元,相关增值税专用发票上注明的增值税额为 6 500 元。经查明是材料保管员的过失造成的,按规定由其个人赔偿 30 000 元。其余毁损额经批准计入管理费用。甲公司应编制如下会计分录:

(1) 批准处理前:

借:待处理财产损溢——待处理流动资产损溢　　　　　　　　　　　　　56 500
　　贷:原材料——K 材料　　　　　　　　　　　　　　　　　　　　　50 000
　　　　应交税费——应交增值税(进项税额转出)　　　　　　　　　　　6 500

(2) 批准处理后:

借:其他应收款(过失人赔款)　　　　　　　　　　　　　　　　　　　30 000
　　管理费用(毁损净损失)　　　　　　　　　　　　　　　　　　　　26 500
　　贷:待处理财产损溢——待处理流动资产损溢　　　　　　　　　　　56 500

【例2-71】 甲公司为增值税一般纳税人,因洪水造成一批库存 M 原材料毁损 200 千克,其实际成本为 10 000 元,相关增值税专用发票上注明的增值税额为 1 300 元。按保险合同约定,应由保险公司赔偿 8 000 元(自然灾害导致毁损的进项税额不用转出)。甲公司应编制如下会计分录:

(1) 批准处理前:

借:待处理财产损溢——待处理流动资产损溢　　　　　　　　　　　　　10 000
　　贷:原材料——M 材料　　　　　　　　　　　　　　　　　　　　　10 000

(2) 批准处理后:

借:其他应收款(保险赔偿)　　　　　　　　　　　　　　　　　　　　8 000
　　营业外支出——非常损失(毁损净损失)　　　　　　　　　　　　　2 000
　　贷:待处理财产损溢——待处理流动资产损溢　　　　　　　　　　　10 000

十、存货的减值

(一) 存货减值的内容

资产负债表日,存货应当按照成本与可变现净值孰低计量。其中,成本是指期末存货的实际成本,如果企业在存货成本日常核算中采用的计划成本法、售价金额核算法等简化核算方法,则成本为调整后的实际成本。可变现净值是指在日常活动中,存货的估计售价减去至完工时估计将要发生的成本、估计的销售费用以及相关税费后的金额。

存货成本高于其可变现净值时,企业应当计提存货跌价准备,并计入当期损益。以前减记存货价值的影响因素已经消失的,减记的金额应当予以恢复,并在原已计提的存货跌价准备金额内转回,转回的金额计入当期损益,转回的金额以将存货跌价准备的余额冲减至零为限。

(二) 可变现净值的确定

1. 可变现净值的基本特征

(1) 确定可变现净值的前提是企业在进行日常活动。

(2) 可变现净值为存货的未来净现金流量,而不是简单地等于存货的售价或合同价。

2. 不同存货的可变现净值的构成不同

(1) 直接用于出售的存货,其可变现净值的计算公式如下：

$$可变现净值 = 估计售价 - 估计销售费用、相关税费$$

(2) 需经加工的存货,其可变现净值的计算公式如下：

$$可变现净值 = 估计售价 - 至完成时估计将要发生的成本 - 估计销售费用、相关税费$$

(3) 为执行销售合同或劳务合同而持有的存货,其可变现净值的计算公式如下：

$$可变现净值 = 合同价格 - 估计销售费用、相关税费$$

3. 可变现净值中估计售价的确定

(1) 为执行合同(有不可撤销合同)而持有的存货,以合同价为基础。
(2) 企业存货超过合同存货的,超量部分以市场销售价格为基础。
(3) 没有合同的存货以市场价格为基础。

【例 2-72】 2022 年 12 月 31 日,甲公司生产的 K 型机器的账户余额(成本)为 1 600 000 元,数量为 10 台,单位成本为 160 000 元/台。2022 年 12 月 31 日,K 型机器的市场销售价格(不含增值税)为 180 000 元/台,估计每台销售费用为 2 000 元,甲公司没有签订有关 K 型机器的销售合同。甲公司对于 K 型机器可变现净值的核算如下：

$$\begin{aligned} K\text{型机器的可变现净值} &= 估计售价 - 估计销售费用、相关税费 \\ &= (180\,000 - 2\,000) \times 10 \\ &= 1\,780\,000(元) \end{aligned}$$

[例 2-72]中,K 型机器的成本为 1 600 000 元,小于 K 型机器的可变现净值 1 780 000 元,说明该 K 型机器未发生减值。也就是说,该 K 型机器应以 1 600 000 元的账面价值列示在 2022 年 12 月 31 日资产负债表的"存货"项目中。

【例 2-73】 2022 年,由于产品更新换代,甲公司决定停止生产 L 型机器。为减少不必要的损失,甲公司决定将原材料中用于生产 L 型机器的外购钢材全部出售,2022 年年末,该批钢材的账户余额(成本)为 600 000 元,数量为 10 吨。根据市场调查,此种钢材的市场价格(不含增值税)为 50 000 元/吨；同时,销售这 10 吨钢材可能发生的销售费用及税金为 60 000 元。甲公司对于该批钢材可变现净值的核算如下：

该批钢材的可变现净值 = 50 000 × 10 - 60 000 = 440 000(元)

该批钢材的成本 600 000 元大于其可变现净值 440 000 元。该批钢材发生减值 160 000 元(600 000 - 440 000),即该批钢材应以可变现净值 440 000 元的账面价值列示在 2022 年 12 月 31 日资产负债表的"存货"项目中。

【例 2-74】 2022 年 12 月 31 日,甲公司库存原材料钢材的账户余额(成本)为 700 000 元,可用于生产 1 台 H 型机器,该批钢材的市场销售价格为 650 000 元,假设不发生其他购买费用。由于钢材的市场价格下降,用钢材作为原材料生产的 H 型机器的市场价格由 1 500 000 元下降为 1 350 000 元,将该批钢材加工成 H 型机器尚需投入 800 000 元,估计销售费用及税金为 50 000 元。甲公司对于该批钢材可变现净值的核算如下：

该批钢材的可变现净值＝估计售价－至完成时估计将要发生的成本－估计销售费用、相关税费
＝1 350 000－800 000－50 000
＝500 000(元)

该批钢材的成本 700 000 元大于其可变现净值 500 000 元。该批钢材发生减值 200 000 元(700 000－500 000)，即该批钢材应以可变现净值 500 000 元的账面价值列示在 2022 年 12 月 31 日资产负债表的"存货"项目中。

【例 2-75】 2022 年 10 月 12 日，甲公司与丁公司签订了一份不可撤销的销售合同，双方约定，2023 年 2 月 13 日，甲公司应按 200 000 元/台的价格向丁公司提供 M 型机器 10 台。2022 年 12 月 31 日，甲公司 M 型机器的账户余额(成本)为 2 160 000 元，数量为 12 台，单位成本为 180 000 元/台。2022 年 12 月 31 日，M 型机器的市场价格为 220 000 元/台。甲公司对于 M 型机器可变现净值的核算如下：

M 型机器的可变现净值＝200 000×10＋220 000×2＝2 440 000(元)

M 型机器的成本 2 160 000 元小于其可变现净值 2 440 000 元。M 型机器未发生减值，即 M 型机器应以成本 2 160 000 的账面价值列示在 2022 年 12 月 31 日资产负债表的"存货"项目中。

(三) 存货跌价准备的计提与转回

为了反映和监督存货跌价准备的计提与转回情况，企业应当设置"存货跌价准备"科目，其贷方登记计提的存货跌价准备金额，借方登记转回的存货跌价准备金额，期末余额一般在贷方，反映企业已计提但尚未转销的存货跌价准备。

企业通常应当按照单个存货项目计提存货跌价准备，即资产负债表日，企业将每个存货的成本与可变现净值逐一进行比较，按较低者计量存货。对于数量繁多、单价较低的存货，企业也可以按照存货类别计提存货跌价准备。存货跌价准备的计提与转回的账务处理如表 2-31 所示。

表 2-31 存货跌价准备的计提与转回的账务处理

业务	账务处理
计提存货跌价准备	借：资产减值损失——计提的存货跌价准备 　贷：存货跌价准备
转回已计提的存货跌价准备	借：存货跌价准备 　贷：资产减值损失——计提的存货跌价准备

【例 2-76】 2022 年 6 月 30 日，甲公司 K 材料的账面余额(成本)为 100 000 元，由于市场价格下跌，预计可变现净值为 80 000 元，从而计提的存货跌价准备为 20 000 元(100 000－80 000)。假设对于 K 材料以前未计提过存货跌价准备，甲公司应编制如下会计分录：

借：资产减值损失——计提的存货跌价准备　　　　　　　　　　　20 000
　　贷：存货跌价准备　　　　　　　　　　　　　　　　　　　　　　20 000

假设 K 材料于 2022 年 12 月 31 日的数量和金额未发生变化，由于市场价格有所上升，

K材料的预计可变现净值为95 000元,甲公司应当转回的存货跌价准备为15 000元(100 000－95 000－20 000)。甲公司应编制如下会计分录:

  借:存货跌价准备   15 000
    贷:资产减值损失——计提的存货跌价准备   15 000

  [例2-76]中,2022年12月30日,K材料的账面余额(成本)为100 000元,K材料预计可变现净值为95 000元,则K材料发生减值5 000元,"存货跌价准备"科目的贷方余额应为5 000元(100 000－95 000),而此时K材料之前已有存货跌价准备20 000元,因此应转回15 000元(5000－20 000),从而使"存货跌价准备"科目的贷记余额保持为5 000元。

  【例2-77】 承[例2-76],2023年6月30日,甲公司K材料的数量和金额未发生变化,账面余额(成本)仍为100 000元,由于市场价格有所上升,K材料的预计可变现净值为110 000元,应当转回的存货跌价准备为5 000元。甲公司应编制如下会计分录:

  借:存货跌价准备   5 000
    贷:资产减值损失——计提的存货跌价准备   5 000

  [例2-77]中,2023年6月30日,K材料的账面余额(成本)为100 000元,预计可变现净值为110 000元,由于成本100 000元小于可变现净值110 000元,说明K材料未发生减值,"存货跌价准备"科目的余额应为零,而此时K材料之前已有存货跌价准备5 000元,因此应转回5 000元(0－5 000),从而使"存货跌价准备"科目的贷方余额保持为零。需要说明的是,尽管在2023年6月30日,K材料的账面余额(成本)为100 000元,预计可变现净值为110 000元,高于成本10 000元,但由于2022年12月31日,存货跌价准备余额为贷方5 000元,应在原已计提的存货跌价准备金额范围内转回,而不得超出该金额。

(四)存货跌价准备的结转

  当企业计提了存货跌价准备,如果其中有部分存货已销售,则企业在结转销售成本时,应同时结转对其已计提的存货跌价准备。如果按存货类别计提存货跌价准备的,应按照发生销售等,转出存货的成本占该存货未转出前该类别存货成本的比例,以结转相应的存货跌价准备。存货跌价准备结转的账务处理如表2-32所示。

表2-32 存货跌价准备结转的账务处理

业务	账务处理

对已计提存货跌价准备的存货在销售时,结转销售成本时应当一并结转存货跌价准备	借:主营业务成本/其他业务成本
	  贷:库存商品
	借:存货跌价准备
	  贷:主营业务成本/其他业务成本

  【例2-78】 甲公司为增值税一般纳税人。2023年5月10日,甲公司某项库存商品的账面余额为1 000 000元,已计提存货跌价准备200 000元。甲公司将该商品全部对外出售,售价为900 000元,增值税销项税额为117 000元,收到款项并存入银行。甲公司应编制如下会计分录:

(1) 确认销售收入时：

借：银行存款　　　　　　　　　　　　　　　　　　　　　　1 017 000
　　贷：主营业务收入　　　　　　　　　　　　　　　　　　　　　　900 000
　　　　应交税费——应交增值税（销项税额）　　　　　　　　　　　117 000

(2) 结转销售成本时：

借：主营业务成本　　　　　　　　　　　　　　　　　　　　1 000 000
　　贷：库存商品　　　　　　　　　　　　　　　　　　　　　　　1 000 000

(3) 结转已计提存货跌价准备，调整销售成本时：

借：存货跌价准备　　　　　　　　　　　　　　　　　　　　　200 000
　　贷：主营业务成本　　　　　　　　　　　　　　　　　　　　　　200 000

[例 2-78]中，对于账面余额为 1 000 000 元的库存商品，已计提了存货跌价准备 200 000 元，该商品全部出售，则在结转销售成本 1 000 000 元时，应同时结转对其已计提的存货跌价准备 200 000 元，以调整销售成本。

【例 2-79】　甲公司按单项存货、按年计提跌价准备。2022 年 12 月 31 日，甲公司期末存货的有关资料如下：

2022 年年末，A 产品的库存为 500 台，单位成本为 10 万元，A 产品的市场销售价格为每台 15 万元，预计平均运杂费等销售税费为每台 1 万元。甲公司未签订不可撤销的销售合同。A 产品以前年度未计提存货跌价准备。

2022 年 1 月 1 日，B 产品"存货跌价准备"科目的余额为 30 万元。2022 年年末，B 产品的库存为 300 台，单位成本为 4.5 万元，B 产品的市场销售价格为每台 4.45 万元。甲公司已经与长期客户某企业签订一份不可撤销的销售合同，约定在 2023 年 2 月 10 日向该企业销售 B 产品 200 台，合同价格为每台 5 万元。甲公司向长期客户销售的 B 产品平均运杂费等销售税费为每台 0.35 万元；向其他客户销售的 B 产品平均运杂费等销售税费为每台 0.45 万元。

2022 年 1 月 1 日，C 产品"存货跌价准备"科目的余额为 100 万元。2022 年 5 月，甲公司销售上年结存的 C 产品的 70%，并结转存货跌价准备 70 万元。2022 年年末，C 产品的库存为 600 台，单位成本为 2.55 万元，C 产品的市场销售价格为每台 3 万元，预计平均运杂费等销售税费为每台 0.3 万元。甲公司未签订不可撤销的销售合同。

要求：根据上述资料，分别判断在 2022 年 12 月 31 日，甲公司 A、B、C 三种存货期末是否发生减值，并编制存货跌价准备计提、转回或结转的相关会计分录。

解析：

(1) A 产品：

可变现净值＝500×(15－1)＝7 000（万元）

成本＝500×10＝5 000（万元）

成本小于可变现净值，则 A 产品未减值，不需要计提存货跌价准备。

(2) B 产品：

可变现净值＝200×(5－0.35)＋100×(4.45－0.45)＝1 330（万元）

成本＝300×4.5＝1 350(万元)

成本大于可变现净值,B产品发生减值20万元(1 350－1 330),由于期初B产品已有存货跌价准备30万元,应转回存货跌价准备10万元。

甲公司应编制如下会计分录:

借:存货跌价准备——B产品　　　　　　　　　　　　　　　100 000
　　贷:资产减值损失——计提的存货跌价准备　　　　　　　　　100 000

(3) C产品:

可变现净值＝600×(3－0.3)＝1 620(万元)

成本＝600×2.55＝1 530(万元)

成本小于可变现净值,期末C产品未发生减值,应转回已计提的存货跌价准备,减至"存货跌价准备"科目的余额为零。

甲公司应编制如下会计分录:

第一,结转销售部分的存货跌价准备时:

借:存货跌价准备——产品　　　　　　　　　　　　　　　　700 000
　　贷:主营业务成本　　　　　　　　　　　　　　　　　　　　700 000

第二,转回以前期间计提的存货跌价准备时:

借:存货跌价准备——C产品　　　　　　　　　　　　　　　300 000
　　贷:资产减值损失——计提的存货跌价准备　　　　　　　　　300 000

第五节　固定资产

一、固定资产概述

(一) 固定资产的概念及特征

固定资产是指企业为生产商品、提供劳务或经营管理而持有的,并且使用寿命超过一个会计年度的有形资产。具体而言,固定资产是指同时具有以下两个特征的资产:

(1) 为生产商品、提供劳务、出租、经营管理而持有的,而不是直接用于出售的资产。其中,出租是指以经营租赁方式出租的机器设备等。例如,以出售为目的而持有房屋和设备应作为存货核算,非房地产企业经营租出的房屋(不动产)应作为投资性房地产核算。

(2) 使用寿命超过一个会计年度的特征表明企业固定资产属于非流动资产,其给企业带来的收益期超过1年,即能在1年以上的时间里为企业创造经济利益的流入。

(二) 固定资产的确认条件

企业的资产要符合固定资产的定义,只有同时满足以下两个条件,才能确认为固定资产:

(1) 与该固定资产有关的经济利益很可能流入企业。

(2) 该固定资产的成本能够可靠地计量。

(三) 固定资产确认条件的具体运用

环保设备和安全设备,虽不能直接为企业带来经济利益,但有助于企业从相关资产中获得经济利益,或获得更多的未来经济利益,因此企业也应将这些设备确认为固定资产。例如,为净化环境需要购置的环保设备,这些设备的使用虽然不会为企业带来直接的经济利益,但是有助于企业提高对废水、废气等处理的能力,企业为此将减少未来由于污染环境而需支付的环境治理费或者罚款,企业应将这些设备确认为固定资产。

固定资产的各组成部分,各自具有不同的使用寿命或者以不同的方式为企业提供经济利益,从而适用不同的折旧率或者折旧方法,企业应将其各组成部分单独确认为固定资产。例如,飞机的发动机,如果与飞机机身具有不同的使用寿命,则企业应将其确认为一项固定资产。

工业企业的工具、用具、备品备件、维修设备等资产,以及施工企业的周转材料,尽管该类资产具有固定资产的某些特征,如使用期限超过1年,也能带来经济利益,但由于数量多、单价低,考虑成本效益原则,在实务中通常将其确认为存货。但符合固定资产定义和确认条件的,应确认为固定资产,如民用航空运输的高价周转件等,应当确认为固定资产。

(四) 固定资产的分类

固定资产按经济用途和使用情况等进行综合分类,可划分为以下七大类:

(1) 生产经营用固定资产。它是指参加生产经营过程或直接服务于生产经营过程的各种房屋及建筑物、机器设备、运输设备和工具器具等固定资产。

(2) 非生产经营用固定资产。它是指不直接服务于生产经营过程的用于职工住宅、公用事业、文化生活、卫生保障,以及科研试验等方面的房屋及建筑物。

(3) 租出固定资产。它是指企业在经营租赁方式下出租给外单位使用的固定资产。

(4) 不需用固定资产。它是指企业多余或不适用,需要调配处理的各种固定资产。

(5) 未使用固定资产。它是指已完工或已购建的尚未交付使用的新增固定资产,或因扩建而暂停使用的固定资产。

(6) 土地。它是指已经估价单独入账的土地,因征地而支付的补偿费,应计入与土地有关的房屋、建筑物的价值内,不单独作为土地价值入账。企业取得的土地使用权,应作为无形资产管理和核算,不作为固定资产管理和核算。

(7) 租入固定资产。它是指企业除短期租赁和低价值资产租赁租入的固定资产。该资产在租赁期内,应作为使用权资产进行核算与管理。

(五) 固定资产核算应设置的会计科目

为了反映和监督固定资产的取得、计提折旧和处置等情况,企业一般需要设置"固定资产""累计折旧""在建工程""工程物资""固定资产清理"等科目。

"固定资产"科目核算企业固定资产的原价,借方登记企业增加的固定资产原价,贷方登记企业减少的固定资产原价,期末余额在借方,反映企业期末固定资产的账面原价。企业应当设置"固定资产登记簿"和"固定资产卡片",按固定资产类别、使用部门等对每项固定资产进行明细核算。

"累计折旧"科目属于"固定资产"的备抵科目,该科目核算企业固定资产的累计折旧,其贷方登记企业计提的固定资产折旧,借方登记处置固定资产转出的累计折旧,期末余额在贷方,反映企业固定资产的累计折旧额。

"在建工程"科目核算企业自建、更新改造等在建工程发生的支出,借方登记企业各项在建工程的实际支出,贷方登记完工工程转出的成本,期末余额在借方,反映企业尚未达到预定可使用状态的在建工程的成本。

"工程物资"科目核算企业为在建工程而准备的各种物资的实际成本,借方登记企业购入工程物资的成本,贷方登记领用工程物资的成本,期末余额在借方,反映企业为在建工程准备的各种物资的成本。

"固定资产清理"科目核算企业因出售、报废、毁损、对外投资、非货币性资产交换、债务重组等转入清理的固定资产价值,以及在清理过程中发生的清理费用和清理收益。该科目的借方登记转出的固定资产账面价值、清理过程中应支付的相关税费及其他费用,贷方登记出售固定资产取得的价款、残料价值和变价收入;期末余额在借方,反映企业尚未清理完毕的固定资产清理净损失;期末如为贷方余额,则反映企业尚未清理完毕的固定资产清理净收益。固定资产清理完毕,"固定资产清理"科目无余额。企业应当按照被清理的固定资产设置明细账进行明细核算。

此外,固定资产、在建工程、工程物资发生减值的,企业还应当设置"固定资产减值准备""在建工程减值准备""工程物资减值准备"等科目进行核算。

二、取得固定资产的账务处理

(一)外购固定资产

一般纳税人外购固定资产,按实际支付的购买价款,使固定资产达到预定可使用状态前所发生的可归属于该项资产的运输费、装卸费、安装费和专业人员服务费(不同于设备使用人员的培训费),相关税费(如进口关税和进口消费税,不包括可以从销项税额中抵扣的增值税进项税额),作为固定资产的取得成本。

小规模纳税人外购固定资产,发生的增值税进项税额应计入固定资产成本,借记"固定资产"或"在建工程"科目,不通过"应交税费——应交增值税"科目核算。

企业以一笔款项购入多项没有单独标价的固定资产,应将各项资产单独确认为固定资产,并按各项固定资产公允价值的比例对总成本进行分配,分别确定各项固定资产的成本。外购固定资产的账务处理如表 2-33 所示。

表 2-33　外购固定资产的账务处理

业务	账务处理
购入不需要安装的固定资产	借:固定资产(价+税+费) 　　应交税费——应交增值税(进项税额) 　贷:银行存款/应付账款等

(续表)

业务		账务处理
购入需要安装的固定资产	购入机器设备	借：在建工程(价＋税＋费) 　　应交税费——应交增值税(进项税额) 贷：银行存款/应付账款等
	安装时支付安装费、领用原材料、分配安装工人工资等	借：在建工程 贷：银行存款 　　原材料 　　应付职工薪酬等
	安装完毕达到预定可使用状态	借：固定资产 贷：在建工程

【例2-80】甲公司为增值税一般纳税人，以银行存款购入一台不需要安装的设备，取得的增值税专用发票上注明价款为100 000元，增值税税率为13%，增值税额为13 000元。此外，支付运杂费600元、包装费400元，该设备已交付使用。甲公司应编制如下会计分录：

借：固定资产(100 000＋600＋400)　　　　　　　　　　　　　　　101 000
　　应交税费——应交增值税(进项税额)　　　　　　　　　　　　　13 000
　　贷：银行存款　　　　　　　　　　　　　　　　　　　　　　　114 000

[例2-80]中，购入固定资产的买价100 000元，以及发生的运杂费600元、包装费400元，应计入固定资产成本。

【例2-81】甲公司为增值税一般纳税人，于2023年5月3日购入一台需要安装的机器设备，取得的增值税专用发票上注明设备价款为500 000元，增值税额为65 000元；支付的运费为2 500元，增值税额为225元，款项已通过银行支付。用银行存款支付安装费20 000元和增值税额1 800元，领用本公司原材料10 000元，安装工人的应计工资为4 900元。假定不考虑其他相关税费。甲公司应编制如下会计分录：

(1) 购入机器设备时：

借：在建工程(500 000＋2 500)　　　　　　　　　　　　　　　　 502 500
　　应交税费——应交增值税(进项税额)　　　　　　　　　　　　　65 225
　　贷：银行存款　　　　　　　　　　　　　　　　　　　　　　　567 725

(2) 支付安装费、领用原材料和分配安装工人工资时：

借：在建工程(20 000＋10 000＋4 900)　　　　　　　　　　　　　 34 900
　　应交税费——应交增值税(进项税额)　　　　　　　　　　　　　 1 800
　　贷：银行存款　　　　　　　　　　　　　　　　　　　　　　　 21 800
　　　　原材料　　　　　　　　　　　　　　　　　　　　　　　　 10 000
　　　　应付职工薪酬　　　　　　　　　　　　　　　　　　　　　　4 900

(3) 设备安装完毕并达到预定可使用状态时：

借：固定资产　　　　　　　　　　　　　　　　　　　　　　　　　537 400
　　贷：在建工程(502 500＋34 900)　　　　　　　　　　　　　　　537 400

【例 2-82】 甲公司为增值税一般纳税人,于 2023 年 6 月 1 日购入一幢商业大楼作为行政管理部门办公使用,取得的增值税专用发票上注明价款为 50 000 000 元,增值税额为 4 500 000 元,款项以银行存款支付。甲公司应编制如下会计分录:

借:固定资产　　　　　　　　　　　　　　　　　　　　　　　　50 000 000
　　应交税费——应交增值税(进项税额)　　　　　　　　　　　　 4 500 000
　　贷:银行存款　　　　　　　　　　　　　　　　　　　　　　　54 500 000

【例 2-83】 甲公司向乙公司一次购进了一台打印机、一台复印机和一台商务电脑,共三件办公设备,增值税专票上载明的价款为 30 000 元,增值税额为 3 900 元,运输费为 900 元,增值税额为 81 元,全部以银行存款转账支付。假定三件办公设备均满足固定资产的定义及确认条件,公允价值分别为 8 000 元、7 000 元、17 000 元,不考虑其他相关税费。甲公司的账务处理如下:

(1) 确定固定资产的取得成本,包括买价、运输费:
应确认固定资产成本 = 30 000 + 900 = 30 900(元)
(2) 确定打印机、复印机和商务电脑的价值分配比例:
打印机应分配的固定资产价值比例 = 8 000 ÷ (8 000 + 7 000 + 17 000) × 100% = 25%
复印机应分配的固定资产价值比例 = 7 000 ÷ (8 000 + 7 000 + 17 000) × 100%
　　　　　　　　　　　　　　　 = 21.875%
商务电脑应分配的固定资产价值比例 = 17 000 ÷ (8 000 + 7 000 + 17 000) × 100%
　　　　　　　　　　　　　　　　 = 53.125%
(3) 确定打印机、复印机和商务电脑的成本:
打印机的成本 = 30 900 × 25% = 7 725(元)
复印机的成本 = 30 900 × 21.875% = 6 759(元)
商务电脑的成本 = 30 900 × 53.125% = 16 416(元)
(4) 甲公司应编制如下会计分录:

借:固定资产——打印机　　　　　　　　　　　　　　　　　　　　　7 725
　　　　　　——复印机　　　　　　　　　　　　　　　　　　　　　6 759
　　　　　　——商务电脑　　　　　　　　　　　　　　　　　　　　16 416
　　应交税费——应交增值税(进项税额)　　　　　　　　　　　　　　3 981
　　贷:银行存款　　　　　　　　　　　　　　　　　　　　　　　　34 881

【例 2-84】 甲公司为增值税小规模纳税人,于 2023 年 1 月 20 日用银行存款购入一台需要安装的设备,增值税专用发票上注明的价款为 200 000 元,增值税额为 26 000 元,支付安装费 1 000 元,增值税额为 90 元。甲公司应编制如下会计分录:

(1) 购入设备时:

借:在建工程(200 000 + 26 000)　　　　　　　　　　　　　　　　226 000
　　贷:银行存款　　　　　　　　　　　　　　　　　　　　　　　　226 000

(2) 支付安装费时:

借：在建工程(1 000＋90)   1 090
  贷：银行存款   1 090

（3）设备安装完毕交付使用时：

设备的成本＝226 000＋1 090＝227 090（元）

借：固定资产   227 090
  贷：在建工程   227 090

[例2-84]中，由于甲公司为小规模纳税人，按照现行增值税法律制度的规定，其购入固定资产发生的增值税进项税额合计26 090元，不得从销项税额中抵扣，而应计入固定资产成本，借记"在建工程"科目。

（二）自行建造固定资产

自行建造固定资产，其成本由建造该项资产达到预定可使用状态前所发生的必要支出构成。为了反映和监督固定资产自行建造情况，企业一般需开设"在建工程""工程物资"两个科目。"在建工程"科目包括企业固定资产工程项目自开始建造直至达到预定可使用状态过程中所发生的应当计入固定资产成本的各项支出。"工程物资"科目核算为企业在建工程而准备的各种物资的实际成本，包括工程用材料、尚未安装的设备以及为生产准备的工具器具等的实际成本。

自行建造固定资产按采用的建设方式不同，可分为自营方式建造固定资产和出包方式建造固定资产。

自营方式建造固定资产程是指企业自行组织工程物资采购、自行组织施工人员施工的建筑工程和安装工程。

出包方式建造固定资产是指企业通过招标方式将工程项目发包给建造承包商，由建造承包商组织施工的建筑工程和安装工程。企业采用出包方式建造的固定资产工程，其工程的具体支出主要由建造承包商核算，在这种方式下，"在建工程"科目主要反映企业与建造承包商办理工程价款结算的情况，企业支付给建造承包商的工程价款作为工程成本，通过"在建工程"科目核算。自行建造固定资产的账务处理如表2-34所示。

表2-34 自行建造固定资产的账务处理

	业务	账务处理
自营方式建造固定资产	购买工程物资	借：工程物资（价＋税＋费） 应交税费——应交增值税（进项税额） 贷：银行存款/应付账款等
	施工阶段	（1）领用工程物资： 借：在建工程 贷：工程物资 （2）领用本企业的原材料、自产产品： 借：在建工程 贷：原材料/库存商品

(续表)

业务		账务处理
自营方式建造固定资产	施工阶段	（3）在建工程应负担的职工薪酬： 借：在建工程 　　贷：应付职工薪酬 （4）辅助生产部门为在建工程提供的水、电、修理、运输等劳务： 借：在建工程 　　贷：生产成本——辅助生产成本 （5）发生的工程管理费、征地费、临时设施费、公证费等其他必要支出计入工程成本： 借：在建工程 　　贷：银行存款 （6）发生的满足资本化条件的借款利息： 借：在建工程 　　贷：应付利息/长期借款——应计利息
	工程完工达到预定可使用状态	借：固定资产 　　贷：在建工程
出包方式建造固定资产	工程按合同规定结算或补付工程价款	借：在建工程 　　应交税费——应交增值税（进项税额） 　　贷：银行存款/预付账款
	工程完工交付使用	借：固定资产 　　贷：在建工程

【例 2-85】 2023 年 6 月，甲水泥厂（增值税一般纳税人）自建一条产品生产线，以银行存款购入为工程准备的各种物资，取得的增值税专用发票上载明货款为 500 000 元，增值税额为 65 000 元，全部用于工程建设。领用本企业自产的水泥一批，实际成本为 80 000 元。工程人员应计工资 100 000 元，用银行存款支付其他费用 30 000 元。工程完工达预定可使用状态。甲水泥厂应编制如下会计分录：

（1）购入工程物资：

借：工程物资　　　　　　　　　　　　　　　　　　　　　　　500 000
　　应交税费——应交增值税（进项税额）　　　　　　　　　　 65 000
　　贷：银行存款　　　　　　　　　　　　　　　　　　　　　565 000

（2）领用工程物资：

借：在建工程　　　　　　　　　　　　　　　　　　　　　　　500 000
　　贷：工程物资　　　　　　　　　　　　　　　　　　　　　500 000

（3）领用自产的水泥：

借：在建工程　　　　　　　　　　　　　　　　　　　　　　　 80 000
　　贷：库存商品　　　　　　　　　　　　　　　　　　　　　 80 000

（4）计提工程人员工资：

```
借：在建工程                                                  100 000
    贷：应付职工薪酬                                          100 000
```

(5) 支付其他费用：

```
借：在建工程                                                   30 000
    贷：银行存款                                                30 000
```

(6) 工程完工达到预定可使用状态：

工程完工转入固定资产的成本＝500 000＋80 000＋100 000＋30 000＝710 000（元）

```
借：固定资产                                                  710 000
    贷：在建工程                                               710 000
```

【例2-86】 甲公司为增值税一般纳税人，2023年7月1日，将一幢厂房的建造工程出包给L公司（增值税一般纳税人）承建，双方协定按合理估计的发包工程进度和合同规定向L公司结算进度款，并取得L公司开具的增值税专用发票，注明工程款为1 000 000元，增值税额为90 000元。2023年10月1日，工程完工后，收到丙公司有关工程结算单据和增值税专用发票，补付工程款并取得L公司开具的增值税专用发票，注明工程款为500 000元，增值税额为45 000元。工程完工达到预定可使用状态。甲公司应编制如下会计分录：

(1) 向L公司支付进度款时：

```
借：在建工程                                                1 000 000
    应交税费——应交增值税（进项税额）                           90 000
    贷：银行存款                                             1 090 000
```

(2) 补付工程款时：

```
借：在建工程                                                  500 000
    应交税费——应交增值税（进项税额）                           45 000
    贷：银行存款                                               545 000
```

(3) 工程完工并达到预定可使用状态时：

工程完工转入固定资产的成本＝1 000 000＋500 000＝1 500 000（元）

```
借：固定资产                                                1 500 000
    贷：在建工程                                             1 500 000
```

(三) 其他方式取得的固定资产

(1) 投资者投入的固定资产。接受固定资产投资的企业，在办理了固定资产移交手续之后，应按投资合同或协议约定的价值加上应支付的相关税费作为固定资产的入账价值，但合同或协议约定价值不公允的除外。

(2) 非货币性资产交换、债务重组等方式取得的固定资产。其成本应当按照《企业会计准则第7号——非货币性资产交换》《企业会计准则第12号——债务重组》的有关规定进行账务处理。

(四) 存在弃置费用的固定资产

特殊行业的特定固定资产，企业对其进行初始计量时，还应当考虑弃置费用。弃置费用通常是指根据国家法律和行政法规、国际公约等规定,企业承担的环境保护和生态恢复等义务所确定的支出,如油气、核电站设施等的弃置和恢复环境义务。对此,企业应当将弃置费用的现值计入相关固定资产的成本,同时确认相应的预计负债。在固定资产的使用寿命内,按照预计负债的摊余成本和实际利率计算确定的利息费用应当在发生时计入财务费用。由于技术进步、法律要求或市场环境变化等原因,特定固定资产的履行弃置义务可能会发生支出金额、折现率等的变动,从而引起原确认的预计负债的变动。此时,企业应按照以下原则调整该固定资产的成本:①对于预计负债的减少,以该固定资产的账面价值为限,扣减固定资产成本。如果预计负债的减少额超过该固定资产的账面价值,超过部分确认为当期损益。②对于预计负债的增加,增加该固定资产的成本。

按照上述原则调整后的固定资产,一旦该固定资产的使用寿命结束,预计负债的所有后续变动应在发生时确认为损益。

【例2-87】 甲公司经国家批准,于2023年1月1日建造完成核电站核反应堆并交付使用,建造成本为250亿元,预计使用寿命为40年。根据法律规定,该核反应堆将会对当地的生态环境产生一定的影响,企业应在该项设施使用期满后将其拆除,并对造成的污染进行整治,预计发生弃置费用25亿元。假定适用的折现率为10%。核反应堆属于特殊行业的特定固定资产,确定其成本时应考虑弃置费用。甲公司应作如下账务处理:

(1) 2023年1月1日,弃置费用现值 $= 25 \times (P/F, 10\%, 40)$
$$= 25 \times 0.0221 = 0.5525(亿元)$$

固定资产的成本 $= 250 + 0.5525 = 250.5525(亿元)$

甲公司应编制如下会计分录:

借:固定资产	25 055 250 000
贷:在建工程	25 000 000 000
预计负债——弃置费用	55 250 000

(2) 第1年的利息费用 $= 0.5525 \times 10\% = 0.05525(亿元)$

甲公司应编制如下会计分录:

借:财务费用	5 525 000
贷:预计负债——弃置费用	5 525 000

第2年的利息费用 $= (0.5525 + 0.05525) \times 10\% = 0.060775(亿元)$

甲公司应编制如下会计分录:

借:财务费用	6 077 500
贷:预计负债——弃置费用	6 077 500

第3年应负担的利息费用 $= (0.5525 + 0.05525 + 0.060775) \times 10\%$
$$= 0.0668525(亿元)$$

甲公司应编制如下会计分录:

借:财务费用	6 685 250
贷:预计负债——弃置费用	6 685 250

……
40 年共负担的利息费用为 25 亿元。

(3) 实际发生弃置费用时,甲公司应编制如下会计分录:

借:预计负债——弃置费用　　　　　　　　　　　　2 500 000 000
　　贷:银行存款　　　　　　　　　　　　　　　　　　　　2 500 000 000

三、固定资产计提折旧

(一) 固定资产折旧的概念

固定资产折旧是指在固定资产的使用寿命内,按照确定的方法对应计折旧额进行系统分摊。应计折旧额是指应当计提折旧的固定资产原价扣除其预计净残值后的金额,已计提减值准备的固定资产,还应当扣除已计提的固定资产减值准备累计金额。企业应当根据固定资产的性质和使用情况,合理确定固定资产的使用寿命和预计净残值。

(二) 影响固定资产折旧的因素

1. 固定资产原价

固定资产原价是指固定资产的取得成本。在固定资产使用寿命一定的情况下,固定资产原价越高,则单位时间内或单位工作量的折旧额越高;反之,固定资产在单位时间或单位工作量的折旧额就越低。

2. 固定资产预计净残值

固定资产预计净残值是指固定资产在处于寿命终了时预计残值收入扣除预计清理费用后的净额。因此,企业在计算折旧时,应将固定资产预计净残值从固定资产原价中扣除。残值收入和清理费用往往是根据经验估计加以确定的。

3. 固定资产减值准备

固定资产减值准备是指已计提的固定资产减值准备累计金额。固定资产计提减值准备后,应当在剩余使用寿命内根据调整后的固定资产账面价值和预计净残值重新计算确定折旧率和折旧额。

4. 固定资产预计使用寿命

固定资产预计使用寿命是指企业使用固定资产预计的使用期间,或者该固定资产所能生产产品或提供劳务的数量。企业确定固定资产预计使用寿命时,应当考虑下列因素:

(1) 该项固定资产预计生产能力或实物产量。

(2) 该项固定资产预计有形损耗,如设备使用中发生磨损、房屋建筑物受到自然侵蚀等。

(3) 该项固定资产预计无形损耗,如因新技术的出现而使现有的资产技术水平相对陈旧、市场需求变化使产品过时等。

(4) 法律或者类似规定对该项固定资产使用的限制。

企业应当根据固定资产的性质和使用情况,合理确定固定资产的预计使用寿命和预计净残值。固定资产的使用寿命、预计净残值一经确定,不得随意变更,但符合规定的除外。

(三) 固定资产计提折旧的范围

除以下情况外,企业应当对所有固定资产计提折旧:

(1) 单独计价入账的土地。
(2) 固定资产改扩建期间不提折旧。
(3) 提前报废的固定资产不再补提折旧。
(4) 已提足折旧仍继续使用的固定资产(固定资产提足折旧后,不论能否继续使用,均不再计提折旧)。

(四) 固定资产计提折旧的时间规定

(1) 固定资产应当按月计提折旧。当月增加的固定资产,当月不计提折旧,从下月起计提折旧;当月减少的固定资产,当月仍计提折旧,从下月起不计提折旧。

(2) 已达到预定可使用状态但尚未办理竣工决算的固定资产,应当按照估计价值确定其成本,并计提折旧;待办理竣工决算后,再按实际成本调整原来的暂估价值,但不需要调整原已计提的折旧额。

值得注意的是,会计年度(每年1月至12月,共计12个月)和折旧年度(固定资产增加月的下月起经历的12个月)不一定一致,也就是说,不一定所有的固定资产都是从上一年度的12月开始启用的。

【例2-88】 甲公司于2022年3月投入使用机器一台,经计算,第一个折旧年度的折旧总额为20万元,第二个折旧年度的折旧总额为12万元。甲公司2023年度该项固定资产计提折旧额的计算如下:

2023年应计提折旧 = 20×3÷12 + 12×9÷12 = 14(万元)

[例2-88]中,2023年度,即会计年度,是指2023年1月至2023年12月,而第一个折旧年度是指2022年4月至2023年3月,第二个折旧年度是指2023年4月至2024年3月。

(五) 固定资产使用寿命、预计净残值和折旧方法的复核

企业至少应当于每年年度终了,对固定资产的使用寿命、预计净残值和折旧方法进行复核。固定资产使用寿命预计数与原先估计数有差异的,应当调整固定资产使用寿命。固定资产预计净残值预计数与原先估计数有差异的,应当调整固定资产预计净残值。与固定资产有关的经济利益预期消耗方式有重大改变的,应当改变固定资产折旧方法。固定资产使用寿命、预计净残值和折旧方法的改变应当作为会计估计变更进行账务处理。

(六) 固定资产折旧方法

企业应当根据固定资产的性质和与固定资产有关的经济利益消耗方式,合理选择固定资产折旧方法。企业可选用的折旧方法包括年限平均法(也称为直线法)、工作量法、双倍余额递减法和年数总和法等。

1. 年限平均法

年限平均法也称为直线法,是将固定资产的应计折旧额均衡地分摊到固定资产预计使用寿命内的一种方法。采用这种方法计算的每期折旧额是相等的。年限平均法的有关计算公式如下:

年折旧额 = (固定资产原价 − 预计净残值) ÷ 预计使用年限

年折旧率 = (1 − 预计净残值率) ÷ 预计使用年限 × 100%

预计净残值率 = 预计净残值 ÷ 原价 × 100%

月折旧率 ＝ 年折旧率÷12

月折旧额 ＝ 固定资产原价×月折旧率

【例 2-89】 甲公司某机器设备原价为 180 000 元，预计使用 10 年，预计净残值率为 5%。假设甲公司没有对该机器设备计提减值准备。该机器设备采用年限平均法计算的年折旧额和月折旧额如下：

年折旧额＝180 000×(1－5%)÷10＝17 100(元)

月折旧额＝17 100÷12＝1 425(元)

或：

年折旧率＝(1－5%)÷10×100%＝9.5%

月折旧率＝9.5%÷12＝0.79%

年折旧额＝180 000×9.5%＝17 100(元)

月折旧额＝180 000×0.79%＝1 425(元)

2. 工作量法

工作量法也称为作业量法，是根据固定资产在使用期间完成总工作量平均计算折旧的一种方法。工作量法和年限平均法都是平均计算折旧的方法，都属于直线法。工作量法的有关计算公式如下：

单位工作量折旧额 ＝ 固定资产原价×(1－预计净残值率)÷预计总工作量

某项固定资产月折旧额 ＝ 该项固定资产当月工作量×单位工作量折旧额

【例 2-90】 甲公司的一台机器设备原价为 800 000 元，预计生产产品总产量为 4 000 000 个，预计净残值率为 5%，本月生产产品 40 000 个。假设甲公司没有对该机器设备计提减值准备。该机器设备月折旧额的计算如下：

单个产品折旧额＝800 000×(1－5%)÷4 000 000＝0.19(元/个)

本月折旧额＝40 000×0.19＝7 600(元)

3. 双倍余额递减法

双倍余额递减法是加速折旧法的一种方法，是指在暂时不考虑固定资产预计净残值的情况下，根据每年年初固定资产的原价减去累计折旧后的余额乘以双倍的直线法折旧率来计算固定资产折旧的一种方法。采用双倍余额递减法计提固定资产折旧，企业应在固定资产使用寿命到期前 2 年内，将固定资产的账面净值扣除预计净残值后的余额平均摊销。双倍余额递减法的有关计算公式如下：

年折旧率 ＝ 2÷预计使用年限×100%

年折旧额 ＝ 每个折旧年度年初固定资产账面净值×年折旧率

最后 2 年折旧额(改成直线法) ＝ (倒数第二年年初固定资产账面净值－预计净残值)÷2

月折旧额 ＝ 年折旧额÷12

【例 2-91】 甲公司一项固定资产的原价为 300 万元，预计使用年限为 5 年，预计净残值为 2.8 万元，按双倍余额递减法计提折旧。该固定资产每年折旧额的计算如下：

年折旧率＝2÷5×100%＝40%

第 1 年应提的折旧额＝300×40%＝120(万元)

第 2 年应提的折旧额＝(300－120)×40％＝72(万元)

第 3 年应提的折旧额＝(300－120－72)×40％＝43.2(万元)

从第 4 年起改用年限平均法(直线法)计提折旧,因此:

第 4、第 5 年的折旧额＝[(300－120－72－43.2)－2.8]÷2＝31(万元)

每年各月折旧额根据年折旧额除以 12 来计算。

[例 2-91]中,在固定资产预计使用寿命到期前的 2 年转换为直线法,将固定资产账面净值 64.8 万元扣除预计净残值 2.8 万元后的余额 62 万元在 2 年内进行平均摊销,即每年 31 万元。双倍余额递减法下,在固定资产使用到期前的最后 2 年之前,固定资产的年折旧率保持不变,固定资产账面净额逐年减少,固定资产使用早期计提折旧高,以后逐年递减,反映的账务处理结果比较稳健,有利于固定资产投入早期回收资金,加速资金周转和固定资产的更新,促进技术进步。

4. 年数总和法

年数总和法是加速折旧的一种方法,是指将固定资产的原价减去预计净残值后的余额,乘以一个逐年递减的分数计算每年的折旧额的一种方法。逐年递减的分数的分子代表固定资产尚可使用年数,分母代表固定资产预计使用年限的年数总和。年数总和法的有关计算公式如下:

年折旧率 ＝ 尚可使用年限 ÷ 预计使用年限的年数总和 × 100％

年折旧额 ＝ (固定资产原价 － 预计净残值) × 年折旧率

月折旧额 ＝ 年折旧额 ÷ 12

【例 2-92】 甲公司一项固定资产的原价为 1 000 000 元,预计使用年限为 5 年,预计净残值为 4 000 元。若采用年数总和法,甲公司计算各年固定资产折旧计算如表 2-35 所示。

应计折旧额＝原价－预计净残值＝1 000 000－4 000＝996 000(元)

年数总和＝5＋4＋3＋2＋1＝15

表 2-35　甲公司固定资产折旧计算表(年数总和法)

年限	应计折旧额（元）	尚可使用年限（年）	折旧率	年折旧额（元）	累计折旧额（元）
1	996 000	5	$\frac{5}{15}$	332 000	332 000
2	996 000	4	$\frac{4}{15}$	265 600	597 600
3	996 000	3	$\frac{3}{15}$	199 200	796 800
4	996 000	2	$\frac{2}{15}$	132 800	929 600
5	996 000	1	$\frac{1}{15}$	66 400	996 000

[例 2-92]中,甲公司采用年数总和法计提固定资产折旧,从表 2-35 可以看出,在这种方法下,各年中应计提折旧额(固定资产的原价减去预计净残值的余额)始终保持不变,年

折旧率逐年降低,折旧额逐年减少,逐年降低的幅度较双倍余额递减法有所减缓,账务处理结果比较稳健。

(七)固定资产折旧的账务处理

固定资产应当按月计提折旧,计提的折旧应当记入"累计折旧"科目,根据固定资产的用途和受益对象性质计入相关成本或者当期损益。

企业自行建造固定资产过程中使用的固定资产,其计提的折旧应计入在建工程成本;基本生产车间所使用的固定资产,其计提的折旧应计入制造费用;管理部门所使用的固定资产,其计提的折旧应计入管理费用;销售部门所使用的固定资产,其计提的折旧应计入销售费用;经营租出的固定资产,其计提的折旧应计入其他业务成本。固定资产折旧的账务处理如表 2-36 所示。

表 2-36　固定资产折旧的账务处理

业务	账务处理
计提折旧根据用途计入相关成本或当期损益	借:制造费用(生产用固定资产) 　　管理费用(行政管理部门用固定资产、闲置或尚未使用固定资产) 　　销售费用(销售部门用固定资产) 　　在建工程(用于工程建造的固定资产) 　　研发支出(用于研发的固定资产) 　　其他业务成本(经营租出的固定资产) 　贷:累计折旧

【例 2-93】 2023 年 1 月,甲公司根据固定资产折旧计算表确定的各生产车间及厂部管理部门应分配的折旧额为:一车间 1 500 000 元,二车间 2 400 000 元,三车间 3 000 000 元,管理部门 300 000 元,财务部门 200 000 元,经营租出固定资产折旧 100 000 元。甲公司应编制如下会计分录:

借:制造费用——一车间　　　　　　　　　　　　　　　　　　　　　　1 500 000
　　　　　　——二车间　　　　　　　　　　　　　　　　　　　　　　2 400 000
　　　　　　——三车间　　　　　　　　　　　　　　　　　　　　　　3 000 000
　　管理费用　　　　　　　　　　　　　　　　　　　　　　　　　　　500 000
　　其他业务成本　　　　　　　　　　　　　　　　　　　　　　　　　100 000
　贷:累计折旧　　　　　　　　　　　　　　　　　　　　　　　　　　7 500 000

【例 2-94】 2023 年 5 月,乙公司根据固定资产折旧计算表确定的管理部门、销售部门应分配的固定资产折旧额为:管理部门房屋建筑物计提折旧 1 500 000 元,运输工具计提折旧 200 000 元;销售部门房屋建筑物计提折旧 300 000 元,运输工具计提折旧 600 000 元。本月新购置交付生产车间使用的机器设备一台,成本为 5 000 000 元,预计使用寿命为 10 年,预计净残值为 5 000 元。乙公司采用年限平均法对固定资产计提折旧。乙公司应编制如下会计分录:

借:管理费用　　　　　　　　　　　　　　　　　　　　　　　　　　　1 700 000
　　销售费用　　　　　　　　　　　　　　　　　　　　　　　　　　　900 000
　贷:累计折旧　　　　　　　　　　　　　　　　　　　　　　　　　　2 600 000

[例 2-94]中,本月新购置交付使用的机器设备本月不计提折旧,下月开始计提折旧。本月计提的折旧费用中,对管理部门使用的固定资产计提的折旧额,借记"管理费用"科目;对销售部门使用的固定资产计提的折旧额,借记"销售费用"科目。

四、固定资产的后续支出

固定资产的后续支出是指固定资产在使用过程中发生的更新改造支出、修理费用等。后续支出的处理原则是:与固定资产有关的更新改造等后续支出,符合固定资产确认条件的,应当计入固定资产成本,如有被替换的部分,应同时将被替换部分的账面价值从该固定资产原账面价值中扣除;不满足固定资产确认条件的后续支出(固定资产日常维修费用),应当在发生时计入当期损益。

固定资产更新改造是指以新的固定资产替换报废的旧固定资产,或以新的技术装备对原有的技术装备进行改造,从而提高了固定资产使用性能,延长其使用寿命。因此,固定资产更新改造支出符合固定资产确认条件时应予以资本化。

固定资产日常维修是指保持固定资产处于正常运行状态的行为,如添加润滑油、清洗机器、更换小部件、喷漆等。固定资产修理不会增加资产的经济利益,也不会提高资产的效率,其费用在发生时计入当期费用。

为了反映和监督固定资产资本化的后续支出的核算情况,企业应设置"在建工程"科目核算。待更新改造等工程完工并达到预定可使用状态时,从"在建工程"科目转到"固定资产"科目,并应重新确定其使用寿命、预计净残值和折旧方法。固定资产后续支出的账务处理如表 2-37 所示。

表 2-37 固定资产后续支出的账务处理

业务		账务处理
资本化后续支出	将固定资产账面价值转入在建工程	借:在建工程(账面价值) 　　累计折旧 　　固定资产减值准备 　贷:固定资产(原价)
	安装新部件、应付工人工资和其他费用	借:在建工程 　贷:工程物资/应付职工薪酬 　　　银行存款
	扣除被替换掉的部分的账面价值	借:银行存款(变价收入) 　　营业外支出(扣除变价收入后的净损失) 　贷:在建工程(被替换部分的账面价值)
	达到预定可使用状态时	借:固定资产 　贷:在建工程
费用化后续支出		借:管理费用(行政管理部门用固定资产) 　　销售费用(销售部门用固定资产) 　　其他业务成本(对外出租的固定资产) 　　应交税费——应交增值税(进项税额) 　贷:银行存款

【例2-95】 甲航空公司于2014年12月购入一架飞机,总计花费8 000万元(含发动机),发动机当时的购价为500万元。甲航空公司未将发动机单独作为一项固定资产进行核算。2023年1月初,甲航空公司开辟新航线,航程增加。为延长飞机的空中飞行时间,公司决定更换一部性能更为先进的发动机。新发动机的成本为700万元,另需支付安装费用1万元。假定飞机的年折旧率为3%,不考虑预计净残值和相关税费的影响,替换下的老发动机报废且无残值收入。甲航空公司应编制如下会计分录:

(1) 将固定资产的账面价值转入在建工程时:

2023年1月初,飞机的累计折旧金额 = 8 000×3%×8 = 1 920(万元)

借:在建工程(80 000 000 − 19 200 000)　　　　　　　　　60 800 000
　　累计折旧　　　　　　　　　　　　　　　　　　　　　19 200 000
　　贷:固定资产　　　　　　　　　　　　　　　　　　　　　　80 000 000

(2) 安装新发动机时:

借:在建工程　　　　　　　　　　　　　　　　　　　　　　7 010 000
　　贷:工程物资　　　　　　　　　　　　　　　　　　　　　　7 000 000
　　　　银行存款　　　　　　　　　　　　　　　　　　　　　　　10 000

(3) 终止确认老发动机的账面价值时:

2023年1月初,老发动机的账面价值 = 500 − 500×3%×8 = 380(万元)

借:营业外支出　　　　　　　　　　　　　　　　　　　　　3 800 000
　　贷:在建工程　　　　　　　　　　　　　　　　　　　　　　3 800 000

(4) 发动机安装完毕,达到预定可使用状态时:

新的固定资产的入账价值 = 6 080 + 701 − 380 = 64 010(万元)

借:固定资产　　　　　　　　　　　　　　　　　　　　　64 010 000
　　贷:在建工程　　　　　　　　　　　　　　　　　　　　　64 010 000

[例2-95]中,由于更新改造后的固定资产飞机的价值发生变动,甲航空公司应当根据调整后的价值重新预计新固定资产的使用寿命、净残值,以及重新选用折旧方法计提折旧。

【例2-96】 甲公司为增值税一般纳税人,2023年6月1日,对专设销售机构使用的设备进行日常修理,发生维修费并取得增值税专用发票,注明修理费为20 000元,增值税税率为13%,增值税额为2 600元。甲公司应编制如下会计分录:

借:销售费用　　　　　　　　　　　　　　　　　　　　　　　20 000
　　应交税费——应交增值税(进项税额)　　　　　　　　　　　　2 600
　　贷:银行存款　　　　　　　　　　　　　　　　　　　　　　　22 600

[例2-96]中,甲公司对专设销售机构使用的设备进行日常修理发生的修理费不符合固定资产后续资本化的条件,应将其发生时计入当期损益,记入"销售费用"科目。

【例2-97】 甲公司为增值税一般纳税人,2023年8月1日,自行对管理部门使用的设备进行日常修理,发生修理费并取得增值税专用发票,注明修理费为5 000元,增值税税率为13%,增值税额为650元。甲公司应编制如下会计分录:

借：管理费用	5 000	
应交税费——应交增值税(进项税额)	650	
贷：银行存款		5 650

[例 2-97]中，甲公司对管理部门使用的设备进行日常修理发生的修理费不符合固定资产后续资本化的条件，应将其在发生时计入当期损益，记入"管理费用"科目。

五、固定资产处置

固定资产处置，主要包括固定资产出售、转让、报废和毁损、对外投资转让、非货币性资产交换、债务重组等。

企业在生产经营过程中，可能将不适用或不需要用的固定资产对外出售转让，或因磨损、技术进步等对固定资产进行报废，或因遭受自然灾害而对毁损的固定资产进行处理。对于上述交易或事项的账务处理，企业应当按照规定程序办理有关手续，结转固定资产的账面价值，计算有关的清理收入、清理费用及残料价值等，清理完毕后结转固定资产清理损益：出售、转让固定资产，结转的固定资产清理净损益记入"资产处置损益"科目；报废、毁损固定资产，结转的固定资产清理净损失记入"营业外支出"科目、净收益记入"营业外收入"科目。

企业出售、转让、报废和毁损固定资产等，应通过"固定资产清理"科目核算。固定资产处置的账务处理如表 2-38 所示。

表 2-38　固定资产处置的账务处理

业务	账务处理
将固定资产账面价值转入固定资产清理	借：固定资产清理(固定资产账面价值) 　　累计折旧 　　固定资产减值准备 　　贷：固定资产(原价)
发生的清理费用	借：固定资产清理 　　贷：银行存款
收回出售固定资产的价款	借：银行存款 　　贷：固定资产清理(不含税售价) 　　　　应交税费——应交增值税(销项税额)
收回残料入库、变价收入、赔偿收入等	借：原材料(残料入库) 　　银行存款(变价收入) 　　其他应收款(保险公司/责任人的赔偿) 　　贷：固定资产清理
结转固定资产清理的净损益	(1) 因已丧失使用功能、自然灾害发生毁损等而报废清理产生的利得或损失： 借：固定资产清理 　　贷：营业外收入——非流动资产处置利得(报废、毁损固定资产净收益) 借：营业外支出——非流动资产处置损失(正常报废清理产生的处理净损失) 　　　　　　　　——非常损失(自然灾害等非正常原因造成处理净损失) 　　贷：固定资产清理 (2) 因出售、转让等产生的固定资产处置利得或损失： 借：固定资产清理 　　贷：资产处置损益(出售、转让固定资产净收益) 借：资产处置损益(出售、转让固定资产净损失) 　　贷：固定资产清理

【例2-98】 甲公司为一般纳税人，出售一栋厂房，原价为2 500 000元，已计提折旧1 500 000元，未计提减值准备。出售过程中用银行存款支付清理费用50 000元，实际出售价格为1 200 000元(不含税)，增值税税率为9%，款项已通过银行收回。甲公司应编制如下会计分录：

(1) 将出售固定资产转入清理时：

借：固定资产清理　　　　　　　　　　　　　　　　　　　1 000 000
　　累计折旧　　　　　　　　　　　　　　　　　　　　　 1 500 000
　　贷：固定资产　　　　　　　　　　　　　　　　　　　 2 500 000

(2) 发生清理费用时：

借：固定资产清理　　　　　　　　　　　　　　　　　　　　 50 000
　　贷：银行存款　　　　　　　　　　　　　　　　　　　　 50 000

(3) 收回出售固定资产的价款时：

应交增值税＝1 200 000×9%＝108 000(元)

借：银行存款　　　　　　　　　　　　　　　　　　　　　 1 308 000
　　贷：固定资产清理　　　　　　　　　　　　　　　　　 1 200 000
　　　　应交税费——应交增值税(销项税额)　　　　　　　　 108 000

(4) 结转出售固定资产的净损益时：

借：固定资产清理　　　　　　　　　　　　　　　　　　　　 150 000
　　贷：资产处置损益　　　　　　　　　　　　　　　　　　 150 000

[例2-98]中，固定资产清理完毕时，"固定资产清理"科目的贷方余额为150 000元(1 200 000－1 000 000－50 000)，属于出售净收益，应结转至"资产处置损益"科目的贷方，结转后"固定资产清理"科目无余额。

【例2-99】 乙公司现有一台设备由于性能等决定提前报废，原价为500 000元，已计提折旧450 000元，未计提减值准备，报废时的残值变价收入为20 000元，报废清理过程中发生清理费用3 500元。有关收入、支出均通过银行办理结算。假定不考虑相关税费。乙公司应编制如下会计分录：

(1) 将报废的固定资产转入清理时：

借：固定资产清理　　　　　　　　　　　　　　　　　　　　 50 000
　　累计折旧　　　　　　　　　　　　　　　　　　　　　　 450 000
　　贷：固定资产　　　　　　　　　　　　　　　　　　　　 500 000

(2) 收回残值变价收入时：

借：银行存款　　　　　　　　　　　　　　　　　　　　　　 20 000
　　贷：固定资产清理　　　　　　　　　　　　　　　　　　　20 000

(3) 支付清理费用时：

借：固定资产清理　　　　　　　　　　　　　　　　　　　　　 3 500
　　贷：银行存款　　　　　　　　　　　　　　　　　　　　　 3 500

(4) 结转报废固定资产净损益时：

借：营业外支出——非流动资产处置损失　　　　　　　　　　　　　33 500
　　贷：固定资产清理　　　　　　　　　　　　　　　　　　　　　　　　33 500

[例2-99]中，固定资产清理完毕时，"固定资产清理"科目的借方余额为 33 500 元（50 000－20 000＋3 500），应通过贷方结平，由于是固定资产报废净损失，应结转至"营业外支出——非流动资产处置损失"科目的借方，结转后"固定资产清理"科目无余额。

【例2-100】　丙公司因遭受水灾而毁损一座仓库，该仓库原价为 3 000 000 元，已计提折旧 500 000 元，已计提减值准备 100 000 元，其残料估计价值为 100 000 元，残料已办理入库，发生的清理费用 20 000 元，以现金支付。经保险公司核定，应赔偿损失 1 000 000 元，尚未收到赔款，假定不考虑相关税费。丙公司应编制如下会计分录：

(1) 将毁损的仓库转入清理时：

借：固定资产清理　　　　　　　　　　　　　　　　　　　　　　　2 400 000
　　累计折旧　　　　　　　　　　　　　　　　　　　　　　　　　　　500 000
　　固定资产减值准备　　　　　　　　　　　　　　　　　　　　　　　100 000
　　贷：固定资产　　　　　　　　　　　　　　　　　　　　　　　　　3 000 000

(2) 残料入库时：

借：原材料　　　　　　　　　　　　　　　　　　　　　　　　　　　100 000
　　贷：固定资产清理　　　　　　　　　　　　　　　　　　　　　　　100 000

(3) 支付清理费用时：

借：固定资产清理　　　　　　　　　　　　　　　　　　　　　　　　20 000
　　贷：库存现金　　　　　　　　　　　　　　　　　　　　　　　　　20 000

(4) 确定应由保险公司理赔的损失时：

借：其他应收款　　　　　　　　　　　　　　　　　　　　　　　　1 000 000
　　贷：固定资产清理　　　　　　　　　　　　　　　　　　　　　　1 000 000

(5) 结转毁损固定资产发生的损失时：

借：营业外支出——非常损失　　　　　　　　　　　　　　　　　　1 320 000
　　贷：固定资产清理　　　　　　　　　　　　　　　　　　　　　　1 320 000

[例2-100]中，固定资产清理完毕时，"固定资产清理"科目的借方余额为 1 320 000 元（2 400 000－100 000＋20 000－1 000 000），应通过贷方结平，属于自然灾害等非正常原因造成的清理净损失，应结转至"营业外支出——非常损失"科目的借方，结转后"固定资产清理"科目无余额。

六、固定资产清查

固定资产清查是企业财产清查的重要组成部分，企业应定期或不定期地对固定资产进行全面或局部的检查，以确保固定资产核算的真实性和完整性，充分挖掘企业现有固定资产的潜力。

在固定资产清查过程中,发现企业账簿记录拥有的固定资产并不存在,在会计上称为盘亏;反之,称为盘盈。发现盘盈、盘亏的固定资产,应当填制固定资产盘盈盘亏报告表。清查固定资产的损溢,应当及时查明原因,并按照规定程序报批处理。

企业在财产清查中发现的固定资产盘亏或毁损等,通过设置"待处理财产损溢"科目核算;企业如有盘盈的固定资产,应作为前期差错处理,在按管理权限报经批准处理前,通过"以前年度损益调整"科目核算。固定资产盘盈、盘亏的账务处理如表2-39所示。

表2-39 固定资产盘盈、盘亏的账务处理

	业务	账务处理
盘盈	审批处理前	借:固定资产(重置成本) 　　贷:以前年度损益调整
	由于以前年度损益调整而增加的所得税费用	借:以前年度损益调整 　　贷:应交税费——应交所得税
	将以前年度损益调整科目余额转入留存收益时	借:以前年度损益调整 　　贷:盈余公积 　　　　利润分配——未分配利润
盘亏	审批处理前	借:待处理财产损溢(盘亏的账面价值) 　　累计折旧 　　固定资产减值准备 　　贷:固定资产(原价)
	因管理不善造成盘亏,若增值税进项税额已从销项税额中抵扣,应作进项税额转出	借:待处理财产损溢 　　贷:应交税费——应交增值税(进项税额转出)
	审批处理后	借:其他应收款(保险公司/责任人赔款) 　　营业外支出——盘亏损失(自然灾害造成的损失/找不到原因的净损失部分) 　　贷:待处理财产损溢

【例2-101】 甲公司为增值税一般纳税人,2023年2月6日,在财产清查过程中发现于2022年11月份购入的一台设备尚未入账,重置成本为10 000元。假设甲公司按净利润的10%提取法定盈余公积,不考虑相关税费及其他因素的影响。甲公司应编制如下会计分录:

(1)审批处理前(盘盈固定资产时):

借:固定资产　　　　　　　　　　　　　　　　　　　　　　　　　　10 000
　　贷:以前年度损益调整　　　　　　　　　　　　　　　　　　　　　　10 000

(2)结转为留存收益时:

借:以前年度损益调整　　　　　　　　　　　　　　　　　　　　　　10 000
　　贷:盈余公积——法定盈余公积　　　　　　　　　　　　　　　　　　1 000
　　　　利润分配——未分配利润　　　　　　　　　　　　　　　　　　　9 000

[例2-101]中,盘盈的固定资产应作为前期差错进行账务处理,应通过"以前年度损益调整"科目核算。报经批准处理后,企业将"以前年度损益调整"科目的余额分别按10%和90%的比例转入留存收益中的"盈余公积——法定盈余公积"和"利润分配——未分配利润"科目中。

【例2-102】 乙公司在固定资产清查过程中,发现盘亏设备一台,其账面原价为40 000元,已提折旧25 000元,已提减值准备5 000元。购入该设备的增值税额为5 200元。经批准,该盘亏的固定资产作为营业外支出处理。乙公司应编制如下会计分录:

(1) 审批处理前(发现盘亏时):

借:待处理财产损溢(账面价值)　　　　　　　　　　　　　　　10 000
　　累计折旧　　　　　　　　　　　　　　　　　　　　　　　　25 000
　　固定资产减值准备　　　　　　　　　　　　　　　　　　　　5 000
　　贷:固定资产　　　　　　　　　　　　　　　　　　　　　　　40 000

(2) 转出不可抵扣的进项税额时:

不可抵扣进项税额=(40 000-25 000-5 000)×13%=1 300(元)

借:待处理财产损溢　　　　　　　　　　　　　　　　　　　　　1 300
　　贷:应交税费——应交增值税(进项税额转出)　　　　　　　　1 300

(3) 审批处理后:

借:营业外支出——盘亏损失　　　　　　　　　　　　　　　　　11 300
　　贷:待处理财产损溢　　　　　　　　　　　　　　　　　　　　11 300

[例2-102]中,根据现行增值税制度的规定,购进货物及不动产发生非正常损失,其负担的进项税额不得抵扣,其中购进货物包括被确认为固定资产的货物。盘亏的固定资产应按其账面净值(即固定资产原价-已计提折旧-已计提的减值准备)乘以适用税率,计算不可以抵扣的进项税额。因此,乙公司盘亏的设备,其购入时的增值税进项税额中不可从销项税额中抵扣的金额为1 300元[(40 000-25 000-5 000)×13%]。盘亏的固定资产经审批处理后,"待处理财产损溢"科目应无余额。

七、固定资产减值

固定资产使用年限较长,市场条件和经营环境的变化、科学技术的进步,以及企业经营管理不善等原因,可能导致固定资产创造未来经济利益的能力下降,使可收回金额低于其账面价值,这种情况称为固定资产减值。

固定资产在资产负债表日存在可能发生减值的迹象时,其可收回金额低于账面价值的,企业应当将该固定资产的账面价值减记至可收回金额,减记的金额确认为减值损失,计入当期损益,同时计提相应的减值准备,借记"资产减值损失——固定资产减值损失"科目,贷记"固定资产减值准备"科目。企业将资产的销售净价(公允价值-处置费用)与预计资产未来现金流量现值(预期从该资产的持续使用和寿命期结束时的处置中形成的现金流量的现值)相比较,选择大的数值作为可收回金额。

需要强调的是,根据《企业会计准则第8号——资产减值》的规定,如果以后导致固定资产减值的因素消失,已计提的减值准备不得转回。

【例2-103】 2023年12月31日,丁公司的某生产线存在可能发生减值的迹象,该生产线预计未来现金流量现值为1 200 000元,公允价值减去处置费用后的净额为1 150 000元。经计算,该生产线的账面价值为1 400 000元(假设原值为1 500 000元,累计折旧为100 000元,减值准备为0),以前年度未对该生产线计提过减值准备。丁公司应编制如下会计分录:

借:资产减值损失——固定资产减值损失　　　　　　　　　　200 000
　　贷:固定资产减值准备　　　　　　　　　　　　　　　　　　　　200 000

[例2-103]中,由于该生产线的预计未来现金流量现值1 200 000元大于销售净额1 150 000元,可收回金额应为1 200 000元;账面价值为1 400 000元,可收回金额低于账面价值,应按两者之间的差额200 000元(1 400 000－1 200 000)计提固定资产减值准备。

第六节　无形资产和长期待摊费用

一、无形资产

(一) 无形资产的概念和特征

1. 无形资产的概念

无形资产是指企业拥有或者控制的没有实物形态的可辨认非货币性长期资产。其主要包括:专利权、非专利技术、商标权、著作权、土地使用权(自用)、特许权。商誉及内部产生的品牌、报刊名等,无法与企业的整体资产分离而存在,无法与企业自身分离,不具有可辨认性,不通过"无形资产"科目核算。

2. 无形资产的特征

相对于其他资产,无形资产具有以下主要特征:

(1) 无形资产不具有实物形态。无形资产是不具有实物形态的资产,通常表现为某种能为企业带来未来经济利益的权利,如专利技术、土地使用权等。

(2) 无形资产具有可辨认性。无形资产满足下列条件之一的,符合无形资产定义中的可辨认性标准:①能够从企业中分离或者划分出来,并能单独用于出售或转让等,在处置时不需要同时处置在同一获利活动中的其他资产,表明无形资产可辨认;或者在处置时需要与有关的合同一起用于出售转让等,视为无形资产可辨认。企业自创商誉及内部产生的品牌、报刊名等无法与企业的整体资产分离而存在,不具有可辨认性,按现行会计准则的规定,不应确认为无形资产。②产生于合同性权利或其他法定权利,无论这些权利是否可以从企业或其他权利和义务中转移或者分离。例如,一方通过与另一方签订特许权合同而获得的特许使用权,通过法律程序申请获得的商标权、专利权等。

(3) 无形资产为企业带来未来经济利益具有很大的不确定性。无形资产在持有期间为企业带来未来经济利益的情况不确定,不属于以固定或可确定的金额收取的资产。无形资产的存在形态不具有货币性资产的形态特征。

(4) 无形资产属于非货币性长期资产。非货币性资产是指企业持有的货币资金和将以固定或可确定的金额收取的除资产以外的其他资产。无形资产由于没有发达的交易市场，一般不容易转化成现金，其在持有过程中为企业带来未来经济利益的情况不确定，属于非货币性资产。

(二) 无形资产的确认条件

无形资产在符合定义的前提下，只有同时满足以下两个确认条件时，才能予以确认：

(1) 与该无形资产有关的经济利益很可能流入企业。作为无形资产的确认，必须满足其所产生的经济利益可能流入企业这一条件。通常情况下，无形资产产生的未来经济利益可能包括在销售商品、提供劳务的收入中，或者体现在企业使用该无形资产而减少或节约的成本，也可能体现在获得的其他利益中。

(2) 该无形资产的成本能够可靠地计量。成本能够可靠计量是确认资产的一项基本条件，对于无形资产而言，这个条件显得更为重要。例如，企业内部产生的品牌、报刊名、客户名单和实质上类似项目的支出，由于不能与整个业务开发成本区分开来，其成本无法可靠地计量，不应确认为无形资产。

(三) 无形资产的内容

无形资产的内容主要包括以下六项。

1. 专利权

专利权是指国家专利主管机关依法授予发明创造专利申请人对其发明创造在法定期限内所享有的专有权利，包括发明专利权、实用新型专利权和外观设计专利权。企业持有专利可以降低成本，或者提高产品质，或者将其转让出去能获得转让收入。企业从外单位购入的专利权，应按实际支付的价款作为专利权的成本，企业自行开发并按法律程序申请取得的专利权，应按照达到预定用途满足资本化条件的支出确定成本。

2. 非专利技术

非专利技术是指不为外界所知、在生产经营活动中已采用了的、不享有法律保护的、可以带来经济利益的各种技艺、经验和诀窍。非专利技术一般包括工业专有技术、商业贸易专有技术、管理专有技术等。

3. 商标权

商标是用来辨认特定的商品或劳务的标记。商标权是指专门在某类指定的商品或产品上使用特定的名称或图案的权利，依法登记后，取得受法律保护的独家使用权。《中华人民共和国商标法》明确规定，经商标局核准注册的商标为注册商标，商标注册人享有商标专用权，受法律的保护。商标权代表着企业的一种信誉，从而具有相应的经济价值。根据《中华人民共和国商标法》的规定，注册商标的有效期为10年，期满可依法延长。

4. 著作权

著作权也称为版权，是指作者对其创作的文学、科学和艺术作品依法享有的某些特殊权利。著作权可以转让、出售或者赠与。著作权主要包括作品署名权、发表权、修改权和保护作品完整权、使用权以及获得经济利益的权利。

5. 土地使用权

土地使用权是指国家准许某一企业或单位在一定期间内对国有土地享有开发、利用、经营的权利。根据《中华人民共和国土地管理法》的规定，我国土地所有权实行公有制，土地使用权可以依法转让，企业取得土地使用权，应将取得时发生的支出资本化，作为土地使用权的成本，计入无形资产成本。

6. 特许权

特许权也称为经营特许权、专营权，是指企业在某一地区经营或销售某种特定商品的权利或是一家企业接受另一家企业使用其商标、商号、技术秘密等的权利。其通常有两种形式，一种是由政府机构授权，准许企业使用或在一定地区享有经营某种业务的特权，如水、电、邮电通信等专营权，烟草专卖权等；另一种是企业依照签订的合同，有限期或无限期地使用另一家企业的某些权利，如连锁店分店使用总店的名称等。

（四）无形资产的账务处理

为了反映和监督无形资产的取得、摊销和处置等情况，企业应当设置"无形资产""累计摊销""无形资产减值准备"等科目进行核算。

"无形资产"科目核算企业持有的无形资产成本，借方登记取得无形资产的成本，贷方登记处置无形资产时转出的账面余额，期末借方余额反映企业无形资产的成本。

"累计摊销"科目核算企业对使用寿命有限的无形资产计提的累计摊销，该科目属于"无形资产"的备抵科目。其账户结构与"无形资产"科目相反，即"累计摊销"科目的贷方登记企业计提的无形资产摊销，借方登记处置无形资产转出无形资产的累计摊销，期末贷方余额反映企业无形资产的累计摊销额。

"无形资产减值准备"科目核算资产负债表日对使用寿命有限的无形资产进行减值测试，当无形资产的账面价值大于可收回金额时，应就其大于的金额计提减值准备。该科目属于"无形资产"的备抵科目，其账户结构与"无形资产"科目相反，即"无形资产减值准备"科目的贷方登记企业计提的无形资产减值准备，借方登记处置无形资产转出的减值准备，期末贷方余额反映企业无形资产减值额。

1. 取得无形资产

无形资产通常按实际成本计量，即以取得无形资产并使之达到预定用途而发生的全部支出，作为无形资产的成本。企业取得无形资产的主要方式有外购、企业内部研究开发等，对于不同来源取得的无形资产，其成本构成不尽相同。

1）外购无形资产

外购无形资产的成本包括购买价款、相关税费以及直接归属于使该项资产达到预定用途所发生的其他支出。相关税费不包括按照现行增值税制度规定可以从销项税额中抵扣的增值税进项税额。取得增值税普通发票的，按照注明的价税合计金额作为无形资产的成本，其进项税额不可抵扣。

应计入外购无形资产的成本还包括：①使无形资产达到预定用途所发生的专业服务费用。②测试无形资产是否能够正常发挥作用的费用。

无形资产的成本不包括：①为引入新产品进行宣传发生的广告费、管理费用及其他间接费用。②无形资产已经达到预定用途以后发生的费用。

外购无形资产的账务处理如表 2-40 所示。

表 2-40 外购无形资产的账务处理

业务	账务处理
外购无形资产	借：无形资产 　　应交税费——应交增值税(进项税额) 　贷：银行存款等

【例 2-104】 甲公司为增值税一般纳税人，2023 年 10 月 1 日，用银行存款从乙公司购入一项商标权，取得的增值税专用发票载明价格为 8 000 000 元，增值税额为 480 000 元。为推广该商标权生产的产品，甲公司发生广告宣传费 20 000 元、展览费 10 000 元。甲公司应编制如下会计分录：

```
借：无形资产——商标权                          8 000 000
    应交税费——应交增值税(进项税额)              480 000
  贷：银行存款                                        8 480 000
```

[例 2-104]中，由于甲公司为增值税一般纳税人，取得了增值税专用发票，购入无形资产的增值税进项税额可以抵扣其销售税，不应计入无形资产的成本，同时为推广该商标权生产的产品而发生的广告宣传费、展览费也不应计入无形资产成本，而应计入销售费用，无形资产的入账成本应为 8 000 000 元。

2) 企业内部研究开发无形资产

企业内部研究开发无形资产所发生的支出分为研究阶段与开发阶段的支出。研究阶段是指为获取并理解新的科学或技术知识而进行的独创性的有计划调查，无实质性成果。开发阶段是指在进行商业性生产或使用前，将研究成果或其他知识应用于某项计划或设计，以生产出新的或具有实质性改进的材料、装置、产品等。研究阶段发生的所有支出全部予以费用化，记入"研发支出——费用化支出"科目。开发阶段发生的支出满足资本化确认条件的予以资本化，记入"研发支出——资本化支出"科目；不满足资本化确认条件的，记入"研发支出——费用化支出"科目。

企业内部研究开发项目开发阶段的支出，同时满足下列条件的，才能确认为无形资产：①完成该无形资产以使其能够使用或出售在技术上具有可行性。②具有完成该无形资产并使用或出售的意图。③无形资产产生经济利益的方式，包括能够证明运用该无形资产生产的产品存在市场或无形资产自身存在市场；无形资产将在内部使用的，应当证明其有用性。④有足够的技术、财务资源和其他资源支持，以完成该无形资产的开发，并有能力使用或出售该无形资产。⑤归属于该无形资产开发阶段的支出能够可靠地计量。

如果企业无法可靠区分研究阶段的支出和开发阶段的支出，应将其所发生的研发支出全部费用化，计入当期损益。

企业内部开发无形资产的成本，包括开发该无形资产耗费的材料、劳务成本、注册费、在开发该无形资产过程中使用的其他专利权和特许权的摊销、按照借款费用的处理原则可以资本化的利息费用等，即企业内部开发无形资产的成本仅包括在满足资本化条件的时点至无形资产达到预定用途前发生的支出总和。

企业内部研究开发无形资产的账务处理如表 2-41 所示。

表 2-41　企业内部研究开发无形资产的账务处理

业务	账务处理
发生研发费用时	借：研发支出——费用化支出（不满足资本化条件） 　　　　　　——资本化支出（满足资本化条件） 　贷：原材料/银行存款/应付职工薪酬等
期末，将费用化支出转入"管理费用"科目	借：管理费用 　贷：研发支出——费用化支出
当研发项目达到预定用途形成无形资产时	借：无形资产 　贷：研发支出——资本化支出

【例 2-105】 甲公司董事会于 2022 年 2 月 1 日批准研发一项新型技术。该公司董事会认为，研发该项目具有可靠的技术和财务等资源的支持，并且一旦研发成功将降低该公司的生产成本。截至 2022 年 12 月 31 日，共计发生研发支出 2 100 000 元，其中，发生材料费用 900 000 元，人工费用 500 000 元，计提专用设备折旧 700 000 元。经测试，该项研发活动完成了研究阶段；从 2023 年 1 月 1 日进入开发阶段，2023 年 1~9 月共计发生开发支出 1 300 000 元，其中，材料费用 300 000 元，人工费用 800 000 元，以银行存款支付其他费用，取得的增值税专用发票上注明价款为 200 000 元，增值税额为 26 000 元。假定所有的开发支出符合资本化的确认条件，2023 年 9 月 30 日，该项研发活动结束，形成一项达到预定使用状态的非专利技术。甲公司应编制如下会计分录：

（1）2022 年研发支出发生时：

借：研发支出——费用化支出　　　　　　　　　　　　　2 100 000
　贷：原材料　　　　　　　　　　　　　　　　　　　　　900 000
　　　应付职工薪酬　　　　　　　　　　　　　　　　　　500 000
　　　累计折旧　　　　　　　　　　　　　　　　　　　　700 000

（2）2022 年 12 月 31 日，结转研究阶段的支出时：

借：管理费用　　　　　　　　　　　　　　　　　　　　2 100 000
　贷：研发支出——费用化支出　　　　　　　　　　　　　2 100 000

（3）2023 年，确认符合资本化条件的开发支出时：

借：研发支出——资本化　　　　　　　　　　　　　　　1 300 000
　　应交税费——应交增值税（进项税额）　　　　　　　　　26 000
　贷：原材料　　　　　　　　　　　　　　　　　　　　　300 000
　　　应付职工薪酬　　　　　　　　　　　　　　　　　　800 000
　　　银行存款　　　　　　　　　　　　　　　　　　　　226 000

（4）2023 年 9 月 30 日，该技术研发完成并形成无形资产时：

借：无形资产　　　　　　　　　　　　　　　　　　　　1 300 000
　贷：研发支出——资本化支出　　　　　　　　　　　　　1 300 000

2. 无形资产的摊销

无形资产的摊销是以其使用寿命为基础的。企业应当于取得无形资产时分析判断使用寿命,对于使用寿命有限的无形资产应在其使用寿命内计提摊销,使用寿命不确定的无形资产不计提摊销。

1) 无形资产使用寿命的确定原则

第一,源自合同性权利或其他法定权利的无形资产,其使用寿命不应超过合同性权利或其他法定权利规定的期限。

第二,如果无形资产的预计使用期限短于合同性权利或其他法定权利规定的期限的,则应当按预计使用期限确认其使用寿命,即合同期、法定期、预计有效使用期三者最短的期限确定为无形资产使用寿命。

第三,如果合同性权利或其他法定权利能够在到期时延续,而且此延续不需付出重大成本时,续约期应作为使用寿命的一部分。例如,购买一项商标使用权花费100万元,法定期限为10年,没有其他的期限,购买商标使用权的时候就知道10年之后可再花1元延续5年的期限,这里延续成本非常低,所以在进行摊销时,将这100万元按照15年来进行摊销,这种延续方式的前提是延续花费很少。

第四,没有明确的合同或法定期限的,应合理推定。当合理推定无法实现时,应界定为使用寿命不确定的无形资产,不计提摊销。

2) 无形资产的摊销期及摊销方法

对于使用寿命有限的无形资产应摊销的金额为:无形资产原价先减去无形资产净残值,再减去无形资产的减值准备的差额。无形资产的净残值通常情况下为零。企业应对无形资产的应摊销金额按月摊销,摊销期应当自可供使用(即其达到预定用途)当月起开始摊销,处置当月不再摊销。无形资产摊销方法有年限平均法(即直线法)、生产总量法等,企业选择的无形资产摊销方法,应当反映与该项无形资产有关的经济利益的预期消耗方式,无法可靠确定预期消耗方式的,应当采用年限平均法计提摊销。

3) 无形资产使用寿命、摊销方法、预计净残值的复核

企业至少应当于每年年度终了,对使用寿命有限的无形资产的使用寿命、摊销方法、预计净残值进行复核;同时也应当在每个会计期末,对使用寿命不确定的无形资产的使用寿命进行复核。

4) 无形资产摊销的账务处理

无形资产的摊销额一般应当计入当期损益。企业管理用的无形资产,其摊销金额计入管理费用;出租的无形资产,其摊销金额计入其他业务成本;某项无形资产属于专门用于生产某种产品或其他资产的,其所包含的经济利益通过转入所生产的产品或其他资产中实现的,其摊销金额应当计入相关资产成本。无形资产摊销的账务处理如表2-42所示。

表2-42 无形资产摊销的账务处理

业务	账务处理
企业管理用的无形资产	借:管理费用 　　贷:累计摊销

(续表)

业务	账务处理
经营出租的无形资产	借：其他业务成本 　　贷：累计摊销
属于专门用于生产某种特定产品或其他资产的无形资产，其所包含的经济利益通过转入所生产的产品或其他资产中实现的	借：生产成本/制造费用 　　贷：累计摊销

【例 2-106】 2023 年 1 月 1 日，甲公司从 L 公司购得一项新的专利技术用于产品生产，支付价款 6 000 000 元，款项已支付。该项专利技术的法律保护期限为 13 年，公司预计运用该专利生产的产品在未来 10 年内会为公司带来经济利益。假定这项无形资产的净残值为零，并采用直线法摊销。甲公司应编制如下会计分录：

(1) 取得无形资产时：

借：无形资产——专利权　　　　　　　　　　　　　　　　　　　　6 000 000
　　贷：银行存款　　　　　　　　　　　　　　　　　　　　　　　　　6 000 000

(2) 按月摊销时：

月摊销额＝6 000 000÷10÷12＝50 000(元)

借：制造费用——专利权摊销　　　　　　　　　　　　　　　　　　　50 000
　　贷：累计摊销　　　　　　　　　　　　　　　　　　　　　　　　　　50 000

[例 2-106]中，甲公司外购无形资产专利权的法律保护期限为 13 年，预期使用年限为 10 年，确定该无形资产的使用寿命应以时间短的预计使用年限确定其使用寿命，同时该无形资产用于产品生产，因此应当将其摊销金额计入相关产品的成本。

【例 2-107】 乙公司购买了一项特许权用于行政管理部门，成本为 1 200 000 元，合同规定收益年限为 10 年，乙公司采用年限平均法并按月摊销无形资产。乙公司应编制如下会计分录：

月摊销额＝1 200 000÷10÷12＝10 000(元)

借：管理费用　　　　　　　　　　　　　　　　　　　　　　　　　　10 000
　　贷：累计摊销　　　　　　　　　　　　　　　　　　　　　　　　　　10 000

[例 2-107]中，该无形资产用于企业行政管理部门，属于管理用无形资产，其摊销金额应记入"管理费用"科目。

【例 2-108】 2023 年 1 月 1 日，丙公司将其内部开发完成的非专利技术出租给丁公司，该非专利技术的成本为 3 600 000 元，双方约定的租赁期限为 10 年，丙公司采用年限平均法并按月摊销无形资产。丙公司应编制如下会计分录：

月摊销额＝3 600 000÷10÷12＝30 000(元)

借：其他业务成本　　　　　　　　　　　　　　　　　　　　　　　　30 000
　　贷：累计摊销　　　　　　　　　　　　　　　　　　　　　　　　　　30 000

[例 2-108]中,该无形资产用于企业经营性出租,其摊销金额应记入"其他业务成本"科目。

3. 无形资产的减值

无形资产在资产负债表日存在可能发生减值的迹象时,其可收回金额低于账面价值的,企业应当将该无形资产的账面价值减记至可收回金额,减记的金额确认为减值损失,计入当期损益,同时计提相应的资产减值准备。企业按照应减记的金额,借记"资产减值损失——无形资产减值损失"科目,贷记"无形资产减值准备"科目。

需要强调的是,企业按照现行会计准则的规定,无形资产减值损失一经确认,在以后会计期间不得转回。已计提减值准备的无形资产,在剩余使用年限内应按其账面价值相应调整各期摊销额。

【例 2-109】 2022 年 12 月 31 日,甲公司拥有的一项专利技术的账面价值为 1 200 000 元,剩余摊销年限为 10 年,经减值测试,该项专利技术的可收回金额为 1 100 000 元。甲公司应编制如下会计分录:

借:资产减值损失——无形资产减值损失　　　　　　　　　　　　100 000
　　贷:无形资产减值准备　　　　　　　　　　　　　　　　　　　　　100 000

[例 2-109]中,2022 年年底,甲公司对该项专利技术进行减值测试,其账面价值为 1 200 000 元、可收回金额为 1 100 000 元,由于账面价值大于可收回金额,其已发生减值 100 000 元(1 200 000－1 100 000)。

【例 2-110】 2022 年 1 月 1 日,乙公司自行研发的某项非专利技术已经达到预定可使用状态,其入账价值为 2 000 000 元。有关调查表明,根据产品生命周期、市场竞争等方面情况综合判断,该项非专利技术将在不确定的期间内为企业带来经济利益。由此,该项非专利技术可视为使用寿命不确定的无形资产,在持有期间内不需要进行摊销。

2022 年年底,乙公司对该项非专利技术按照资产减值的原则进行减值测试,测试表明其已发生减值,该非专利技术的可收回金额为 1 800 000 元。乙公司应编制如下会计分录:

借:资产减值损失——无形资产减值损失　　　　　　　　　　　　200 000
　　贷:无形资产减值准备　　　　　　　　　　　　　　　　　　　　　200 000

[例 2-110]中,年度终了,对于使用寿命不确定的无形资产应进行减值测试,其减值金额为 200 000 元(2 000 000－1 800 000)。

4. 无形资产的处置

无形资产的处置主要是指无形资产的出售、对外捐赠及报废(报废是指无法为企业带来未来经济利益的无形资产,应予转销并终止确认)等。本书主要讲解无形资产出售和无形资产报废的账务处理。

1) 无形资产出售

企业出售无形资产,表明企业放弃该无形资产的所有权,应当将取得的价款扣除该无形资产的账面价值及出售的相关税费后的差额,作为资产处置损益。无形资产出售的账务处理如表 2-43 所示。

表 2-43 无形资产出售的账务处理

业务	账务处理
无形资产出售	借：银行存款（收取价款，若涉及增值税，则为含税金额） 　　累计摊销（结转已摊销的成本） 　　无形资产减值准备（结转已计提的减值准备） 　　资产处置损益（借方差额） 贷：无形资产（原价/账面余额） 　　应交税费——应交增值税（销项税额） 　　资产处置损益（贷方差额）

【例 2-111】 甲公司为增值税一般纳税人，出售一项商标权，所得的不含税价款为 1 200 000 元，应交纳的增值税额为 72 000 元（适用的增值税税率为 6%，不考虑其他税费），所得款项已全部存入银行。该项商标权的原价为 3 000 000 元，出售时已摊销金额为 1 800 000 元，已计提的减值准备为 300 000 元。甲公司应编制如下会计分录：

借：银行存款　　　　　　　　　　　　　　　　　　　　　1 272 000
　　累计摊销　　　　　　　　　　　　　　　　　　　　　1 800 000
　　无形资产减值准备　　　　　　　　　　　　　　　　　　 300 000
　贷：无形资产　　　　　　　　　　　　　　　　　　　　 3 000 000
　　　应交税费——应交增值税（销项税额）　　　　　　　　　 72 000
　　　资产处置损益　　　　　　　　　　　　　　　　　　　 300 000

[例 2-111] 中，甲公司出售商标权时，该项商标权的账面价值为 900 000 元（3 000 000－1 800 000－300 000），取得的出售价款为 1 200 000 元，实现净损益 300 000 元（1 200 000－900 000），出售时交纳的增值税，并不影响出售时的净损益。

2）无形资产报废

无形资产报废是指无形资产预期不能为企业带来未来经济利益的，应予转销并终止确认其账面价值。例如，某项无形资产已被其他新技术所替代或超过法律保护期，该项资产不再符合无形资产的定义，应当将该项无形资产的账面价值予以转销，其账面价值转入当期损益（营业外支出）。无形资产报废的账务处理如表 2-44 所示。

表 2-44 无形资产报废的账务处理

业务	账务处理
无形资产报废时	借：营业外支出——处置非流动资产损失（账面价值） 　　累计摊销 　　无形资产减值准备 贷：无形资产（原价/账面余额）

【例 2-112】 甲企业原拥有一项非专利技术，采用直线法进行摊销，预计使用期限为 10 年。现该项非专利技术已被企业内部研发成功的新技术所替代，并且根据市场调查，用该项非专利技术生产的产品已没有市场，预期不能再为企业带来任何的经济利益，故应当予以转销。转销时，该项非专利技术的原价为 1 200 000 元，采用年限平均法计提摊销，已摊销 5 年，累计计提减值准备 500 000 元，该项非专利技术的残值为 0。假定不考虑其他因素。

甲公司应编制如下会计分录：

该非专利技术已计提累计摊销额＝1 200 000÷10×5＝600 000（元）

借：营业外支出——处置非流动资产损失	100 000
累计摊销	600 000
无形资产减值准备	500 000
贷：无形资产	1 200 000

二、长期待摊费用

长期待摊费用是指企业已经支出，但摊销期限在1年以上的各项费用。长期待摊费用不能全部计入当年损益，应当在以后年度内分期摊销。它具体包括租入固定资产的改良支出及摊销期限在1年以上的其他待摊费用。

企业应当设置"长期待摊费用"科目，核算长期待摊费用的发生、摊销及结存等情况。"长期待摊费用"科目的借方登记发生长期待摊费用，贷方登记摊销的长期待摊费用；期末余额在借方，反映企业尚未摊销完毕的长期待摊费用。"长期待摊费用"科目可按待摊费用项目进行明细核算。长期待摊费用的账务处理如表2-45所示。

表2-45　长期待摊费用的账务处理

业务	账务处理
企业发生长期待摊费用及确认当期可抵扣的增值税进项税额	借：长期待摊费用 　　应交税费——应交增值税（进项税额） 　贷：原材料 　　　应付职工薪酬 　　　银行存款等
摊销长期待摊费用	借：管理费用 　　销售费用等 　贷：长期待摊费用

【例2-113】　甲公司为增值税一般纳税人，于2023年7月1日对以租赁方式新租入的行政办公楼进行装修，发生领用原材料200 000元，发生人员工资等职工薪酬300 000元，用银行存款支付了外单位其他费用，取得的增值税专用发票上载明价款为100 000元，增值税额为13 000元。2023年9月30日，该行政办公楼装修完成，达到预定可使用状态并交付使用，甲公司租赁期为5年并按月进行摊销，假定不考虑其他因素。甲公司应编制如下会计分录：

（1）发生长期待摊费用，领用原材料时：

借：长期待摊费用	200 000
贷：原材料	200 000

（2）确认人员职工薪酬时：

借：长期待摊费用	300 000
贷：应付职工薪酬	300 000

(3) 用银行存款支付其他费用时：

借：长期待摊费用　　　　　　　　　　　　　　　　　　　　　100 000
　　应交税费——应交增值税(进项税额)　　　　　　　　　　　 13 000
　　贷：银行存款　　　　　　　　　　　　　　　　　　　　　　　　113 000

(4) 2023年10月，摊销装修支出时：

长期待摊费用月摊销额＝(200 000＋300 000＋100 000)÷5÷12＝10 000(元)

借：管理费用　　　　　　　　　　　　　　　　　　　　　　　　10 000
　　贷：长期待摊费用　　　　　　　　　　　　　　　　　　　　　　10 000

[例2-113]中，甲公司发生的行政办公楼装修支出合计为600 000元(200 000＋300 000＋100 000)；2023年10月，应摊销长期待摊费用为10 000元(600 000÷5÷12)。

本章小结

本章系统、完整地介绍了货币资产、应收及预付款项、交易性金融资产、存货、固定资产、无形资产和长期待摊费用等资产的确认、计量和报告。资产是指由过去的交易或事项形成的并由企业拥有或控制的资源，该资源预期会给企业带来经济利益(现金或现金等价物)。资产按其是否具有实物形态分为有形资产和无形资产，按其流动性分为流动资产和非流动资产。流动资产又可分为货币资金、以公允价值计量且其变动计入当期损益的金融资产、应收票据、应收账款、预付款项、应收利息、应收股利、其他应收款、存货等。非流动资产又可分为以摊余成本计量的金融资产、以公允价值计量及其变动计入其他综合收益的金融资产、长期应收款、长期股权投资、投资性房地产、固定资产、无形资产及其他资产等。

本章练习题

一、单项选择题题

1. 无法查明原因的现金溢余，经批准后下列关于账务处理的表述中，正确的是(　　)。
   A. 冲减财务费用　　　　　　　　　　B. 计入其他应付款
   C. 冲减管理费用　　　　　　　　　　D. 计入营业外收入

2. 企业在现金清查中发现有待查明原因的现金短缺或溢余，已按管理权限批准。下列各项中，账务处理不正确的是(　　)。
   A. 属于无法查明原因的现金溢余，应借记"待处理财产损溢"科目，贷记"营业外收入"科目
   B. 属于应由保险公司赔偿的现金短缺，应借记"其他应收款"科目，贷记"待处理财产损溢"科目
   C. 属于应支付给有关单位的现金溢余，应借记"待处理财产损溢"科目，贷记"其他应付款"科目
   D. 属于无法查明原因的现金短缺，应借记"营业外支出"科目，贷记"待处理财产损溢"

科目

3. 2023年9月30日,某企业银行存款日记账的账面余额为216万元,收到银行对账单的余额为212.3万元。经逐笔核对,该企业存在以下记账差错及未达账项:从银行提取现金6.9万元,会计人员误记为9.6万元;银行为企业代付电话费6.4万元,但企业未接到银行付款通知,尚未入账。2023年9月30日,调节后的银行存款余额为( )万元。
A. 212.3　　　　B. 225.1　　　　C. 205.9　　　　D. 218.7

4. 企业将款项汇往异地银行开设采购专户,根据收到的银行汇款凭证回单联,应借记的会计科目是( )科目。
A. "其他货币资金"　　　　　　　B. "材料采购"
C. "其他应收款"　　　　　　　　D. "应收账款"

5. 企业将持有的不带息商业汇票向银行申请贴现,支付给银行的贴现息应记入的会计科目是( )科目。
A. "财务费用"　B. "管理费用"　C. "投资收益"　D. "营业外支出"

6. 某企业采用托收承付结算方式销售商品,增值税专用发票上注明的价款为500万元,增值税额为80万元,代购货方垫付包装费2万元、运输费3万元(含增值税),已办妥托收手续。不考虑其他因素,该企业应确认的应收账款的金额为( )万元。
A. 580　　　　　B. 505　　　　　C. 585　　　　　D. 587

7. 某企业采用托收承付结算方式销售一批商品,增值税专用发票注明的价款为1 000万元,增值税额为160万元,同时为客户代垫运输费5万元,全部款项已办妥托收手续。该企业应确认的应收账款为( )万元。
A. 1 000　　　　B. 1 005　　　　C. 1 170　　　　D. 1 165

8. 企业未设置"预付账款"科目,发生预付货款业务时应借记的会计科目是( )科目。
A. "预收账款"　　　　　　　　　B. "其他应付款"
C. "应收账款"　　　　　　　　　D. "应付账款"

9. 下列各项中,属于"其他应收款"科目核算内容的是( )。
A. 为购货单位垫付的运费　B. 应收的劳务款　C. 应收的销售商品款　D. 为职工垫付的房租

10. 下列各项中,应计入资产负债表"其他应收款"项目的是( )。
A. 应付租入包装物的租金　　　　B. 销售商品应收取的包装物租金
C. 应付经营租赁固定资产的租金　D. 无力支付到期的银行承兑汇票

11. 某企业年初"坏账准备"科目的贷方余额为20万元,本年收回上年已确认为坏账的应收账款5万元,经评估确定年末"坏账准备"科目的贷方余额应为30万元。不考虑其他因素,该企业年末应计提的坏账准备为( )万元。
A. 5　　　　　　B. 10　　　　　C. 15　　　　　D. 30

12. 某企业年初"坏账准备"科目的贷方余额为2万元。当年将无法收到的应收账款1万元确认为坏账。年末经评估,确定"坏账准备"科目的贷方应保留的余额为3.5万元,不考虑其他因素,该企业年末应计提的坏账准备为( )万元。
A. 2.0　　　　　B. 2.5　　　　　C. 1.5　　　　　D. 3.5

13. 2023年年初,某公司"坏账准备——应收账款"科目的贷方余额为3万元。2023年3月

20日,收回已核销的坏账12万元并入账。2023年12月31日,"应收账款"科目的余额为220万元(所属明细科目为借方余额),评估减值金额为20万元,不考虑其他因素。2023年年末,该公司计提的坏账准备金额为( )万元。

A. 17　　　　B. 29　　　　C. 20　　　　D. 5

14. 企业已计提坏账准备的应收账款确实无法收回,按管理权限报经批准作为坏账转销时,应编制的会计分录是( )。

A. 借记"信用减值损失"科目,贷记"坏账准备"科目
B. 借记"管理费用"科目,贷记"应收账款"科目
C. 借记"坏账准备"科目,贷记"应收账款"科目
D. 借记"坏账准备"科目,贷记"信用减值损失"科目

15. 某企业为增值税一般纳税人,于2023年9月购入一批原材料,增值税专用发票上注明的价款为50万元。增值税额为6.5万元。款项已经支付。此外,以银行存款支付装卸费0.3万元(不考虑增值税),入库时发生挑选整理费0.2万元,运输途中发生合理损耗0.1万元,不考虑其他因素。该批原材料的入账成本为( )万元。

A. 50.0　　　B. 57.0　　　C. 57.1　　　D. 50.5

16. 甲企业为增值税小规模纳税人,本月采购原材料2 060千克,每千克50元(含增值税),运输途中的合理损耗为60千克,入库前的挑选整理费用为500元。甲企业该批原材料的入账价值为( )元。

A. 100 500　　B. 103 500　　C. 103 000　　D. 106 500

17. 某企业为增值税一般纳税人。本月购进原材料200吨,增值税专用发票上注明的价款为60万元,增值税额为7.8万元,支付的保险费为3万元,入库前的挑选整理费用为1万元,不考虑其他因素。该批原材料实际成本为每吨( )万元。

A. 0.30　　　B. 0.32　　　C. 0.37　　　D. 0.35

18. 某企业采用先进先出法核算原材料。2023年3月1日,库存甲材料为500千克,实际成本为3 000元;3月5日,购入甲材料1 200千克,实际成本为7 440元;3月8日,购入甲材料300千克,实际成本为1 830元;3月10日,发出甲材料900千克。不考虑其他因素。该企业发出的甲材料的实际成本为( )元。

A. 5 550.0　　B. 5 580.0　　C. 5 521.5　　D. 5 480.0

19. 某企业采用月末一次加权平均法核算发出材料成本。2023年6月1日,结存乙材料200件,单位成本为35元;6月10日,购入乙材料400件,单位成本为40元;6月20日,购入乙材料400件,单位成本为45元。当月发出乙材料600件,不考虑其他因素。该企业2023年6月发出乙材料的成本为( )元。

A. 24 600　　B. 25 000　　C. 26 000　　D. 23 000

20. A公司月初结存甲材料13吨,每吨单价为8 290元。当月购入甲材料情况如下:3日,购入5吨,单价为8 800元;17日,购入12吨,单价为7 900元。当月领用情况如下:10日,领用10吨;28日,领用10吨。A公司采用移动加权平均法计算发出存货成本。A公司月末结存甲材料成本为( )元。

A. 81 126.70　　　　　　　B. 78 653.25

C. 85 235.22　　　　　　　　D. 67 221.33

21. 某工业企业为增值税小规模纳税人，原材料采用计划成本核算，A 材料计划成本每吨为 20 元。本期购进 A 材料 6 000 吨，取得的增值税专用发票上注明价款总额为 102 000 元，增值税额为 16 320 元。此外，发生运杂费用 2 400 元，途中保险费用 559 元。原材料运抵企业后验收入库原材料 5 995 吨，运输途中合理损耗 5 吨。购进 A 材料发生的成本差异（超支）为（　　）元。

    A. 1 099　　　　B. 1 379　　　　C. 16 141　　　　D. 16 241

22. 期初材料计划成本为 500 万元，超支差异为 90 万元。本月入库材料计划成本为 1 100 万元，节约差为 170 万元。本月领用材料计划成本为 1 200 万元，领用材料实际成本为（　　）万元。

    A. 1 395　　　　B. 1 140　　　　C. 1 005　　　　D. 1 260

23. 2023 年 7 月 1 日，某企业销售商品领用不单独计价包装物的计划成本为 60 000 元，材料成本差异率为－5%。下列关于该包装物的账务处理中，正确的是（　　）。

    A. 借：销售费用　　　　　　　　　　　　　　　　　　　　　63 000
    　　　贷：周转材料——包装物　　　　　　　　　　　　　　　　　60 000
    　　　　　材料成本差异　　　　　　　　　　　　　　　　　　　　 3 000
    B. 借：销售费用　　　　　　　　　　　　　　　　　　　　　57 000
    　　　　材料成本差异　　　　　　　　　　　　　　　　　　　　 3 000
    　　　贷：周转材料——包装物　　　　　　　　　　　　　　　　　60 000
    C. 借：其他业务成本　　　　　　　　　　　　　　　　　　　63 000
    　　　贷：周转材料——包装物　　　　　　　　　　　　　　　　　60 000
    　　　　　材料成本差异　　　　　　　　　　　　　　　　　　　　 3 000
    D. 借：其他业务成本　　　　　　　　　　　　　　　　　　　57 000
    　　　　材料成本差异　　　　　　　　　　　　　　　　　　　　 3 000
    　　　贷：周转材料——包装物　　　　　　　　　　　　　　　　　60 000

24. 下列关于收回后用于连续生产应税消费品的委托加工物资在加工过程中发生的相关税费中，不应计入委托加工物资成本的是（　　）。

    A. 发出加工物资应负担的材料超支差异
    B. 由委托方代缴的消费税
    C. 企业支付给受托方的加工费
    D. 企业发出物资支付的运费

25. 甲公司为增值税一般纳税人，委托外单位加工一批应交消费税的商品，以银行存款支付加工费 200 万元，增值税额 26 万元，消费税额 30 万元，该加工商品收回后将直接用于销售。甲公司支付上述相关款项时，应编制的会计分录是（　　）。

    A. 借：委托加工物资　　　　　　　　　　　　　　　　　　2 620 000
    　　　贷：银行存款　　　　　　　　　　　　　　　　　　　　　2 620 000
    B. 借：委托加工物资　　　　　　　　　　　　　　　　　　2 300 000
    　　　　应交税费　　　　　　　　　　　　　　　　　　　　　 320 000
    　　　贷：银行存款　　　　　　　　　　　　　　　　　　　　　2 620 000

C. 借：委托加工物资　　　　　　　　　　　　　　　　　　　2 000 000
　　　应交税费　　　　　　　　　　　　　　　　　　　　　620 000
　　　　贷：银行存款　　　　　　　　　　　　　　　　　　　　　2 620 000
D. 借：委托加工物资　　　　　　　　　　　　　　　　　　　2 620 000
　　　　贷：银行存款　　　　　　　　　　　　　　　　　　　　　2 000 000
　　　　　　应交税费　　　　　　　　　　　　　　　　　　　　　620 000

26. 甲公司购入W上市公司股票180万股，并划分为以公允价值计量且其变动计入当期损益的金融资产（交易性金融资产），共支付款项2 830万元，其中包括已宣告但尚未发放的现金股利126万元。另外支付相关交易费用4万元。则该项金融资产的入账价值为（　　）万元。

　　A. 2 700　　　　　B. 2 704　　　　　C. 2 830　　　　　D. 2 834

27. 甲企业对某一项生产设备进行改良，该生产设备原价为1 000万元，已提折旧500万元，改良中发生各项支出共计100万元。改良时被替换部分的账面价值为20万元。则该项固定资产的入账价值为（　　）万元。

　　A. 1 000　　　　　B. 1 100　　　　　C. 580　　　　　D. 600

28. 甲企业购入三项没有单独标价的固定资产A、B、C，它们均不需要安装。实际支付的价款总额为100万元。其中，固定资产A的公允价值为60万元，固定资产B的公允价值为40万元，固定资产C的公允价值为20万元（假定不考虑增值税问题）。固定资产A的入账价值为（　　）万元。

　　A. 60　　　　　B. 50　　　　　C. 100　　　　　D. 120

29. 下列关于固定资产后续支出的表述中，错误的是（　　）。
　　A. 符合固定资产确认条件的，应当计入固定资产成本
　　B. 不符合固定资产确认条件的，应当计入当期损益
　　C. 发生的所有后续支出，均需在发生当期计入损益
　　D. 固定资产在定期修理期间应照提折旧

30. 某核电站以12 000万元购建一项核设施，现已达到预定可使用状态，预计在使用寿命届满时，为恢复环境将发生弃置费用1 000万元，该弃置费用按实际利率折现后的金额为620万元。该核设施的入账价值为（　　）万元。

　　A. 11 000　　　　　B. 13 000　　　　　C. 12 620　　　　　D. 12 000

31. 下列关于固定资产的使用寿命、预计净残值和折旧方法的表述中，错误的是（　　）。
　　A. 企业至少应当于每年年度终了，对固定资产的使用寿命、预计净残值和折旧方法进行复核
　　B. 使用寿命预计数与原先估计数有差异的，应当调整固定资产使用寿命
　　C. 预计净残值预计数与原先估计数有差异的，应当调整预计净残值
　　D. 固定资产折旧方法的改变应作为会计政策变更

32. 2月5日，甲公司以1 800万元的价格从产权交易中心竞价获得一项专利权，另支付相关税费90万元。为推广由该专利权生产的产品，甲公司发生宣传广告费用25万元、展览费15万元。该专利权预计使用5年，预计净残值为零，采用直线法摊销。甲公司竞

价取得专利权的入账价值为( )万元。
A. 1 800　　　　B. 1 890　　　　C. 1 915　　　　D. 1 930

33. 下列各项中,属于企业的无形资产的是( )。
A. 持有以备增值后转让的土地使用权　　B. 企业自创的商誉
C. 经营租入的无形资产　　　　　　　　D. 有偿取得的经营特许权

二、多项选择题

1. 下列各项中,符合"资产"定义的有( )。
   A. 盘亏的机器设备　　　　　　　　B. 经营租出的设备
   C. 准备购入的设备　　　　　　　　D. 计划出售的设备

2. 下列关于企业现金溢余的账务处理的表述中,正确的有( )。
   A. 无法查明原因的现金溢余计入营业外收入
   B. 应支付给有关单位的现金溢余计入其他应付款
   C. 无法查明原因的现金溢余冲减管理费用
   D. 应支付给有关单位的现金溢余计入应付账款

3. 下列各项中,应计入企业存货成本的有( )。
   A. 存货加工过程中发生的直接人工
   B. 为特定客户设计产品的可直接确定的设计费用
   C. 购买存货时支付的进口关税
   D. 存货采购运输中发生的定额内合理损耗

4. 存货按实际成本计价的企业,发出存货成本的计价方法有( )。
   A. 月末一次加权平均法　　　　　　B. 个别计价法
   C. 移动加权平均法　　　　　　　　D. 先进先出法

5. 下列各项中,应通过"其他货币资金"科目核算的有( )。
   A. 企业将款项汇往外地开立的采购专用账户
   B. 用银行本票购买办公用品
   C. 销售商品收到商业汇票
   D. 用银行汇票购入原材料

6. 下列各项中,企业应通过"其他货币资金"科目核算的有( )。
   A. 存入证券公司指定银行的存出投资款　B. 申请银行汇票划转出票银行的款项
   C. 开具信用证存入银行的保证金款项　　D. 汇往采购地银行开立采购专户的款项

7. 下列各项中,引起应收账款账面价值发生增减变化的有( )。
   A. 计提应收账款坏账准备　　　　　B. 结转已到期未兑现的商业承兑汇票
   C. 收回应收账款　　　　　　　　　D. 收回已作为坏账转销的应收账款

8. 下列各项中,会导致企业应收账款账面价值减少的有( )。
   A. 转销备抵法核算的无法收回的应收账款
   B. 收回应收账款
   C. 计提应收账款坏账准备
   D. 收回已转销的应收账款

9. 下列关于先进先出法的表述中,正确的有（　　）。
   A. 先进先出法不能随时结转发出存货成本
   B. 按先进先出的假定流转顺序来确定发出存货的成本及期末结存存货的成本
   C. 需有假设前提即先购进的存货先发出
   D. 如果存货收发业务较多,且存货单价不稳定时工作量较大

10. 下列关于周转材料的账务处理的表述中,正确的有（　　）。
    A. 多次使用的包装物应根据使用次数分次进行摊销
    B. 低值易耗品金额较小的可在领用时一次计入成本费用
    C. 随同商品销售出借的包装物的摊销额应计入管理费用
    D. 随同商品出售单独计价的包装物取得的收入应计入其他业务收入

11. 下列各项中,应计入加工收回后直接出售的委托加工物资成本的有（　　）。
    A. 由受托方代扣代缴的消费税　　　B. 支付委托加工的往返运输费
    C. 实际耗用的原材料费用　　　　　D. 支付的加工费

12. 下列各项中,影响固定资产入账价值的有（　　）。
    A. 购买设备发生的运杂费
    B. 取得固定资产而交纳的契税、耕地占用税
    C. 固定资产达到预定可使用状态后发生的专门借款利息费用
    D. 施工过程中盘亏工程物资的净损失

13. 下列关于固定资产账务处理的表述中,正确的有（　　）。
    A. 未投入使用的固定资产不应计提折旧
    B. 特定固定资产弃置费用的现值应计入该资产的成本
    C. 融资租入管理用固定资产发生的日常修理费应计入当期损益
    D. 预期通过使用或处置不能产生经济利益的固定资产应予终止确认

14. 下列各项中,应借记"固定资产清理"科目的有（　　）。
    A. 因出售厂房而发生的清理费用
    B. 因自然灾害损失的固定资产账面价值
    C. 因自然灾害损失的固定资产取得的保险赔款
    D. 清理固定资产计提的工资

15. 下列关于无形资产的摊销的表述中,正确的有（　　）。
    A. 使用寿命确定的无形资产,其摊销期应当自无形资产可供使用时起,至终止确认时止
    B. 无法预见无形资产是否会为企业带来经济利益的,统一按10年进行摊销
    C. 使用寿命不确定的无形资产,不应摊销但每个会计期末均应进行减值测试
    D. 企业选择的无形资产摊销方法,应当反映与该项无形资产有关的经济利益的预期实现方式

三、判断题
1. 银行存款余额调节表可以作为调整企业银行存款账面余额的记账依据。　　　　　　（　　）
2. 企业采购商品或接受劳务采用银行汇票结算时,应通过"应付票据"科目核算。　　（　　）

3. 企业在确定应收款项减值的核算方法时,应根据本企业实际情况,按照成本效益原则,在备抵法和直接转销法之间合理选择。   (   )
4. 先进先出法假设实物的流转顺序为先购入的存货先发出,采用这种方法的工作量大,但可以随时结转存货发出成本,有利于企业日常存货的监管。   (   )
5. 月末货到单未到的入库材料应按暂估价入账,并于下月初用红字冲销原暂估入账金额。
                                                                   (   )
6. "周转材料——低值易耗品"科目的借方登记低值易耗品的减少,贷方登记低值易耗品的增加,期末余额在贷方。   (   )
7. 以一笔款项购入多项没有单独标价的固定资产,应当按照各项固定资产的账面价值比例对总成本进行分配,分别确定各项固定资产的成本。   (   )
8. 企业盘盈的固定资产,应通过"待处理财产损溢"科目核算。   (   )
9. 企业一般应当按月提取折旧,当月增加的固定资产,当月计提折旧;当月减少的固定资产,当月不提折旧。   (   )
10. 无法区分研究阶段支出和开发阶段支出,应当将其所发生的研发支出全部资本化,计入无形资产成本。   (   )

四、经济业务题

1. A公司采用应收账款余额百分比法核算坏账损失,坏账准备的提取比率为5‰。有关资料如下:
   (1) 2020年年末,应收账款余额为2 000 000元。
   (2) 2021年,确认坏账损失为40 000元,年末应收账款为3 000 000元。
   (3) 2022年年末,收回已转销的坏账30 000元,年末应收账款余额为2 400 000元。
   要求:计算每年应计提或冲销的坏账准备金数额(需列出计算过程),编制有关计提坏账、发生坏账、收回已确认坏账的会计分录。

2. 乙工厂为增值税一般纳税人,适用的增值税税率为13%,采购材料时的实际成本均为不含税价,原料及主要材料系采用计划成本核算,2023年4月,期初余额资料如下:原材料的借方余额为50 000元(计划);材料采购的借方余额为700元;材料成本差异的贷方余额为518元。2023年4月发生的有关业务如下:
   (1) 4月9日,用银行存款购入原料一批,实际成本为30 000元,已验收入库,计划成本为29 500元。
   (2) 4月12日,用银行存款购入原料一批,实际成本为12 000元,尚未到厂。
   (3) 4月16日,上月的在途材料为700元,今日到达,并已验收入库,计划成本为750元。
   (4) 4月24日,生产产品领用原料50 000元(计划成本)。
   要求:
   (1) 根据上述资料编制相应会计分录。
   (2) 计算发出材料应分配的材料成本差异、发出材料的实际成本,并编制结转材料成本差异的会计分录(需列出计算过程)。

3. 甲股份有限公司(以下简称甲公司)为增值税一般纳税企业,适用的增值税税率为13%。2023年6月发生的交易和事项如下:

(1) 6月1日，购进材料一批，增值税专用发票上注明材料价款为80 000元（不含税价），增值税额为10 400元，运费为4 000元（不考虑增值税），材料未入库，款项尚未支付。

(2) 6月2日，从银行取得一张金额为60 000元的银行汇票；6月22日，用该汇票购入一批原材料并已入库，实际结算金额为56 500元（含税价）；6月24日，汇票余款已经收入银行存款账户。

(3) 6月25日，企业收到以前年度已核销的坏账90 000元，存入银行。

(4) 6月27日，企业采用托收承付结算方式销售产品一批，数量为200件，单价为200元（不含税价），应交增值税为5 200元，支付代垫运费200元。

要求：编制甲公司上述经济业务的会计分录。

4. 甲公司于2022年1月1日购入面值为200万元，年利率为4%的A债券；取得时支付价款208万元（含已到付息期尚未发放的利息8万元），另支付交易费用1万元，甲公司将该项金融资产划分为交易性金融资产。2022年1月5日，甲公司收到购买时价款中所含的利息8万元。2022年12月31日，A债券的公允价值为212万元。2023年1月5日，甲公司收到A债券2022年度的利息8万元。2023年4月20日，甲公司出售A债券售价为216万元。

要求：编制甲公司取得、持有、出售A债券时的会计分录。

5. 甲公司为增值税一般纳税人，适用的增值税税率为13%，有关资料如下：

(1) 2021年4月2日，购入一台需要安装的生产用机器设备，取得的增值税专用发票上注明设备价款为4 400万元，增值税额为572万元；取得有关运输增值税专用发票，运输费为88万元，增值税额为7.92万元，款项全部已通过银行支付。安装设备时，领用自产的产成品一批，成本为350万元，同类产品售价为450万元；支付安装费，取得的增值税专用发票上注明安装费用为32万元，增值税额为2.88万元；支付安装工人的薪酬330万元。假定不考虑其他相关税费。

(2) 2021年6月20日，机器设备达到预定可使用状态，预计使用年限为10年，净残值为200万元，采用年限平均法计提年折旧额。

(3) 2022年年末，甲公司在进行检查时发现该设备有减值迹象，其现时的销售净价为4 120万元，预计未来持续使用为公司带来的现金流量现值为4 200万元。计提固定资产减值准备后，固定资产折旧方法、预计使用年限均不改变，但预计净残值变更为120万元。

(4) 2023年6月30日，甲公司决定对该设备进行改扩建，以提高其生产能力。当日以银行存款支付工程款369.2万元。

(5) 改扩建过程中替换一主要部件，其账面价值为79.2万元，替换的新部件的价值为150万元。

(6) 2023年9月30日，改扩建工程达到预定可使用状态。

要求：

(1) 编制固定资产安装及安装完毕的有关会计分录。

(2) 计算2021年应计提的折旧额并编制会计分录。

(3) 计算2022年应计提的固定资产减值准备并编制会计分录。

(4) 编制有关固定资产改扩建的会计分录。

6. A公司为一般纳税人,2020年至2023年与无形资产业务有关的资料如下(无形资产涉及的增值税税率为6%):

(1) 2020年12月3日,以银行存款购入一项无形资产,取得的增值税专用发票上注明价格为540万元。预计该项无形资产的使用年限为10年,采用直线法摊销。

(2) 2022年12月31日,对该无形资产进行减值测试,该无形资产的预计未来现金流量现值为345万元,公允价值减去处置费用后的净额为380万元。计提减值准备后该无形资产的使用年限及摊销方法不变。

(3) 2023年4月1日,A公司将该无形资产对外出售,价款为413万元,款项收存银行。

(4) 以上金额均为不含税金额。

要求:

(1) 编制购入该无形资产的会计分录。

(2) 计算2020年12月31日该无形资产的摊销金额并编制会计分录。

(3) 计算2021年12月31日该无形资产的账面价值。

(4) 计算该无形资产2022年年末计提的减值准备金额并编制会计分录。

(5) 计算2023年该无形资产计提的摊销金额。

(6) 编制该无形资产出售的会计分录。

答案及解析

第三章 负　债

负债是指企业过去的交易或事项形成的、预期会导致经济利益流出企业的现时义务。现时义务是指企业在现行条件下承担的义务，未来发生的交易或者事项形成的义务不属于现时义务，不应当确认为负债。

负债按偿还期限的长短，可分为流动负债和非流动负债。流动负债是指需要在1年或长于1年的一个营业周期内偿还的负债。非流动负债是指除流动负债以外的其他负债。满足下列条件之一的负债应当归为流动负债：①预计在一个正常营业周期中清偿。②主要为交易目的而持有。③自资产负债表日起1年内到期应予以清偿。④企业无权自主地将清偿推迟至资产负债表日后1年以上。流动负债主要包括短期借款、应付账款、应付职工薪酬、应交税费等。非流动负债主要包括长期借款、应付债券、长期应付款等。流动负债的主要特点是偿还期限短、举借流动负债的目的是满足流动资金周转需要、债务利息低或者不需要支付利息、与企业商业模式紧密相关具有相对稳定性等。

本章重点介绍短期借款，应付票据、应付账款和预收账款，应付职工薪酬，应交税费等流动负债的有关内容。

案例导入

甲上市公司2023年度报表显示,期末的流动负债金额为80.91亿元,较上年流动负债增加了23.63亿元。其中,主要变化发生在如下流动负债项目中：短期借款金额为27.06亿元,占流动负债总额的29.21%,较上年增加了10.84亿元；应付票据和应付账款金额为40.16亿元,占流动负债总额的49.64%,较上年增加了5.86亿元；预收账款金额为7.35亿元,占流动负债总额的9.08%,较上年增加了2.66亿元。从企业的当期利润表中又发现：当期的营业利润总额为1.82亿元,但同期经营活动产生的净现金流量为－7.44亿元。

问题：

(1) 上述案例中流动负债主要有哪些项目？各自核算内容是怎样的？

(2) 如何看待流动负债的变动？其经营活动净现金流量能力为什么会下降？

学习目标

通过本章的学习,学生能够达到以下学习目标:
(1) 了解流动负债的含义、特征和分类方法。
(2) 掌握短期借款取得与偿还、利息计提与支付的相关账务处理。
(3) 掌握应付票据、应付账款和预收账款的内容与相关账务处理。
(4) 了解应付利息、应付股利和其他应付款的内容与相关账务处理。
(5) 了解职工薪酬的内涵,掌握短期薪酬的相关账务处理。
(6) 了解应交税费的内容,重点掌握增值税、消费税的核算与相关账务处理。

课程思政

2019年,国家税务总局出台普惠性减税降费政策,小规模纳税人发生增值税应税销售行为,合计月销售额未超过10万元(以1个季度为1个纳税期的,季度销售额未超过30万元)的,免征增值税。千年古街吾斯塘博依里的百年老茶馆,符合新出台的小微企业普惠性减税政策,免征增值税及享受减免税。这家百年老茶馆用国家给的"红包"降低茶品生产成本,设计推出富有喀什特色文化的茶叶产品,不仅促进了当地旅游业的发展,更吸引了来自巴基斯坦等国家的一大批投资商。百年老茶馆迎来了新商机,以崭新的面貌在"一带一路"倡议的道路上前行。2020年,全国新增减税降费超过2.5万亿元,有效减轻了市场主体负担。2021年,是"十四五"规划开局之年,政府工作报告再次给减税降费定下"硬目标":将小规模纳税人增值税起征点从月销售额10万元提高到15万元;对小微企业和个体工商户年应纳税所得额不到100万元的部分,在现行优惠政策基础上,再减半征收所得税。这一系列涉税新政,体现出财政政策的科学性和持续性,能够切实减轻市场主体负担,激发市场主体活力,助力经济高质量发展。

资料来源:车柯蒙. 再帮一把!减税降费新政策为市场主体助添活力[EB/OL]. (2021-03-09)[2023-09-24]. http://js.people.com.cn/n2/2021/0309/c359574—34612457.html.

第一节 短期借款

一、短期借款的概念

短期借款是企业向银行或其他金融机构等借入的期限在1年以内(含1年)的各种借款。短期借款一般是企业为维持正常的生产经营而借入的款项或者为抵偿某项债务而借入的款项。短期借款具有借款金额小、时间短、利息低等特点,对企业资产的流动性要求高。

二、短期借款的账务处理

企业应设置"短期借款"科目核算短期借款的取得、偿还等情况。该科目的贷方登记取得短期借款本金的金额，借方登记偿还短期借款的本金金额，期末余额在贷方，反映企业尚未偿还的短期借款。该科目可按借款种类、贷款人和币种设置明细科目进行明细核算。

短期借款的账务处理包括取得短期借款、发生短期借款利息、归还短期借款等环节。

（一）取得短期借款

企业取得短期借款时，借记"银行存款"科目，贷记"短期借款"科目。

（二）发生短期借款利息

企业借入短期借款应支付利息。在实际工作中，如果短期借款利息是按期支付的，如按季度支付利息，或者利息是在借款到期时连同本金一起归还，并且其数额较大的，企业于月末应采用预提方式进行短期借款利息的核算。短期借款利息属于企业的筹资费用，应当在发生时作为财务费用直接计入当期损益。在资产负债表日，企业应当按照计算确定的短期借款利息费用，借记"财务费用"科目，贷记"应付利息"科目；实际支付利息时，借记"应付利息"科目，贷记"银行存款"或"库存现金"科目。

如果企业的短期借款利息按月支付，或者在借款到期时连同本金一起归还，数额不大的可以不采用预提的方法，而在实际支付或收到银行的计息通知时，直接计入当期损益，借记"财务费用"科目，贷记"银行存款"科目。

（三）归还短期借款

短期借款到期时，应及时归还。短期借款到期偿还本金时，企业应借记"短期借款"科目，贷记"银行存款"科目。如果在借款到期时连同本金一起归还利息的，企业应将归还的利息通过"应付利息"或"财务费用"科目核算。

【例3-1】甲公司于2023年4月1日从银行取得短期借款200 000元，年利率为6%，期限为6个月，到期一次还本付息，每月末计提利息。甲公司应编制如下会计分录：

（1）2023年4月1日，借入款项时：

借：银行存款　　　　　　　　　　　　　　　　　　　　200 000
　　贷：短期借款　　　　　　　　　　　　　　　　　　　　　　200 000

（2）2023年4月30日，计提利息时：

每月利息费用＝200 000×6%÷12＝1 000（元）

借：财务费用　　　　　　　　　　　　　　　　　　　　1 000
　　贷：应付利息　　　　　　　　　　　　　　　　　　　　　　1 000

以后每月计提利息时与上述会计分录相同。

（3）到期归还借款本息时：

借：短期借款　　　　　　　　　　　　　　　　　　　　200 000
　　应付利息　　　　　　　　　　　　　　　　　　　　　6 000
　　贷：银行存款　　　　　　　　　　　　　　　　　　　　　　206 000

第二节 应付及预收款项

一、应付票据

(一) 应付票据的概念

应付票据是指企业购买材料、商品和接受服务等而开出、承兑的商业汇票,包括商业承兑汇票和银行承兑汇票。

我国商业汇票的付款期限不超过6个月,因此,企业应将应付票据作为流动负债管理和核算。同时,由于应付票据的偿付时间较短,在会计实务中,一般均按照开出、承兑的应付票据的面值入账。

企业应当设置"应付票据备查簿",详细登记商业汇票的种类、号数和出票日期、到期日、票面余额、交易合同号、收款人姓名或单位名称,以及付款日期和金额等资料。应付票据到期结清时,上述内容应当在应付票据备查簿内予以注销。

(二) 应付票据的账务处理

企业应设置"应付票据"科目核算应付票据的开出、偿付等情况。该科目贷方登记开出、承兑汇票的面值,借方登记支付票据的金额,期末余额在贷方,反映企业尚未到期的商业汇票的票面金额。

1. 开出应付票据

企业因购买材料、商品和接受服务等而开出、承兑的商业汇票,应当按其票面金额作为应付票据的入账金额,借记"材料采购""在途物资""原材料""库存商品""应付账款""应交税费——应交增值税(进项税额)"等科目,贷记"应付票据"科目。

企业因开出银行承兑汇票而支付的银行承兑汇票手续费应当计入当期财务费用。支付手续费时,按照确认的手续费,借记"财务费用"科目;取得增值税专用发票的,按注明的增值税进项税额,借记"应交税费——应交增值税(进项税额)"科目;按照实际支付的金额,贷记"银行存款"科目。

2. 偿付应付票据

企业开具的商业汇票到期支付票据款时,根据开户银行的付款通知,借记"应付票据"科目,贷记"银行存款"科目。

3. 转销应付票据

(1) 应付商业承兑汇票到期,如企业无力支付票款,由于商业汇票已经失效,企业应将应付票据按账面余额转作应付账款,借记"应付票据"科目,贷记"应付账款"科目。

(2) 应付银行承兑汇票到期,如企业无力支付票款,则由承兑银行代为支付并作为付款企业的贷款处理,企业应将应付票据的账面余额转作短期借款,借记"应付票据"科目,贷记"短期借款"科目。

【例3-2】 甲公司为增值税一般纳税人,原材料按实际成本核算。2023年6月1日,甲公司购入原材料一批,增值税专用发票上注明的价款为50 000元,增值税税率为13%,原材料验收入库。甲公司开出并经开户银行承兑的商业汇票一张,面值为56 500元、期限为

3个月。交纳银行承兑手续费33.9元,其中增值税额为1.92元。2023年9月1日,商业汇票到期,甲公司通知其开户银行以银行存款支付票款。甲公司应编制如下会计分录：

(1) 2023年6月1日,开出并承兑商业汇票购入材料时：

借：原材料　　　　　　　　　　　　　　　　　　　　　　　50 000
　　应交税费——应交增值税(进项税额)　　　　　　　　　　6 500
　　贷：应付票据　　　　　　　　　　　　　　　　　　　　　　56 500

(2) 2023年6月1日,支付商业汇票承兑手续费时：

借：财务费用　　　　　　　　　　　　　　　　　　　　　　　31.98
　　应交税费——应交增值税(进项税额)　　　　　　　　　　1.92
　　贷：银行存款　　　　　　　　　　　　　　　　　　　　　　33.90

(3) 2023年9月1日,支付商业汇票款时：

借：应付票据　　　　　　　　　　　　　　　　　　　　　　　56 500
　　贷：银行存款　　　　　　　　　　　　　　　　　　　　　　56 500

【例3-3】 承[例3-2],假定出现甲公司无法偿还票据到期款项的情况。甲公司应编制如下会计分录：

(1) 假定该票据为商业承兑汇票,无法偿还票据到期款项时：

借：应付票据　　　　　　　　　　　　　　　　　　　　　　　56 500
　　贷：应付账款　　　　　　　　　　　　　　　　　　　　　　56 500

(2) 假定该票据为银行承兑汇票,无法偿还票据到期款项时：

借：应付票据　　　　　　　　　　　　　　　　　　　　　　　56 500
　　贷：短期借款　　　　　　　　　　　　　　　　　　　　　　56 500

二、应付账款

(一) 应付账款的概念及其管理

应付账款是指企业因购买材料、商品或接受服务等经营活动而应付给供应单位的款项。实务中,企业为了使所购入材料、商品的金额、品种、数量和质量等与合同规定的条款相符,避免因验收时发现所购材料、商品的数量或质量存在问题而对入账的材料、商品或应付账款金额进行改动,在材料、商品和发票账单同时到达的情况下,一般在所购材料、商品验收入库后,根据发票账单登记入账,确认应付账款。在所购材料、商品已经验收入库,但是发票账单未能同时到达的情况下,企业应付材料、商品供应单位的债务已经成立,在会计期末,为了反映企业的负债情况,需要将所购材料、商品和相关的应付账款暂估入账,待下月初用红字将上月末暂估入账的应付账款予以冲销。

【例3-4】 甲公司购买一批原材料并已验收入库,但到月末尚未收到发票账单,月末按暂估价40 000元入账。甲公司应编制如下会计分录：

(1) 月末,按暂估价入账时：

借：原材料	40 000	
贷：应付账款——暂估材料款		40 000

（2）下月初，用红字冲回时：

借：原材料	40 000	
贷：应付账款——暂估材料款		40 000

（二）应付账款的账务处理

企业应设置"应付账款"科目核算应付账款的发生、偿还、转销等情况。该科目的贷方登记应付未付款项的增加，借方登记应付未付款项的减少，期末余额在贷方，反映企业尚未支付的应付账款余额。该科目可按债权人设置明细科目进行明细核算。

1. 发生应付账款

企业购入材料、商品或接受服务等所产生的应付账款，应按应付金额入账。购入材料、商品等验收入库，但货款尚未支付，根据有关凭证（发票账单、随货同行发票上记载的实际价款或暂估价值），借记"材料采购""在途物资""原材料""库存商品"等科目，按照可抵扣的增值税进项税额，借记"应交税费——应交增值税（进项税额）"科目，按应付的款项贷记"应付账款"科目。企业接受供应单位提供服务而发生的应付未付款项，根据供应单位的发票账单所列金额，借记"生产成本""管理费用"等科目，按照增值税专用发票上注明的可抵扣的增值税进项税额，借记"应交税费——应交增值税（进项税额）"科目，贷记"应付账款"科目。

2. 偿还应付账款

企业偿还应付账款或开出商业汇票抵付应付账款时，借记"应付账款"科目，贷记"银行存款""应付票据"等科目。

【例3-5】 甲公司为增值税一般纳税人。2023年6月1日，从A公司购入一批材料，增值税专用发票上注明的价款为100 000元，增值税额为13 000元。同时，对方代垫运费1 000元，增值税额为90元，已收到对方开具的增值税专用发票。材料验收入库（甲公司材料按实际成本进行日常核算），款项尚未支付。2023年7月11日，甲公司以银行存款支付购入材料相关款项114 090元。甲公司应编制如下会计分录：

（1）确认应付账款时：

借：原材料	101 000	
应交税费——应交增值税（进项税额）	13 090	
贷：应付账款——A公司		114 090

（2）偿还应付账款时：

借：应付账款——A公司	114 090	
贷：银行存款		114 090

3. 转销应付账款

应付账款一般在较短期限内支付，但有时因债权单位撤销或其他原因而使应付账款无法清偿。企业对于确实无法支付的应付账款应予以转销，按其账面余额计入营业外收入，借记"应付账款"科目,贷记"营业外收入"科目。

【例3-6】 2023年12月31日,甲企业确认一笔应付B公司货款11 300元为无法支付的款项,对此予以转销。甲企业应编制如下会计分录:

借:应付账款　　　　　　　　　　　　　　　　　　　　　　　　　　11 300
　　贷:营业外收入　　　　　　　　　　　　　　　　　　　　　　　　11 300

三、预收账款

(一)预收账款的概念

预收账款是指企业按照合同规定预收的款项。

(二)预收账款的账务处理

企业应设置"预收账款"科目,核算预收账款的取得、偿付等情况。该科目贷方登记发生的预收账款金额,借方登记企业冲销的预收账款金额;期末贷方余额,反映企业预收的款项,如为借方余额,反映企业尚未转销的款项。该科目一般应按照客户设置明细科目进行明细核算。

1. 取得预收账款

企业预收款项时,按实际收到的全部预收款,借记"库存现金""银行存款"科目,涉及增值税的,按照预收款计算的应交增值税,贷记"应交税费——应交增值税(销项税额)"科目,全部预收款扣除应交增值税的差额,贷记"预收账款"科目。

2. 偿付预收账款

企业分期确认有关收入时,按照实现的收入,借记"预收账款"科目,贷记"主营业务收入""其他业务收入"科目。

企业收到客户补付款项时,借记"库存现金""银行存款"科目,贷记"预收账款""应交税费——应交增值税(销项税额)"科目;退回客户多预付的款项时,借记"预收账款"科目,贷记"库存现金""银行存款"科目;涉及增值税的,还应进行相应的账务处理。

预收款业务不多的企业,可以不单独设置"预收账款"科目,其所发生的预收款,可通过"应收账款"科目核算。

【例3-7】 甲公司为增值税一般纳税人,出租有形动产适用的增值税税率为13%。2023年7月1日,甲公司与乙公司签订经营租赁(非主营业务)吊车合同,向乙公司出租吊车3台,期限为6个月,3台吊车租金(含税)共计67 800元。合同约定,合同签订日预付租金(含税)22 600元,合同到期结清全部租金余款。合同签订日,甲公司到租金并存入银行,开具的增值税专用发票上注明租金为20 000元,增值税额为2 600元。租赁期满日,甲公司收到租金余款及相应的增值税。甲公司应编制如下会计分录:

(1)收到乙公司预付租金时:

借:银行存款　　　　　　　　　　　　　　　　　　　　　　　　　　22 600
　　贷:预收账款——乙公司　　　　　　　　　　　　　　　　　　　20 000
　　　　应交税费——应交增值税(销项税额)　　　　　　　　　　　　2 600

(2)每月末,确认租金收入时:

每月租金收入＝[67 800÷(1＋13%)]÷6＝10 000(元)

借：预收账款——乙公司　　　　　　　　　　　　　　　　10 000
　　贷：其他业务收入　　　　　　　　　　　　　　　　　　　　10 000

(3)租赁期满收到租金余款及增值税额时：

借：银行存款　　　　　　　　　　　　　　　　　　　　　45 200
　　贷：预收账款——乙公司　　　　　　　　　　　　　　　　40 000
　　　　应交税费——应交增值税(销项税额)　　　　　　　　　5 200

其中，"预收账款——乙公司"科目中的40 000元(10 000×6－20 000＝40 000)为借方余额从贷方转出。

【例3-8】 承[例3-7]，假设甲公司不设置"预收账款"科目，其预收的款项通过"应收账款"科目核算。甲公司应编制如下会计分录：

(1)收到乙公司预付租金时：

借：银行存款　　　　　　　　　　　　　　　　　　　　　22 600
　　贷：应收账款——乙公司　　　　　　　　　　　　　　　　20 000
　　　　应交税费——应交增值税(销项税额)　　　　　　　　　2 600

(2)每月末，确认租金收入时：

借：应收账款——乙公司　　　　　　　　　　　　　　　　10 000
　　贷：其他业务收入　　　　　　　　　　　　　　　　　　　　10 000

(3)租赁期满收到租金余款及增值税时：

借：银行存款　　　　　　　　　　　　　　　　　　　　　45 200
　　贷：应收账款——乙公司　　　　　　　　　　　　　　　　40 000
　　　　应交税费——应交增值税(销项税额)　　　　　　　　　5 200

四、应付利息与应付股利

(一)应付利息

应付利息是指企业按照合同约定应支付的利息，包括预提短期借款的利息，以及分期付息到期还本的长期借款、企业债券等应支付的利息。

企业应设置"应付利息"科目核算应付利息的发生、支付情况。该科目的贷方登记按照合同约定计算的应付利息，借方登记实际支付的利息，期末余额在贷方，反映企业应付未付的利息。该科目一般应按照债权人设置明细科目进行明细核算。

企业采用合同约定的利率计算确定利息费用时，按应付合同利息金额，借记"财务费用"等科目，贷记"应付利息"科目；实际支付利息时，借记"应付利息"科目，贷记"银行存款"等科目。

【例3-9】 甲企业借入5年期到期还本、每年付息的长期借款3 000 000元，合同约定年利率为6%。借款费用未满足资本化条件。不考虑其他因素。甲企业应编制如下会计分录：

(1) 每年计算确认利息费用时：

每年应支付的利息＝3 000 000×6％＝180 000（元）

借：财务费用　　　　　　　　　　　　　　　　　　　　　　　　　180 000
　　贷：应付利息　　　　　　　　　　　　　　　　　　　　　　　　　180 000

(2) 实际支付利息时：

借：应付利息　　　　　　　　　　　　　　　　　　　　　　　　　180 000
　　贷：银行存款　　　　　　　　　　　　　　　　　　　　　　　　　180 000

（二）应付股利

应付股利是指企业根据股东大会或类似机构审议批准的利润分配方案，确定分配给投资者的现金股利或利润。

企业应设置"应付股利"科目核算企业确定或宣告发放，但尚未实际支付的现金股利或利润。该科目的贷方登记应支付的现金股利或利润，借方登记实际支付的现金股利或利润，期末余额在贷方，反映企业应付未付的现金股利或利润。该科目应按照投资者设置明细科目进行明细核算。

企业根据股东大会或类似机构审议批准的利润分配方案，确定应付给投资者的现金股利或利润时，借记"利润分配——应付现金股利或利润"科目，贷记"应付股利"科目；向投资者实际支付现金股利或利润时，借记"应付股利"科目，贷记"银行存款"等科目。

【例3-10】 甲公司有A、B两个股东，其出资分别占注册资本的30％和70％。甲公司2023年度实现净利润6 000 000元，经过股东会批准，决定分配利润4 000 000元。利润已用银行存款支付。甲公司应编制如下会计分录：

(1) 确认应付投资者利润时：

A股东应分配的股利＝4 000 000×30％＝1 200 000（元）
B股东应分配的股利＝4 000 000×70％＝2 800 000（元）

借：利润分配——应付现金股利或利润　　　　　　　　　　　　　4 000 000
　　贷：应付股利——A股东　　　　　　　　　　　　　　　　　　　1 200 000
　　　　　　　　——B股东　　　　　　　　　　　　　　　　　　　2 800 000

(2) 支付投资者利润时：

借：应付股利——A股东　　　　　　　　　　　　　　　　　　　1 200 000
　　　　　　——B股东　　　　　　　　　　　　　　　　　　　2 800 000
　　贷：银行存款　　　　　　　　　　　　　　　　　　　　　　　4 000 000

需要说明的是，企业董事会或类似机构通过的利润分配方案中拟分配的现金股利或利润，不需要进行账务处理，但应在附注中披露。企业分配的股票股利不通过"应付股利"科目核算。

五、其他应付款

（一）其他应付款的概念

其他应付款是指企业除应付票据、应付账款、预收账款、应付职工薪酬、应交税费、应付利息、应付股利等经营活动以外的其他各项应付、暂收的款项,如应付短期租赁固定资产租金、应付低价值资产租赁的租金、应付租入包装物租金、出租或出借包装物向客户收取的押金、存入保证金等。

(二) 其他应付款的账务处理

企业应设置"其他应付款"科目核算其他应付款的增减变动及其结存情况。该科目的贷方登记发生的各种应付、暂收款项,借方登记偿还或转销的各种应付、暂收款项;该科目期末余额在贷方,反映企业应付未付的其他应付款项。该科目按照其他应付款的项目和对方单位(或个人)设置明细科目进行明细核算。

企业发生其他各种应付、暂收款项时,借记"管理费用"等科目,贷记"其他应付款"科目;支付或退回其他各种应付、暂收款项时,借记"其他应付款"科目,贷记"银行存款"等科目。

【例 3-11】 2023 年 6 月 1 日,甲公司向客户出借一批包装箱,收到现金押金 3 000 元。2023 年 9 月 1 日,客户将该批完好无损的包装箱还回,甲公司于当日退还其现金押金 3 000 元。甲公司应编制如下会计分录:

(1) 2023 年 6 月 1 日,收到押金时:

借:库存现金　　　　　　　　　　　　　　　　　　　　　　3 000
　　贷:其他应付款　　　　　　　　　　　　　　　　　　　　　　3 000

(2) 2023 年 9 月 1 日,退还押金时:

借:其他应付款　　　　　　　　　　　　　　　　　　　　　　3 000
　　贷:库存现金　　　　　　　　　　　　　　　　　　　　　　　3 000

第三节　应付职工薪酬

一、职工薪酬的概念与内容

职工薪酬是指企业为获得职工提供的服务或解除劳动关系而给予的各种形式的报酬或补偿。企业提供给职工配偶、子女、受赡养人、已故员工遗属及其他受益人等的福利,也属于职工薪酬。其中,职工包括与企业订立劳动合同的所有人员,含全职、兼职和临时职工,也包括虽未与企业订立劳动合同但由企业正式任命的人员。未与企业订立劳动合同或未由其正式任命,但向企业所提供服务与职工所提供服务类似的人员,也属于职工的范畴,包括通过企业与劳务中介公司签订用工合同而向企业提供服务的人员。

职工薪酬包括短期职工薪酬和长期职工薪酬两大类内容。

(一) 短期职工薪酬

短期职工薪酬是指企业在职工提供相关服务的年度报告期间结束后 12 个月内需要全部予以支付的职工薪酬,因解除与职工的劳动关系而给予的补偿除外。短期薪酬具体包括：职工工资、奖金、津贴和补贴,职工福利费,医疗保险费、工伤保险费和生育保险费等社会保险费,住房公积金,工会经费和职工教育经费,短期带薪缺勤,短期利润分享计划,非货币性福利,以及其他短期薪酬。

1. 职工工资、奖金、津贴和补贴

职工工资、奖金、津贴和补贴是指按照国家统计局的规定,构成职工薪酬总额的计时工资、计件工资、超额劳动报酬和增收节支而支付的奖金、为补偿职工特殊贡献或额外劳动而支付的津贴,以及为了保证职工工资水平不受物价变动的影响而支付给职工的物价补贴等。

2. 职工福利费

职工福利费是指企业给职工提供的福利,如职工生活困难补助等。

3. 社会保险费

社会保险费是指企业按照国家规定的基准和比例计算,向社会保险经办机构交纳的医疗保险费、工伤保险费和生育保险费等。

4. 住房公积金

住房公积金是指企业按照国家有关规定的基准和比例计算,向住房公积金管理机构缴存的公积金。

5. 工会经费和职工教育经费

工会经费和职工教育经费是指企业为改善职工文化生活、提高职工业务素质,根据国家规定,从成本费用中提取的金额。

6. 短期带薪缺勤

短期带薪缺勤是指企业支付工资或提供补偿的职工缺勤,包括年休假、病假、短期伤残、婚假、产假、丧假、探亲假等。

7. 短期利润分享计划

短期利润分享计划是指因职工提供服务而与职工达成的基于利润或其他经营成果而提供薪酬的协议。

8. 非货币性福利

非货币性福利是指企业以自产产品或外购商品发放给职工作为福利,将自己拥有的资产或租赁的资产无偿提供给职工使用,如为职工无偿提供医疗保健服务,或者向职工提供由企业支付一定补贴的商品或服务等。

9. 其他短期薪酬

其他短期薪酬是指除上述薪酬以外的其他为获得职工提供的服务而给予的短期薪酬。

(二) 长期职工薪酬

长期职工薪酬包括离职后福利、辞退福利和其他长期职工福利。

1. 离职后福利

离职后福利是指企业为获得职工提供的服务而在职工退休或与企业解除劳动关系后,提供的各种形式的报酬和福利,短期薪酬和辞退福利除外。

2. 辞退福利

辞退福利是指企业在职工劳动合同到期之前解除与职工的劳动关系,或者为鼓励职工自愿接受裁减而给予职工的补偿。

3. 其他长期职工福利

其他长期职工福利是指除短期薪酬、离职后福利、辞退福利之外所有的职工薪酬,包括长期带薪缺勤、长期残疾福利、长期利润分享计划等。

二、应付职工薪酬的确认与计量

企业应设置"应付职工薪酬"科目,核算应付职工薪酬的计提、结算、使用等情况。该科目的贷方登记已分配计入有关成本费用项目的职工薪酬,借方登记实际发放的职工薪酬,包括扣还的款项等;期末余额在贷方,反映企业应付未付的职工薪酬。

"应付职工薪酬"科目应按照"工资""职工福利费""非货币性福利""社会保险费""住房公积金""工会经费""职工教育经费""带薪缺勤""利润分享计划""设定提存计划""设定受益计划""辞退福利"等职工薪酬项目设置明细科目进行明细核算。

企业应当在职工为其提供服务的会计期间,将实际发生的短期薪酬确认为负债,并计入当期损益,其他会计准则要求或允许计入资产成本的除外。

(一) 货币性职工薪酬的账务处理

1. 职工工资、奖金、津贴和补贴的账务处理

企业以货币形式支付给职工各项短期薪酬时,应当在职工为其提供服务的会计期间,将应付职工短期薪酬确认为负债,并根据职工提供服务的受益对象,分以下情况处理:①应由生产产品、提供劳务负担的职工短期薪酬,计入产品成本或劳务成本。②应由在建工程、无形资产开发成本负担的职工短期薪酬,计入建造固定资产的成本或无形资产的开发成本。③除上述之外的其他职工短期薪酬计入当期损益。

企业应当根据应计入职工薪酬的工资总额,按照受益对象计入相关资产的成本或当期费用,借记"生产成本""管理费用"等科目,贷记"应付职工薪酬"科目。企业在实际支付货币性职工薪酬时,应当按照实际应支付给职工的金额,借记"应付职工薪酬"科目;按照实际支付的总额,贷记"银行存款"科目;将应由职工个人负担由企业代扣代缴的职工个人所得税,贷记"应交税费——应交个人所得税"科目;将应由职工个人负担由企业代扣代缴的医疗保险费、住房公积金等,贷记"其他应付款"科目。

【例3-12】 甲公司根据劳动工资部门提供的资料确认本期应付职工短期薪酬。在职职工应付工资总额为16 000 000元,其中:生产车间工人工资为8 000 000元;车间管理人员工资为1 600 000元;固定资产在建工程人员工资为1 760 000元;无形资产研发部门人员工资为960 000元;公司行政管理部门人员工资为2 880 000元;专设销售机构人员工资为800 000元。假定甲公司分别按工资总额的10%、12%、2%和8%提取医疗保险费、住房公积金、工会经费和职工教育经费。甲公司当月发放职工工资16 000 000元,其中,应由公司代扣代缴的个人所得税为2 400 000元,应由职工个人负担由公司代扣代缴的各种医疗保险费和住房公积金为1 170 000元,实发工资部分已经通过银行转账支付。甲公司应编制如下

会计分录：

(1) 分配工资费用时：

借：生产成本 8 000 000
    制造费用 1 600 000
    在建工程 1 760 000
    研发支出 960 000
    管理费用 2 880 000
    销售费用 800 000
    贷：应付职工薪酬——工资 16 000 000

(2) 提取医疗保险费等其他费用时：

借：生产成本[8 000 000×(10%+12%+2%+8%)] 2 560 000
    制造费用(1 600 000×32%) 512 000
    在建工程(1 760 000×32%) 563 200
    研发支出(960 000×32%) 307 200
    管理费用(2 880 000×32%) 921 600
    销售费用(800 000×32%) 256 000
    贷：应付职工薪酬——社会保险费(医疗保险)(16 000 000×10%) 1 600 000
              ——住房公积金(16 000 000×12%) 1 920 000
              ——工会经费(16 000 000×2%) 320 000
              ——职工教育经费(16 000 000×8%) 1 280 000

(3) 发放职工工资时：

借：应付职工薪酬——工资 16 000 000
    贷：银行存款 12 430 000
        应交税费——应交个人所得税 2 400 000
        其他应付款 1 170 000

(4) 实际交纳由企业负担的医疗保险费和住房公积金时：

借：应付职工薪酬——社会保险费(医疗保险) 1 600 000
              ——住房公积金 1 920 000
    贷：银行存款 3 520 000

2. 职工福利费的账务处理

对于职工福利费，企业应当在实际发生时按照实际发生额计入当期损益或相关资产成本，借记"生产成本""制造费用""管理费用""销售费用"等科目，贷记"应付职工薪酬——职工福利费"科目。

【例3-13】 乙企业下设一所职工食堂，每月根据在岗职工数量及岗位分布情况、相关历史经验数据等计算需要补贴食堂的金额，从而确定企业每期因补贴职工食堂需要承担的福利费金额。2023年9月，企业在岗职工共计200人，其中管理部门为30人，生产车间生产人员为170人，企业的历史经验数据表明，每名职工每月需补贴食堂150元。乙企业应编制如下会计分录：

借：生产成本　　　　　　　　　　　　　　　　　　　　　　25 500
　　管理费用　　　　　　　　　　　　　　　　　　　　　　 4 500
　　贷：应付职工薪酬——职工福利费　　　　　　　　　　　30 000

【例3-14】承[例3-13]，2023年10月，乙企业支付30 000元补贴给食堂。乙企业应编制如下会计分录：

借：应付职工薪酬——职工福利费　　　　　　　　　　　　30 000
　　贷：银行存款　　　　　　　　　　　　　　　　　　　30 000

3. 国家规定计提标准的职工薪酬的账务处理

1) 工会经费和职工教育经费的账务处理

根据《中华人民共和国工会法》的规定，企业按每月全部职工工资总额的2%向工会拨缴经费，在成本费用中列支，主要用于为职工服务和工会活动。

职工教育经费一般由企业按照每月工资总额的8%计提，主要用于职工接受岗位培训、继续教育等方面的支出。

期末，企业根据规定的计提基础和比例计算确定应付工会经费、职工教育经费，借记"生产成本""制造费用""管理费用""销售费用""在建工程""研发支出"等科目，贷记"应付职工薪酬——工会经费""应付职工薪酬——职工教育经费"等科目；实际上缴或发生实际开支时，借记"应付职工薪酬——工会经费""应付职工薪酬——职工教育经费"等科目，贷记"银行存款"等科目。

2) 社会保险和住房公积金的账务处理

社会保险包括医疗保险、养老保险、失业保险、工伤保险、生育保险。企业承担的社会保险费，除养老保险费和失业保险费按规定确认为离职后福利外，其他的社会保险作为企业的短期薪酬。

住房公积金分为职工所在单位为职工缴存和职工个人缴存两部分，但其全部属于职工个人所有。

期末，对于企业应交纳的社会保险费(不含基本养老保险费和失业保险费)和住房公积金，应按照规定的计提基础和比例，在职工提供服务期间根据受益对象计入当期损益或相关资产成本，并确认相应的应付职工薪酬金额，借记"生产成本""制造费用""管理费用""销售费用""在建工程""研发支出"等科目，贷记"应付职工薪酬——社会保险费、住房公积金"科目；对于职工个人承担的社会保险费和住房公积金，由职工所在企业每月从其工资中代扣代缴，借记"应付职工薪酬——社会保险费(医疗保险)、住房公积金"科目，贷记"其他应付款——社会保险费(医疗保险)、住房公积金"科目。

4. 带薪缺勤的账务处理

带薪缺勤是指企业在职工因病假、休假等原因缺勤期间支付的薪酬。带薪缺勤可以分为累积带薪缺勤和非累积带薪缺勤两种形式。企业应当对累积带薪缺勤和非累积带薪缺勤分别进行账务处理。如果带薪缺勤属于长期带薪缺勤的，企业应当作为其他长期职工福利处理。

(1) 累积带薪缺勤是指带薪缺勤权利可以结转下期的带薪缺勤,本期尚未用完的带薪缺勤权利可以在未来期间使用。企业应当在职工提供服务从而增加其未来享有的带薪缺勤权利时,确认与累积带薪缺勤相关的职工薪酬,并以累积未行使权利而增加的预期支付金额进行计量。确认累积带薪缺勤时,借记"管理费用"等科目,贷记"应付职工薪酬——累积带薪缺勤"科目。

【例3-15】 王某是甲公司中层财务人员,每个工作日的工资为400元。甲公司从2023年开始实行累积带薪缺勤制度。该累积带薪缺勤制度规定:王某每年有15天带薪休假。当年未使用的休假可以无限期向后结转,并且在职工离开公司时以现金结算。2023年,王某实际休假7天。

[例3-15]中,由于甲公司实行累积带薪缺勤制度而且休假可以无限期向后结转,甲公司应当于期末确认与该职工有关的未使用的累积带薪缺勤。

王某未使用的累积带薪缺勤=(15-7)×400=3 200(元)

2023年12月31日,甲公司确认王某累积带薪缺勤时,应编制如下会计分录:

借:管理费用　　　　　　　　　　　　　　　　　　　　　　　3 200
　　贷:应付职工薪酬——累积带薪缺勤　　　　　　　　　　　　　　3 200

(2) 非累积带薪缺勤是指带薪缺勤权利不能结转下期的带薪缺勤,本期尚未用完的带薪缺勤权利将予以取消,并且职工离开企业时也无权获得现金支付。我国企业职工可享有的婚假、产假、丧假、探亲假、病假期间的工资通常都属于非累积带薪缺勤。由于职工提供服务本身不能增加其能够享受的福利金额,企业在职工未缺勤时不应当计提相关费用和负债,而应当在职工实际发生缺勤的会计期间确认与非累积带薪缺勤相关的职工薪酬。

企业确认职工享有的与非累积带薪缺勤权利相关的薪酬,视同职工出勤确认的当期损益或相关资产成本。通常情况下,与非累积带薪缺勤相关的职工薪酬已经包括在企业每期向职工发放的工资等薪酬中,因此,不必额外作相应的账务处理。

(二) 非货币性福利薪酬的账务处理

非货币性福利薪酬是指企业将自己的产品或外购商品作为福利发放给职工,以及企业将自己拥有的资产提供给职工无偿使用或租赁资产供职工无偿使用,如企业给高级管理人员提供住房、免费为职工提供诸如医疗保健等服务,或向职工提供企业支付了一定补贴的商品或服务等。

企业向职工提供的非货币性福利薪酬,应当分以下情况处理:

第一,企业以自产产品或外购商品作为非货币性福利提供给职工的,应当作为正常产品(商品)销售处理,按产品或商品的公允价值和相关税费进行计量,并在产品发出时确认销售收入,并结转产品成本。

第二,企业将拥有的住房等固定资产无偿提供给职工作为非货币性福利时,应当按照企业对该固定资产每期计提的折旧来计量应付职工薪酬,同时根据职工提供服务的受益对象计入相关资产成本或当期损益。企业将租赁的住房等固定资产无偿提供给职工作为非货币性福利时,应当按照企业每期支付的租金来计量应付职工薪酬,同时根据职工提供服务的受益对象计入相关资产成本或当期损益。

企业提供给职工的非货币性福利在进行账务处理时,应当先通过"应付职工薪酬"科目归集当期应计入成本费用的非货币性福利薪酬金额,以确定完整准确的企业人工成本金额。

【例3-16】 甲公司决定将自产的毛巾作为福利发放给车间生产工人,其成本为21 600元,不含税的销售价格为25 200元,甲公司销售商品适用的增值税税率为13%,增值税额为3 276元。甲公司应编制如下会计分录:

(1) 甲公司向车间生产工人实际发放毛巾时:

借:应付职工薪酬——非货币性福利　　　　　　　　　　　　　　28 476
　　贷:主营业务收入　　　　　　　　　　　　　　　　　　　　　25 200
　　　　应交税费——应交增值税(销项税额)　　　　　　　　　　 3 276

同时,结转产品成本:

借:主营业务成本　　　　　　　　　　　　　　　　　　　　　　21 600
　　贷:库存商品　　　　　　　　　　　　　　　　　　　　　　　21 600

(2) 按用途对发生的非货币性福利进行分配时:

借:生产成本　　　　　　　　　　　　　　　　　　　　　　　　28 476
　　贷:应付职工薪酬——非货币性福利　　　　　　　　　　　　　28 476

【例3-17】 甲公司为总部各部门经理级别以上职工提供汽车免费使用,同时为副总裁以上高级管理人员每人租赁一套住房。甲公司总部共有部门经理以上职工20名,每人提供一辆汽车免费使用,假定每辆汽车每月计提折旧1 000元;该公司共有副总裁以上高级管理人员5名,公司为其每人租赁一套面积为200平方米的公寓,月租金为每套8 000元(含税)。甲公司应编制如下会计分录:

(1) 确认提供汽车的非货币性福利时:

公司提供汽车供职工使用的非货币性福利=20×1 000=20 000(元)

借:管理费用　　　　　　　　　　　　　　　　　　　　　　　　20 000
　　贷:应付职工薪酬——非货币性福利　　　　　　　　　　　　　20 000

借:应付职工薪酬——非货币性福利　　　　　　　　　　　　　　20 000
　　贷:累计折旧　　　　　　　　　　　　　　　　　　　　　　　20 000

(2) 确认为职工租赁住房的非货币性福利时:

公司租赁住房供职工使用的非货币性福利=5×8 000=40 000(元)

借:管理费用　　　　　　　　　　　　　　　　　　　　　　　　40 000
　　贷:应付职工薪酬——非货币性福利　　　　　　　　　　　　　40 000

(三) 其他形式的职工薪酬的账务处理

1. 离职后福利的账务处理

离职后福利是指企业为获得职工提供的服务而在职工退休或与企业解除劳动关系后

提供的各种形式的报酬和福利。离职后福利计划包括设定提存计划和设定受益计划。

（1）设定提存计划是指向独立的基金缴存固定费用后，企业不再承担进一步支付义务的离职后福利计划。企业应当在职工为其提供服务的会计期间，将根据设定提存计划确定的应缴存金额确认为负债，并计入当期损益或相关资产成本，借记"生产成本""制造费用""管理费用""销售费用"等科目，贷记"应付职工薪酬——设定提存计划"科目。

（2）设定受益计划是指除设定提存计划之外的离职后福利计划。企业应当采用预期累计福利单位法和适当的精算假设，确认和计量设定受益计划所产生的义务。

2. 辞退福利的账务处理

辞退福利包括以下两方面的内容：①职工没有选择权的辞退福利。这是指在职工劳动合同尚未到期前，不论职工本人是否愿意，企业都决定解除与职工的劳动关系而给予的补偿。②职工有选择权的辞退福利。这是指在职工劳动合同尚未到期前，企业为鼓励职工自愿接受裁减而给予的补偿，职工有权选择继续在职或接受补偿离职。

辞退福利的确认原则同其他职工薪酬基本相同，企业应当在同时满足以下两个条件时将辞退福利确认为一项应付职工薪酬：①企业已制订正式的解除劳动关系计划或提出自愿裁减建议，并即将实施。正式的辞退福利计划或建议，应当经过董事会或类似权力机构的批准。②企业不能单方面撤回解除劳动关系计划或自愿裁减建议。

与其他形式的职工薪酬不同的是，由于被辞退的职工不再为企业提供服务，不论辞退的职工原先在哪个部门，企业都应将本期确认的辞退福利全部计入当期管理费用，而不能计入资产成本。

辞退福利的计量因职工是否有选择权而有所不同：①对于职工没有选择权的辞退计划，企业应当根据辞退计划规定的拟辞退的职工数量、每一职位的辞退补偿计提应付职工薪酬（辞退福利）。②对于自愿接受裁减的辞退建议，企业应当按照或有事项准则的规定预计将接受裁减建议的职工数量，并根据预计自愿辞退职工数量和每一职位的辞退补偿等计提应付职工薪酬（辞退福利）。

3. 其他长期职工福利的账务处理

企业的职工薪酬除了短期薪酬、离职后福利、辞退福利，还包括长期带薪缺勤、长期残疾福利、长期利润分享计划等其他长期职工福利。企业向职工提供的其他长期职工福利，符合设定提存计划条件的，应当根据设定提存计划的有关规定进行账务处理。如果企业适用设定受益计划，应按相关规定确认计量其他长期职工福利净负债或净资产。

第四节 应交税费

一、应交税费的概念

企业在一定时期内取得的营业收入和实现的利润或发生特定的经营行为，要按照规定向国家交纳各种税费。这些应交的税金在尚未交纳之前，应按权责发生制的原则确认，形成企业的一项负债。企业按照规定应交纳的税费主要包括增值税、消费税、城市维护建设税、资源税、所得税、土地增值税、房产税、车船税、城镇土地使用税、教育费附加等。其中,增值税、消费税是企业交纳的两个主要税种。

企业应设置"应交税费"科目,核算各种税费的应交、交纳等情况。该科目的贷方登记应交纳的各种税费,借方登记实际交纳的税费;期末余额一般在贷方,反映企业尚未交纳的税费,如期末余额在借方,反映企业多交或尚未抵扣的税费。该科目按应交税费项目设置明细科目进行明细核算。

企业代扣代缴的个人所得税,也通过"应交税费"科目核算,而企业交纳的印花税、耕地占用税等不需要预计应交数的税金,不通过"应交税费"科目核算。

二、应交增值税

(一)增值税概述

1. 增值税的征税范围及纳税义务人

增值税是对在我国境内销售货物、无形资产或者不动产、提供服务,以及进口货物的单位和个人的增值额征收的一种流转税。按照增值税有关规定,企业购入商品支付的增值税(即进项税额),可以从销售商品按规定收取的增值税(即销项税额)中抵扣。按照我国现行增值税制度的规定,在我国境内销售货物、加工修理修配劳务、服务、无形资产和不动产,以及进口货物的企业、单位和个人为增值税的纳税义务人(简称纳税人)。其中,销售服务是指提供交通运输服务、建筑服务、邮政服务、电信服务、金融服务、现代服务、生活服务。

增值税的纳税人分为一般纳税人和小规模纳税人。一般纳税人是指年应税销售额超过财政部、国家税务总局规定标准的增值税纳税人。小规模纳税人是指年应税销售额未超过规定标准,并且会计核算不健全、不能够提供准确税务资料的增值税纳税人。

2. 增值税的计税方法

计算增值税的方法分为一般计税方法和简易计税方法。

(1)增值税的一般计税方法,是先按当期销售额和适用的税率计算出销项税额,再以该销项税额对当期购进项目支付的税款(即进项税额)进行抵扣,间接计算出当期的应纳税额。应纳税额的计算公式如下:

$$应纳税额 = 当期销项税额 - 当期进项税额$$

应纳税额计算公式中的当期销项税额是指纳税人当期销售货物、加工修理修配劳务、服务、无形资产和不动产时按照销售额和增值税税率计算并收取的增值税额。其中,销售额是指纳税人销售货物、加工修理修配劳务、服务、无形资产和不动产向购买方收取的全部价款和价外费用,但是不包括收取的销项税额。销项税额的计算公式如下:

$$销项税额 = 销售额 \times 增值税税率$$

应纳税额计算公式中的当期进项税额是指纳税人购进货物、加工修理修配劳务、服务、无形资产或者不动产、支付或者负担的增值税额。下列进项税额准予从销项税额中抵扣:①从销售方取得的增值税专用发票(含《机动车销售统一发票》,下同)上注明的增值税额。

②从海关取得的海关进口增值税专用缴款书上注明的增值税额。③购进农产品,除取得增值税专用发票或者海关进口增值税专用缴款书外,按照农产品收购发票或者销售发票上注明的农产品买价和9%的扣除率计算的进项税额;如用于生产销售或委托加工13%税率货物的农产品,按照农产品收购发票或者销售发票上注明的农产品买价和10%的扣除率计算的进项税额。④从境外单位或者个人购进服务、无形资产或者不动产,从税务机关或者扣缴义务人取得的解缴税款的完税凭证上注明的增值税额。⑤一般纳税人支付的道路通行费,取得的收费公路通行费增值税电子普通发票上注明的增值税额;桥、闸通行费,取得的通行费发票上注明的收费金额和规定的方法计算可抵扣增值税的进项税额。当期销项税额小于当期进项税额不足抵扣时,其不足部分可以结转下期继续抵扣。

一般纳税人的税率具体规定如下:①销售或者进口除基本生活必需品之外的货物,提供加工、修理修配或有形资产租赁服务,适用的增值税税率为13%。②销售或者进口保证基本生活的必需品,包括农产品(含粮食)、食用植物油、自来水、天然气、书刊、农药、化肥、电子出版物、音像制品、食用盐等商品,适用的增值税税率为9%。③提供交通运输、邮政、基础电信、建筑、不动产租赁服务,销售不动产,转让土地使用权,适用的增值税税率为9%。④提供金融服务、研发和技术服务、信息技术服务、文化创意服务、物流辅助服务、鉴证咨询服务等,适用的增值税税率为6%。⑤零税率,即税率为零,仅适用于法律不限制或不禁止的报关出口货物,以及输往保税区、保税工厂、保税仓库的货物。零税率不但不需要缴税,还可以退还以前纳税环节所交纳的增值税,因而零税率意味着退税。

(2)增值税的简易计税方法,是按照销售额与征收率的乘积计算应纳税额,不得抵扣进项税额。应纳税额的计算公式如下:

$$应纳税额 = 销售额 \times 征收率$$

式中,销售额不包括其应纳税额,如果纳税人采用销售额和应纳税额合并定价方法的,应按照"销售额=含税销售额÷(1+征收率)"的计算公式还原为不含税销售额计算。

增值税一般纳税人计算增值税大多采用一般计税方法,小规模纳税人一般采用简易计税方法;一般纳税人发生财政部和国家税务总局规定的特定应税销售行为,也可以选择简易计税方法计税,但是不得抵扣进项税额。

采用简易计税方法计算增值税的征收率为3%,国家另有规定的除外。

3. 一般纳税人增值税核算的科目设置

为核算企业应交增值税的发生、抵扣、交纳、退税及转出等情况,增值税一般纳税人应当在"应交税费"科目下设置"应交增值税""未交增值税""预交增值税""待抵扣进项税额""待认证进项税额""待转销进项税额""简易计税""转让金融商品应交增值税""代扣代缴增值税"等明细科目。

(1)"应交增值税"明细科目,核算一般纳税人进项税额、销项税额抵减、已交税金、转出未交增值税、减免税款、出口抵减内销产品应纳税额、销项税额、出口退税、进项税额转出、转出多交增值税等情况。增值税一般纳税人应在"应交增值税"明细账内设置"进项税额""销项税额抵减""已交税金""转出未交增值税""转出多交增值税""销项税额""出口退税""进项税额转出"等专栏。其中:①"进项税额"专栏,记录一般纳税人购进货物、加工修理修配劳务、服务、无形资产或不动产而支付或负担的,准予从当期销项税额中抵扣的增值税额。②"销项税额抵减"专栏,记录一般纳税人按照现行增值税制度规定因扣减销售额而减少的销项税额。③"已交税金"专栏,记录一般纳税人当月已交纳的应交增值税额。④"转出未交增值税"和"转出多交增值税"专栏,分别记录一般纳税人月度终了转出当月应交未交或多交的增值税额。⑤"销项税额"专栏,记录一般纳税人销售货物、加工修理修配劳务、服务、无形资产或不动产应收取的增值税额。⑥"出口退税"专栏,记录一般纳税人出口货物、加工修理修配劳务、服务、无形资产按规定退回的增值税额。⑦"进项税额转出"专栏,记录一般纳税人购进货物、加工修理修配劳务、服务、无形资产或不动产等发生非正常损失以及其他原因而不应从销项税额中抵扣,按规定转出的进项税额。

(2)"未交增值税"明细科目,核算一般纳税人月度终了从"应交增值税"或"预交增值税"明细科目转入当月应交未交、多交或预交的增值税额,以及当月交纳以前期间未交的增值税额。

(3)"预交增值税"明细科目,核算一般纳税人转让不动产、提供不动产经营租赁服务、提供建筑服务、采用预收款方式销售自行开发的房地产项目等,以及其他按现行增值税制度规定应预交的增值税额。

(4)"待抵扣进项税额"明细科目,核算一般纳税人已取得增值税扣税凭证并经税务机关认证,按照现行增值税制度规定准予以后期间从销项税额中抵扣的进项税额。

(5)"待认证进项税额"明细科目,核算一般纳税人由于未经税务机关认证而不得从当期销项税额中抵扣的进项税额,包括:一般纳税人已取得增值税扣税凭证、按照现行增值税制度规定准予从销项税额中抵扣,但尚未经税务机关认证的进项税额;一般纳税人已申请稽核但尚未取得稽核相符结果的海关缴款书进项税额。

(6)"待转销项税额"明细科目,核算一般纳税人销售货物、加工修理修配劳务、服务、无形资产或不动产,已确认相关收入(或利得)但尚未发生增值税纳税义务而需于以后期间确认为销项税额的增值税额。

(7)"简易计税"明细科目,核算一般纳税人采用简易计税方法发生的增值税计提、扣减、预交、交纳等业务。

(8)"转让金融商品应交增值税"明细科目,核算增值税纳税人转让金融商品发生的增值税额。

(9)"代扣代缴增值税"明细科目,核算纳税人购进在境内未设经营机构的境外单位或个人在境内的应税行为代扣代缴的增值税。

(二)增值税的账务处理

1. 一般纳税人一般购销业务的账务处理

一般纳税人购进货物、加工修理修配劳务、服务、无形资产或不动产,按应计入相关成本费用或资产的金额,借记"在途物资""原材料""库存商品""生产成本""无形资产""固定资产""管理费用"等科目;按当月已认证的可抵扣增值税额,借记"应交税费——应交增值税(进项税额)"科目;按应付或实际支付的金额,贷记"应付账款""应付票据""银行存款"等科目。发生退货的,如原增值税专用发票已做认证,应根据税务机关开具的红字增值税专用发票作相反的会计分录;如原增值税专用发票未做认证,应将发票退回并作相反的会计分录。

【例 3-18】 某企业为增值税一般纳税人,本月购进一批原材料,增值税专用发票上注明的原材料价款为 2 000 000 元,增值税额为 260 000 元。货款已经支付,材料已经验收入库。同时,该企业当期销售产品收入为 3 000 000 元(不含应向购买方收取的增值税),货款已经收到。假定该产品的增值税税率为 13%。该企业应编制如下会计分录:

(1) 购进存货时:

借:原材料 2 000 000
　　应交税费——应交增值税(进项税额) 260 000
　　贷:银行存款 2 260 000

(2) 销售产品时:

销项税额=300 000×13%=390 000(元)

借:银行存款 3 390 000
　　贷:主营业务收入 3 000 000
　　　　应交税费——应交增值税(销项税额) 390 000

货物等已验收入库但尚未取得增值税扣税凭证。企业购进的货物等已到达并验收入库,但尚未收到增值税扣税凭证并未付款的,应在月末按货物清单或相关合同协议上的价格暂估入账,不需要将增值税的进项税额暂估入账。下月初,用红字冲销原暂估入账金额,待取得相关增值税扣税凭证并经认证后,按应计入相关成本费用或资产的金额,借记"原材料""库存商品""固定资产""无形资产"等科目;按可抵扣的增值税额,借记"应交税费——应交增值税(进项税额)"科目;按应付或实际支付的金额,贷记"应付账款""应付票据""银行存款"等科目。

【例 3-19】 甲公司为增值税一般纳税人,销售商品适用的增值税税率为 13%,原材料按实际成本计算。2023 年 6 月 25 日,甲公司购进原材料一批已验收入库,但尚未收到增值税扣税凭证,款项也未支付,随货同行的材料清单列明的原材料销售价格为 260 000 元。2023 年 6 月 30 日,发票账单仍未收到。甲公司应编制如下会计分录:

(1) 2023 年 6 月 30 日,估价入账时:

借:原材料 260 000
　　贷:应付账款 260 000

(2) 下月初,用红字冲销原暂估入账金额时:

借:原材料 260 000
　　贷:应付账款 260 000

(3) 假设甲公司于 2023 年 7 月 11 日取得上述原材料相关增值税专用发票,发票上注明的价款为 260 000 元(不含增值税价格),增值税额为 33 800 元,增值税专用发票已经认证。全部款项以银行存款支付。甲公司应编制如下会计分录:

```
借：原材料                                              260 000
    应交税费——应交增值税（进项税额）                     33 800
    贷：银行存款                                         293 800
```

企业购进农产品，除取得增值税专用发票或者海关进口增值税专用缴款书之外，按照农产品收购发票或者销售发票上注明的农产品买价和9%的扣除率计算进项税额。企业购进用于生产销售或委托加工13%税率货物的农产品，按照农产品收购发票或者销售发票上注明的农产品买价和10%的扣除率计算进项税额，借记"应交税费——应交增值税（进项税额）"科目；按农产品买价扣除进项税额后的差额，借记"材料采购""在途物资""原材料""库存商品"等科目；按照应付或实际支付的价款，贷记"应付账款""应付票据""银行存款"等科目。

【例3-20】 甲公司（增值税一般纳税人）从小规模纳税人处购入一批免税农产品作为原材料入库，取得购货发票上注明的买价为167 200元，用银行存款支付了货款，经税务机关认证可按9%的增值税税率抵扣。甲公司的账务处理如下：

进项税额＝167 200×9%＝15 048（元）

原材料成本＝167 200－15 048＝152 152（元）

甲公司应编制如下会计分录：

```
借：原材料                                              152 152
    应交税费——应交增值税（进项税额）                     15 048
    贷：银行存款                                         167 200
```

[例3-20]中，按照增值税相关规定，企业从小规模纳税人处取得免税农产品，由于销售方无须交纳增值税，无法取得增值税专用发票。但按照增值税相关规定，企业可以根据农产品销售发票或收购发票，以免税农产品买价的9%作为进项税额抵扣，即进项税额15 048元（167 200×9%）。

2. 视同销售业务的账务处理

会计上销售收入的确认以发生交易为前提，并要符合会计准则规定的条件。增值税应税销售额的认定主要考虑进入消费前能按税率足额征税，某些经济业务虽不构成交易，但税务上认定其"视同销售"。

企业的某些行为虽没有取得销售收入，但也视同发生应税行为，应当交纳增值税。常见的视同销售行为包括：企业将自产、委托加工或购买的货物分配给股东，将自产、委托加工的货物用于集体福利或个人消费，无偿转让无形资产或者不动产等，但用于公益事业或者以社会公众为对象的除外。

【例3-21】 甲公司是增值税一般纳税人，于2023年6月10日以公司生产的产品对外捐赠，该批产品的实际成本为200 000元，市场不含税售价为250 000元，开具的增值税专用发票上注明的增值税额为32 500元。甲公司应编制如下会计分录：

```
借：营业外支出                                          232 500
    贷：库存商品                                         200 000
        应交税费——应交增值税（销项税额）                 32 500
```

【例3-22】 甲公司将某产品的商标权无偿转让给乙公司。该商标权的成本为400 000元,市场售价(计税价格)为480 000元,适用的增值税税率为6%。甲公司应编制如下会计分录:

该业务属于视同销售业务,甲企业应当按照商标权的计税价格和适用税率计算增值税的销项税额。

销项税额=480 000×6%=28 800(元)

借:营业外支出　　　　　　　　　　　　　　　　　　　　　　428 800
　　贷:无形资产　　　　　　　　　　　　　　　　　　　　　　400 000
　　　　应交税费——应交增值税(销项税额)　　　　　　　　　 28 800

【例3-23】 甲企业用一批产品对乙企业投资,投资各方协商按公允价值作价。该批产品的成本为1 920 000元,计税价格和公允价值均为2 400 000元。该批产品的增值税税率为13%。甲企业应编制如下会计分录:

对外投资转出产品的销项税额=2 400 000×13%=312 000(元)

借:长期股权投资　　　　　　　　　　　　　　　　　　　　　2 712 000
　　贷:主营业务收入　　　　　　　　　　　　　　　　　　　　2 400 000
　　　　应交税费——应交增值税(销项税额)　　　　　　　　　 312 000

借:主营业务成本　　　　　　　　　　　　　　　　　　　　　1 920 000
　　贷:库存商品　　　　　　　　　　　　　　　　　　　　　　1 920 000

3. **进项税额不予抵扣的账务处理**

税法规定在某些情况下,企业发生的进项税额不得从销项税额中抵扣,主要包括:

(1) 用于简易计税方法计税项目、免征增值税项目、集体福利或者个人消费的购进货物、加工修理修配劳务、服务、无形资产和不动产。

(2) 非正常损失的购进货物,以及相关的加工修理修配劳务和交通运输服务。

(3) 非正常损失的在产品、产成品所耗用的购进货物(不包括固定资产)、加工修理修配劳务和交通运输服务。

(4) 非正常损失的不动产,以及该不动产所耗用的购进货物、设计服务和建筑服务。

(5) 非正常损失的不动产在建工程所耗用的购进货物、设计服务和建筑服务。

(6) 购进的旅客运输服务、贷款服务、餐饮服务、居民日常服务和娱乐服务。在上述情形下,已经发生的增值税进项税额应当予以转出,贷记"应交税费——应交增值税(进项税额转出)"科目,不得从当期销项税额中抵扣。

【例3-24】 甲企业为增值税一般纳税人,本期购入一批材料,增值税专用发票上注明的增值税税率为13%,增值税额为312 000元,材料价款为2 400 000元。材料已入库,货款已通过银行转账支付,企业的存货采用实际成本进行核算。材料入库后,甲企业将该批材料全部用于发放职工福利。甲企业应编制如下会计分录:

(1) 购入材料并入库时:

借：原材料	2 400 000
应交税费——应交增值税(进项税额)	312 000
贷：银行存款	2 712 000

(2) 用于发放职工福利时：

借：应付职工薪酬	2 712 000
贷：原材料	2 400 000
应交税费——应交增值税(进项税额转出)	312 000

【例 3-25】 甲企业本月购进的一批原材料因管理不善发生霉烂，损失的材料成本为 24 000 元，进项税额为 3 120 元。甲企业查明原因并经过批准，由责任人赔偿损失 20 000 元，其余部分为净损失。

[例 3-25]中，原材料发生非正常损失，进项税额不允许从销项税额中抵扣，应当予以转出。甲企业应编制如下会计分录：

(1) 发生材料损失时：

借：待处理财产损溢	27 120
贷：原材料	24 000
应交税费——应交增值税(进项税额转出)	3 120

(2) 查明原因后批准处理时：

借：其他应收款	20 000
管理费用	7 120
贷：待处理财产损溢	27 120

【例 3-26】 2023 年 6 月 28 日，甲公司外购空调扇 300 台作为福利发放给直接从事生产的职工，取得的增值税专用发票上注明价款为 150 000 元，增值税额为 19 500 元，以银行存款支付了购买空调扇的价款和增值税进项税额，增值税专用发票尚未经税务机关认证。甲公司应编制如下会计分录：

(1) 购入空调扇时：

借：库存商品——空调扇	150 000
应交税费——待认证进项税额	19 500
贷：银行存款	169 500

(2) 经税务机关认证不可抵扣进项税额时：

借：应交税费——应交增值税(进项税额)	19 500
贷：应交税费——待认证进项税额	19 500

同时：

借：库存商品——空调扇	19 500
贷：应交税费——应交增值税(进项税额转出)	19 500

(3) 实际发放空调扇时：

借：应付职工薪酬——非货币性福利　　　　　　　　　　　　　　　　169 500
　　贷：库存商品——空调扇　　　　　　　　　　　　　　　　　　　　169 500

4. 转出多交增值税、未交增值税及交纳增值税的账务处理

为了分别反映一般纳税人欠交增值税和待抵扣增值税的情况，确保企业及时足额上交增值税，避免出现企业用以前月份欠交的增值税抵扣以后月份未抵扣的增值税的情况，企业应当在"应交税费"科目下设"未交增值税"明细科目。

月度终了，企业应当将当月应交未交或多交的增值税自"应交增值税"明细科目转入"未交增值税"明细科目。对于当月应交未交的增值税，借记"应交税费——应交增值税（转出未交增值税）"科目，贷记"应交税费——未交增值税"科目；对于当月多交的增值税，借记"应交税费——未交增值税"科目，贷记"应交税费——应交增值税（转出多交增值税）"科目。

企业交纳当月应交增值税时应分不同情况处理：

(1) 企业交纳当月应交的增值税，借记"应交税费——应交增值税（已交税金）"科目（小规模纳税人应借记"应交税费——应交增值税"科目），贷记"银行存款"科目。

(2) 企业交纳以前期间未交的增值税，借记"应交税费——未交增值税"科目，贷记"银行存款"科目。

(3) 企业预交增值税时，借记"应交税费——预交增值税"科目，贷记"银行存款"科目。月末，企业应将"预交增值税"明细科目的余额转入"未交增值税"明细科目，借记"应交税费——未交增值税"科目，贷记"应交税费——预交增值税"科目。房地产开发企业等在预交增值税后，直至纳税义务发生时方可从"应交税费——预交增值税"科目结转至"应交税费——未交增值税"科目。

【例3-27】 2023年7月，甲公司当月发生增值税销项税额合计为525 200元，增值税进项税额转出合计为29 900元，增值税进项税额合计为195 050元。甲公司应编制如下会计分录：

当月应交增值税＝525 200＋29 900－195 050＝360 050（元）

借：应交税费——应交增值税（转出未交增值税）　　　　　　　　　　360 050
　　贷：应交税费——未交增值税　　　　　　　　　　　　　　　　　　360 050

2023年8月，甲公司交纳7月末未交增值税360 050元。甲公司应编制如下会计分录：

借：应交税费——未交增值税　　　　　　　　　　　　　　　　　　　360 050
　　贷：银行存款　　　　　　　　　　　　　　　　　　　　　　　　　360 050

【例3-28】 甲房地产开发企业（以下简称甲企业）为增值税一般纳税人，于2022年8月预售房地产项目收取的总价款为11 280 000元，预计2023年12月交房。甲企业按照5%的预征率在不动产所在地预交税款。当月，甲企业向购房者交付其认购的房地产项目，项目总价款为18 120 000元（其中，不含税销售额为16 800 000元，销项税额为

1 320 000元,已预交906 000元),购房者于2022年7月预交房款且甲企业预交了增值税。甲企业应编制如下会计分录:

(1) 预售房地产项目时:

借:银行存款　　　　　　　　　　　　　　　　　　　　　　　11 280 000
　　贷:合同负债　　　　　　　　　　　　　　　　　　　　　　11 280 000
借:应交税费——预交增值税(11 280 000×5%)　　　　　　　　　564 000
　　贷:银行存款　　　　　　　　　　　　　　　　　　　　　　564 000

(2) 交付房地产项目时:

借:合同负债　　　　　　　　　　　　　　　　　　　　　　　18 120 000
　　贷:主营业务收入　　　　　　　　　　　　　　　　　　　　16 800 000
　　　　应交税费——应交增值税(销项税额)　　　　　　　　　 1 320 000
借:应交税费——未交增值税　　　　　　　　　　　　　　　　　906 000
　　贷:应交税费——预交增值税　　　　　　　　　　　　　　　906 000

5. 小规模纳税人增值税的账务处理

小规模纳税人是指应纳增值税销售额在规定的标准以下,并且会计核算不健全的纳税人。小规模纳税人增值税的主要特点有:购买货物或接受劳务时,按照所应支付的全部价款计入存货入账价值,不论是否取得增值税专用发票,支付的增值税额均不确认为进项税额;销售货物或者提供应税劳务时,销售额通常含增值税;应纳增值税额按照不含税销售额和征收率(3%)计算确定。应纳增值税额的计算公式如下:

$$不含税销售额 = 含税销售额 \div (1 + 征收率)$$
$$应纳增值税额 = 不含税销售额 \times 征收率$$

小规模纳税人进行账务处理时,只需在"应交税费"科目下设置"应交增值税"明细科目,该明细科目不再设置增值税专栏。"应交税费——应交增值税"科目的贷方登记应交纳的增值税,借方登记已交纳的增值税。该科目期末余额在贷方,反映小规模纳税人尚未交纳的增值税;期末余额在借方,反映小规模纳税人多交纳的增值税。

【例3-29】 某企业为小规模纳税人,于某年7月购买一批材料,取得的增值税专用发票上注明材料价款为80 000元,增值税额为10 400元,另外负担运杂费2 200元,全部价款已用银行存款支付。材料收到并已验收入库。该企业应编制如下会计分录:

原材料成本:80 000+10 400+2 200=92 600(元)

借:原材料　　　　　　　　　　　　　　　　　　　　　　　　92 600
　　贷:银行存款　　　　　　　　　　　　　　　　　　　　　　92 600

【例3-30】 某企业为小规模纳税人,于某年7月销售一批产品,开出的普通增值税发票上注明产品价款(含税)为24 720元,货款尚未收到。该批产品的成本为20 800元。适用的增值税征收率为3%。该企业应编制如下会计分录:

不含税销售额=24 720÷(1+3%)=24 000(元)
应交增值税=24 000×3%=720(元)

借：应收账款	24 720	
贷：主营业务收入		24 000
应交税费——应交增值税		720

同时，结转商品成本：

借：主营业务成本	20 800	
贷：库存商品		20 800

6. 增值税税控系统专用设备和技术维护费用抵减增值税额的账务处理

按现行增值税制度的规定，企业初次购买增值税税控系统专用设备支付的费用以及交纳的技术维护费允许在增值税应纳税额中全额抵减。增值税税控系统专用设备，包括增值税防伪税控系统设备（如金税卡、IC卡、读卡器或金税盘和报税盘）、货物运输业增值税专用发票税控系统设备（如税控盘和报税盘）、机动车销售统一发票税控系统和公路、内河货物运输业发票税控系统的设备（如税控盘和传输盘）。

企业初次购入增值税税控系统专用设备，按实际支付或应付的金额，借记"固定资产"科目，贷记"银行存款""应付账款"等科目；按规定抵减的增值税应纳税额，借记"应交税费——应交增值税（减免税款）"科目（小规模纳税人应借记"应交税费——应交增值税"科目），贷记"管理费用"等科目。

企业发生增值税税控系统专用设备技术维护费，应按实际支付或应付的金额，借记"管理费用"科目，贷记"银行存款"等科目；按规定抵减的增值税应纳税额，借记"应交税费——应交增值税（减免税款）"科目（小规模纳税人应借记"应交税费——应交增值税"科目），贷记"管理费用"等科目。

【例3-31】 某公司为增值税一般纳税人，初次购买数台增值税税控系统专用设备作为固定资产核算，取得的增值税专用发票上注明价款为38 000元，增值税额为4 940元，价款和税款以银行存款支付。该公司应编制如下会计分录：

（1）取得设备，支付价款和税款时：

借：固定资产	42 940	
贷：银行存款		42 940

（2）按规定抵减增值税应纳税额时：

借：应交税费——应交增值税（减免税款）	42 940	
贷：管理费用		42 940

三、应交消费税

（一）消费税的概念及应纳税额的计算

消费税是以特定消费品的流转额为计税依据而征收的一种商品税。消费税的征收采取从价定率和从量定额两种基本方法。实行从价定率方法计算的应纳税额的税基为销售额，包括价款及价外费用，如价外收取的包装费、运输装卸费、代垫款项等。实行从量定额办法计算的应纳税额的销售数量是指应税消费品的数量。

(1) 实行从价定率征收时,应纳税额的计算公式如下:

$$应纳税额 = 销售额 \times 消费税税率$$

(2) 实行从量定额征收时,应纳税额的计算公式如下:

$$应纳税额 = 销售数量 \times 单位税额$$

(二) 消费税的账务处理

1. 销售应税消费品的账务处理

企业生产的应税消费品直接对外销售的,按其应交纳的消费税,借记"税金及附加"科目,贷记"应交税费——应交消费税"科目。

【例3-32】 甲公司于某年8月销售20件应税消费品,每件产品的销售价格为12 000元(不含应向购买方收取的增值税额),货款尚未收到,每件产品的成本为5 800元。该产品适用的增值税税率为13%、消费税税率为10%。甲公司应编制如下会计分录:

应交增值税(销项税额)= 12 000 × 20 × 13% = 31 200(元)

应交消费税 = 12 000 × 20 × 10% = 24 000(元)

借:应收账款	271 200
贷:主营业务收入	240 000
应交税费——应交增值税(销项税额)	31 200
借:税金及附加	24 000
贷:应交税费——应交消费税	24 000
借:主营业务成本	116 000
贷:库存商品	116 000

2. 自产自用应税消费品的账务处理

企业将生产的应税消费品用于在建工程等非生产机构时,按规定应交纳的消费税,借记"在建工程"等科目,贷记"应交税费——应交消费税"科目。

【例3-33】 甲公司将一批自产的应税消费品用于一项办公楼建造工程。该批产品的生产成本为480 000元,售价为640 000元。该批产品适用的增值税税率为13%、消费税税率为10%。甲公司应编制如下会计分录:

应交消费税 = 640 000 × 10% = 64 000(元)

借:在建工程	544 000
贷:库存商品	480 000
应交税费——应交消费税	64 000

【例3-34】 乙企业为增值税一般纳税人,本月领用一批自己企业生产的产品作为福利发放给企业职工,该批产品的成本为20 000元,市场不含增值税售价为30 000元,适用的增值税税率为13%、消费税税率为10%。乙企业应编制如下会计分录:

借：应付职工薪酬——职工福利费 33 900
　　税金及附加 3 000
　　贷：主营业务收入 30 000
　　　　应交税费——应交增值税(销项税额)(30 000×13%) 3 900
　　　　　　　　——应交消费税(30 000×10%) 3 000

同时：

借：主营业务成本 20 000
　　贷：库存商品 20 000

3. 委托加工应税消费品的账务处理

按照税法的规定，企业如有委托加工的应税消费品，应由受托方在向委托方交货时代收代缴消费税。委托方收回应税消费品后，若用于连续生产应税消费品，所纳税款准予按规定抵扣。委托方可将已代扣代缴的消费税，借记"应交税费——应交消费税"科目，贷记"应付账款""银行存款"等科目，待用委托加工的应税消费品生产出应纳消费税的产品销售时，再交纳消费税；如果委托方收回应税消费品后直接用于销售，委托方可将代扣代缴的消费税计入委托加工的应税消费品成本，借记"委托加工物资"等科目，贷记"应付账款""银行存款"等科目，委托加工应税消费品销售时，不需要再交纳消费税。

【例3-35】 甲公司为增值税一般纳税人，委托外单位把A原材料加工为B商品，甲公司提供成本为16 000元的A原材料，支付加工费用5 600元，支付的增值税进项税额为728元，支付的消费税为2 400元，全部价款已用银行存款支付。若甲公司收回委托加工B商品后用于连续生产应税消费品，代缴的消费税按规定可以抵扣。甲公司应编制如下会计分录：

(1) 发出材料时：

借：委托加工物资——B商品 16 000
　　贷：原材料——A原材料 16 000

(2) 支付加工费及税费时：

借：委托加工物资——B商品 5 600
　　应交税费——应交增值税(进项税额) 728
　　　　　　——应交消费税 2 400
　　贷：银行存款 8 728

(3) 收回委托加工材料并验收入库时：

借：库存商品——B商品 21 600
　　贷：委托加工物资——B商品 21 600

【例3-36】 沿用[例3-35]的资料，若甲公司收回委托加工B商品后直接用于销售，代缴的消费税不得抵扣，直接计入成本。甲公司应编制如下会计分录：

(1) 发出材料时：

```
借：委托加工物资——B商品                                    16 000
    贷：原材料——A原材料                                          16 000
```

（2）支付加工费及税费时：

```
借：委托加工物资——B商品                                     8 000
    应交税费——应交增值税(进项税额)                              728
    贷：银行存款                                                  8 728
```

（3）收回委托加工材料并验收入库时：

```
借：库存商品——B商品                                        24 000
    贷：委托加工物资——B商品                                     24 000
```

4. 进口应税消费品的账务处理

企业进口应税物资交纳的消费税由海关代征。应交纳的消费税按照组成计税价格和规定的税率计算，消费税计入该项物资成本，借记"在途物资""材料采购""原材料""库存商品"科目，贷记"银行存款"等科目。

【例3-37】 甲企业从国外进口一批需要交纳消费税的商品，已知该商品关税完税价格为540 000元，按规定应交纳关税108 000元，假定进口的应税消费品的消费税税率为10%、增值税税率为13%。货物报关后，从海关取得的"海关进口消费税专用缴款书"注明的消费税为72 000元、"海关进口增值税专用缴款书"注明的增值税为93 600元。进口商品已验收入库，全部货款和税款已用银行存款支付。甲企业应编制如下会计分录：

应交消费税额＝[(540 000＋108 000)÷(1－10%)]×10%＝72 000(元)

进口商品的入账成本＝540 000＋108 000＋72 000＝720 000(元)

应交增值税额＝(540 000＋108 000＋72 000)×13%＝93 600(元)

```
借：库存商品                                              720 000
    应交税费——应交增值税(进项税额)                           93 600
    贷：银行存款                                                813 600
```

四、其他应交税费

(一)其他应交税费概述

其他应交税费是指除上述应交税费以外的其他各种应上交国家的税费，包括应交资源税、应交土地增值税、应交房产税、应交城镇土地使用税、应交车船税、应交印花税、应交城市维护建设税、应交所得税、应交耕地占用税、应交教育费附加等。企业应当在"应交税费"科目下设置相应的明细科目进行核算，贷方登记应交纳的有关税费，借方登记已交纳的有关税费，期末余额在贷方，反映企业尚未交纳的有关税费。

(二)其他应交税费的账务处理

1. 资源税的账务处理

资源税是对我国境内开采矿产品或者生产盐的单位和个人征收的税种。资源税应当按照应税产品的课税数量和规定的单位税额计算。

企业销售产品或自产自用产品按规定应交的资源税，借记"税金及附加""生产成本"

"制造费用"等科目,贷记"应交税费——应交资源税"科目。企业实际交纳资源税时,借记"应交税费——应交资源税"科目,贷记"银行存款"科目。

【例3-38】 甲企业本期对外销售资源税应税矿产品1 600吨,将自产资源税应税矿产品800吨用于其产品生产,税法规定每吨矿产品应交资源税5元。甲企业应编制如下会计分录:

(1) 计算对外销售应税矿产品而应交纳的资源税时:

对外销售应税产品而应交纳的资源税=1600×5=9 000(元)

借:税金及附加　　　　　　　　　　　　　　　　　　9 000
　　贷:应交税费——应交资源税　　　　　　　　　　　　　　9 000

(2) 计算自用应税矿产品而应交纳的资源税时:

自产自用应税矿产品而应交纳的资源税=800×5=4 000(元)

借:生产成本　　　　　　　　　　　　　　　　　　　4 000
　　贷:应交税费——应交资源税　　　　　　　　　　　　　　4 000

(3) 交纳应交资源税时:

借:应交税费——应交资源税　　　　　　　　　　　　13 000
　　贷:银行存款　　　　　　　　　　　　　　　　　　　　　13 000

2. 土地增值税的账务处理

土地增值税是对转让国有土地使用权、地上建筑物及其附着物并取得收入的单位和个人,按照转让房地产所取得的增值额和规定的税率计算征收的税种。

土地增值税按照转让房地产所取得的增值额和规定的税率计算征收。转让房地产所取得的增值额是转让收入减去税法规定扣除项目金额后的余额,其中,转让收入包括货币收入、实物收入和其他收入;扣除项目主要包括取得土地使用权所支付的金额、开发土地的成本及费用、新建房及配套设施的成本及费用、与转让房地产有关的税金、旧房及建筑物的评估价格、财政部确定的其他扣除项目等。土地增值税采用四级超率累进税率,其中最低税率为30%,最高税率为60%。

企业对房地产核算的方法不同,企业应交土地增值税的账务处理也有所区别:企业转让的土地使用权连同地上建筑物及其附着物一并在"固定资产"科目核算的,转让时应交的土地增值税,借记"固定资产清理"科目,贷记"应交税费——应交土地增值税"科目;土地使用权在"无形资产"科目核算的,借记"银行存款""累计摊销""无形资产减值准备"科目,按应交的土地增值税,贷记"应交税费——应交土地增值税"科目,同时冲销土地使用权的账面价值,贷记"无形资产"科目,按其差额,借记或贷记"资产处置损益"科目。房地产开发经营企业销售房地产应交纳的土地增值税,借记"税金及附加"科目,贷记"应交税费——应交土地增值税"科目;交纳土地增值税时,借记"应交税费——应交土地增值税"科目,贷记"银行存款"科目。

【例3-39】 甲企业对外转让一栋厂房,根据税法规定计算的应交土地增值税为25 000元。甲企业应编制如下会计分录:

(1) 计算应交土地增值税时:

```
借：固定资产清理                                    25 000
    贷：应交税费——应交土地增值税                           25 000
```

(2) 用银行存款交纳土地增值税时：

```
借：应交税费——应交土地增值税                        25 000
    贷：银行存款                                        25 000
```

3. 房产税、城镇土地使用税和车船税的账务处理

房产税是国家对在城市、县城、建制镇和工矿区的房产征收的税种，房产税由产权所有人交纳。城镇土地使用税是国家为了合理利用城镇土地，调解土地级差收入，提高土地使用效益，加强土地管理而开征的税种，以纳税人实际占用的土地面积为计税依据。车船税是指对在我国境内应依法到公安、交通、农业、渔业、军事等管理部门办理登记的车辆、船舶，根据其种类，按照规定的计税依据和年税额标准计算征收的一种财产税；从2007年7月1日开始，我国境内的单位和个人在投保交强险时由保险公司代收代缴车船税。

企业按规定计算应交房产税、城镇土地使用税和车船税时，借记"税金及附加"科目，贷记"应交税费——应交房产税/应交城镇土地使用税/应交车船税"科目。企业实际交纳房产税、城镇土地使用税、车船税时，借记"应交税费——应交房产税/应交城镇土地使用税/应交车船税"科目，贷记"银行存款"科目。

【例3-40】 某企业按税法规定本期应交纳房产税为160 000元、车船税为38 000元、城镇土地使用税为45 000元。该企业应编制如下会计分录：

(1) 计算应交纳的税金时：

```
借：税金及附加                                      243 000
    贷：应交税费——应交房产税                            160 000
            ——应交城镇土地使用税                         45 000
            ——应交车船税                                38 000
```

(2) 用银行存款交纳税金时：

```
借：应交税费——应交房产税                            160 000
            ——应交城镇土地使用税                         45 000
            ——应交车船税                                38 000
    贷：银行存款                                       243 000
```

4. 印花税的账务处理

印花税是对书立、领受购销合同等凭证行为征收的税种，实行由纳税人根据规定自行计算应纳税额，购买并以此贴足印花税票的交纳方法。企业交纳的印花税不会发生应付未付税款的情况，也不需要预计应纳税金额，不存在与税务机关结算或清算的问题，因此不需要通过"应交税费"科目核算，而应当于购买印花税票时，借记"税金及附加"科目，贷记"银行存款"科目。

5. 城市维护建设税的账务处理

城市维护建设税（简称城建税）是我国为了加强城市的维护建设，扩大和稳定城市维护建设资金的来源而开征的税种。交纳增值税、消费税的单位和个人应当以本期实际交纳的

增值税、消费税税额为计税依据,计算本期应交城市维护建设税的金额。

企业按规定计算应交城市维护建设税时,借记"税金及附加"科目,贷记"应交税费——应交城市维护建设税"科目。企业实际交纳城市维护建设税时,借记"应交税费——应交城市维护建设税"科目,贷记"银行存款"科目。

【例3-41】 2023年7月,甲企业实际交纳增值税510 000元、消费税240 000元,适用的城市维护建设税税率为7%。甲企业应编制如下会计分录:

(1) 计算应交纳的城市维护建设税时:

应交纳的城市维护建设税=(510 000+240 000)×7%=52 500(元)

借:税金及附加 52 500
  贷:应交税费——应交城市维护建设税 52 500

(2) 用银行存款交纳城市维护建设税时:

借:应交税费——应交城市维护建设税 52 500
  贷:银行存款 52 500

6. 所得税的账务处理

所得税是按照企业当期应纳税所得额和适用税率计算征收的税种。企业期末按规定计算本期应交所得税时,借记"所得税费用"科目,贷记"应交税费——应交所得税"科目。企业实际交纳所得税时,借记"应交税费——应交所得税"科目,贷记"银行存款"科目。

7. 耕地占用税的账务处理

耕地占用税是国家为了合理利用土地资源,加强土地管理,保护农用耕地而征收的税种。耕地占用税根据实际占用的耕地面积和适用税率计算。企业交纳的耕地占用税不需要通过"应交税费"科目核算,按规定计算交纳耕地占用税时,借记"在建工程"科目,贷记"银行存款"科目。

8. 教育费附加的账务处理

教育费附加是为了加快发展地方教育事业,扩大地方教育经费的资金来源而征收的一种附加费。交纳增值税、消费税的单位和个人应当以本期实际交纳的增值税、消费税税额为计税依据计算本期应交教育费附加的金额。

企业按规定计算应交教育费附加时,借记"税金及附加"科目,贷记"应交税费——应交教育费附加"科目。企业实际交纳教育费附加时,借记"应交税费——应交教育费附加"科目,贷记"银行存款"科目。

【例3-42】 甲企业按税法规定计算2023年第四季度应交纳教育费附加为300 000元。款项已经用银行存款支付。甲企业应编制如下会计分录:

(1) 计算应交纳的教育费附加时:

借:税金及附加 300 000
  贷:应交税费——应交教育费附加 300 000

(2) 用银行存款交纳教育费附加时:

借:应交税费——应交教育费附加 300 000
  贷:银行存款 300 000

本章小结

本章主要介绍了常见流动性负债的理论概述和相关账务处理。短期借款是企业向银行或其他金融机构等借入的期限在1年以内(含1年)的各种借款,需要掌握取得短期借款、发生短期借款利息、归还短期借款的会计处理。应付票据是指企业购买材料、商品和接受服务等而开出、承兑的商业汇票,包括商业承兑汇票和银行承兑汇票。应付账款是指企业因购买材料、商品或接受服务等经营活动而应付给供应单位的款项。预收账款是指企业按照合同规定预收的款项。学生需要掌握上述应付款项的常见业务处理,此外,应付利息、应付股利、其他应付款的常见业务也需要了解。在应付职工薪酬核算中,货币性职工薪酬核算、非货币性职工薪酬核算是本章的重点,应交税费核算中增值税的相关规定及处理是本章的难点,本章的学习需要理论与实践相结合,加强对案例的学习与理解。

本章练习题

一、单项选择题

1. 2023年9月1日,某企业向银行借入资金350万元用于生产经营,借款期限为3个月,年利率为6%,到期一次还本付息,利息按月计提。下列关于该借款相关科目账务处理的表述中,正确的是( )。
   A. 借入款项时,借记"短期借款"科目350.00万元
   B. 每月预提借款利息时,贷记"财务费用"科目5.25万元
   C. 每月预提借款利息时,借记"应付利息"科目1.75万元
   D. 借款到期归还本息时,贷记"银行存款"科目355.25万元

2. 如果企业不设置"预收账款"科目,应将预收的货款记入( )。
   A. "应收账款"科目的借方   B. "应收账款"科目的贷方
   C. "应付账款"科目的借方   D. "应付账款"科目的贷方

3. 下列各项中,应列入资产负债表"其他应付款"项目的是( )。
   A. 应付租入包装物租金   B. 应付融资租入固定资产租金
   C. 结转到期无力支付的应付票据   D. 应付由企业负担的职工社会保险费

4. 某企业为增值税一般纳税人。2023年12月25日,向职工发放一批自产的空气净化器作为福利,该批产品售价为10万元,生产成本为7.5万元,按计税价格计算的增值税销项税额为1.3万元,不考虑其他因素。该笔业务应确认的应付职工薪酬为( )万元。
   A. 7.5   B. 11.3   C. 10.0   D. 8.8

5. 某企业为增值税一般纳税人,2023年度应交的各种税金包括增值税420万元、消费税180万元、城市维护建设税55万元、房产税10万元、车船税5万元、印花税1万元、个人所得税150万元。上述各项税金中应记入"税金及附加"科目的金额为( )万元。
   A. 821   B. 251   C. 671   D. 656

二、多项选择题

1. 下列各项中,引起"应付票据"科目金额发生增减变动的有( )。

A. 开出商业承兑汇票购买原材料
B. 转销已到期无力支付票款的商业承兑汇票
C. 转销已到期无力支付票款的银行承兑汇票
D. 支付银行承兑汇票手续费

2. 下列关于"应付利息"科目的表述中,正确的有(　　)。
A. 企业开出银行承兑汇票支付银行手续费,应借记"应付利息"科目
B. "应付利息"科目期末余额在贷方,反映企业应付未付的利息
C. 按照短期借款合同约定计算确认的应付利息,应借记"应付利息"科目
D. 企业支付已经预提的利息,应借记"应付利息"科目

3. 下列各项中,属于"应付职工薪酬"科目核算内容的有(　　)。
A. 正式任命并聘请的独立董事津贴
B. 已订立劳动合同的全职职工的奖金
C. 已订立劳动合同的临时职工的工资
D. 向住房公积金管理机构缴存的住房公积金

4. 企业将自有房屋无偿提供给本企业行政管理人员使用。下列关于计提房屋折旧的账务处理的表述中,不正确的有(　　)。
A. 借记"其他业务成本"科目,贷记"累计折旧"科目
B. 借记"其他应收款"科目,贷记"累计折旧"科目
C. 借记"营业外支出"科目,贷记"累计折旧"科目
D. 借记"管理费用"科目,贷记"应付职工薪酬"科目,同时借记"应付职工薪酬"科目,贷记"累计折旧"科目。

5. 下列各项中,应通过"应交税费"科目核算的有(　　)。
A. 交纳的印花税
B. 增值税一般纳税人购进固定资产应支付的增值税进项税额
C. 为企业员工代扣代缴的个人所得税
D. 交纳的耕地占用税

三、判断题

1. 应付商业承兑汇票到期,企业无力支付票款的,应将应付票据按账面余额转入应付账款。(　　)
2. 企业向投资者宣告发放现金股利,应在宣告时确认为费用。(　　)
3. 企业提前解除劳动合同给予职工解除劳动关系的补偿,应通过"应付职工薪酬——辞退福利"科目核算。(　　)
4. 企业应在职工发生实际缺勤的会计期间确认与非累积带薪缺勤相关的应付职工薪酬。(　　)
5. 企业在职工提供了服务从而增加了其未来享有的带薪缺勤权利时,确认与非累积带薪缺勤相关的职工薪酬。(　　)

四、经济业务题

1. A公司于2023年1月1日向银行借入180 000元,期限为9个月,年利率为6%。该借款

到期后按期如数归还，利息分月预提，按季支付。

要求：编制 A 公司借入款项、按月预提利息、按季支付利息和到期时归还本金及利息的会计分录。

2. D 公司委托 F 公司加工用于连续生产的应税消费品。两家公司均为增值税一般纳税人，适用的增值税税率为 13%，适用的消费税税率为 5%。有关资料如下：

(1) D 公司发出材料一批，实际成本为 71 400 元。

(2) 按合同规定，D 公司用银行存款支付 F 公司加工费用 4 600 元（不含增值税），并支付相应的增值税和消费税。

(3) D 公司用银行存款支付往返运杂费 600 元（不考虑增值税进项税额）。

(4) D 公司委托 F 公司加工完成后，该批材料已验收入库。

要求：计算 D 公司应承担的增值税、消费税金额，并作出以上业务的会计分录。

答案及解析

第四章 所有者权益

所有者权益是指企业资产扣除负债后由所有者享有的剩余权益。企业的所有者权益也称为股东权益。

所有者权益通常由实收资本（或股本）、其他权益工具（如优先股、永续债等）、资本公积、其他综合收益、专项储备、留存收益构成。所有者权益的来源包括所有者投入的资本、直接计入所有者权益的利得和损失、留存收益等。其中，直接计入所有者权益的利得和损失是指不应计入当期损益、会导致所有者权益发生增减变动的、与所有者投入资本或者向所有者分配利润无关的利得或者损失。

案例导入

甲有限责任公司（以下简称公司）由投资者A、B于2023年1月1日分别出资1 000 000元设立。经过一年辛苦运营，公司于2023年实现净利润600 000元，假如没有分配现金股利，此时公司的净资产达到2 600 000元。2023年12月31日，第三位投资者C想入伙。为扩大经营规模，投资者A和投资者B同意其入伙。并决定将公司的注册资本由2 000 000元增加到3 000 000元。投资者C正打着自己的如意算盘：想以现金出资1 000 000元享有公司1/3的注册资本。

问题：

请问投资者A和投资者B会同意吗？

学习目标

通过本章的学习，学生能够达到以下学习目标：

(1) 掌握实收资本（或股本）的内容及相关账务处理。

(2) 掌握资本公积的内容及相关账务处理。

(3) 掌握盈余公积计提、使用的账务处理。

(4) 掌握未分配利润结转的账务处理。

(5) 熟悉所有者权益的构成内容，以及库存股的账务处理。

(6) 熟悉留存收益的概念及其内容。

(7) 了解其他权益工具的内容及相关账务处理。

(8) 了解其他综合收益的账务处理。

课程思政

所有者权益是企业发展的基础,所有者应该以负责任、尊重法律的态度,积极参与企业的发展过程,维护企业的合法权益。同时,做人要有责任感。正如习近平总书记在党的二十大报告中提出:"必须坚持胸怀天下。中国共产党是为中国人民谋幸福、为中华民族谋复兴的党,也是为人类谋进步、为世界谋大同的党。我们要拓展世界眼光,深刻洞察人类发展进步潮流,积极回应各国人民普遍关切,为解决人类面临的共同问题作出贡献,以海纳百川的宽阔胸襟借鉴吸收人类一切优秀文明成果,推动建设更加美好的世界"。

第一节 实收资本(或股本)和其他权益工具

一、实收资本(或股本)概述

(一) 实收资本(或股本)的概念

实收资本是指有限责任公司或其他形式的公司成立时按股东投资协议的约定、章程或合同规定等,实际收到的投资者的出资额,它是企业注册登记法定资本总额的来源,它表明所有者对企业的基本产权关系。所有者在所有者权益中所占的份额,根据实收资本的构成比例确定。

股本是指股份有限公司实际收到的资本,以股票的形式存在,其金额等于股票面值总额(即每股股票面值和股票总数的乘积)。

(二) 股东出资方式

根据《中华人民共和国公司法》的规定,股东应当按照以下原则进行出资:

(1) 股东可以用货币出资,也可以用实物、知识产权、土地使用权等可以用货币估价并可以依法转让的非货币财产作价出资;但是,法律、行政法规规定不得作为出资的财产除外。对作为出资的非货币财产应当评估作价,核实财产,不得高估或者低估作价。法律、行政法规对评估作价有规定的,从其规定。

(2) 股东应当按期足额交纳公司章程中规定的各自所认缴的出资额。股东以货币出资的,应当将货币出资足额存入有限责任公司在银行开设的账户;以非货币财产出资的,应当依法办理其财产权的转移手续。

(3) 股东不按照前款第(1)、第(2)项规定交纳出资的,除应当向公司足额交纳外,还应当向已按期足额交纳出资的股东承担违约责任。

(三) 实收资本(或股本)的增减变动

一般情况下,企业的实收资本应相对固定不变,但在某些特定情况下,实收资本也可能发生增减变化。《中华人民共和国企业法人登记管理条例施行细则》规定,除国家另有规定外,企业的注册资金应当与实收资本相一致,当实收资本比原注册资金增加或减少超过20%时,应持资金使用证明或者验资证明,向原登记主管机关申请变更登记。如擅自改变注册资本或抽逃资金,要受到市场监督管理部门的处罚。

二、实收资本(或股本)的账务处理

股份有限公司应设置"股本"科目,核算公司实际发行股票的面值总额。该科目的贷方登记公司在核定的股份总额及股本总额范围内实际发行股票的面值总额,借方登记公司按照法定程序经批准减少的股本数额;期末余额在贷方,反映公司股本实有数额。

除股份有限公司外,其他企业应设置"实收资本"科目,以核算投资者投入资本的增减变动情况。该科目的贷方登记实收资本的增加数额,借方登记实收资本的减少数额;期末余额在贷方,反映企业期末实收资本实有数额。

(一)接受现金资产投资

股份有限公司发行股票时,既可以按面值发行股票,又可以溢价发行(我国目前不允许折价发行)股票。股份有限公司在核定的股本总额及核定的股份总额的范围内发行股票时,应在实际收到现金资产时进行账务处理。接受现金资产投资的账务处理如表 4-1 所示。

表 4-1 接受现金资产投资的账务处理

股份有限公司	股份有限公司以外的企业
借:银行存款等 　贷:股本【每股面值×股数】 　　　资本公积——股本溢价【实际收到的金额与投资者在企业股本中所占份额的差额】 发行费用的账务处理: 借:资本公积——股本溢价① 　　盈余公积② 　　利润分配——未分配利润③ 　贷:银行存款 属于溢价发行的,发行费用从溢价收入中扣除,冲减"资本公积——股本溢价"科目;溢价金额不足冲减的,或者属于按面值发行无溢价的,依次冲减"盈余公积"科目和"利润分配——未分配利润"科目,即按照分录中①②③的顺序冲减	借:银行存款等 　贷:实收资本【按合同或协议约定的投资者在注册资本中所占份额】 　　　资本公积——资本溢价【实际收到的金额与实收资本之间的差额】

【例 4-1】 甲有限责任公司由投资者 A 和投资者 B 分别出资 2 000 000 元设立。为扩大经营规模,甲有限责任公司的注册资本由 4 000 000 元增加到 5 000 000 元,并引入第三位投资者 C 加入。按照投资协议,投资者 C 以现金出资 1 500 000 元,同时享有甲有限责任公司 1/5 的注册资本。甲有限责任公司已收到该现金投资,不考虑其他因素。甲有限责任公司应编制如下会计分录:

```
借:银行存款                          1 500 000
    贷:实收资本——投资者 C                     1 000 000
        资本公积——资本溢价                      500 000
```

(二) 接受非现金资产投资

企业接受投资者作价投入的非现金资产,应按投资合同或协议约定的价值确定资产入账价值(不公允的除外),按投资合同或协议约定的投资者在企业注册资本(或股本)中所占份额的部分作为实收资本(或股本)入账,投资合同或协议约定的价值(不公允的除外)超过投资者在企业注册资本(或股本)中所占份额的部分,计入资本公积(资本溢价或股本溢价)。接受非现金资产投资的账务处理如表4-2所示。

表4-2 接受非现金资产投资的账务处理

接受投入原材料物资	接受投入固定资产或无形资产
借:库存商品/原材料等【合同或协议价】 　　应交税费——应交增值税(进项税额) 贷:实收资本/股本 　　资本公积——资本溢价/股本溢价	借:固定资产/无形资产【合同或协议价】 　　应交税费——应交增值税(进项税额) 贷:实收资本/股本 　　资本公积——资本溢价/股本溢价

【例4-2】 甲公司设立时收到乙公司作为资本投入的不需要安装的设备一台,合同约定的价值500 000元与公允价值相同,增值税进项税额为65 000元(由投资方支付税款,并开具增值税专用发票)。按照约定,乙公司在甲公司注册资本中所占的份额为300 000元。不考虑其他因素。甲公司应编制如下会计分录:

借:固定资产　　　　　　　　　　　　　　　　　　　　500 000
　　应交税费——应交增值税(进项税额)　　　　　　　　65 000
　　贷:实收资本　　　　　　　　　　　　　　　　　　　　300 000
　　　　资本公积——资本溢价　　　　　　　　　　　　　　265 000

(三) 实收资本(或股本)的增减变动

1. 实收资本(或股本)的增加

企业一般增加资本主要有接受投资者追加投资、资本公积转增资本和盈余公积转增资本三个途径。

企业按规定接受投资者追加投资时,其核算方法与投资者初次投入时相同。企业采用资本公积或盈余公积转增资本时,应按转增的资本金额确认实收资本(或股本)。由于资本公积和盈余公积均属于所有者权益,用其转增资本时,如果是独资企业则比较简单,直接结转即可;如果是股份有限公司或有限责任公司应该按照原投资者各自出资的比例,相应增加各投资者的出资额。实收资本(或股本)增加的账务处理如表4-3所示。

表4-3 实收资本(或股本)增加的账务处理

接受投资者追加投资	资本公积转增资本	盈余公积转增资本
借:银行存款 贷:实收资本/股本 　　资本公积——资本溢价 　　　(或股本溢价)	借:资本公积 贷:实收资本/股本	借:盈余公积 贷:实收资本/股本

【例4-3】 甲有限责任公司由投资者A和投资者B分别出资700 000元和300 000元

设立。为扩大经营规模,甲有限责任公司按原出资比例将资本公积 200 000 元转增资本。不考虑其他因素。甲有限责任公司应编制如下会计分录:

借:资本公积——资本溢价　　　　　　　　　　　　　　　　200 000
　　贷:实收资本——投资者 A　　　　　　　　　　　　　　　140 000
　　　　　　　　——投资者 B　　　　　　　　　　　　　　　 60 000

2. 实收资本(或股本)的减少

实收资本减少的三个主要原因包括资本过剩、企业发生重大亏损而减少实收资本、企业发展需要调节资本结构。

(1) 非股份有限公司按法定程序报经批准减少注册资本的,按减少的注册资本金额减少实收资本。其账务处理如下:

借:实收资本
　　贷:银行存款

(2) 股份有限公司采用收购本公司股票方式减资的,通过"库存股"科目核算回购股份的金额。回购、注销股票的账务处理如表 4-4 所示。

表 4-4　回购、注销股票的账务处理

回购股票	注销股票	
	回购价＞股本	回购价＜股本
借:库存股 【每股回购价格×注销股数】 贷:银行存款	借:股本【注销股票的面值总额】 　　资本公积——股本溢价① 　　盈余公积② 　　利润分配——未分配利润③ 　　贷:库存股	借:股本【注销股票的面值总额】 　　贷:库存股【注销库存股的账面余额】 　　　　资本公积——股本溢价 　　　　【差额】

【例 4-4】 2023 年 12 月 31 日,甲上市公司的股本为 40 000 000 股(面值为 1 元),资本公积(股本溢价)为 10 000 000 元,盈余公积为 20 000 000 元。经股东大会批准,该上市公司以现金回购本公司股票 4 000 000 股并注销。假定甲上市公司按每股 3 元的价格回购股票,不考虑其他因素。甲上市公司应编制如下会计分录:

(1) 回购本公司股份时:

库存股成本 = 4 000 000×3 = 12 000 000(元)

借:库存股　　　　　　　　　　　　　　　　　　　　　　　12 000 000
　　贷:银行存款　　　　　　　　　　　　　　　　　　　　 12 000 000

(2) 注销本公司股份时:

应冲减的资本公积 = 4 000 000×3 − 4 000 000×1 = 8 000 000(元)

借:股本　　　　　　　　　　　　　　　　　　　　　　　　 4 000 000
　　资本公积——股本溢价　　　　　　　　　　　　　　　　 8 000 000
　　贷:库存股　　　　　　　　　　　　　　　　　　　　　12 000 000

【例 4-5】 承[例 4-4]，假定甲上市公司按每股 6 元的价格回购股票，其他条件不变。甲上市公司应编制如下会计分录：

(1) 回购本公司股份时：

借：库存股　　　　　　　　　　　　　　　　　　　　　　　24 000 000
　　贷：银行存款　　　　　　　　　　　　　　　　　　　　　24 000 000

(2) 注销本公司股份时：

借：股本　　　　　　　　　　　　　　　　　　　　　　　　 4 000 000
　　资本公积——股本溢价　　　　　　　　　　　　　　　　　10 000 000
　　盈余公积　　　　　　　　　　　　　　　　　　　　　　　10 000 000
　　贷：库存股　　　　　　　　　　　　　　　　　　　　　　24 000 000

【例 4-6】 承[例 4-4]，假定甲上市公司按每股 0.8 元的价格回购股票，其他条件不变。甲上市公司应编制如下会计分录：

(1) 回购本公司股份时：

借：库存股　　　　　　　　　　　　　　　　　　　　　　　 3 200 000
　　贷：银行存款　　　　　　　　　　　　　　　　　　　　　 3 200 000

(2) 注销本公司股份时：

借：股本　　　　　　　　　　　　　　　　　　　　　　　　 4 000 000
　　贷：库存股　　　　　　　　　　　　　　　　　　　　　　 3 200 000
　　　　资本公积——股本溢价　　　　　　　　　　　　　　　　 800 000

三、其他权益工具

(一) 其他权益工具概述

其他权益工具是企业发行的除普通股以外的按照准则规定归类为权益工具的各种金融工具，如优先股、永续债等。企业应根据所签订金融工具的合同条款及其所反映的经济实质而非仅以法律形式，结合金融资产、金融负债和权益工具的定义，在初始确认时将该金融工具或其组成部分分类为金融资产、金融负债或权益工具。其他权益工具的分类如表 4-5 所示。

表 4-5　其他权益工具的分类

项目	优先股	永续债
概念	(1) 在一般规定的普通种类股份之外，另行规定的其他种类股份 (2) 优先股每股票面金额为 100 元	没有到期日的债券，一般由主权国家、大型企业发行，持有人不能要求清偿本金，但可以按期取得利息
特点	(1) 优先股的股东对公司剩余资产、利润分配等享有优先权，风险较小 (2) 优先股股东对公司的经营没有参与权 (3) 优先股股东不能退股，只能通过优先股的赎回条款被公司赎回	(1) 高票息 (2) 长久期 (3) 附加赎回条款并伴随利率调整条款（长期高息附条款）

(二) 其他权益工具的账务处理

(1) 其他权益工具账务处理的基本原则包括：① 对于归类为权益工具的金融工具，无论其名称中是否包含"债"，其利息支出或股利分配都应当作为发行企业的利润分配，其回购、注销等作为权益的变动处理。② 对于归类为金融负债的金融工具，无论其名称中是否包含"股"，其利息支出或股利分配原则上按照借款费用进行账务处理，其回购或赎回产生的利得或损失等计入当期损益。

(2) 企业（发行方）发行金融工具，其发生的手续费、佣金等交易费用，如分类为权益工具的，应当从权益（其他权益工具）中扣除；如分类为债务工具且以摊余成本计量的，应当计入所发行工具的初始计量金额。

(3) 企业应设置所有者权益类"其他权益工具"科目，并按发行其他权益工具的种类设置"优先股""永续债"明细科目进行明细核算。

其他权益工具的账务处理如表 4-6 所示。

表 4-6　其他权益工具的账务处理

情形	账务处理
发行其他权益工具	借：银行存款 　　贷：其他权益工具【发行价－手续费、佣金等交易费用】
存续期间分派股利	借：利润分配——应付优先股股利、应付永续债股利 　　贷：应付股利——优先股股利、永续债股利
赎回其他权益工具	借：库存股——其他权益工具 　　贷：银行存款等
注销	借：其他权益工具 　　贷：库存股——其他权益工具

第二节　资本公积和其他综合收益

一、资本公积概述

资本公积是企业收到投资者出资额超出其在注册资本（或股本）中所占份额的部分，以及其他资本公积等。资本公积包括资本溢价（或股本溢价）和其他资本公积等。资本公积的构成如表 4-7 所示。

表 4-7　资本公积的构成

资本溢价/股本溢价	其他资本公积
形成资本溢价（或股本溢价）的原因有溢价发行股票、投资者超额缴入资本等	是指除资本溢价（或股本溢价）以外所形成的资本公积

与实收资本（或股本）不同，资本公积不直接反映企业所有者在企业的基本产权关系，

不作为企业持续经营期间进行利润或股利分配的依据。

二、资本公积的账务处理

为了反映和监督企业资本公积的增减变动情况,企业应设置"资本公积"科目。该科目的贷方登记资本公积的增加额,借方登记资本公积的减少额;期末余额在贷方,反映企业资本公积结余额。

(一)资本溢价或股本溢价

1. 资本溢价

除股份有限公司之外的其他类型的企业,在企业创立时,投资者认缴的出资额与注册资本一致,一般不会产生资本溢价。但在企业重组或有新的投资者加入时,常常会出现资本溢价的情况。因为在企业进行正常生产经营后,其资本利润率通常要高于企业初创阶段,另外,企业有内部积累,新投资者加入企业后,对这些积累将来也要分享,所以新加入的投资者往往要付出大于原投资者的出资额,才能取得与原投资者相同的出资比例。投资者多缴的部分计入资本溢价。其账务处理如下:

借:银行存款
　　贷:实收资本
　　　　资本公积——资本溢价

2. 股本溢价

在按面值发行股票的情况下,企业发行股票取得的收入,应全部作为股本处理;在溢价发行股票的情况下,企业发行股票取得的收入,等于股票面值的部分计入股本,超出股票面值的溢价收入计入股本溢价。

(1)企业发行股票的账务处理如下:

借:银行存款
　　贷:股本
　　　　资本公积——股本溢价

(2)发行股票所发生的手续费、佣金等交易费用的账务处理如下:

借:资本公积——股本溢价
　　盈余公积
　　利润分配——未分配利润
　　贷:银行存款

【例4-7】 甲股份有限公司通过证券公司对外公开发行普通股10 000 000股,每股面值为1元,每股发行价格为3元,按发行收入的3%收取手续费,从发行收入中扣除,发行所得款项已存入银行,不考虑其他因素。甲股份有限公司应编制如下会计分录:

借:银行存款　　　　　　　　　　　　　　　　　　　　　　　30 000 000
　　贷:股本　　　　　　　　　　　　　　　　　　　　　　　　10 000 000
　　　　资本公积——股本溢价　　　　　　　　　　　　　　　　20 000 000

借：资本公积——股本溢价　　　　　　　　　　　　　　　　900 000
　　贷：银行存款　　　　　　　　　　　　　　　　　　　　　　　　900 000
或者合并分录：
借：银行存款　　　　　　　　　　　　　　　　　　　　29 100 000
　　贷：股本　　　　　　　　　　　　　　　　　　　　　　　　10 000 000
　　　　资本公积——股本溢价　　　　　　　　　　　　　　　19 100 000

(二) 其他资本公积

其他资本公积是指除资本溢价(或股本溢价)之外所形成的资本公积。其他资本公积的账务处理如表 4-8 所示。

表 4-8　其他资本公积的账务处理

情形	账务处理
投资企业对被投资单位的长期股权投资采用权益法核算的,在持股比例不变的情况下,对因被投资单位除净损益、其他综合收益和利润分配以外所有者权益的其他变动,投资企业按应享有或分担份额而增加或减少其他资本公积	借：长期股权投资——其他权益变动 　　贷：资本公积——其他资本公积 或作相反分录
处置相关股权投资时(假设全部处置)要将原记入"资本公积——其他资本公积"科目的金额结转至"投资收益"科目中	借：资本公积——其他资本公积 　　贷：投资收益 或作相反分录
以权益结算的股份支付换取职工或其他方提供服务的,在授予日应按照确定的金额记入当期费用,同时增加资本公积(其他资本公积)	借：管理费用等 　　贷：资本公积——其他资本公积
行权日,按实际行权的权益数量计算确定的金额转入实收资本或股本,差额确认为资本公积(资本溢价/股本溢价)	借：资本公积——其他资本公积 　　贷：实收资本/股本 　　　　资本公积——资本溢价/股本溢价

(三) 资本公积转增资本

经股东大会或类似机构决议,用资本公积转增资本时,应冲减资本公积,同时按照转增资本前的实收资本(或股本)的结构或比例,将转增的金额记入"实收资本(或股本)"科目下各所有者的明细分类账。其账务处理如下：

借：资本公积
　　贷：实收资本/股本

三、其他综合收益概述

其他综合收益是指企业根据其他会计准则规定未在当期损益中确认的各项利得和损失。其包括以后会计期间不能重分类进损益的其他综合收益和以后会计期间满足规定条件时将重分类进损益的其他综合收益两类。

1. 以后会计期间不能重分类进损益的其他综合收益

以后会计期间不能重分类进损益的其他综合收益主要包括：

（1）重新计量设定受益计划净负债或净资产变动导致的变动。

（2）按权益法核算的长期股权投资因被投资单位重新计量设定受益计划净负债或净资产变动导致的权益变动，投资企业按持股比例计算确认的其他综合收益。

（3）指定为以公允价值计量且其变动计入其他综合收益的非交易性权益工具投资的公允价值变动。

2. 以后会计期间满足规定条件时将重分类进损益的其他综合收益

以后会计期间满足规定条件时将重分类进损益的其他综合收益主要包括：

（1）分类为以公允价值计量且其变动计入其他综合收益的金融资产（其他债权投资）：终止确认时，将已计入其他综合收益的累计利得或损失转入当期损益。

（2）金融资产的重分类：其他债权投资重分类为债权投资或重分类为交易性金融资产的，可以将原计入其他综合收益的利得或损失转入当期损益。

（3）采用权益法核算的长期股权投资：按照被投资单位实现其他综合收益以及持股比例计算应分享或分担的金额，计入其他综合收益（可转损益）的部分，待该项股权投资处置时，将原计入其他综合收益的金额转入当期损益。

（4）自用房地产或存货转换为采用公允价值模式计量的投资性房地产：因转换日的公允价值大于原账面价值的差额作为其他综合收益核算；处置该项投资性房地产时，原计入其他综合收益的部分应当转入当期损益。

第三节 留存收益

一、留存收益概述

留存收益是指企业从历年实现的利润中提取或形成的留存于企业的内部积累，包括盈余公积和未分配利润两类。

（一）盈余公积

盈余公积是指企业按照有关规定从净利润（减去弥补以前年度亏损）中提取的积累资金。企业的盈余公积包括法定盈余公积和任意盈余公积。

法定盈余公积是指企业按照规定的比例从净利润中提取的盈余公积。公司制企业应按照净利润（减弥补以前年度亏损，下同）的 10% 提取法定盈余公积；非公司制企业法定盈余公积的提取比例可超过净利润的 10%。法定盈余公积累计额已达注册资本的 50% 时可以不再提取。公司制企业可以根据股东会或股东大会的决议提取任意盈余公积；非公司制企业经类似权力机构批准，也可以提取任意盈余公积。提取盈余公积基数等于当年净利润减去以前年度亏损（无亏损则为 0）。法定公积金（盈余公积）转增资本时，所留存的该项（法定）公积金不得少于转增前公司注册资本的 25%。

任意盈余公积是指企业按照股东会或股东大会决议提取的盈余公积。

企业提取的盈余公积经批准可用于弥补亏损、转增资本、发放现金股利或利润等。

(二) 未分配利润

未分配利润是指企业实现的净利润经过弥补亏损、提取盈余公积和向投资者分配利润后留存在企业的、历年结存的利润。相对于所有者权益的其他部分来说，企业对于未分配利润的使用有较大的自主权。

上述过程中的利润分配是指企业根据国家有关规定和企业章程、投资者协议等，对企业当年可供分配的利润所进行的分配。利润分配以可供分配利润为基础，按以下顺序进行：①提取法定盈余公积。②提取任意盈余公积。③向投资者分配利润。

二、留存收益的账务处理

(一) 会计科目的设置

（1）"利润分配"科目，用以核算和监督企业利润的分配（或亏损的弥补）和历年分配（或弥补）后的余额。该科目属于所有者权益类科目。"利润分配"科目应设置"提取法定盈余公积""提取任意盈余公积""应付现金股利或利润""转作股本的股利""盈余公积补亏""未分配利润"等明细科目进行明细核算。

（2）"盈余公积"科目，用以核算和监督盈余公积的形成和使用情况。该科目属于所有者权益类科目，其借方登记盈余公积的减少金额，贷方登记盈余公积的增加金额；期末余额在贷方，反映结存的盈余公积金额。"盈余公积"科目可分设"法定盈余公积"和"任意盈余公积"两个明细科目进行明细核算。

(二) 利润分配的账务处理

1. 结转本年利润

期末，企业应将所有损益类科目的余额转入"本年利润"科目，借记"主营业务收入""其他业务收入""营业外收入"等科目，贷记"本年利润"科目；借记"本年利润"科目，贷记"主营业务成本""其他业务成本""营业外支出"等科目。期末，"本年利润"科目的贷方余额反映当期实现的净利润，借方余额反映当期发生的净亏损。

2. 结转实现的净利润

年末，企业应将"本年利润"科目的余额转入"利润分配——未分配利润"科目，借记或贷记"本年利润"科目，贷记或借记"利润分配——未分配利润"科目。年末结转后，"本年利润"科目无余额。

年末，企业计算出当年实现的净利润后，就需要按照一定的顺序进行利润分配，在进行利润分配之前，企业应当先计算当年可供分配利润。可供分配利润是指企业当年可以分配的利润，其计算公式如下：

$$\text{可供分配的利润} = \text{年初未分配利润（或 } - \text{年初未弥补亏损）} + \text{当年实现的净利润（或净亏损）} + \text{其他转入（如用盈余公积弥补亏损）}$$

如果可供分配的利润为负数（即亏损），则不能进行后续分配；如果可供分配的利润为正数（即当年累计盈利），则可以进行后续分配。

3. 分配利润

利润分配以可供分配利润为基础,按以下顺序进行分配:

(1) 提取法定盈余公积。企业按规定提取盈余公积时,借记"利润分配——提取法定盈余公积"科目,贷记"盈余公积——法定盈余公积"科目。

(2) 提取任意盈余公积。企业根据股东会或股东大会的决议提取任意盈余公积时,借记"利润分配——提取任意盈余公积"科目,贷记"盈余公积——任意盈余公积"科目。

【例4-8】 2023年1月1日,甲股份有限公司未弥补亏损为2 000 000元。2023年度实现净利润5 000 000元,甲股份有限公司按10%的比例提取法定盈余公积、按5%的比例提取任意盈余公积,不考虑其他因素。甲股份有限公司应编制如下会计分录:

2023年甲股份有限公司提取法定盈余公积的金额=(5 000 000-2 000 000)×10%=300 000(元)

2023年甲股份有限公司提取任意盈余公积的金额=(5 000 000-2 000 000)×5%=150 000(元)

借:利润分配——提取法定盈余公积　　　　　　　　　　　　　　　　300 000
　　　　　　——提取任意盈余公积　　　　　　　　　　　　　　　　150 000
　贷:盈余公积——法定盈余公积　　　　　　　　　　　　　　　　　300 000
　　　　　　——任意盈余公积　　　　　　　　　　　　　　　　　　150 000

(3) 向投资者分配利润或股利。企业宣告发放现金股利或利润时,应借记"利润分配——应付现金股利或利润"科目,贷记"应付股利"科目。企业实际发放股票股利时,应借记"利润分配——转作股本的股利"科目,贷记"股本"科目。

4. 结转利润分配除"未分配利润"之外其他明细科目的余额

年末,企业应将"利润分配"科目所属其他明细科目的余额,转入"未分配利润"明细科目,借记"利润分配——未分配利润"科目,贷记"利润分配——提取法定盈余公积""利润分配——提取任意盈余公积""利润分配——应付现金股利或利润"等科目;借记"利润分配——盈余公积补亏"等科目,贷记"利润分配——未分配利润"科目。结转后,"利润分配——未分配利润"科目的贷方余额反映企业累积未分配的利润;如出现借方余额,则反映企业累积未弥补的亏损。

【例4-9】 2023年年初,甲股份有限公司的未分配利润为2 000 000元。本年实现净利润3 000 000元,提取法定盈余公积300 000元,宣告发放现金股利500 000元,不考虑其他因素。甲股份有限公司应编制如下会计分录:

(1) 2023年度终了,结转本年实现的净利润时:

借:本年利润　　　　　　　　　　　　　　　　　　　　　　　　　3 000 000
　贷:利润分配——未分配利润　　　　　　　　　　　　　　　　　3 000 000

(2) 提取法定盈余公积、宣告发放现金股利时:

借:利润分配——提取法定盈余公积　　　　　　　　　　　　　　　300 000
　　　　　　——应付现金股利或利润　　　　　　　　　　　　　　500 000
　贷:盈余公积　　　　　　　　　　　　　　　　　　　　　　　　300 000
　　应付股利　　　　　　　　　　　　　　　　　　　　　　　　　500 000

（3）2023年年末，结转利润分配除"未分配利润"之外其他明细科目的余额时：

借：利润分配——未分配利润　　　　　　　　　　　　　800 000
　　贷：利润分配——提取法定盈余公积　　　　　　　　　　300 000
　　　　　　　　——应付现金股利或利润　　　　　　　　　500 000

（三）盈余公积的账务处理

盈余公积的账务处理如表4-9所示。

表4-9　盈余公积的账务处理

情形		账务处理
提取时	提取盈余公积	借：利润分配——提取法定盈余公积 　　　　　　——提取任意盈余公积 　　贷：盈余公积——法定盈余公积 　　　　　　　——任意盈余公积
使用时 （3个用途）	盈余公积补亏	借：盈余公积 　　贷：利润分配——盈余公积补亏
	盈余公积转增资本	借：盈余公积 　　贷：股本/实收资本
	盈余公积发放现金股利或利润	（1）宣告分配现金股利： 　　借：盈余公积 　　　　贷：应付股利 （2）实际发放现金股利： 　　借：应付股利 　　　　贷：银行存款

【例4-10】 2022年，甲股份有限公司因产品销售问题导致巨额亏损，经股东大会批准，用以前年度提取的盈余公积弥补本年亏损800 000元，不考虑其他因素。甲股份有限公司应编制如下会计分录：

借：盈余公积　　　　　　　　　　　　　　　　　　　　800 000
　　贷：利润分配——盈余公积补亏　　　　　　　　　　　　800 000

【例4-11】 甲股份有限公司由投资者A和投资者B分别出资7 000 000元和3 000 000元设立。为扩大经营规模，甲股份有限公司按原出资比例将盈余公积1 000 000元转增资本，不考虑其他因素。甲股份有限公司应编制如下会计分录：

借：盈余公积　　　　　　　　　　　　　　　　　　　1 000 000
　　贷：股本——投资者A　　　　　　　　　　　　　　　　700 000
　　　　　——投资者B　　　　　　　　　　　　　　　　　300 000

【例4-12】 2023年12月31日，经股东大会批准，甲股份有限公司对2023年的税后利润进行现金股利的分配，共分配现金股利5 000 000元，其中以盈余公积分配1 000 000元，剩余应分配的现金股利动用可供投资者分配的利润4 000 000元。2024年1月15日，甲公司支付全部现金股利，不考虑其他因素。甲股份有限公司应编制如下会计分录：

(1) 宣告分配现金股利时：

借：利润分配——应付现金股利或利润　　　　　　　　　　　　　　　4 000 000
　　盈余公积　　　　　　　　　　　　　　　　　　　　　　　　　　1 000 000
　　贷：应付股利　　　　　　　　　　　　　　　　　　　　　　　　　　　　5 000 000

(2) 支付现金股利时：

借：应付股利　　　　　　　　　　　　　　　　　　　　　　　　　　5 000 000
　　贷：银行存款　　　　　　　　　　　　　　　　　　　　　　　　　　　　5 000 000

本章小结

所有者权益的来源包括所有者投入的资本、直接计入所有者权益的利得和损失、留存收益等。本章重点介绍了实收资本（或股本）、资本公积、其他综合收益和留存收益的有关内容。本章首先阐述了实收资本（或股本）概述，以及除股份有限公司和股份有限公司以外的企业接受现金资产投资、非现金资产投资和实收资本（或股本）的增减变动的相关账务处理，其他权益工具概述和相关账务处理；其次阐述了资本公积概述，以及由其形成和运用的相关账务处理，其他综合收益概述；最后阐述了留存收益概述和相关账务处理。

所有者权益反映了企业的净资产和所有者的投入、运营和获利情况。它不仅反映了企业的经济实力和稳定性，还代表了企业的价值和回报能力。它在企业的发展和运营中起着重要的作用。

本章练习题

一、单项选择题

1. 下列各项中，不属于资本公积核算内容的是（　　）。
   A. 资本溢价　　　　　　　　　　　B. 其他资本公积
   C. 股本溢价　　　　　　　　　　　D. 交易性金融资产公允价值的变动

2. 甲公司委托证券公司发行普通股 100 000 股，每股面值为 1 元，每股发行价格为 10 元。双方协议约定，证券公司收取佣金 30 000 元，并直接从发行收入中扣除，发行款项已全部收存银行，不考虑其他因素。甲公司发行股票应计入资本公积的金额为（　　）元。
   A. 1 000 000　　　B. 900 000　　　C. 870 000　　　D. 800 000

3. 下列各项中，年终结转后，"利润分配——未分配利润"科目的贷方余额反映的是（　　）。
   A. 本年发生的净亏损　　　　　　　B. 本年实现的净利润
   C. 历年累积未分配的利润　　　　　D. 历年累积未弥补的亏损

4. 下列各项中，导致企业实收资本增加的是（　　）。
   A. 接受非关联方捐赠
   B. 接受现金投资的金额超过投资者在企业注册资本中所占份额的部分

C. 接受原投资者追加的投资额

D. 盘盈固定资产

5. 甲公司为增值税一般纳税人。2023年5月,甲公司收到乙公司作为资本投入的原材料一批,合同约定该批材料不含增值税的价值为100 000元(与公允价值相同),增值税额为13 000元(由乙公司支付税款并开具增值税专用发票)。乙公司在甲公司注册资本中所占份额为80 000元,不考虑其他因素。下列关于甲公司接受乙公司投资时的相关账务处理的表述中,正确的是(   )。

  A. 借:原材料   100 000
    应交税费——应交增值税(进项税额) 13 000
     贷:实收资本   80 000
       资本公积——资本溢价   33 000

  B. 借:原材料   100 000
    应交税费——应交增值税(进项税额) 13 000
     贷:股本   80 000
       资本公积——股本溢价   33 000

  C. 借:原材料   113 000
     贷:实收资本   113 000

  D. 借:原材料   100 000
    应交税费——应交增值税(进项税额) 13 000
     贷:股本   113 000

6. 甲股份有限公司股本总额为10 000 000元(每股面值为1元),资本公积为1 300 000元,盈余公积为800 000元。2023年8月1日,经股东大会批准回购公司股票1 000 000股,每股回购价格为3元,不考虑其他因素。甲股份有限公司注销股票时记入"盈余公积"科目借方的金额应为(   )。

  A. 2 000 000元   B. 700 000元   C. 800 000元   D. 0

7. 下列各项中,不会引起甲公司股本(或实收资本)发生变化的是(   )。

  A. 乙公司将甲公司的所欠货款转为对甲公司的投资

  B. 接受甲公司无偿捐赠的原材料一批

  C. 甲公司用盈余公积转增资本

  D. 甲公司回购并注销在外发行的股份

8. 下列各项中,会导致甲企业留存收益增加的是(   )。

  A. 甲企业宣告发放股票股利

  B. 甲企业实现净利润

  C. 甲企业收到乙企业作为投资的设备一台

  D. 甲企业计提法定盈余公积

9. 2023年,甲公司期初资本公积为1 200 000元,本期交易性金融资产公允价值下降100 000元,采用公允价值模式进行后续计量的投资性房地产公允价值上升200 000元,本年其他综合收益增加300 000元,资本公积(资本溢价)增加450 000元,经股东大会批准,用资本公积转增资本800 000元,不考虑其他因素。甲公司资本公积期末余额为

（　　）元。

　　A. 950 000　　　　B. 1 250 000　　　　C. 1 150 000　　　　D. 850 000

10. 甲、乙分别出资 200 000 元设立 A 有限责任公司,注册资本为 400 000 元。为扩大经营规模,A 有限责任公司的注册资本由 400 000 元增加到 500 000 元,丙企业以现金出资 120 000 元享有 A 有限责任公司增资后 20%的注册资本,不考虑其他因素。下列关于对 A 有限责任公司接受丙企业出资的相关账务处理的表述中,错误的是(　　)。

　　A. 借记"银行存款"科目 120 000 元　　　　B. 贷记"实收资本"科目 100 000 元

　　C. 贷记"盈余公积"科目 20 000 元　　　　D. 贷记"资本公积"科目 20 000 元

11. 甲公司与乙公司均为有限责任公司(增值税一般纳税人)。2023 年 7 月 1 日,甲公司设立时收到乙公司作为资本投入的不需要安装的设备一台,该设备账面价值为 80 000 元,合同约定的价值 100 000 元与公允价值相同,增值税进项税额为 13 000 元(由投资方支付税款,并开具增值税专用发票)。按照约定,乙公司在甲公司注册资本中所占的份额为 60 000 元,不考虑其他因素。下列各项中,甲公司确认乙公司投资时,应计入资本公积的金额为(　　)元。

　　A. 40 000　　　　B. 113 000　　　　C. 53 000　　　　D. 100 000

12. 下列关于盈余公积账务处理的表述中,错误的是(　　)。

　　A. 提取盈余公积时,应借记"本年利润"科目,贷记"盈余公积"科目

　　B. 用盈余公积转增资本时,应借记"盈余公积"科目,贷记"实收资本(或股本)"科目

　　C. 用盈余公积发放现金股利时,应借记"盈余公积"科目,贷记"应付股利"科目

　　D. 用盈余公积弥补亏损时,应借记"盈余公积"科目,贷记"利润分配——盈余公积补亏"科目

13. 下列关于所有者权益的表述中,错误的是(　　)。

　　A. 留存收益包括盈余公积和未分配利润

　　B. 资本公积可用于弥补企业亏损

　　C. 任意盈余公积可用于发放现金股利

　　D. 资本公积可用于转增资本

14. 下列关于资本公积的表述中,正确的是(　　)。

　　A. 股份有限公司在成立时一般都是平价发行股票,因此在成立之初,不会产生股本溢价

　　B. 假设没有发行费用,按面值发行的股票,企业取得的价款应全部作为股本处理

　　C. 企业溢价发行股票取得的收入,等于面值的部分作股本处理,超过面值的部分作为其他资本公积

　　D. 发行股票相关的手续费、佣金等交易费用,计入财务费用

15. 2023 年年初,甲企业"利润分配——未分配利润"科目的借方余额为 30 000 元,2023 年度甲企业实现净利润为 100 000 元,根据净利润的 10%提取法定盈余公积,不考虑其他因素。2023 年年末,甲企业可供分配利润的金额为(　　)元。

　　A. 70 000　　　　B. 100 000　　　　C. 130 000　　　　D. 30 000

16. 采用权益法核算长期股权投资时,对于被投资企业发生的除净损益、其他综合收益和利

润分配之外的其他所有者权益的变动,投资企业应按所拥有的表决权资本的比例计算应享有的份额,将其记入( )科目。
A. "资本公积——其他资本公积"   B. "资本公积——资本溢价"
C. "资本公积——股本溢价"   D. "其他综合收益"

17. 下列各项中,会引起企业留存收益总额减少的是( )。
A. 溢价发行股票   B. 提取任意盈余公积
C. 向投资者宣告分配现金股利   D. 接受现金资产投资

18. 下列各项中,不属于所有者权益的是( )。
A. 累积的未弥补的亏损   B. 其他综合收益
C. 投资者投入的资本   D. 举借债务

19. 2023年年初,甲企业所有者权益总额为500 000元,2023年以资本公积转增资本20 000元,以盈余公积转增资本50 000元,实现净利润250 000元,提取盈余公积25 000元,发放现金股利30 000元,向银行贷款80 000元,不考虑其他因素。2023年年末,甲企业所有者权益总额为( )元。
A. 815 000   B. 750 000   C. 720 000   D. 695 000

20. 2023年年末,甲企业盘盈一台机床,查账可知企业同类机床的采购成本为50 000元,经过调研,市面上同类机床重置成本为35 000元。甲企业按净利润的10%提取盈余公积,不考虑所得税等相关因素。甲企业盘盈机床增加的留存收益金额为( )元。
A. 3 500   B. 31 500   C. 35 000   D. 50 000

二、多项选择题

1. 下列关于企业发行股票交易费用的账务处理的表述中,正确的有( )。
A. 发行股票发生的交易费用应单独计入当期损益
B. 发行股票无溢价的,其交易费用应冲减留存收益
C. 溢价总额高于发行股票发生的交易费用的,其交易费用冲减资本公积
D. 溢价金额不足抵扣交易费用的,应仅冲减资本公积

2. 下列各项中,影响企业留存收益的有( )。
A. 盈余公积   B. 直接计入所有者权益的利得和损失
C. 资本公积   D. 历年留存的未分配利润

3. 企业实收资本或股本增加的途径包括( )。
A. 溢价发行股票   B. 资本公积转增资本
C. 盈余公积转增资本   D. 接受非现金资产投资

4. 下列各项中,应计入资本公积的有( )。
A. 收到投资者超出其在企业注册资本(或股本)中所占份额的部分
B. 按照净利润的一定比例提取的盈余公积
C. 注销的库存股账面余额低于所冲减股本的差额
D. 长期股权投资采用权益法核算时,因被投资单位除净损益、其他综合收益和利润分配以外的所有者权益的其他变动

5. 下列各项中,导致企业年末可供分配利润总额发生增减变动的有( )。

A. 本年发生净亏损　　　　　　　　B. 宣告发放现金股利
C. 用盈余公积补亏　　　　　　　　D. 本年实现净利润

6. 下列各项中,属于资本公积来源的有(　　)。
   A. 从净利润中提取　　　　　　　　B. 股本溢价
   C. 资本溢价　　　　　　　　　　　D. 盈余公积转入

7. 下列关于盈余公积的表述中,错误的有(　　)。
   A. 盈余公积是指企业按照有关规定从净利润中提取的积累资金
   B. 公司制企业的盈余公积包括法定盈余公积和非法定盈余公积
   C. 法定盈余公积是企业按照规定从累计净利润中提取的盈余公积
   D. 盈余公积只能用于企业弥补亏损和转增资本

8. 下列各项中,不会引起企业所有者权益总额发生变动的有(　　)。
   A. 资本公积转增资本　　　　　　　B. 盈余公积补亏
   C. 股东大会宣告分配现金股利　　　D. 盈余公积发放现金股利

9. 2023年1月1日,甲公司未分配利润为800 000元,2023年度实现净利润500 000元。甲公司按10%提取法定盈余公积,按5%提取任意盈余公积,不考虑其他因素。下列关于盈余公积账务处理的表述中,错误的有(　　)。
   A. 借：利润分配——提取法定盈余公积　　　　130 000
          贷：盈余公积——法定盈余公积　　　　　　　130 000
   B. 借：利润分配——提取法定盈余公积　　　　 50 000
          贷：盈余公积——法定盈余公积　　　　　　　 50 000
   C. 借：利润分配——提取任意盈余公积　　　　 25 000
          贷：盈余公积——任意盈余公积　　　　　　　 25 000
   D. 借：利润分配——提取任意盈余公积　　　　 65 000
          贷：盈余公积——任意盈余公积　　　　　　　 65 000

10. 2023年12月1日,甲上市公司资产负债表"所有者权益"部分项目期初余额如下：股本2 000 000元,资本公积(股本溢价)1 500 000元,盈余公积1 800 000元,未分配利润1 900 000元。2023年12月1日,经股东大会批准,甲上市公司以现金回购并注销本公司股票300 000股,每股面值为1元,回购价为每股10元,不考虑其他因素。下列关于甲上市公司注销库存股的账务处理的表述中,正确的有(　　)。
    A. 资本公积减少2 700 000元　　　　B. 盈余公积减少1 800 000元
    C. 股本减少300 000元　　　　　　　D. 资本公积减少1 500 000元

三、判断题

1. 实收资本的构成比例或股东的股份比例,是确定所有者在企业所有者权益中份额的基础,但不是企业进行利润或股利分配的依据。　　　　　　　　　　　　　　(　　)
2. 资本公积可以直接反映企业所有者在企业的基本产权关系,并作为企业持续经营期间进行利润或股利分配的依据。　　　　　　　　　　　　　　　　　　　　(　　)
3. 投资者的出资额超过其在被投资企业注册资本中应享有份额的部分,应计入其他综合收益。　　　　　　　　　　　　　　　　　　　　　　　　　　　　　　　(　　)
4. 自用房地产或存货转换为采用公允价值模式计量的投资性房地产,转换日的公允价值

大于原账面价值的,其差额作为其他综合收益核算。处置该项投资性房地产时,原计入其他综合收益的部分应当转入当期损益。( )

5. 股份有限公司董事会通过的利润分配方案中拟分配的现金股利,不需要进行账务处理。( )

6. 企业注销库存股,应按股票面值和注销股数计算的股票面值总额,借记"股本"科目;按注销库存股的账面余额,贷记"库存股"科目;按其差额,借记或贷记"投资收益"科目。( )

7. 资本公积和其他综合收益都会引起企业所有者权益发生增减变动,都会直接影响企业的损益。( )

8. 如果企业以前年度未分配利润有盈余,在确定提取本期法定盈余公积的基数时,应包括年初未分配利润。( )

9. 其他权益工具是企业发行的除普通股以外的按照准则规定归类为权益工具的各种金融工具,如优先股、永续债等。( )

10. 盈余公积分为法定盈余公积和任意盈余公积,其中法定盈余公积只能用来弥补亏损,不能用于转增资本。( )

四、经济业务题

1. 2023年年初,甲股份有限公司股东权益总额为50 000 000元。其中,股本为20 000 000元(每股面值为1元),资本公积(股本溢价)为10 000 000元,盈余公积为15 000 000元,未分配利润为5 000 000元。甲股份有限公司为增值税一般纳税人,适用的增值税税率为13%,适用的企业所得税税率为25%。甲股份有限公司2023年度发生与股东权益相关经济业务如下:

   (1) 经股东大会批准,甲股份有限公司以现金回购并注销本公司股票500 000股,回购价为每股5元。

   (2) 收到股东投入的材料一批,投资合同约定的价值为2 000 000元(与公允价值相同),取得的增值税专用发票上注明增值税额为260 000元。根据合同约定,甲股份有限公司向该股东发行股票1 200 000股。

   假定不考虑其他因素。

   要求:

   (1) 根据期初资料和业务(1),作出甲股份有限公司回购并注销股票的账务处理。

   (2) 根据业务(2),作出甲股份有限公司接受材料投资的账务处理。

2. 2023年年初,甲股份有限公司所有者权益总额为10 000 000元。其中,股本为4 000 000元(每股面值1元),资本公积(股本溢价)为3 500 000元,盈余公积为1 500 000元,未分配利润为1 000 000元。2023年,甲股份有限公司发生相关经济业务如下:

   (1) 3月1日,增发普通股股票1 000 000股,每股面值为1元,每股发行价格为5元,发行股票手续费和佣金50 000元从发行收入中扣除。股票已全部发行完毕,所收款项已存入银行。

   (2) 3月20日,经股东大会批准,将资本公积70 000元转增股本。

(3) 2023年度实现净利润300 000元。年末,按净利润的10%提取法定盈余公积,并宣告发放现金股利60 000元。

不考虑相关税费等其他因素。

要求:

(1) 根据业务(1),作出甲股份有限公司发行股票的账务处理。

(2) 根据业务(2),作出甲股份有限公司以资本公积转增股本的账务处理。

(3) 根据业务(3),作出甲股份有限公司利润分配的账务处理。

(4) 根据期初资料和业务(1)至业务(3),计算甲公司2023年12月31日资产负债表中股东权益总额。

3. 甲有限责任公司由A、B两位投资者分别出资700 000元和300 000元设立。2023年1月初,甲有限责任公司资产负债表所有者权益项目金额如下:实收资本1 000 000元,资本公积600 000元,盈余公积300 000元,未分配利润400 000元。2023年,甲有限责任公司发生如下经济业务:

(1) 4月1日,为扩大生产经营,经股东会批准,甲有限责任公司的注册资本扩大为1 500 000元,投资者A和投资者B按原出资比例追加投资,未产生溢价,款项已收存银行。

(2) 6月30日,收到乙公司作为资本投入的不需安装的生产设备。投资协议约定设备价值为400 000元(与公允价值相符),取得的增值税专用发票上注明增值税额为52 000元。协议约定,乙公司在甲有限责任公司注册资本中享有的份额为300 000元。

(3) 本年实现净利润600 000元。12月31日,经股东会批准,按净利润的10%提取法定盈余公积,按净利润的10%提取任意盈余公积;并宣告向投资者分配现金股利200 000元。

不考虑相关税费等其他因素。

要求:

(1) 根据业务(1),作出甲有限责任公司股东追加投资的账务处理。

(2) 根据业务(2),作出甲有限责任公司接受设备投资的账务处理。

(3) 根据业务(3),作出甲有限责任公司年末利润分配的账务处理。

答案及解析

第五章 收入、费用和利润

> 收入、费用和利润是构成企业利润表的三项会计要素。其中,收入是指企业在日常活动中形成的、会导致所有者权益增加的、与所有者投入资本无关的经济利益的总流入。费用是指企业日常活动所发生的、会导致所有者权益减少的、与向所有者分配利润无关的经济利益的总流出。利润是指企业在一定会计期间的经营成果,包括收入减去费用后的净额、直接计入当期利润的利得和损失等。

 案例导入

2023年年末,甲有限责任公司托付乙运输公司向丙企业交付一批产品,由于验收时发觉部分产品有破损,丙企业依据合同商定要求甲有限责任公司实行减价等措施来补偿或者全部予以退货,但甲有限责任公司以产品破损是乙运输公司的责任而拒绝丙企业的要求。由于甲有限责任公司发货前已经收到丙企业预付的全部款项,甲有限责任公司于2023年已经确认了相关的主营业务收入。

问题:
请问甲有限责任公司是否应当确认该笔收入?

 学习目标

通过本章的学习,学生能够达到以下学习目标:
(1) 掌握在某一时点完成的商品销售收入的账务处理。
(2) 掌握可变对价的账务处理。
(3) 掌握在某一时段内完成的商品销售收入的账务处理。
(4) 掌握营业外收入和营业外支出的账务处理。
(5) 了解费用的概念和内容,并掌握税金及附加和期间费用的账务处理。
(6) 了解利润的构成、本年利润的结转方法,并掌握其相关的账务处理。
(7) 了解收入的概念和收入的管理要求,并熟悉收入确认与计量的基本步骤。
(8) 熟悉应交所得税和应纳税所得额的概念及其内容。

 课程思政

作为当代大学生,要树立脚踏实地、勤于创业、善于创造的实践理念,同时学习习近平总书记在党的二十大报告中提出的：必须坚持守正创新。守正才能不迷失方向、不犯颠覆性错误，创新才能把握时代、引领时代；贯彻新发展理念是新时代我国发展壮大的必由之路的重要指示。同学们应发扬静以修身、俭以养德的品质，秉持量入为出的观念，防止铺张浪费的不良作风。

第一节 收 入

一、收入概述

（一）收入的概念

收入是指企业在日常活动中形成的、会导致所有者权益增加的、与所有者投入资本无关的经济利益的总流入。其中，日常活动是指企业为完成经营目标所从事的经常性活动以及与之相关的其他活动。企业为获得市场地位、竞争优势，都有其所从事的主要业务、主要产品和相应的经营模式，为如实反映企业的业绩驱动因素、业绩变化是否符合行业发展状况等情况，按照企业主要经营业务等经常性经营活动实现的收入，通常将收入分为主营业务收入和其他业务收入。例如，制造业企业的产品销售收入是其主营业务收入，生产产品用的材料销售收入或出租包装物等收入则属于其他业务收入。又如，商业银行的利息收入是其主营业务收入。

（二）收入的管理

企业加强收入核算与监督的目标是保证收入的真实、完整，保证销售折让、折扣等可变对价的正确、合理，保证客户信用管理和货款的及时足额收回，反映企业向客户转让商品的模式及其相应的销售政策和策略等销售决策的科学性、合理性。

收入核算和监督的基本要求是：确认收入的方式应当反映其向客户转让商品或提供服务的模式，收入的金额应当反映企业因转让商品或提供服务而预期有权收取的对价金额。通过收入确认和计量能进一步如实地反映企业的生产经营成果，准确核算企业实现的损益。

2017年7月，财政部发布了修订后的《企业会计准则第14号——收入》，自2018年1月1日起分步施行，同时，允许企业提前执行。

二、收入的确认原则

企业应当在履行了合同中的履约义务，即在客户取得相关商品控制权时确认收入。取得相关商品控制权是指客户能够主导该商品的使用并从中获得几乎全部经济利益，也包括有能力阻止其他方主导该商品的使用并从中获得经济利益。收入的确认原则要素及说明如表5-1所示。

表5-1 收入的确认原则要素及说明

要素	说明
客户必须拥有现时权利	若客户只能在未来的某一期间主导该商品的使用并从中获益，则表明其尚未取得该商品的控制权

(续表)

要素	说明
客户有能力主导该商品的使用	即客户在其活动中有权使用该商品,或者能够允许或阻止其他方使用该商品
客户能够获得商品几乎全部的经济利益	商品的经济利益指该商品的潜在现金流量,既包括现金流入的增加,又包括现金流出的减少。客户可以通过使用、消耗、出售、处置、交换、抵押或持有等多种方式直接或间接地获得商品的经济利益

三、收入确认和计量的步骤

按照《企业会计准则第 14 号——收入》的相关规定,收入确认和计量的基本步骤大致分为五步,如表 5-2 所示。

表 5-2 收入确认和计量的基本步骤

步骤	内容	实质
第 1 步	识别与客户订立的合同	收入确认
第 2 步	识别合同中的单项履约义务	收入确认
第 3 步	确定交易价格	收入计量
第 4 步	将交易价格分摊至各单项履约义务	收入计量
第 5 步	履行各单项履约义务时确认收入	收入确认

(一)识别与客户订立的合同

1. 合同的概念

合同是指双方或多方之间订立的有法律约束力的权利义务的协议。合同有书面形式、口头形式以及其他形式。合同的存在是企业确认客户合同收入的前提,企业与客户之间的合同一经签订,即享有从客户取得与转移商品和服务对价的权利,同时负有向客户转移商品和服务的履约义务。

2. 收入确认的前提条件

企业与客户之间订立的合同同时满足下列五项条件的,企业应当在客户取得相关商品控制权时确认收入:

(1)合同各方已批准该合同并承诺将履行各自义务。
(2)该合同明确了合同各方与所转让商品相关的权利和义务。
(3)该合同有明确的与所转让商品相关的支付条款。
(4)该合同具有商业实质,即履行该合同将改变企业未来现金流量的风险、时间分布或金额。
(5)企业因向客户转让商品而有权取得的对价很可能收回。

(二)识别合同中的单项履约义务

履约义务是指合同中企业向客户转让可明确区分商品或服务的承诺。企业应当将向客户转让可明确区分商品(或者商品的组合)的承诺,以及向客户转让一系列实质相同且转让模式相同的、可明确区分商品的承诺作为单项履约义务。

【例 5-1】 甲公司与乙公司签订合同,向其销售一批空调并提供安装服务,该安装服务比较简单,其他供应商也可以提供同样的安装服务,所以该合同中的销售空调和安装服务视为两项单项履约义务。

若甲公司销售的是电梯,安装服务复杂且需要按照乙公司的定制要求进行修改,则合同中销售电梯和安装服务合并为一项单项履约义务。

(三) 确定交易价格

交易价格是指企业因向客户转让商品而预期有权收取的对价金额。企业代第三方收取的款项(如增值税)以及企业预期将退还给客户的款项,应当作为负债进行账务处理,不计入交易价格。合同标价并不一定代表交易价格,企业应当根据合同条款,并结合以往的习惯做法等确定交易价格。在确定交易价格时,企业应当考虑可变对价等因素的影响,并应当假定将按照现有合同的约定向客户转移商品,且该合同不会被取消、续约或变更。

【例 5-2】 甲公司和乙公司双方签订购货合同,合同金额为 300 000 元,1 个月交货,则交易价格就是 300 000 元;如果约定提前半个月交货,可以获得奖励 50 000 元,且提前交货的可能性为 95%,那么交易价格就包括 300 000 元的固定金额和 50 000 元的可变金额两部分。

(四) 将交易价格分摊至各单项履约义务

如果合同只涉及一项履约义务,不存在分摊交易价格的问题。当合同包含的履约义务不止一项时,企业应当在合同开始日,按照各单项履约义务所承诺商品的单独售价(企业向客户单独销售商品的价格)的相对比例,将交易价格分摊至各单项履约义务。企业分摊至各单项履约义务的交易价格能反映其因向客户转让已承诺的相关商品而预期有权收取的对价金额。

【例 5-3】 2023 年 5 月 1 日,甲公司与乙公司签订合同,向其销售 A、B、C 三件产品,不含增值税的合同总价款为 60 000 元。A、B、C 产品的不含增值税的单独售价分别为 20 000 元、55 000 元和 25 000 元,合计 100 000 元。该合同包含两项可明确区分的履约义务。

[例 5-3]中,甲公司应该按照 A、B、C 产品各单项履约义务所承诺的商品的单独售价的相对比例进行分摊:

A 产品应当分摊的交易价格=20 000÷100 000×60 000=12 000(元)
B 产品应当分摊的交易价格=55 000÷100 000×60 000=33 000(元)
C 产品应当分摊的交易价格=25 000÷100 000×60 000=15 000(元)

(五) 履行各单项履约义务时确认收入

企业应当在履行了合同中的履约义务,即客户取得相关商品控制权时确认收入。企业将商品的控制权转移给客户,该转移可能在某一时段内(即履行履约义务的过程中)发生,也可能在某一时点(即履约义务完成时)发生。企业将商品的控制权转移给客户,先要判断履约义务是否满足在某一时段内履行的条件,如不满足,则该履约义务属于在某一时点履行的履约义务。对于在某一时段内履行的履约义务,企业应当选取恰当的方法来确定履约进度;对于在某一时点履行的履约义务,企业应当综合分析控制权转移的迹象,判断其转移时点。

四、会计科目的设置

企业一般应设置"主营业务收入""其他业务收入""主营业务成本""其他业务成本""合同取得成本""合同履约成本""合同资产""合同负债""发出商品"等科目,核算企业与客户之间订立的合同产生的收入及相关的成本费用。

1. "主营业务收入"科目

(1) 本科目核算企业确认的销售商品、提供服务等主营业务的收入。

(2) 本科目可按主营业务的种类进行明细核算。

2. "其他业务收入"科目

(1) 本科目核算企业确认的除主营业务活动以外的其他经营活动实现的收入,包括出租固定资产、出租无形资产、出租包装物和商品、销售材料等实现的收入。

(2) 本科目可按其他业务的种类进行明细核算。

3. "主营业务成本"科目

(1) 本科目核算企业确认销售商品、提供服务等主营业务收入时应结转的成本。

(2) 本科目可按主营业务的种类进行明细核算。

4. "其他业务成本"科目

(1) 本科目核算企业确认的除主营业务活动以外的其他经营活所发生的支出,包括销售材料的成本、出租固定资产的折旧额、出租无形资产的摊销额、出租包装物的成本或摊销额等。采用成本模式计量投资性房地产的,其投资性房地产计提的折旧额或摊销额,也通过"其他业务成本"科目核算。

(2) 本科目可按其他业务的种类进行明细核算。

5. "合同取得成本"科目

(1) 本科目核算企业取得合同发生的、预计能够收回的增量成本;期末余额在借方,反映企业尚未结转的合同取得成本。

(2) 本科目可按合同进行明细核算。

6. "合同履约成本"科目

(1) 本科目核算企业为履行当前或预期取得的合同所发生的、不属于其他企业会计准则规范范围且按照收入准则应当确认为一项资产的成本;期末余额在借方,反映企业尚未结转的合同履约成本。

(2) 本科目可按合同分别设置"服务成本""工程施工"等明细科目进行明细核算。

7. "合同资产"科目

(1) 本科目核算企业已向客户转让商品而有权收取对价的权利,且该权利取决于时间流逝之外的其他因素(如履行合同中的其他履约义务)。仅取决于时间流逝因素的权利不在本科目核算,应在"应收账款"科目核算。

(2) 企业在客户实际支付合同对价或在该对价到期应付之前,已经向客户转让了商品的,应当按因已转让商品而有权收取的对价金额,借记"合同资产"或"应收账款"科目,贷记"主营业务收入""其他业务收入"等科目。涉及增值税的,还应进行相应的处理。

(3) 本科目期末余额在借方,反映企业已向客户转让商品而有权收取的对价金额。

(4) 本科目可按合同进行明细核算。

8. "合同负债"科目

(1) 本科目核算企业已收或应收客户对价而应向客户转让商品的义务。但对于尚未向客户履行转让商品的义务而已收或应收客户对价中的增值税,不符合合同负债的定义,不应确认为合同负债。

(2) 企业在向客户转让商品之前,客户已经支付了合同对价或企业已经取得了无条件收取合同对价权利的,企业应当在客户实际支付款项与到期应支付款项孰早时点,按照该已收或应收的金额,借记"银行存款""应收账款""应收票据"等科目,贷记"合同负债"科目;企业向客户转让相关商品时,借记"合同负债"科目,贷记"主营业务收入""其他业务收入"等科目。涉及增值税的,还应进行相应的处理。

(3) 本科目期末余额在贷方,反映企业在向客户转让商品之前,已经收到的合同对价或已经取得的无条件收取合同对价权利的金额。

(4) 本科目可按合同进行明细核算。

9. "发出商品"科目

(1) 本科目核算企业未满足收入确认条件但已发出商品的实际成本。

(2) 本科目可按购货单位、商品类别和品种进行明细核算。

五、在某一时点完成的商品销售收入的账务处理

(一) 一般商品销售收入的确认时点

对于在某一时点履行的履约义务,企业应当在客户取得相关商品控制权时点确认收入。在判断控制权是否转移时,企业应当综合考虑下列迹象:

(1) 企业就该商品享有现时收款权利,即客户就该商品负有现时付款义务。例如,甲企业与客户签订销售商品合同,约定客户有权定价且在收到商品无误后10日内付款。在客户收到甲企业开具的发票、商品验收入库后,客户能够自主确定商品的销售价格或商品的使用情况,此时甲企业享有收款权利,客户负有现时付款义务。

(2) 企业已将该商品的法定所有权转移给客户,即客户已拥有该商品的法定所有权。例如,房地产企业向客户销售商品房,在客户付款后取得房屋产权证时,表明企业已将该商品房的法定所有权转移给客户。

(3) 企业已将该商品实物转移给客户,即客户已实物占有该商品。例如,企业与客户签订交款提货合同,在企业销售商品并送货到客户指定地点,客户验收合格并付款,表明企业已将该商品实物转移给客户,即客户已实物占有该商品。

(4) 企业已将该商品所有权上的主要风险和报酬转移给客户,即客户已取得该商品所有权上的主要风险和报酬。例如,甲房地产公司向客户销售商品房办理产权转移手续后,该商品房价格上涨或下跌带来的利益或损失全部属于客户,表明客户已取得该商品房所有权上的主要风险和报酬。

（5）客户已接受该商品。例如，企业向客户销售为其定制生产的节能设备，客户收到并验收合格后办理入库手续，表明客户已接受该商品。

（6）其他表明客户已取得商品控制权的迹象。

（二）不同结算方式下销售业务的账务处理

1. 现金结算方式下销售业务的账务处理

企业以现金结算方式对外销售商品，在客户取得相关商品控制权时点确认收入。其账务处理如下：

借：库存现金/银行存款等【实际收到的全部款项】
　　贷：主营业务收入
　　　　应交税费——应交增值税（销项税额）
借：主营业务成本
　　存货跌价准备
　　贷：库存商品

【例5-4】 甲公司为增值税一般纳税人，销售商品适用的增值税税率为13%。2023年8月10日，甲公司向乙公司（增值税一般纳税人）销售A产品一批，开具的增值税专用发票上注明价款为50 000元，增值税额为6 500元，甲公司已于当日收到全部款项并存入银行。该批产品的实际成本为40 000元。该项业务属于在某一时点履行的履约义务并符合收入的确认条件，不考虑其他因素。甲公司应编制如下会计分录：

（1）确认销售商品收入时：

借：银行存款　　　　　　　　　　　　　　　　　　　　　　　56 500
　　贷：主营业务收入　　　　　　　　　　　　　　　　　　　　50 000
　　　　应交税费——应交增值税（销项税额）　　　　　　　　　6 500

（2）结转销售商品成本时：

借：主营业务成本　　　　　　　　　　　　　　　　　　　　　40 000
　　贷：库存商品　　　　　　　　　　　　　　　　　　　　　　40 000

2. 委托收款结算方式下销售业务的账务处理

企业以委托收款结算方式对外销售商品，在其办妥委托收款手续且客户取得相关商品控制权时点确认收入。其账务处理如下：

借：应收账款【实际收到的全部款项】
　　贷：主营业务收入
　　　　应交税费——应交增值税（销项税额）
　　　　银行存款【代垫包装费、运杂费等】
借：主营业务成本
　　存货跌价准备
　　贷：库存商品
借：银行存款
　　贷：应收账款

【例5-5】 甲公司为增值税一般纳税人，销售商品适用的增值税税率为13%。2023年8月25日，甲公司向乙公司（增值税一般纳税人）销售C产品500件，每件不含增值税的销售价格为1 000元，以银行存款代客户垫付运费3 000元（含增值税），甲公司于当日向银行提交委托收款凭证和有关债务证明，办妥委托收款的手续。该批产品的单位成本为800元。该项业务属于在某一时点履行的履约义务并符合收入的确认条件。2023年8月28日，甲公司收到银行转来的收款回单，全部款项已收存银行，不考虑其他因素。甲公司应编制如下会计分录：

(1) 确认销售商品收入时：

甲公司应确认的销售商品收入＝500×1 000＝500 000（元）

甲公司应确认的增值税额＝500 000×13%＝65 000（元）

借：应收账款　　　　　　　　　　　　　　　　　　　　　　568 000
　　贷：主营业务收入　　　　　　　　　　　　　　　　　　　　500 000
　　　　应交税费——应交增值税（销项税额）　　　　　　　　　65 000
　　　　银行存款　　　　　　　　　　　　　　　　　　　　　　3 000

同时，结转销售商品成本时：

甲公司应确认销售商品成本＝500×800＝400 000（元）

借：主营业务成本　　　　　　　　　　　　　　　　　　　　400 000
　　贷：库存商品　　　　　　　　　　　　　　　　　　　　　400 000

(2) 收到款项时：

借：银行存款　　　　　　　　　　　　　　　　　　　　　　568 000
　　贷：应收账款　　　　　　　　　　　　　　　　　　　　　568 000

3. 商业汇票结算方式下销售业务的账务处理

企业以商业汇票结算方式对外销售商品，在收到商业汇票且客户取得相关商品控制权时点确认收入。其账务处理如下：

借：应收票据
　　贷：主营业务收入
　　　　应交税费——应交增值税（销项税额）

借：主营业务成本
　　存货跌价准备
　　贷：库存商品

【例5-6】 甲公司为增值税一般纳税人。2023年8月15日，甲公司向乙公司（增值税一般纳税人）销售B产品一批，开具的增值税专用发票上注明的价款为200 000元，增值税额为26 000元，该批产品实际成本为120 000元。乙公司收到B产品并已验收入库，同时开出一张面值为226 000元、期限为6个月的不带息商业承兑汇票结算全部款项。该项业务属于在某一时点履行的履约义务并符合收入的确认条件，不考虑其他因素。甲公司应编制如下会计分录：

(1) 确认销售商品收入时：

```
借：应收票据                              226 000
    贷：主营业务收入                          200 000
        应交税费——应交增值税(销项税额)        26 000
```

(2) 结转销售商品成本时：

```
借：主营业务成本                           120 000
    贷：库存商品                            120 000
```

4. 赊销方式下销售业务的账务处理

企业以赊销方式对外销售商品，在客户取得相关商品控制权时点确认收入。

(1) 仅涉及无条件收取合同对价的权利。其账务处理如下：

```
借：应收账款【实际收到的全部款项】
    贷：主营业务收入
        应交税费——应交增值税(销项税额)

借：主营业务成本
    存货跌价准备
    贷：库存商品

借：银行存款
    贷：应收账款
```

(2) 涉及已向客户转让商品而有权收取对价的权利。

合同资产是指企业已向客户转让商品而有权收取对价的权利，且该权利取决于除时间流逝之外的其他因素。应收款项是企业无条件收取合同对价的权利，该权利应当作为应收款项单独列示。两者的区别在于应收款项代表的是无条件收取合同对价的权利，即企业仅仅随着时间的流逝即可收款，而合同资产并不是一项无条件收款权，该权利除了时间流逝，还取决于其他条件(如履行合同中的其他履约义务)才能收取相应的合同对价。

【例5-7】 2023年6月1日，甲公司与乙公司签订合同，向其销售A、B两项商品，合同价款为100 000元。合同约定，A商品于合同开始日交付，B商品在一个月之后交付，只有当两项商品全部交付之后，甲公司才有权收取100 000元的合同对价。假定A商品和B商品构成两项履约义务，其控制权在交付时转移给客户。已知A商品的单独售价为30 000元，B商品的单独售价为90 000元。上述价格均不包含增值税，A商品的实际成本为20 000元，B商品的实际成本为65 000元。2023年7月1日，甲公司向乙公司交付B商品，开具的增值税专用发票上注明价款为100 000元，增值税额为13 000元。2023年7月10日，甲公司收到乙公司支付的货款并已存入银行，不考虑其他因素。甲公司应编制如下会计分录：

(1) 2023年6月1日，交付A商品时：

甲公司将交易价格100 000元分摊至A、B商品两项履约义务：

A商品分摊的合同价款=100 000×[30 000÷(30 000+90 000)]=25 000(元)
B商品分摊的合同价款=100 000×[90 000÷(30 000+90 000)]=75 000(元)

```
借：合同资产                              25 000
    贷：主营业务收入——A商品                   25 000
```

```
借：主营业务成本——A商品                                              20 000
    贷：库存商品——A商品                                                  20 000
```

(2) 2023年7月1日,交付B商品时：

```
借：应收账款                                                       113 000
    贷：合同资产                                                         25 000
        主营业务收入——B商品                                              75 000
        应交税费——应交增值税(销项税额)                                     13 000
借：主营业务成本——B商品                                               65 000
    贷：库存商品——B商品                                                  65 000
```

(3) 2023年7月10日,收到乙公司支付的货款时：

```
借：银行存款                                                       113 000
    贷：应收账款                                                        113 000
```

(三) 发出商品的账务处理

其一,企业销售商品时,得知客户发生资金周转困难等,不满足转让商品对价"很可能收回"的条件,但企业仍然发出商品,此时不应确认销售商品收入。发出商品的账务处理如表5-3所示。

表5-3 发出商品的账务处理

账务处理	说明
(1) 发出商品时： 　　借：发出商品 　　　　贷：库存商品(成本价) 【若发出商品被退回,作相反分录】 (2) 纳税义务发生时： 　　借：银行存款/应收账款等 　　　　贷：应交税费——应交增值税(销项税额)【售价×适用税率】 (3) 满足收入确认条件时： 　　借：银行存款/应收账款等 　　　　贷：主营业务收入 (4) 确认收入的同时结转成本： 　　借：主营业务成本 　　　　贷：发出商品	第(2)、第(3)项可以写成一笔分录,即收到货款或取得收款权利时,确认收入： 　　借：银行存款/应收账款等 　　　　贷：主营业务收入 　　　　　　应交税费——应交增值税(销项税额)

【例5-8】 2023年8月15日,甲公司向乙公司销售一批商品,开具的增值税专用发票上注明价款为100 000元,增值税额为13 000元,款项尚未收到;该批商品的成本为60 000元。甲公司在销售时已知乙公司资金周转发生困难,但为了减少存货积压,同时也为了维持与乙公司长期建立的商业合作关系,甲公司仍将商品发往乙公司且办妥托收手续。

甲公司发出该批商品时其增值税纳税义务已经发生。2023年9月25日,甲公司得知乙公司经营情况逐渐好转,乙公司承诺近期付款。2023年9月28日,甲公司收到乙公司支付的货款,不考虑其他因素。甲公司应编制如下会计分录：

(1) 2023年8月15日,发出商品时：

  借：发出商品   60 000

    贷：库存商品   60 000

  借：应收账款   13 000

    贷：应交税费——应交增值税(销项税额)   13 000

(2) 2023年9月25日,确认销售商品收入时：

  借：应收账款   100 000

    贷：主营业务收入   100 000

  同时,结转销售商品成本：

  借：主营业务成本   60 000

    贷：发出商品   60 000

(3) 2023年9月28日,收到乙公司支付的货款时：

  借：银行存款   113 000

    贷：应收账款   113 000

其二,采用支付手续费方式委托其他单位代销商品,企业在收到客户开具的代销清单时,确认收入；企业发出商品时,不确认收入。支付手续费方式委托代销的账务处理如表5-4所示。

表5-4 支付手续费方式委托代销的账务处理

业务	账务处理	
	委托方	受托方

交付商品时	借：发出商品
	  贷：库存商品
		借：受托代销商品
		  贷：受托代销商品款

受托方实际销售商品,委托方收到代销清单、代销手续费发票时	借：应收账款
	  贷：主营业务收入
	    应交税费——应交增值税(销项税额)
	借：主营业务成本
	  贷：发出商品
	借：销售费用
	  应交税费——应交增值税(销项税额)
	  贷：应收账款
		借：银行存款
		  贷：受托代销商品
		    应交税费——应交增值税(销项税额)
		借：受托代销商品款
		  应交税费——应交增值税(进项税额)
		  贷：应付账款

结算货款时	借：银行存款
	  贷：应收账款
		借：应付账款
		  贷：银行存款
		    主营业务收入/其他业务收入
		    应交税费——应交增值税(销项税额)

【例 5-9】 甲公司和乙公司均为增值税一般纳税人。2023 年 9 月 19 日,甲公司委托乙公司销售 A 商品 100 件,协议价为 1 000 元/件,A 商品的实际成本为 600 元/件,适用的增值税税率为 13%。合同约定乙公司按每件 1 000 元对外销售,甲公司按照每件 100 元向乙公司支付手续费。2023 年 9 月 30 日,甲公司收到乙公司开来的代销清单和代销手续费增值税专用发票(增值税税率为 6%)时确认收入并开具增值税专用发票,发票上注明价款为 100 000 元,增值税额为 13 000 元,当日,乙公司支付了扣除手续费之后的货款,不考虑其他因素。

甲公司应编制如下会计分录:

(1) 2023 年 9 月 19 日,发出商品时:

发出商品的实际成本=100×600=60 000(元)

借:发出商品　　　　　　　　　　　　　　　　　　　　　　　　60 000
　　贷:库存商品　　　　　　　　　　　　　　　　　　　　　　　60 000

(2) 2023 年 9 月 30 日,收到代销清单、代销手续费增值税专用发票时:

借:应收账款——乙公司　　　　　　　　　　　　　　　　　　113 000
　　贷:主营业务收入　　　　　　　　　　　　　　　　　　　　100 000
　　　　应交税费——应交增值税(销项税额)　　　　　　　　　　13 000

借:主营业务成本　　　　　　　　　　　　　　　　　　　　　　60 000
　　贷:发出商品　　　　　　　　　　　　　　　　　　　　　　　60 000

确认的代销手续费=100 000÷1 000×100=10 000(元)

借:销售费用——代销手续费　　　　　　　　　　　　　　　　　10 000
　　应交税费——应交增值税(进项税额)　　　　　　　　　　　　　600
　　贷:应收账款——乙公司　　　　　　　　　　　　　　　　　10 600

(3) 2023 年 9 月 30 日,收到乙公司支付的货款时:

实际收到的货款=113 000-10 600=102 400(元)

借:银行存款　　　　　　　　　　　　　　　　　　　　　　　102 400
　　贷:应收账款——乙公司　　　　　　　　　　　　　　　　　102 400

乙公司应编制如下会计分录:

(1) 2023 年 9 月 19 日,收到商品时:

借:受托代销商品　　　　　　　　　　　　　　　　　　　　　100 000
　　贷:受托代销商品款　　　　　　　　　　　　　　　　　　　100 000

(2) 2023 年 9 月,对外销售时:

借:银行存款　　　　　　　　　　　　　　　　　　　　　　　113 000
　　贷:受托代销商品　　　　　　　　　　　　　　　　　　　　100 000
　　　　应交税费——应交增值税(销项税额)　　　　　　　　　　13 000

(3) 2023 年 9 月 30 日,收到甲公司开具的增值税专用发票时:

借:受托代销商品款　　　　　　　　　　　　　　　　　　　　100 000
　　应交税费——应交增值税(进项税额)　　　　　　　　　　　13 000
　　贷:应付账款——甲公司　　　　　　　　　　　　　　　　　113 000

(4) 2023年9月30日,支付货款并计算代销手续费时:

借:应付账款——甲公司　　　　　　　　　　　　　　113 000
　　贷:其他业务收入　　　　　　　　　　　　　　　　　10 000
　　　　应交税费——应交增值税(销项税额)　　　　　　　 600
　　　　银行存款　　　　　　　　　　　　　　　　　　102 400

(四)销售材料的账务处理

企业在日常活动中发生对外销售不需用的原材料、随同商品对外销售单独计价的包装物等业务时,收入的确认和计量原则比照商品销售。企业销售原材料、包装物等存货确认的收入作为其他业务收入处理,结转的相关成本作为其他业务成本处理。销售材料的账务处理如表 5-5 所示。

表 5-5　销售材料的账务处理

业务	账务处理
确认收入时	借:银行存款等 　　贷:其他业务收入 　　　　应交税费——应交增值税(销项税额)
结转成本时	借:其他业务成本 　　贷:原材料等

(五)销售退回的账务处理

销售退回是指企业因售出商品在质量、规格等方面不符合销售合同规定条款的要求,客户要求企业予以退货。企业销售商品发生退货,表明企业履约义务的减少和客户商品控制权及其相关经济利益的丧失。已确认销售商品收入的售出商品发生销售退回的,除属于资产负债表日后事项的以外,企业收到退回的商品时,应退回货款或冲减应收账款,并冲减主营业务收入和增值税销项税额。销售退回的账务处理如表 5-6 所示。

表 5-6　销售退回的账务处理

业务	账务处理
尚未确认销售收入的售出商品发生销售退回	借:库存商品 　　贷:发出商品
已确认销售收入的售出商品发生销售退回	(1)冲减确认的收入: 　　借:主营业务收入 　　　　应交税费——应交增值税(销项税额) 　　　　贷:银行存款等 (2)冲减结转的成本: 　　借:库存商品 　　　　贷:主营业务成本

【例5-10】 甲公司为增值税一般纳税人,适用的增值税税率为13%。2023年10月

5日,甲公司向乙公司销售商品一批,开具的增值税专用发票上注明价款为100 000元,增值税额为13 000元,该批商品的实际成本为60 000元,乙公司于当日收到该批商品并验收入库。2023年10月15日,收到乙公司支付的全部款项。2023年10月25日,收到乙公司退回当月所购商品中有质量问题的商品,其成本为6 000元。甲公司于当日支付退货款10 000元,增值税额为1 300元,并按规定向乙公司开具了增值税专用发票(红字),退回商品已验收入库,不考虑其他因素。甲公司应编制如下会计分录:

(1) 2023年10月5日,确认销售商品收入并结转销售商品成本时:

借:应收账款　　　　　　　　　　　　　　　　　　　　　113 000
　　贷:主营业务收入　　　　　　　　　　　　　　　　　　　100 000
　　　　应交税费——应交增值税(销项税额)　　　　　　　　 13 000

借:主营业务成本　　　　　　　　　　　　　　　　　　　　 60 000
　　贷:库存商品　　　　　　　　　　　　　　　　　　　　　 60 000

(2) 2023年10月15日,收回销售款项时:

借:银行存款　　　　　　　　　　　　　　　　　　　　　　113 000
　　贷:应收账款　　　　　　　　　　　　　　　　　　　　　113 000

(3) 2023年10月25日,收到乙公司退回当月所购商品中有质量问题的商品时:

借:主营业务收入　　　　　　　　　　　　　　　　　　　　 10 000
　　应交税费——应交增值税(销项税额)　　　　　　　　　　 1 300
　　贷:银行存款　　　　　　　　　　　　　　　　　　　　　 11 300

借:库存商品　　　　　　　　　　　　　　　　　　　　　　 6 000
　　贷:主营业务成本　　　　　　　　　　　　　　　　　　　 6 000

六、可变对价概述

(一) 可变对价的概念

可变对价是指企业与客户的合同中约定的对价金额可能是固定的,也可能由于折扣、价格折让、返利、退款、奖励积分、激励措施、业绩奖金、索赔等因素而改变。此外,企业有权收取的对价金额,将根据一项或多项或有事项的发生有所不同,也属于可变对价的情形。

(二) 可变对价的账务处理

1. 根据最可能发生金额确定可变对价的最佳估计数

最可能发生金额是一系列可能发生的对价金额中最可能发生的单一金额,即合同最可能产生的单一结果。

(1) 对于商业折扣,企业应按扣除商业折扣后的金额确认销售收入和增值税销项税额。

(2) 对于现金折扣,企业通常根据最可能发生的现金折扣率预测其有权获取的对价金额。

企业应确认的销售商品收入的计算公式如下:

$$企业应确认的销售商品收入 = 商品单价 \times 销售数量 - 商业折扣 - 现金折扣$$

【例 5-11】 甲公司为增值税一般纳税人,于 2023 年 3 月 1 日销售商品给客户,不含税售价为 200 000 元,商品适用的增值税税率为 13%,实际成本为 120 000 元。由于商品是成批销售,甲公司给予客户 10% 的商业折扣,并在销售合同中规定现金折扣条件为"2/20,n/30",且计算现金折扣时不考虑增值税;当日商品发出,客户收到商品并验收入库。甲公司基于对客户的了解,预计客户 20 天内付款的概率为 80%,20 天后付款的概率为 20%。2023 年 3 月 18 日,收到客户支付的货款。该项销售业务属于在某一时点履行的履约义务。对于现金折扣,甲公司认为按照最可能发生金额能够更好地预测其有权获取的对价金额。甲公司应编制如下会计分录:

(1) 2023 年 3 月 1 日,确认销售商品收入时:

甲公司应确认的销售商品收入的金额=200 000×(1−10%)×(1−2%)=176 400(元)

增值税销项税额=200 000×(1−10%)×13%=23 400(元)

借:应收账款　　　　　　　　　　　　　　　　　　　　　　　　199 800
　　贷:主营业务收入　　　　　　　　　　　　　　　　　　　　　176 400
　　　　应交税费——应交增值税(销项税额)　　　　　　　　　　 23 400

同时,结转销售商品成本时:

借:主营业务成本　　　　　　　　　　　　　　　　　　　　　　120 000
　　贷:库存商品　　　　　　　　　　　　　　　　　　　　　　　120 000

(2) 2023 年 3 月 18 日,收到货款时:

借:银行存款　　　　　　　　　　　　　　　　　　　　　　　　199 800
　　贷:应收账款　　　　　　　　　　　　　　　　　　　　　　　199 800

2. 根据期望值确定可变对价的最佳估计数

期望值是按照各种可能发生的对价金额及相关概率计算确定的金额。企业应确认的销售商品收入的计算公式如下:

$$企业应确认的销售商品收入 = \sum(可能发生的对价金额 \times 相关概率)$$

【例 5-12】 甲公司生产和销售洗衣机。2023 年 5 月,甲公司向零售商乙公司销售 100 台洗衣机,每台价格为 1 500 元,合同价款合计 150 000 元,每台洗衣机的成本为 1 000 元。同时,甲公司承诺,在未来 6 个月内,如果同类洗衣机售价下降,则按照合同价格与最低售价之间的差额向乙公司支付差价。甲公司根据以往执行类似合同的经验,预计未来 6 个月内,不降价的概率为 50%;每台降价 100 元的概率为 30%;每台降价 300 元的概率为 20%。假定上述价格均不包含增值税。洗衣机售价下降的概率估计如表 5-7 所示。

表 5-7　洗衣机售价下降的概率估计

未来 6 个月内的降价金额(元/台)	概率
0	50%
100	30%
300	20%

甲公司认为期望值能够更好地预测其有权获取的对价金额。

甲公司每台的估计交易价格＝500×50％＋1 400×30％＋1 200×20％＝1 410(元)

甲公司应确认的销售商品收入金额＝100×1 410＝141 000(元)

增值税销项税额＝141 000×13％＝18 330(元)

甲公司应编制如下会计分录：

借：应收账款　　　　　　　　　　　　　　　　　　　　　　　　　159 330
　　贷：主营业务收入　　　　　　　　　　　　　　　　　　　　　　141 000
　　　　应交税费——应交增值税(销项税额)　　　　　　　　　　　　18 330

借：主营业务成本　　　　　　　　　　　　　　　　　　　　　　　　100 000
　　贷：库存商品　　　　　　　　　　　　　　　　　　　　　　　　100 000

3. 销售折让

企业售出商品发生销售折让且不属于资产负债表日后事项的，应冲减当期销售收入和增值税销项税额，但不冲减销售商品成本。销售折让的账务处理如表5-8所示。

表5-8　销售折让的账务处理

业务	账务处理
确认收入	借：应收账款等 　　贷：主营业务收入 　　　　应交税费——应交增值税(销项税额)
结转成本	借：主营业务成本 　　贷：库存商品
发生销售折让	借：主营业务收入【发生的销售折让金额】 　　　应交税费——应交增值税(销项税额)【发生的销售折让金额×增值税税率】 　　贷：应收账款等

【**例5-13**】甲公司是增值税一般纳税人，在2023年4月7日向乙公司销售一批商品，开出的增值税专用发票上注明的销售价格为200 000元，增值税额为26 000元，款项尚未收到；该批商品的成本为120 000元。2023年4月30日，乙公司在验收过程中发现商品外观上存在划痕，但不影响正常使用，要求甲公司在价格上(不含增值税额)给予3％的减让。甲公司同意乙公司的折让要求，并按规定向乙公司开具了红字增值税专用发票，全部折让款从应收乙公司款项中扣减。2023年5月30日，甲公司收到乙公司支付的货款并已存入银行，不考虑其他因素。甲公司应编制如下会计分录：

(1) 2023年4月7日，确认销售商品收入时：

借：应收账款　　　　　　　　　　　　　　　　　　　　　　　　　226 000
　　贷：主营业务收入　　　　　　　　　　　　　　　　　　　　　　200 000
　　　　应交税费——应交增值税(销项税额)　　　　　　　　　　　　26 000

同时，结转销售商品成本：

借:主营业务成本	120 000	
贷:库存商品		120 000

(2) 2023年4月30日,发生销售折让时:

借:主营业务收入	6 000	
应交税费——应交增值税(销项税额)	780	
贷:应收账款		6 780

(3) 2023年5月30日,收到乙公司支付的货款时:

借:银行存款	219 220	
贷:应收账款		219 220

七、在某一时段内完成的商品销售收入的账务处理

(一) 判断在某一时段内履行的履约义务的条件

满足下列条件之一的,属于在某一时段内履行的履约义务:

(1) 客户在企业履约的同时即取得并消耗企业履约所带来的经济利益。

(2) 客户能够控制企业履约过程中在建的商品。

(3) 企业履约过程中所产出的商品具有不可替代用途,且该企业在整个合同期间内有权就累计至今已完成的履约部分收取款项。具有不可替代用途,是指因合同限制或实际可行性限制,企业不能轻易地将商品用于其他用途。有权就累计至今已完成的履约部分收取款项,是指在由于客户或其他方原因终止合同的情况下,企业有权就累计至今已完成的履约部分收取能够补偿其已发生成本和合理利润的款项,并且该权利具有法律约束力。

(二) 在某一时段内履行的履约义务的收入确认原则及方法

1. 原则

对于在某一时段内履行的履约义务,企业应当在该段时间内按照履约进度确认收入,但履约进度不能合理确定的除外。

企业应当考虑商品的性质,采用实际测量的完工进度、评估已实现的结果、时间进度、已完工或交付的产品等产出指标,或采用投入的材料数量、花费的人工工时、机器工时、发生的成本和时间进度等投入指标确定恰当的履约进度,并且在确定履约进度时,应当扣除那些控制权尚未转移给客户的商品和服务。

2. 方法

一般来说,企业按照累计实际发生的成本占预计总成本的比例(即成本法)确定履约进度。对于每一项履约义务,企业只能采用一种方法来确定其履约进度,并一贯运用。对于类似情况下的类似履约义务,企业应当采用相同的方法确定履约进度。履约进度的计算公式如下:

$$履约进度 = 已发生成本 \div (已发生成本 + 将发生成本)$$

资产负债表日,企业按照合同的交易价格总额乘以履约进度扣除以前会计期间累计已确认的收入后的金额,确认本期收入,即:

本期确认收入 = 合同的交易价格总额 × 履约进度 − 以前会计期间已确认收入

当履约进度不能合理确定时,企业已经发生的成本预计能够得到补偿的,应当按照已经发生的成本金额确认收入,直到履约进度能够合理确定为止。

【例5-14】 甲公司与客户签订合同,为该客户拥有的一条铁路更换100根铁轨,合同价格为200 000元(不含增值税)。截至2023年12月31日,甲公司共更换铁轨80根,剩余部分预计在2024年4月30日之前完成。该合同仅包含一项履约义务,且该履约义务满足在某一时段内履行的条件。假定不考虑其他情况。

[例5-14]中,甲公司提供的更换铁轨的服务属于在某一时段内履行的履约义务,甲公司按照已完成的工作量确定履约进度。因此,截至2023年12月31日,该合同的履约进度为80%(80÷100),甲公司应确认的收入为160 000元(200 000×80%−0)。

【例5-15】 2022年7月15日,甲公司承建一项工程,合同约定的工期为18个月,合同总收入为800 000元。甲公司采用投入法确认收入,履约进度按照累计实际发生的合同成本占合同预计总成本的比例确定。至2022年年末已确认收入300 000元,已收到工程款350 000元。至2023年6月30日,该工程累计实际发生的成本为400 000元,预计至工程完工还将发生成本100 000元,剩余工程款将于项目完工时收到。

[例5-15]中,履约进度按照累计实际发生的合同成本占合同预计总成本的比例确定,因此截至2023年6月30日,该合同的履约进度为80%[400 000÷(400 000+100 000)],甲公司应确认的收入金额为340 000元(800 000×80%−300 000)。

八、合同成本与合同负债

(一)合同成本

企业在与客户之间建立合同关系过程中发生的成本主要有合同取得成本和合同履约成本。

1. 合同取得成本

1)合同取得成本的概念

企业为取得合同发生的增量成本预期能够收回的,应当作为合同取得成本确认为一项资产。增量成本是指企业不取得合同就不会发生的成本,如销售佣金等。企业取得合同发生的增量成本已经确认为资产的,应当采用与该资产相关的商品收入确认相同的基础进行摊销,计入当期损益。该资产摊销期限不超过1年的,可以在发生时计入当期损益(销售费用等)。企业因现有合同续约或发生合同变更需要支付的额外佣金,也属于为取得合同发生的增量成本。

2)不能确认为合同取得成本的支出

企业为取得合同发生的、除预期能够收回的增量成本之外的其他支出,如无论是否取得合同均会发生的差旅费、投标费、为准备投标资料发生的相关费用等,应当在发生时计入当期损益,除非这些支出明确由客户承担。

【例5-16】 甲公司是一家咨询公司,其通过竞标赢得一个新客户,为取得与该客户的合同,甲公司发生下列支出:①聘请外部律师进行尽职调查的支出为25 000元。②因投标发生的差旅费为8 000元。③销售人员佣金为16 000元。甲公司预期这些支出未来能够收回。

[例 5-16]中,尽职调查支出和差旅费的发生并不能保证甲公司一定取得该合同,即甲公司不取得合同,这两项支出也会发生,因此应将这两项支出作为费用处理,计入当期损益;销售人员佣金的发生保证甲公司一定取得了该合同,即只有甲公司取得了合同才会发生销售人员佣金支出,因此应将销售人员佣金予以资本化,作为合同取得成本。则甲公司应确认的合同取得成本为 16 000 元。

2. 合同履约成本

企业为履行合同可能会发生各种成本,企业在确认收入的同时应当对这些成本进行分析,若不属于存货、固定资产、无形资产等规范范围且同时满足下列确认条件的,应当作为合同履约成本确认为一项资产。

1) 合同履约成本的确认条件

(1) 该成本与一份当前或预期取得的合同直接相关。合同履约成本的分类如表 5-9 所示。

表 5-9 合同履约成本的分类

分类		内容
与合同直接相关的成本	直接材料	如为履行合同耗用的原材料、辅助材料、构配件零件、半成品的成本和周转材料的摊销及租赁费用等
	直接人工	如支付给直接为客户提供所承诺服务的人员的工资、奖金等
	制造费用或类似费用	如组织和管理相关生产、施工、服务等活动发生的费用,包括车间管理人员的职工薪酬、劳动保护费、固定资产折旧费及修理费、物料消耗、取暖费、水电费、办公费、差旅费、财产保险费、工程保费费、临时设施摊销费等
明确由客户承担的成本以及仅因该合同而发生的其他成本		如支付给分包商的成本、机械使用费、设计和技术援助费用、施工现场二次搬运费、生产工具和用具使用费、检验试验费、工程定位复测费、工程点交费用、场地清理费等

(2) 该成本增加了企业未来用于履行(或持续履行)履约义务的资源。

(3) 该成本预期能够收回。

2) 合同履约成本的账务处理

合同履约成本的账务处理如下:

借:合同履约成本
　　贷:原材料/应付职工薪酬/银行存款等

借:主营业务成本/其他业务成本等
　　贷:合同履约成本

3) 不能确认为合同履约成本的账务处理

不能确认为合同履约成本时,企业应将发生的下列支出计入当期损益:

(1) 管理费用,除非这些费用明确由客户承担。

(2) 非正常消耗的直接材料、直接人工和制造费用(或类似费用),这些支出为履行合同发生,但未反映在合同价格中。

(3) 与履约义务中已履行(包括已全部履行或部分履行)部分相关的支出,即该支出与企业过去的履约活动相关。

(4) 无法在尚未履行的与已履行(或已部分履行)的履约义务之间区分的相关支出。

【例5-17】 甲公司为增值税一般纳税人,经营一家民宿,适用的增值税税率为6%。该民宿是甲公司的自有资产。2023年12月,甲公司计提与民宿经营直接相关的客房、客房内的设备家具、休闲娱乐设施等折旧50 000元,以及民宿土地使用权摊销费用500 000元。经计算,甲公司当月确认的房费、餐饮等服务含税收入为742 000元,已全部存入银行。甲公司应编制如下会计分录:

(1) 确认相关资产的折旧费、摊销费时:

借:合同履约成本 550 000
　　贷:累计折旧 50 000
　　　　累计摊销 500 000

(2) 确认民宿服务收入并摊销合同履约成本时:

借:银行存款 742 000
　　贷:主营业务收入 700 000
　　　　应交税费——应交增值税(销项税额) 42 000

借:主营业务成本 550 000
　　贷:合同履约成本 550 000

(二) 合同负债

合同负债是指企业已收或应收客户对价而应向客户转让商品的义务。对于尚未向客户履行转让商品的义务而已收或应收客户对价中的增值税部分,不确认为合同负债。合同负债的账务处理如表5-10所示。

表5-10　合同负债的账务处理

业务	账务处理
预收款项时	借:银行存款 　　贷:合同负债 　　　　应交税费——应交增值税(销项税额)【若预收款项时开具了增值税发票】
实际发生服务成本时	借:合同履约成本 　　贷:银行存款/应付职工薪酬等
确认服务收入并结转服务成本时	借:合同负债/银行存款等 　　贷:主营业务收入 借:主营业务成本 　　贷:合同履约成本

【例5-18】 甲公司为增值税一般纳税人,经营一家健身俱乐部,适用的增值税税率为6%。2023年1月1日,某客户与甲公司签订合同,成为甲公司的会员,并向甲公司支付含税会员费9 540元,可在未来的12个月内在该俱乐部健身,且没有次数的限制。假设甲公司于收到款项时开具了增值税普通发票,即产生了增值税纳税义务。该履约义务属于在某一时段内履行的履约义务,并且该履约义务在会员的会籍期间内随时间的流逝而被履行。甲公司应编制如下会计分录:

(1) 2023年1月1日,收到客户支付的会员费时:

借:银行存款 9 540
　　贷:合同负债 9 000
　　　　应交税费——应交增值税(销项税额) 540

(2) 2023年1月31日,确认收入时:

甲公司按照直线法确认收入,每月应当确认的收入=9 540÷(1+6%)÷12=750(元)

借:合同负债 750
　　贷:主营业务收入 750

2023年2月至2023年12月每月确认收入的会计分录同上。

第二节　费　用

费用是指企业日常活动所发生的、会导致所有者权益减少的、与向所有者分配利润无关的经济利益的总流出,主要是指企业为取得营业收入进行产品销售等营业活动所发生的营业成本、税金及附加和期间费用。

一、营业成本

营业成本是指企业为生产产品、提供劳务等发生的可归属于产品成本、劳务成本等的费用。企业应当在确认收入时,将已销售商品、已提供劳务的成本等计入当期损益。营业成本包括主营业务成本和其他业务成本。

二、税金及附加

税金及附加是指企业经营活动应负担的相关税费,包括消费税、城市维护建设税、教育费附加、资源税、房产税、车船税、环境保护税、城镇土地使用税、土地增值税、印花税等。

不通过"税金及附加"科目进行核算的税费包括增值税、所得税、作为无形资产或固定资产核算的土地增值税、自产自用过程中不产生收入的消费税和资源税、构成产品组成部分的税费(如进口关税、进口消费税、委托加工物资涉及的消费税、耕地占用税、契税、车辆购置税等)等。

企业应通过"税金及附加"科目核算企业经营活动相关税费的发生和结转情况。该科目的借方登记企业经营业务发生的各项税费,贷方登记期末结转入"本年利润"的税费,结转后该科目应无余额。税金及附加的账务处理如表5-11所示。

表5-11 税金及附加的账务处理

业务	账务处理	
	一般情况	特殊情况
计提	借:税金及附加 　　贷:应交税费——应交××税	(1) 印花税: 　　借:税金及附加 　　　　贷:银行存款 (2) 土地增值税(非房地产开发企业): 其一,计提: 　　借:固定资产清理 　　　　贷:应交税费——应交土地增值税
实际交纳	借:应交税费——应交××税 　　贷:银行存款	其二,实际交纳: 　　借:应交税费——应交土地增值税 　　　　贷:银行存款 【提示】房地产开发企业交纳的土地增值税记入"税金及附加"科目。
期末结转	借:本年利润 　　贷:税金及附加	

三、期间费用

期间费用是指企业日常活动发生的不能计入特定核算对象的成本,而应计入发生当期损益的费用。期间费用包括销售费用、管理费用和财务费用。

期间费用是企业日常活动中所发生的经济利益的流出,之所以不计入特定的成本核算对象的成本,主要是因为期间费用是企业为组织和管理整个经营活动所发生的费用,与可以确定特定成本核算对象的材料采购、产成品生产等没有直接关系,所以直接计入当期损益。

期间费用包含以下两种情况:一是企业发生的支出不产生经济利益,或者即使产生经济利益但不符合或者不再符合资产确认条件的,应当在发生时确认为费用,计入当期损益。二是企业发生的交易或者事项导致其承担了一项负债,而又不确认为一项资产的,应当在发生时确认为费用计入当期损益。

(一) 销售费用

销售费用是指企业销售商品和材料,以及提供服务的过程中发生的各种费用。"销售费用"科目的借方登记企业发生的各项销售费用,贷方登记期末转入"本年利润"科目的销售费用。销售费用的账务处理如表5-12所示。

表 5-12 销售费用的账务处理

业务	账务处理
企业在销售商品过程中发生的保险费、包装费、展览费、广告费、商品维修费、预计产品质量保证损失、运输费、装卸费等	(1) 费用发生时： 借：销售费用 　　应交税费——应交增值税（进项税额） 　贷：库存现金/银行存款/应付职工薪酬/ 　　　累计折旧等 (2) 期末结转时： 借：本年利润 　贷：销售费用
为销售本企业商品而专设的销售机构（含销售网点、售后服务网点等）的职工薪酬、业务费、折旧费等经营费用	
企业发生的与专设销售机构相关的固定资产修理费用等后续支出属于销售费用	

【例 5-19】 2023 年 12 月，甲公司发生的与销售费用有关的经济业务如下：以银行存款支付产品的广告费 8 000 元、展览费 5 000 元。本月为销售产品以银行存款支付运输费 2 000 元，运输途中的保险费 500 元，装卸费 600 元，均不考虑增值税。本月专设销售机构发生下列费用：销售机构人员的工资为 15 000 元，提取职工福利费 900 元，固定资产的折旧费为 600 元，以银行存款支付办公费 400 元。按规定将本月发生的销售费用予以结转，不考虑其他因素。甲公司应编制如下会计分录：

(1) 支付产品广告费、展览费时：

借：销售费用　　　　　　　　　　　　　　　　　　　　　　　　　　13 000
　贷：银行存款　　　　　　　　　　　　　　　　　　　　　　　　　　13 000

(2) 支付运输费、保险费、装卸费时：

借：销售费用　　　　　　　　　　　　　　　　　　　　　　　　　　3 100
　贷：银行存款　　　　　　　　　　　　　　　　　　　　　　　　　　3 100

(3) 确认销售人员工资和福利费、计提固定资产折旧、支付办公费时：

借：销售费用　　　　　　　　　　　　　　　　　　　　　　　　　　16 900
　贷：应付职工薪酬　　　　　　　　　　　　　　　　　　　　　　　　15 900
　　　累计折旧　　　　　　　　　　　　　　　　　　　　　　　　　　600
　　　银行存款　　　　　　　　　　　　　　　　　　　　　　　　　　400

(4) 月末结转销售费用时：

当月发生的销售费用总额＝13 000＋3 100＋16 900＝33 000（元）

借：本年利润　　　　　　　　　　　　　　　　　　　　　　　　　　33 000
　贷：销售费用　　　　　　　　　　　　　　　　　　　　　　　　　　33 000

（二）管理费用

管理费用是指企业为组织和管理生产经营发生的各种费用。商品流通企业管理费用不多的，可不设"管理费用"科目，相关核算内容可并入"销售费用"科目核算。管理费用的账务处理如表 5-13 所示。

表 5-13 管理费用的账务处理

业务	账务处理
企业在筹建期间内发生的开办费	(1) 费用发生时： 借：管理费用 　　应交税费——应交增值税(进项税额) 　贷：库存现金/银行存款/应付职工 　　　薪酬/累计折旧/研发支出等 (2) 期末结转时： 借：本年利润 　贷：管理费用
董事会和行政管理部门在企业的经营管理中发生的，以及应由企业统一负担的公司经费(包括行政管理部门职工薪酬、物料消耗、低值易耗品摊销、办公费和差旅费等)	
行政管理部门负担的工会经费、董事会费(包括董事会成员津贴、会议费和差旅费等)	
聘请中介机构费、咨询费(含顾问费)、诉讼费、业务招待费、技术转让费、研究费用、排污费	
企业行政管理部门发生的固定资产修理费用等后续支出	

【例5-20】 2023年12月，甲公司发生的与管理费用有关的经济业务如下：计提行政办公大楼折旧500 000元，支付会计师事务所审计费300 000元，发生业务招待费200 000元，不考虑其他因素。甲公司应编制如下会计分录：

借：管理费用　　　　　　　　　　　　　　　　　　　　　　　　1 000 000
　贷：累计折旧　　　　　　　　　　　　　　　　　　　　　　　　　500 000
　　　银行存款　　　　　　　　　　　　　　　　　　　　　　　　　500 000

(三) 财务费用

财务费用是指企业为筹集生产经营所需资金等而发生的筹资费用。财务费用的账务处理如表5-14所示。

表 5-14 财务费用的账务处理

业务	账务处理
企业发生的各项财务费用	借：财务费用——利息支出 　贷：银行存款/应付利息等
企业发生的应冲减财务费用的利息收入、汇兑差额	借：银行存款/应付账款等 　贷：财务费用
期末结转	借：本年利润 　贷：财务费用

【例5-21】 2023年12月，甲公司发生的与财务费用有关的经济业务如下：确认短期借款利息支出50 000元，收到流动资金存款利息收入30 000元，支付银行承兑汇票手续费5 000元，不考虑其他因素。甲公司应编制如下会计分录：

(1) 确认短期借款利息支出时：

借：财务费用　　　　　　　　　　　　　　　　　　　　　　　　　　50 000
　贷：应付利息　　　　　　　　　　　　　　　　　　　　　　　　　　50 000

(2) 收到流动资金存款利息收入时：

借:银行存款 30 000
　　贷:财务费用 30 000

支付银行承兑汇票手续费时:

借:财务费用 5 000
　　贷:银行存款 5 000

第三节 利　润

一、利润的概念及其构成

利润是指企业在一定会计期间的经营成果,包括收入减去费用后的净额、直接计入当期利润的利得和损失等。直接计入当期利润的利得是指由企业非日常活动所形成的、会导致所有者权益增加的、与所有者投入资本无关的经济利益的流入。直接计入当期利润的损失是指由企业非日常活动所发生的、会导致所有者权益减少的、与向所有者分配利润无关的经济利益的流出。利润由营业利润、利润总额和净利润构成。

(一) 营业利润

营业利润的计算公式如下:

营业利润 = 营业收入 − 营业成本 − 税金及附加 − 销售费用 − 管理费用 − 研发费用 − 财务费用 + 其他收益 + 投资收益(− 投资损失) + 净敞口套期收益(− 净敞口套期损失) + 公允价值变动收益(− 公允价值变动损失) − 信用减值损失 − 资产减值损失 + 资产处置收益(− 资产处置损失)

其中:

(1) 营业收入是指企业经营业务所确认的收入总额,包括主营业务收入和其他业务收入。

(2) 营业成本是指企业经营业务所发生的实际成本总额,包括主营业务成本和其他业务成本。

(3) 研发费用是指企业计入管理费用的进行研究与开发过程中发生的费用化支出,以及计入管理费用的自行开发无形资产的摊销。

(4) 其他收益是指与企业日常活动相关的政府补助(除冲减相关成本费用外),以及其他应计入其他收益的收入。

(5) 投资收益(或损失)是指企业以各种方式对外投资所取得的收益(或损失)。

(6) 净敞口套期收益(或损失)反映净敞口套期下被套期项目累计公允价值变动转入当期损益的金额或现金流量套期储备转入当期损益的金额。

(7) 公允价值变动收益(或损失)是指企业交易性金融资产、采用公允价值模式进行后续计量的投资性房地产等公允价值变动形成的应计入当期损益的利得(或损失)。

(8) 信用减值损失是指企业计提各项金融资产信用减值准备所确认的信用损失,如应收款项、债权投资、其他债权投资等。

(9) 资产减值损失是指企业计提有关资产减值准备所形成的损失。

(10) 资产处置收益(或损失)反映企业出售划分为持有待售的非流动资产(金融工具、长期股权投资和投资性房地产除外)或处置组(子公司和业务除外)时确认的处置利得或损失,处置未划分为持有待售的固定资产、在建工程、生产性生物资产和无形资而产生的处置利得或损失,以及非货币性资产交换中换出非流动资产产生的利得或损失。

(二) 利润总额

利润总额的计算公式如下:

$$利润总额 = 营业利润 + 营业外收入 - 营业外支出$$

其中:

(1) 营业外收入是指企业发生的与其日常活动无直接关系的各项利得。

(2) 营业外支出是指企业发生的与其日常活动无直接关系的各项损失。

(三) 净利润

净利润的计算公式如下:

$$净利润 = 利润总额 - 所得税费用$$

其中,所得税费用是指企业确认的应从当期利润总额中扣除的所得税费用。

【例5-22】 甲公司2023年有关损益类科目发生额如下:主营业务收入1 800 000元,其他业务收入300 000元,主营业务成本1 300 000元,其他业务成本200 000元,销售费用80 000元,管理费用50 000元,财务费用30 000元,营业外收入600 000元,营业外支出500 000元。甲公司适用的企业所得税税率为25%,不考虑其他因素。甲公司当年的营业利润、利润总额、净利润的计算结果如下:

甲公司当年的营业利润=1 800 000+300 000−1 300 000−200 000−80 000−50 000−30 000
=440 000(元)

甲公司当年的利润总额=440 000+600 000−500 000=540 000(元)

甲公司当年的净利润=540 000−540 000×25%=405 000(元)

二、营业外收支

(一) 营业外收入

1. 营业外收入的概念及内容

营业外收入是指企业确认的与其日常活动无直接关系的各项利得。它主要包括非流动资产毁损报废收益、与企业日常活动无关的政府补助、盘盈利得、捐赠利得等。

其中:

(1) 非流动资产毁损报废收益是指非流动资产由于自然灾害发生毁损、已丧失使用功能等原因而报废清理产生的收益。

(2) 与企业日常活动无关的政府补助,是由企业常规经营之外的原因所产生的,从政府无偿取得的(货币性资产或非货币性资产),计入营业外收入的金额。

(3) 盘盈利得是指企业现金资产盘盈报经批准后计入营业外收入的金额。

(4) 捐赠利得是指企业无偿接受个人或其他单位的捐赠产生的利得。

2. 营业外收入的账务处理

"营业外收入"科目核算营业外收入的取得及结转情况。该科目的贷方登记企业确认的营业外收入，借方登记期末将"营业外收入"科目余额转入"本年利润"科目的营业外收入，结转后该科目无余额。该科目的账务处理如下：

(1) 确认营业外收入：

借：固定资产清理等【非流动资产毁损报废收益】
　　银行存款等【捐赠利得】
　　待处理财产损溢【盘盈利得】
　　贷：营业外收入

(2) 期末结转到本年利润后，无余额：

借：营业外收入
　　贷：本年利润

【例5-23】 2022年12月，甲公司发生的与营业外收入有关的经济业务如下：报经批准结转无法查明原因的现金溢余1 000元；转销由于债权单位撤销无法清偿的应付账款5 000元；报废一台管理用设备确认净收益8 000元。不考虑其他因素。甲公司应编制如下会计分录：

(1) 报经批准结转无法查明原因的现金溢余时：

借：待处理财产损溢　　　　　　　　　　　　　　　　　1 000
　　贷：营业外收入　　　　　　　　　　　　　　　　　　　1 000

(2) 转销由于债权单位撤销无法清偿的应付账款时：

借：应付账款　　　　　　　　　　　　　　　　　　　　5 000
　　贷：营业外收入　　　　　　　　　　　　　　　　　　　5 000

(3) 报废一台管理用设备确认净收益时：

借：固定资产清理　　　　　　　　　　　　　　　　　　8 000
　　贷：营业外收入　　　　　　　　　　　　　　　　　　　8 000

(二) 营业外支出

1. 营业外支出的概念及内容

营业外支出是指企业发生的与其日常活动无直接关系的各项损失。它主要包括非流动资产毁损报废损失、捐赠支出、盘亏损失、非常损失、罚款支出等。

其中：

(1) 非流动资产毁损报废损失是指由于自然灾害发生毁损、已丧失使用功能等原因而报废清理产生的损失。

(2) 捐赠支出是指企业对其他个人或单位进行无偿捐赠发生的支出。

(3) 盘亏损失是指盘亏的资产(不包括现金资产盘亏)，查明原因并报经批准后计入营业外支出的金额。

(4) 非常损失是指企业由于客观原因造成的损失,在扣除保险公司赔偿后应计入营业外支出的净损失,如自然灾害等造成的资产净损失。

(5) 罚款支出是指企业由于违反经济合同、税收法规等规定而支付的各种罚款,如行政罚款(税收罚款、工商罚款等),违反合同协议等而支付的罚款、违约金、赔偿金等。

2. 营业外支出的账务处理

"营业外支出"科目核算营业外支出的发生及结转情况。该科目的借方登记确认的营业外支出,贷方登记期末将"营业外支出"科目余额转入"本年利润"科目的营业外支出,结转后该科目无余额。该科目的账务处理如下:

(1) 确认营业外支出:

借:营业外支出
  贷:待处理财产损溢【资产盘亏净损失】
    库存商品【对外捐赠】
    应交税费——应交增值税(销项税额)【对外捐赠视同销售】
    银行存款等【支付罚款、违约金等】
    固定资产清理【非流动资产报废损失】

(2) 期末结转到本年利润后,无余额:

借:本年利润
  贷:营业外支出

【例5-24】 2023年12月,甲公司发生的与营业外支出有关的经济业务如下:发生公益性捐赠支出30 000元;交纳税收滞纳金10 000元;因雷电造成资产净损失共计400 000元,其中流动资产(原材料)的盘亏净损失为150 000元,非流动资产(固定资产)的报废净损失为250 000元,有关处理已报经批准。不考虑其他因素。甲公司应编制如下会计分录:

借:营业外支出   440 000
  贷:银行存款   40 000
    待处理财产损溢   150 000
    固定资产清理   250 000

三、所得税费用

企业的所得税费用包括当期所得税和递延所得税两部分,其中,当期所得税是指当期应交所得税。递延所得税是指按照所得税准则的规定当期应予确认的递延所得税资产和递延所得税负债的金额。递延所得税资产是一项资产,其应当以未来期间很可能取得用来抵扣可抵扣暂时性差异的应纳税所得额为限进行确认。递延所得税负债是一项负债,其是根据应纳税暂时性差异计算的未来期间应付所得税的金额。

(一) 应交所得税

应交所得税是指企业按照《中华人民共和国企业所得税法》(以下简称《企业所得税

法》)的规定计算确定的针对当期发生的交易和事项,应交纳给税务部门的所得税金额,即当期应交所得税。应纳税所得额是在企业税前会计利润(即利润总额)的基础上调整确定的。其计算公式分别为:

$$应纳税所得额 = 税前会计利润 + 纳税调整增加额 - 纳税调整减少额$$
$$应交所得税 = 应纳税所得额 \times 所得税适用税率$$

1. 纳税调整增加额

纳税调整增加额主要包括《企业所得税法》规定允许扣除项目中,企业已计入当期费用但超过规定扣除标准的金额(如超过《企业所得税法》规定标准的职工福利费、工会经费、职工教育经费、业务招待费、公益性捐赠支出、广告费和业务宣传费等),以及企业已计入当期损失但《企业所得税法》规定不允许扣除项目的金额(如税收滞纳金、罚金、罚款等)。

2. 纳税调整减少额

纳税调整减少额主要包括按《企业所得税法》的规定允许弥补的亏损和准予免税的项目,如前5年内未弥补亏损、国债利息收入以及符合条件的居民企业之间的股息、红利等权益性投资收益等。

(二)所得税费用的账务处理

企业应根据会计准则的规定,计算确定当期所得税和递延所得税之和,据以确认应从当期利润总额中扣除的所得税费用,通过"所得税费用"科目核算。相关计算公式如下:

$$所得税费用 = 当期应交所得税 + 当期递延所得税$$

$$当期递延所得税 = \left(\begin{matrix}递延所得税\\负债期末余额\end{matrix} - \begin{matrix}递延所得税\\负债期初余额\end{matrix}\right) - \left(\begin{matrix}递延所得税\\资产期末余额\end{matrix} - \begin{matrix}递延所得税\\资产期初余额\end{matrix}\right)$$

该科目的账务处理如下:

(1)确认所得税费用:

借:所得税费用
　　递延所得税资产【转回时在贷方】
　　贷:应交税费——应交所得税
　　　　递延所得税负债【转回时在借方】

(2)期末结转所得税费用:

借:本年利润
　　贷:所得税费用

【例 5-25】 甲有限公司 2023 年度根据《企业会计准则》计算的税前会计利润为 9 976 000 元,所得税税率为 25%。甲有限公司全年实发工资、薪金 300 000 元,职工福利费 50 000 元,工会经费 10 000 元,职工教育经费 40 000 元;经查,甲有限公司本年营业外支出中有 10 000 元为税收滞纳罚金,投资收益中有 14 000 元为本年实现的国债利息收入。甲有限公司当期递延所得税负债的年初数为 300 000 元、年末数为 400 000 元,递延所得税资产的年初数为 450 000 元、年末数为 200 000 元。假定甲有限公司全年无其他纳税调整因素。甲有限公司 2023 年度应编制如下会计分录:

(1) 确认当期应交所得税时：

纳税调整增加额＝(50 000－300 000×14％)＋(10 000－300 000×2％)＋(40 000－300 000×8％)＋10 000＝38 000(元)

纳税调整减少额＝14 000(元)

应纳税所得额＝9 976 000＋38 000－14 000＝10 000 000(元)

当期应交所得税＝10 000 000×25％＝2 500 000(元)

借：所得税费用　　　　　　　　　　　　　　　　　　　　　　　　2 500 000
　　贷：应交税费——应交所得税　　　　　　　　　　　　　　　　　　　　2 500 000

(2) 确认当期递延所得税时：

递延所得税负债发生额＝400 000－300 000＝100 000(元)

递延所得税资产发生额＝200 000－450 000＝－250 000(元)

递延所得税费用＝100 000－(－250 000)＝350 000(元)

借：所得税费用　　　　　　　　　　　　　　　　　　　　　　　　　350 000
　　贷：递延所得税负债　　　　　　　　　　　　　　　　　　　　　　　　100 000
　　　　递延所得税资产　　　　　　　　　　　　　　　　　　　　　　　　250 000

结合当期所得税和递延所得税，也可以将所得税费用一步到位计算出来并编制合并会计分录：

所得税费用＝2 500 000＋350 000＝2 850 000(元)

借：所得税费用　　　　　　　　　　　　　　　　　　　　　　　　2 850 000
　　贷：应交税费——应交所得税　　　　　　　　　　　　　　　　　　　　2 500 000
　　　　递延所得税负债　　　　　　　　　　　　　　　　　　　　　　　　100 000
　　　　递延所得税资产　　　　　　　　　　　　　　　　　　　　　　　　250 000

四、本年利润

(一) 本年利润的结转方法

会计期末，结转本年利润的方法有表结法和账结法两种。

1. 表结法

表结法下，各损益类科目每月末只需结计出本月发生额和月末累计余额，不结转到"本年利润"科目，只有在年末时才将全年累计余额结转入"本年利润"科目。但每月末要将损益类科目的本月发生额合计数填入利润表的本月数栏，同时将本月末累计余额填入利润表的本年累计数栏，通过利润表计算反映各期的利润(或亏损)。表结法下，年中损益类科目无需结转入"本年利润"科目，从而减少了转账环节和工作量，同时并不影响利润表的编制及有关损益指标的利用。

2. 账结法

账结法下，每月末均需编制转账凭证，将在账上结计出的各损益类科目的余额结转入"本年利润"科目。结转后"本年利润"科目的本月余额反映本月实现的利润或发生的亏损，"本年利润"科目的本年余额反映本年累计实现的利润或发生的亏损。账结法在各月均可通过"本年利润"科目提供本月及本年累计的利润(或亏损)额,但增加了转账环节和工作量。

(二) 结转本年利润的账务处理

会计期末,企业要将所有的损益类科目余额结转到"本年利润"科目中。年度终了,企业还应将"本年利润"科目的本年累计余额转入"利润分配——未分配利润"科目中。

本年利润的结转步骤如下:

第一步:将各项收入、利得类科目余额转入"本年利润"科目的贷方。

第二步:将各项费用、损失类科目余额转入"本年利润"科目的借方。

第三步:将所得税费用结转入"本年利润"科目的借方。

第四步:将"本年利润"科目的本年累计余额(本年净利润或净亏损)结转入"利润分配——未分配利润"科目。

本年利润的账务处理如表 5-15 所示。

表 5-15 本年利润的账务处理

业务	账务处理	
各期期末:结转各项损益类科目余额	结转各项收入、利得类科目发生额(结转后期末无余额)	结转各项费用、损失类科目发生额(结转后期末无余额)
	借:主营业务收入 　　其他业务收入 　　公允价值变动损益【收益】 　　投资收益【收益】 　　资产处置损益【收益】 　　其他收益 　　营业外收入等 　贷:本年利润	借:本年利润 　贷:主营业务成本 　　其他业务成本 　　管理费用 　　销售费用 　　财务费用 　　税金及附加 　　信用减值损失 　　资产减值损失 　　公允价值变动损益【损失】 　　投资收益【损失】 　　资产处置损益【损失】 　　营业外支出等
	计算所得税费用	结转所得税费用
	借:所得税费用 　　递延所得税资产【或贷方】 　贷:应交税费——应交所得税 　　　递延所得税负债【或借方】	借:本年利润 　贷:所得税费用
年末:将"本年利润"的余额结转至"利润分配——未分配利润"科目	结转净利润	结转净亏损
	借:本年利润 　贷:利润分配——未分配利润	借:利润分配——未分配利润 　贷:本年利润

【例 5-26】 甲公司 2023 年结账前有关损益类科目的年末余额,如表 5-16 所示。甲公

司采用表结法结转本年利润,适用的所得税税率为25%。假设甲公司2023年度不存在所得税纳税调整事项及递延所得税因素。

表 5-16　2023年结账前有关损益类科目的年末余额　　　　　　　　单位：元

科目名称	贷方余额	借方余额
主营业务收入	1 800 000	
其他业务收入	300 000	
营业外收入	600 000	
主营业务成本		1 300 000
其他业务成本		200 000
销售费用		80 000
管理费用		50 000
财务费用		30 000
营业外支出		500 000

甲公司应编制如下会计分录：

(1) 将各项收入、利得类科目结转入"本年利润"科目时：

借：主营业务收入　　　　　　　　　　　　　　　　　　　　　　1 800 000
　　其他业务收入　　　　　　　　　　　　　　　　　　　　　　　 300 000
　　营业外收入　　　　　　　　　　　　　　　　　　　　　　　　 600 000
　　贷：本年利润　　　　　　　　　　　　　　　　　　　　　　　2 700 000

(2) 将各项费用、损失类科目结转入"本年利润"科目时：

借：本年利润　　　　　　　　　　　　　　　　　　　　　　　　2 160 000
　　贷：主营业务成本　　　　　　　　　　　　　　　　　　　　1 300 000
　　　　其他业务成本　　　　　　　　　　　　　　　　　　　　　 200 000
　　　　销售费用　　　　　　　　　　　　　　　　　　　　　　　　80 000
　　　　管理费用　　　　　　　　　　　　　　　　　　　　　　　　50 000
　　　　财务费用　　　　　　　　　　　　　　　　　　　　　　　　30 000
　　　　营业外支出　　　　　　　　　　　　　　　　　　　　　　 500 000

结转后,"本年利润"科目的贷方发生额合计为2 700 000元,"本年利润"科目的借方发生额合计为2 160 000元,用贷方发生额减去借方发生额即为利润总额540 000元。

(3) 确认所得税费用,并将所得税费用结转入"本年利润"科目时：

当期应交所得税额=540 000×25%=135 000(元)

第一,确认所得税费用时：

借：所得税费用　　　　　　　　　　　　　　　　　　　　　　　　135 000
　　贷：应交税费——应交所得税　　　　　　　　　　　　　　　　135 000

第二,将所得税费用结转入"本年利润"科目时：

```
借：本年利润                                          135 000
    贷：所得税费用                                           135 000
```

(4) 将"本年利润"科目的本年累计余额结转入"利润分配——未分配利润"科目时：

结账前，"本年利润"科目年末余额(即本年的净利润)为 405 000 元(540 000－135 000)：

```
借：本年利润                                          405 000
    贷：利润分配——未分配利润                                 405 000
```

本章小结

本章主要介绍了收入、费用和利润的基本概念、基本内容及其主要的账务处理。其中，收入部分主要介绍了收入的概念、确认原则、收入的确认和计量步骤,收入的相关会计科目设置,在某一时点完成商品销售、涉及可变对价的销售，以及在某一时段内完成的商品销售的相关账务处理,反映不同情形下收入的确认和计量的具体应用。费用部分主要介绍了企业经营过程中主要涉及的费用类项目相关账务处理,主要包括营业成本、税金及附加、期间费用的账务处理。利润是企业在一定会计期间的经营成果,它是收入与费用相配比、相抵后的差额,是反映经营成果的最终要素。利润部分主要介绍了利润的构成、营业外收支的账务处理、所得税费用的账务处理和本年利润的账务处理。

本章练习题

一、单项选择题

1. 下列各项中，一般应计入销售费用的是(　　)。
    A. 销售商品发生的增值税
    B. 销售商品为客户代垫的运费
    C. 签订销售合同缴纳的印花税
    D. 以收取手续费方式委托代销,且受托方并非主要责任人的情况下,委托代销商品支付的手续费

2. 下列各项中,制造业企业不应确认为其他业务收入的是(　　)。
    A. 出租包装物的租金收入
    B. 无法查明原因的现金溢余
    C. 经营出租闲置生产设备的租金收入
    D. 转让专利使用权收入

3. 2023 年 5 月，甲企业与客户签订空调销售和安装合同,不含增值税的合同总价款为 120 000 元。空调不含增值税的单独售价为 120 000 元,安装服务的单独售价为 30 000 元,该安装服务简单,除甲企业外其他供应商也可以提供此类安装服务。不考虑税费及其他因素。下列关于对甲企业上述业务相关账务处理的表述中,正确的是(　　)。
    A. 销售空调和提供安装服务应确认为一项单项履约义务

B. 甲企业销售空调应分摊的交易价格为 120 000 元
C. 甲企业销售空调应分摊的交易价格为 96 000 元
D. 甲企业提供安装服务应分摊的交易价格为 30 000 元

4. 下列各项中,企业不应通过"税金及附加"科目核算的是( )。
   A. 销售应税消费品应交的消费税
   B. 销售部门使用车辆应交的车船税
   C. 应交的企业所得税
   D. 订立货物运输合同支付的印花税

5. 下列关于收入确认和计量的表述中,错误的是( )。
   A. 企业应识别合同中的单项履约义务
   B. 企业在客户取得商品控制权时确认收入
   C. 企业确认的交易价格包括代第三方收取的款项
   D. 企业确认客户合同收入应以合同存在为前提

6. 下列各项中,不满足收入确认的前提条件,不应当确认为企业收入的是( )。
   A. 该合同有明确的与所转让商品相关的支付条款
   B. 合同具有商业实质
   C. 签订销售合同时得知对方公司资金困难,可能无法收回货款
   D. 合同各方已批准该合同并承诺将履行各自义务

7. 甲公司为增值税一般纳税人,于 2023 年 8 月销售给乙公司商品一批,共计 800 件,不含税单价为 200 元/件,增值税税率为 13%。因乙公司购买数量较多,甲公司给予乙公司 20% 的商业折扣,并开具增值税专用发票,假定不考虑其他因素。甲公司该笔业务应确认的销售收入为( )元。
   A. 180 800   B. 180 000
   C. 144 640   D. 128 000

8. 甲公司于 2023 年 3 月销售 A 商品一批,增值税专用发票上注明售价为 20 000 元,增值税额为 2 600 元,该批商品的成本为 16 000 元,该项业务属于在某一时点履行的履约义务并已确认销售收入,相关款项已经收到。2023 年 5 月,该批商品质量出现严重问题,客户与甲公司协商后将该批商品全部退回给甲公司,该批商品已验收入库。甲公司于退货当日支付了退货款,并按规定向客户开具了增值税专用发票(红字),假定不考虑其他因素。甲公司应编制的会计分录为( )。

A. 借:主营业务收入　　　　　　　　　　　　　　　　　　20 000
    　　应交税费——应交增值税(销项税额)　　　　　　　 2 600
    　贷:银行存款　　　　　　　　　　　　　　　　　　　22 600

    借:库存商品　　　　　　　　　　　　　　　　　　　　16 000
    　贷:主营业务成本　　　　　　　　　　　　　　　　　16 000

B. 借:主营业务收入　　　　　　　　　　　　　　　　　　20 000
    　　应交税费——应交增值税(销项税额)　　　　　　　 2 600
    　贷:银行存款　　　　　　　　　　　　　　　　　　　22 600

C. 借：主营业务收入　　　　　　　　　　　　　　　　　　　　16 000
　　　应交税费——应交增值税（销项税额）　　　　　　　　　2 600
　　　　贷：银行存款　　　　　　　　　　　　　　　　　　　　　　18 600
D. 借：主营业务收入　　　　　　　　　　　　　　　　　　　　16 000
　　　　贷：主营业务成本　　　　　　　　　　　　　　　　　　　　16 000

9. 下列各项中，应计入合同履约成本的是（　　）。
　　A. 与企业过去的履约活动相关的差旅费
　　B. 为履行合同发生非正常消耗的直接人工费、直接材料费
　　C. 企业承担的管理费用
　　D. 本期发生直接为客户提供承诺服务且预期能够收回的人员工资

10. 下列各项中，不属于期间费用的是（　　）。
　　A. 不满足资本化条件的汇兑损益
　　B. 预计产品质量保证损失
　　C. 季节性停工损失
　　D. 咨询费

11. 甲公司是一家家电生产销售企业，销售家电适用的增值税税率为13%。2023年2月1日，甲公司向零售商乙公司销售100台空调，每台价格为5 000元，于当日交货。每台空调的成本为4 200元。乙公司收到空调并验收入库。合同约定，甲公司向乙公司提供价格保护，同意在未来6个月内，如果同款空调售价下降，则按照合同价格与最低售价之间的差额向乙公司支付差价。甲公司根据以往执行类似合同的经验，预计各种结果发生的概率如表5-17所示。

表5-17　各种结果发生的概率

未来6个月内空调的降价金额（元/台）	概率
500	20%
200	30%
0	50%

假定上述价格均不包含增值税，甲公司认为期望值能够更好地预测其有权获取的对价金额，该项销售业务属于在某一时点履行的履约义务，不考虑其他因素。甲公司应确认的收入金额为（　　）元。
　　A. 500 000　　　B. 484 000　　　C. 420 000　　　D. 404 000

12. 甲公司为增值税一般纳税人。2023年10月1日，其与乙公司签订了一项为期4个月的装修合同，该合同属于在某一时段内履行的履约义务。合同不含税总价款为500 000元，当日收到总价款的20%。截至年末，甲公司累计发生成本360 000元，估计还将发生成本40 000元，按已发生成本占预计总成本的比例确认履约进度。2023年12月31日，甲公司应确认该项服务的收入为（　　）元。
　　A. 100 000　　　B. 360 000　　　C. 450 000　　　D. 500 000

13. 甲公司经营一家健身俱乐部，适用的增值税税率为6%。2023年6月1日，与客户签订

合同,并收取客户会员费 9 540 元(含税),假设甲公司于收到款项时开具了增值税普通发票,即产生了增值税纳税义务。客户可在未来12个月内享受健身服务,且没有次数限制,不考虑其他因素。下列关于对甲公司相关账务处理的表述中,正确的是( )。

    A. 2023年6月1日,收到会员费确认合同负债 9 540 元

    B. 2023年6月1日,收到会员费确认应交税费——应交增值税(销项税额)540元

    C. 2023年6月1日,收到会员费确认应交税费——待转销项税额 540 元

    D. 2023年6月30日,确认主营业务收入的金额为 9 000 元

14. 下列各项中,应确认为制造业企业主营业务收入的是( )。

    A. 转让交易性金融资产取得的收益

    B. 产品销售收入

    C. 非专利技术出租产生的租金收入

    D. 出售生产设备净收益

15. 下列各项中,应列入利润表"营业成本"项目的是( )。

    A. 非流动资产毁损净损失

    B. 推广新产品发生的广告费

    C. 随同产品出售单独计价的包装物成本

    D. 取得交易性金融资产支付的交易费用

16. 2023年12月1日,甲公司与乙公司签订一份为期3个月的劳务合同,属于在某一时段内履行的单项履约义务。合同总价款为100 000元,当日收到乙公司预付合同款50 000元,预计总成本为80 000元。至12月31日,甲公司为履行合同实际发生成本40 000元,履约进度不能合理确定,已经发生的成本预计能够得到补偿,不考虑相关税费和其他因素。2023年,甲公司应确认的劳务收入为( )元。

    A. 40 000   B. 50 000   C. 80 000   D. 100 000

17. 2023年7月,甲制造业企业发生的部分经济业务如下:以一批成本为 50 000 元的原材料对外投资,将成本为 40 000 元的库存商品对外捐赠,对外出租的无形资产本月摊销额为 80 000 元,随同产品出售单独计价的包装物的摊销成本为 10 000 元,出借包装物的摊销成本为 3 000 元,不考虑其他因素。甲制造企业当月应计入其他业务成本的金额为( )元。

    A. 130 000   B. 140 000   C. 180 000   D. 183 000

18. 下列各项中,不能转入"本年利润"科目借方的是( )。

    A. 生产成本   B. 主营业务成本

    C. 管理费用   D. 财务费用

19. 下列各项中,企业不应计入销售费用的是( )。

    A. 随同商品出售不单独计价的包装物成本

    B. 专设销售机构管理用固定资产的折旧费

    C. 销售商品发生的商业折扣

    D. 销售商品过程中承担的保险费

20. 2023年6月,甲企业报经批准结转无法查明原因的现金溢余800元;转销由于债权单位

撤销无法清偿的应付账款 10 000 元；出售管理用设备确认净收益 15 000 元，不考虑其他因素。2023 年 6 月，甲企业确认的营业外收入为( )元。
A. 25 800　　　　B. 25 000　　　　C. 10 800　　　　D. 800

二、多项选择题

1. 下列关于收入确认和计量的步骤的表述中，正确的有( )。
   A. 应当先确定交易价格，再识别合同中的单项履约义务
   B. 当合同中包含两项或多项履约义务时，应按照各单项履约义务的约定价格的相对比例分摊交易价格
   C. 若安装服务复杂且商品需要按客户定制要求修改，该合同中销售商品和提供安装服务应合并为单项履约义务
   D. 交易价格不包括企业预期将退还给客户的款项

2. 下列各项中，应计入制造业企业其他业务成本的有( )。
   A. 随同产品出售不单独计价的包装物成本
   B. 随同产品出售并单独计价的包装物成本
   C. 出租包装物成本的摊销额
   D. 出借包装物成本的摊销额

3. 下列关于对合同取得成本相关账务处理的表述中，正确的有( )。
   A. 合同取得成本是指企业为取得合同发生的预期能够收回的增量成本
   B. 为取得合同发生的差旅费、投标费在发生时应计入合同取得成本
   C. 按期摊销的合同取得成本应计入销售费用等科目
   D. 销售人员因累计业绩达到公司要求，取得的奖金应确认为合同取得成本

4. 下列关于采用支付手续费方式委托代销商品的账务处理的表述中，正确的有( )。
   A. 委托方在收到受托方开具的代销清单时，按照代销商品的售价贷记"库存商品"科目
   B. 委托方在收到受托方开具的代销清单时，应将结算的代销手续费确认为销售费用
   C. 受托方应在代销商品销售后按照双方约定的手续费贷记"其他业务收入"科目
   D. 受托方在收到商品时，按成本价确认受托代销商品和受托代销商品款

5. 下列各项中，属于确定合同履约进度的产出指标的有( )。
   A. 已完工的产品　　　　　　　　B. 花费的人工工时
   C. 实际测量的完工进度　　　　　D. 评估已实现的结果

6. 甲企业与客户签订销售合同时得知客户存在财务困难，不能确定能否收回货款，为了缓解库存压力，维持与客户的长期合作关系，仍将商品发出并开出增值税专用发票，3 个月后，客户度过财务危机，向甲企业表示将于近期支付货款，不考虑其他因素。下列关于对该业务的账务处理的表述中，不正确的有( )。
   A. 发出商品时，由于不符合收入的确认条件无须进行账务处理
   B. 发出商品时，确认营业外支出
   C. 符合收入确认条件时，按合同约定的售价确认收入
   D. 符合收入确认条件时，结转成本贷记"发出商品"科目

7. 2023 年 7 月 1 日，甲公司与客户签订合同，向其销售 A、B 两种商品，合同总价款为

80 000元,A 商品的单独售价为40 000元,B 商品的单独售价为60 000元。合同约定,A 商品于7月10日交付,B 商品于8月10日交付,仅当两项商品全部交付之后,甲公司才有权收取80 000元的合同价款。A 商品和B 商品分别构成单项履约义务,其控制权在交付时转移给客户,A 商品的实际成本为30 000元,B 商品的实际成本为45 000元。甲公司按时交付两件商品,于8月15日收到客户以银行存款支付的全部合同价款,不考虑相关税费等其他因素。下列各项中,正确的有( )。

A. 2023年7月10日,应确认应收账款32 000元
B. 2023年7月10日,应确认主营业务成本30 000元
C. 2023年8月10日,应确认主营业务收入60 000元
D. 2023年8月10日,应确认应收账款80 000元

8. 根据下列各项对履约义务的描述,可判断其为在某一时段内履行的履约义务的有( )。

A. 为客户提供每周一次,为期2年的家政服务
B. 为客户改建办公楼
C. 向客户销售一台不需要安装的设备
D. 为客户定制一台具有不可替代用途的生产设备,并约定有权就累计至今已完成的履约部分收取款项

9. 下列各项中,应计入企业合同履约成本的有( )。

A. 无法在尚未履行与已履行的履约义务之间区分的相关支出
B. 与履约义务中已履行部分相关的材料支出
C. 为履行合同耗用预期能够收回的原材料成本
D. 支付给分包商的成本

10. 甲公司与乙公司均为增值税一般纳税人。2023年8月5日,甲公司与乙公司签订委托代销合同,甲公司委托乙公司销售 A 商品100件,A 商品已经发出,每件商品成本为600元。合同约定乙公司应按每件1 000元对外销售,甲公司按不含增值税的销售价格的5%向乙公司支付手续费。截至2023年8月31日,乙公司实际对外销售80件,开出的增值税专用发票上注明销售价款为80 000元,增值税额为10 400元。甲公司当日收到乙公司开具的代销清单和代销手续费增值税专用发票(增值税税率为6%),款项均以银行存款的形式完成结算,不考虑其他因素。下列关于甲公司的账务处理的表述中,正确的有( )。

A. 发出商品时,借记"发出商品"科目100 000元
B. 确认收入时,贷记"主营业务收入"科目100 000元
C. 结转成本时,贷记"发出商品"科目48 000元
D. 支付乙公司手续费时,记入"销售费用"科目

三、判断题

1. 企业根据会计准则的规定,计算确定的当期所得税和递延所得税之和,即为应从当期利润总额中扣除的所得税费用,通过"所得税费用"科目核算。 ( )
2. 企业将自产资源税应税矿产品用于产品生产时,应交纳的资源税借记"税金及附加"科

目。( )
3. 企业为取得合同发生的增量成本预期能够收回的,应作为合同履约成本确认为一项资产。( )
4. 所得税费用应根据当期应交所得税和递延所得税计算确定。( )
5. "合同负债"科目的余额在贷方,反映企业在向客户转让商品之前,已经收到的合同对价或已经取得的无条件收取合同对价权利的金额。( )
6. 凡是记入"税金及附加"科目的税费,其贷方对应的均为"应交税费"科目。( )
7. 管理费用不多的商品流通企业可以不设置"管理费用"科目,相关费用记入"销售费用"科目核算。( )
8. 若合同中存在可变对价,企业应当按照期望值对计入交易价格的可变对价进行估计。( )
9. 企业签订加工承揽合同支付的印花税,应计入加工承揽项目成本中。( )
10. 2023年年初,甲企业有2022年形成的亏损30 000元,税法规定该亏损可以在未来5年内用税前利润弥补,2023年实现利润总额200 000元,不存在其他纳税调整事项,所得税税率为25%。则甲企业2023年需要交纳的企业所得税为50 000元。( )

四、经济业务题

1. 甲公司为增值税一般纳税人,销售商品适用的增值税税率为13%,确认收入的同时结转成本。2023年度发生的有关经济业务如下:

   (1) 3月1日,与乙公司签订协议,采用预收货款方式向乙公司销售B商品一批,乙公司应向甲公司支付不含增值税销售价款的20%作为预付款,该批商品的销售价格总额为50 000元,实际总成本为40 000元,合同约定甲公司应于3月30日前交货,收货当日乙公司通过银行转账支付。3月20日,甲公司向乙公司发出该批商品,商品控制权转移,符合销售收入的确认条件,开出的增值税专用发票上注明价款为50 000元,增值税额为6 500元,全部款项已收存银行。

   (2) 4月20日,向丙公司销售B商品5 000件并开具增值税专用发票,每件产品的售价为100元,实际成本为80元,由于销量较大,甲公司给予丙公司10%的商业折扣,商品于当日发出,符合销售收入的确认条件,甲公司以银行存款代垫运费50 000元,取得的增值税专用发票上注明增值税额为4 500元,相关款项尚未收到。

   (3) 6月5日,因4月20日售出的商品中有500件存在重大质量问题,丙公司要求退货。甲公司同意并开出增值税专用发票(红字),当日收到退货及剩余款项。

   不考虑其他因素。

   要求:
   (1) 根据业务(1),作出甲公司向乙公司销售B产品的相关账务处理。
   (2) 根据业务(2),作出甲公司向丙公司销售B产品的相关账务处理。
   (3) 根据业务(3),作出B产品销售退回的相关账务处理。

2. 甲公司为增值税一般纳税人,适用的增值税税率为13%,其主营业务为生产并销售A产品,A产品的实际成本为每件70元,销售商品属于在某一时点履行的履约义务,确认收入的同时结转成本。甲公司2023年度发生经济业务如下:

(1) 12月2日,向乙公司销售A产品100件,每件产品的售价为120元,开具增值税专用发票上注明的价款为12 000元,增值税额为1 560元。A产品已发出并符合收入确认条件。销售合同中规定现金折扣条件为"2/10,1/20,n/30",且计算现金折扣时不考虑增值税。甲公司基于对乙公司的了解,预计乙公司10天以内付款的概率为30%,20天以内付款的概率为60%,20天以后付款的概率为10%。12月20日,乙公司以银行存款付清款项。对于现金折扣,甲公司认为按照最可能发生金额能够更好地预测其有权获取的对价金额。

(2) 12月5日,发出委托丙公司销售的A产品1 000件。合同约定丙公司应按每件120元的价格对外销售,没有售出的商品须退回给甲公司,甲公司按不含税销售价款的5%支付手续费。12月30日,甲公司收到丙公司开具的代销清单,丙公司已对外销售A产品800件,甲公司向丙公司开出增值税专用发票,同时收到丙公司开出的增值税专用发票,发票上注明的代销手续费金额为4 800元,增值税额为288元,剩余款项已收到并存入银行。

(3) 6月1日,采用赊销方式向丁公司销售A产品一批,开出的增值税专用发票上注明价款为24 000元,增值税额为3 120元,该批商品的实际成本为14 000元。在签订合同时,甲公司得知丁公司发生严重的财务困难,销售货款很可能无法收回,但为了缓解库存压力仍签订合同并将商品发出。12月31日,丁公司负责人向甲公司致电,表示财务状况已经好转并承诺在近期支付货款。

不考虑其他因素。

要求:

(1) 根据业务(1),作出甲公司向乙公司销售A产品的相关账务处理。
(2) 根据业务(2),作出甲公司委托丙公司代销A产品的相关账务处理。
(3) 根据业务(2),作出丙公司受托甲公司代销A产品的相关账务处理。
(4) 根据业务(3),作出甲公司采用赊销方式向丁公司销售A产品的账务处理。

答案及解析

第六章 财务报表

财务报表是指在日常会计核算资料的基础上，按照规定的格式、内容和方法定期编制的，综合反映企业某一特定日期财务状况和某一特定时期经营成果、现金流量状况的书面文件。

财务报表是财务报告的主要组成部分，它所提供的会计信息具有重要作用，主要体现在以下几个方面：

（1）全面系统地揭示企业一定时期的财务状况、经营成果和现金流量，有利于经营管理人员了解本企业各项任务指标的完成情况，评价管理人员的经营业绩，以便及时发现问题，调整经营方向，制定措施改善经营管理水平，提高经济效益，为经济预测和决策提供依据。

（2）有利于国家经济管理部门了解国民经济的运行状况。通过对各企业提供的财务报表资料进行汇总和分析，了解和掌握各行业、各地区的经济发展情况，以便宏观调控经济运行，优化资源配置，保证国民经济稳定持续发展。

（3）有利于投资者、债权人和其他有关各方掌握企业的财务状况、经营成果和现金流量情况，进而分析企业的盈利能力、偿债能力、投资收益、发展前景等，为他们投资、贷款和贸易提供决策依据。

（4）有利于满足财政、税务、工商、审计等部门监督企业经营管理。通过财务报表可以检查、监督各企业是否遵守国家的各项法律、法规和制度，有无偷税漏税的行为。

一套完整的财务报表至少应当包括资产负债表、利润表、现金流量表、所有者权益变动表（或股东权益变动表）和附注。

 案例导入

李总是甲公司的创始人和首席执行官。他不仅是企业的领导者，还是财务报表的重要读者和分析者。在每个季度结束时，李总都会亲自参与审阅公司的财务报表，并与财务团队进行深入讨论。作为一名企业家，李总清楚理解财务报表对于企业的决策和战略的制定具有重要意义。

最近，李总在审阅公司第一季度的财务报表时，发现销售收入与预期相比有所下降。他立即召集了销售和市场团队，与他们一起仔细分析销售数据和趋势。通过仔细研究财务报表，李总发现销售收入下降的原因是市场竞争加剧，导致市场份额下降。此外，他还注意到销售成本增加,盈利能力受到了压力。基于这些发现,李总决定采取行动。他展开了一系列市场调研和竞争分析,以了解市场趋势和消费者偏好。同时,他与财务团队合作,制定了成本控制和利润提升的策略。

通过仔细阅读财务报表,李总不仅发现了问题,还获得了解决问题的线索。他能够准确评估公司的财务状况,理解销售、成本和盈利的关联性,从而制定出有针对性的决策和战略。此外,财务报表还给李总提供了评估公司绩效和盈利能力的重要依据。通过对财务指标的分析,他能够了解到公司的资产负债状况、现金流量状况以及利润率。这些数据帮助他更好地把握公司的经营情况,并及时调整和优化经营策略。

问题:
你觉得作为企业的老板,为何要具有读懂财务报表的能力呢?

学习目标

通过本章的学习,学生能够达到以下学习目标:
(1) 理解财务报表的作用。
(2) 掌握资产负债表的编制。
(3) 掌握利润表的编制。
(4) 理解现金流量表的内容和编制原理。
(5) 了解所有者权益变动表的内容。

课程思政

财务报表在企业管理中起着重要的作用,它不仅是反映企业经济运行情况的重要工具,更是企业内部和外部信息交流的基础。

党的二十大报告强调了"防范化解重大风险",其中包括对企业财务风险的防范与监控。财务报表不仅能够帮助企业识别风险和问题,还能为决策者提供重要的依据,防范和化解企业面临的经济风险。同时,党的二十大报告也强调了"推动共建'一带一路'高质量发展",这为企业财务报表的国际化和跨境业务提供了契机。此外,党的二十大报告还提出了"必须牢固树立和践行绿水青山就是金山银山的理念,站在人与自然和谐共生的高度谋划发展",强调可持续发展。在财务报表的编制过程中,企业需要考虑到环境、社会和经济的三重效益,注重资源的合理利用和环境的保护。

作为当代大学生,不仅要具备国际视野和跨文化沟通能力,为未来参与国际交流和合作打下坚实基础,还要重视学习企业社会责任报告和可持续发展指标体系,以培养可持续发展意识和责任担当。

第一节 资产负债表

一、资产负债表概述

资产负债表是反映企业在某一特定日期财务状况的一种会计报表,是对企业特定日期的资产、负债和所有者权益的结构性表述。它是根据"资产＝负债＋所有者权益"这一会计恒等式,依照一定的分类标准和顺序,将企业在一定日期的全部资产、负债和所有者权益项目进行适当分类、汇总、排列后编制而成的。资产负债表反映的是企业特定时点的财务状况,因此,资产负债表属于静态报表,是企业对外报送的基本会计报表之一。

企业编制资产负债表的目的是如实反映企业的资产、负债和所有者权益金额及其结构情况,帮助报表使用者评价企业资产的质量以及偿债能力、利润分配能力和其他相关财务指标,并为其作出经济决策提供数据依据。

二、资产负债表的结构

资产负债表主要由表头、表体两部分组成。表头部分应列明报表名称、编制单位名称、资产负债表日、报表编号和人民币金额单位;表体部分是资产负债表的主体,主要列示用以说明企业财务状况的各个项目。

资产负债表按照表体格式的不同,一般分为报告式资产负债表和账户式资产负债表两种。报告式资产负债表是上下结构,上半部分列示资产类项目,下半部分列示负债和所有者权益类项目。账户式资产负债表是左右结构,左边列示资产类项目,反映全部资产的分布及存在状态;右边列示负债和所有者权益(或股东权益)类项目,反映全部负债和所有者权益(或股东权益)的内容及构成情况。两种格式均遵循"资产＝负债＋所有者权益"这一会计恒等式。

根据《企业会计准则第30号——财务报表列报》的规定,我国企业的资产负债表采用账户式资产负债表。其中,左方列示资产类项目,通常按资产的流动性强弱排列,流动性强的资产,如"货币资金""交易性金融资产"等排在前面,流动性弱的资产,如"长期股权投资""固定资产"等排在后面;右方列示负债和所有者权益(或股东权益)类项目,通常按要求清偿时间的先后顺序排列,"短期借款""应付账款"等需要在1年内或者长于1年的一个正常营业周期内偿还的流动负债排在前面,"长期借款"等在1年以上才需偿还的非流动负债排在中间,在企业清算之前不需要偿还的所有者权益项目排在最后面,表明负债具有优先偿还的要求权,所有者权益(或股东权益)对负债具有担保责任。

账户式资产负债表中的资产类项目的合计等于负债和所有者权益(或股东权益)类项目的合计,也就是说,资产负债表左方和右方是平衡的关系。

我国企业的资产负债表格式如表6-1所示。

表6-1 资产负债表

会企01表

编制单位： ＿＿＿＿年＿＿月＿＿日 单位:元

资产	期末余额	上年年末余额	负债和所有者权益（或股东权益）	期末余额	上年年末余额
流动资产：			流动负债：		
货币资金			短期借款		
交易性金融资产			交易性金融负债		
衍生金融资产			衍生金融负债		

(续表)

资产	期末余额	上年年末余额	负债和所有者权益（或股东权益）	期末余额	上年年末余额
应收票据			应付票据		
应收账款			应付账款		
应收款项融资			预收款项		
预付款项			合同负债		
其他应收款			应付职工薪酬		
存货			应交税费		
合同资产			其他应付款		
持有待售资产			持有待售负债		
一年内到期的非流动资产			一年内到期的非流动负债		
其他流动资产			其他流动负债		
流动资产合计			流动负债合计		
非流动资产：			非流动负债：		
债权投资			长期借款		
其他债权投资			应付债券		
长期应收款			其中：优先股		
长期股权投资			永续债		
其他权益工具投资			租赁负债		
其他非流动金融资产			长期应付款		
投资性房地产			预计负债		
固定资产			递延收益		
在建工程			递延所得税负债		
生产性生物资产			其他非流动负债		
油气资产			非流动负债合计		
使用权资产			负债合计		
无形资产			所有者权益（或股东权益）：		
开发支出			实收资本（或股本）		
商誉			其他权益工具		
长期待摊销费用			其中：优先股		
递延所得税资产			永续债		
其他非流动资产			资本公积		
非流动资产合计			减：库存股		
			其他综合收益		

(续表)

资产	期末余额	上年年末余额	负债和所有者权益（或股东权益）	期末余额	上年年末余额
			专项储备		
			盈余公积		
			未分配利润		
			所有者权益（或股东权益）合计		
资产总计			负债和所有者权益（或股东权益）总计		

三、资产负债表的编制

（一）资产负债表项目的填列方法

资产负债表中的各项目均需填列"期末余额"和"上年年末余额"两栏。资产负债表的"上年年末余额"栏内的各项数字，应根据上年年末资产负债表的"期末余额"栏内所列数字填列。如果编制单位上年度资产负债表规定的项目名称和内容与本年度不一致，应先按照本年度的规定对上年年末资产负债表中的各项目的名称和数字进行调整，再填入本年度资产负债表的"上年年末余额"栏内。

资产负债表"期末余额"栏的填列方法主要有以下几种。

1. 根据一个或几个总账科目的期末余额直接或计算填列

此填列方法主要包括以下三种情况：

（1）根据总账科目的期末余额填列。资产负债表中的大部分项目，都可以根据总账科目的期末余额直接填列。例如，"短期借款""实收资本（股本）"等项目，应根据总账科目的期末余额直接填列。

（2）余额出现相反方向用"—"填列。资产负债表中某些负债项目，如"应交税费"项目，如果出现借方余额，则应以"—"的方式填列在期末余额栏内。

（3）根据多个总账科目的期末余额计算填列。资产负债表中一些项目需要根据多个总账科目的余额计算填列。例如，"货币资金"项目，应根据"库存现金""银行存款""其他货币资金"三个总账科目的期末余额的合计数填列；"其他应付款"项目，应根据"应付利息""应付股利"和"其他应付款"三个总账科目的期末余额合计数填列。又如，"未分配利润"项目，应根据"本年利润"科目和"利润分配"科目期末余额的合计数计算填列。其具体又分为以下两种情况：①在年度中间的 1 月至 11 月，如果"本年利润"科目和"利润分配"科目的余额方向一致，将其合计数填入报表；如果"本年利润"科目和"利润分配"科目的余额方向不一致，将其差额填入报表。②在年度终了的 12 月，因本年实现的利润和已分配的利润已经结转，可直接根据"利润分配——未分配利润"科目的期末余额填列。该科目如为贷方余额（正数），表示未分配利润；该科目如为借方余额（负数），表示尚未弥补的亏损。

2. 根据明细账科目的余额计算填列

资产负债表中的部分项目需根据相关明细账科目的期末余额填列，主要包括以下情形：

(1) "应收账款"项目，应根据"应收账款""预收账款"科目所属明细科目的借方余额之和，减去"坏账准备"科目中相关坏账准备期末余额后的金额填列。

(2) "预收款项"项目，应根据"应收账款""预收账款"科目所属明细科目的贷方余额之和填列。

(3) "应付账款"项目，应根据"应付账款""预付账款"科目所属明细科目的贷方余额之和填列。

(4) "预付款项"项目，应根据"应付账款""预付账款"科目所属明细科目的借方余额之和，减去与"预付账款"有关的坏账准备账面余额后的金额填列。

【例 6-1】 2023 年 12 月 31 日，甲公司结账后有关总账科目及所属明细科目的余额如表 6-2 所示。

表 6-2　甲公司结账后总账科目及所属明细科目的余额　　　　单位：元

总账科目	明细科目	借方余额	贷方余额
应收账款		500 000	
	A 公司	650 000	
	B 公司		150 000
预付账款		300 000	
	C 公司		100 000
	D 公司	400 000	
应付账款			260 000
	E 公司		280 000
	F 公司	20 000	
预收账款			330 000
	G 公司		300 000
	H 公司		210 000
	I 公司	180 000	
坏账准备	A 公司		25 000
	D 公司		15 000

要求：计算甲公司 2023 年 12 月 31 日资产负债表中"应收账款""预付款项""应付账款"和"预收款项"项目应填列的金额。

解析：

"应收账款"项目金额 = 650 000 + 180 000 − 25 000 = 805 000(元)

"预付款项"项目金额 = 400 000 + 20 000 − 15 000 = 405 000(元)

"应付账款"项目金额=280 000+100 000=380 000(元)

"预收款项"项目金额=300 000+210 000+150 000=660 000(元)

(5)"开发支出"项目,应根据"研发支出"科目所属的"资本化支出"明细科目的期末余额计算填列。

(6)"应付职工薪酬"项目,应根据"应付职工薪酬"科目的明细科目的期末余额计算填列。

(7)"一年内到期的非流动资产""一年内到期的非流动负债"项目,应根据有关非流动资产和非流动负债项目的明细科目的期末余额计算填列。

3. 根据总账科目和明细账科目的余额分析计算填列

(1)"长期借款"项目,应根据"长期借款"总账科目的余额,扣除"长期借款"科目所属的明细科目中将在1年内到期且企业不能自主地将清偿义务展期的部分后的金额填列。

(2)"长期待摊费用"项目,应根据"长期待摊费用"总账科目的余额,减去将于1年内(含1年)摊销的数额后的金额填列。

(3)"其他非流动资产"项目,应根据有关科目的期末余额,减去将于1年内(含1年)收回数后的金额填列;"其他非流动负债"项目,应根据有关科目的期末余额,减去将于1年内(含1年)到期偿还数后的金额填列。

4. 根据有关科目余额减去其备抵科目余额后的净额填列

(1)"应收票据""应收账款""长期股权投资""在建工程"等项目,应根据"应收票据""应收账款""长期股权投资""在建工程"等科目的期末余额,减去"坏账准备""长期股权投资减值准备""在建工程减值准备"等备抵科目余额后的净额填列。

(2)"投资性房地产"(采用成本模式计量)项目,应根据"投资性房地产"科目的期末余额,减去"投资性房地产累计折旧""投资性房地产减值准备"等备抵科目的期末余额后的净额填列。

(3)"固定资产"项目,应根据"固定资产"科目的期末余额,减去"累计折旧""固定资产减值准备"等备抵科目的期末余额,以及"固定资产清理"科目期末余额后的净额填列。

(4)"无形资产"项目,应根据"无形资产"科目的期末余额,减去"累计摊销""无形资产减值准备"等备抵科目余额后的净额填列。

5. 综合运用上述填列方法分析填列

(1)"存货"项目,应根据"原材料""库存商品""委托加工物资""周转材料""材料采购""在途物资""发出商品""材料成本差异"等总账科目期末余额的分析汇总数,减去"存货跌价准备"科目余额后的净额填列。

(2)"其他应收款"项目,应根据"应收利息""应收股利""其他应收款"科目的期末余额合计数,减去"坏账准备"科目中相关坏账准备期末余额后的净额填列。

(二) 资产负债表项目的填列说明

1. 资产主要项目的填列说明

(1)"货币资金"项目,反映企业库存现金、银行结算户存款、银行汇票存款、银行本票存款、信用卡存款、信用证保证金存款、存出投资款、外埠存款等的合计数。本项目应根据"库存现金""银行存款""其他货币资金"科目期末余额的合计数填列。

(2)"交易性金融资产"项目,反映资产负债表日企业分类为以公允价值计量且其变动计入当期损益的金融资产,以及企业持有的直接指定为以公允价值计量且其变动计入当期损益的金融资产的期末账面价值。本项目应根据"交易性金融资产"科目的相关明细科目的期末余额分析填列。自资产负债表日起超过1年到期且预期持有超过1年的以公允价值计量且其变动计入当期损益的非流动金融资产的期末账面价值,在"其他非流动金融资产"项目反映。

(3)"应收票据"项目,反映资产负债表日以摊余成本计量的,企业因销售商品、提供服务等收到的商业汇票,包括银行承兑汇票和商业承兑汇票。本项目应根据"应收票据"科目的期末余额,减去"坏账准备"科目中相关坏账准备期末余额后的金额分析填列。

(4)"应收账款"项目,反映资产负债表日以摊余成本计量的,企业因销售商品、提供服务等经营活动应收取的款项。本项目应根据"应收账款"科目和"预收账款"科目所属的明细科目的期末借方余额之和,减去"坏账准备"科目中相关坏账准备期末余额后的金额分析填列。

(5)"应收款项融资"项目,反映资产负债表日以公允价值计量且其变动计入其他综合收益的应收票据和应收账款等。

(6)"预付款项"项目,反映企业按照购货合同规定预付给供应单位的款项等。本项目应根据"预付账款"科目和"应付账款"科目所属的明细科目的期末借方余额合计数,减去"坏账准备"科目中有关预付账款计提的坏账准备期末余额后的金额填列。如果"预付账款"科目所属明细科目期末为贷方余额的,应在资产负债表"应付账款"项目内填列。

(7)"其他应收款"项目,反映企业除应收票据、应收账款、预付账款等经营活动以外的其他各种应收、暂付的款项。本项目应根据"应收利息""应收股利""其他应收款"科目的期末余额合计数,减去"坏账准备"科目中相关坏账准备期末余额后的金额填列。其中的"应收利息"科目仅反映相关金融工具已到期可收取但于资产负债表日尚未收到的利息。基于实际利率法计提的金融工具的利息应包含在相应金融工具的账面余额中。

(8)"存货"项目,反映企业期末在库、在途和在加工中的各种存货的可变现净值或成本(成本与可变现净值孰低)。存货包括各种材料、商品、在产品、半成品、包装物、低值易耗品、发出商品等。本项目应根据"材料采购""原材料""库存商品""周转材料""委托加工物资""发出商品""生产成本""受托代销商品"等科目的期末余额合计数,减去"受托代销商品款""存货跌价准备"科目期末余额后的金额填列。材料采用计划成本核算,以及库存商品采用计划成本核算或售价核算的企业,还应按加或减"材料成本差异""商品进销差价"后的金额填列。

【例6-2】 2023年12月31日,甲公司有关科目余额的资料如下:"库存商品"科目借方余额750万元,"周转材料"科目借方余额80万元,"委托加工物资"科目借方余额230万元,"受托代销商品"科目借方余额300万元,"存货跌价准备"科目贷方余额200万元,"受托代销商品款"科目贷方余额350万元。则2023年12月31日,甲公司资产负债表中"存货"项目"期末余额"栏的列报金额为810万元(750+80+230+300-200-350)。

(9)"合同资产"项目,反映企业按照《企业会计准则第14号——收入》的相关规定,根据本企业履行履约义务与客户付款之间的关系在资产负债表中列示的合同资产。本项目应根据"合同资产"科目的相关明细科目的期末余额分析填列。

同一合同下的合同资产和合同负债应当以净额列示,其中净额为借方余额的,应根据其流动性在"合同资产"项目或"其他非流动资产"项目中填列,已计提减值准备的,还应以减去"合同资产减值准备"科目中相关的期末余额后的金额填列;其中净额为贷方余额的,应当根据其流动性在"合同负债"项目或"其他非流动负债"项目中填列。

(10)"持有待售资产"项目,反映资产负债表日划分为持有待售类别的非流动资产及划分为持有待售类别的处置组中的流动资产和非流动资产的期末账面价值。本项目应根据"持有待售资产"科目的期末余额,减去"持有待售资产减值准备"科目的期末余额后的金额填列。

(11)"一年内到期的非流动资产"项目,反映企业预计自资产负债表日起1年内变现的非流动资产。本项目应根据有关科目的期末余额分析填列。

(12)"债权投资"项目,反映资产负债表日企业以摊余成本计量的长期债权投资的期末账面价值。本项目应根据"债权投资"科目的相关明细科目的期末余额,减去"债权投资减值准备"科目中相关减值准备的期末余额后的金额分析填列。自资产负债表日起1年内到期的长期债权投资的期末账面价值,在"一年内到期的非流动资产"项目反映。企业购入的以摊余成本计量的1年内到期的债权投资的期末账面价值,在"其他流动资产"项目反映。

(13)"其他债权投资"项目,反映资产负债表日企业分类为以公允价值计量且其变动计入其他综合收益的长期债权投资的期末账面价值。本项目应根据"其他债权投资"科目的相关明细科目的期末余额分析填列。自资产负债表日起1年内到期的长期债权投资的期末账面价值,在"一年内到期的非流动资产"项目反映。企业购入的以公允价值计量且其变动计入其他综合收益的1年内到期的债权投资的期末账面价值,在"其他流动资产"项目反映。

(14)"长期应收款"项目,反映企业租赁产生的应收款项和采用递延方式分期收款、实质上具有融资性质的销售商品和提供劳务等经营活动产生的应收款项。本项目应根据"长期应收款"科目的期末余额,减去相应的"未实现融资收益"科目和"坏账准备"科目所属明细科目期末余额后的金额填列。

(15)"长期股权投资"项目,反映投资方对被投资单位实施控制、重大影响的权益性投资,以及对其合营企业的权益性投资。本项目应根据"长期股权投资"科目的期末余额,减去"长期股权投资减值准备"科目的期末余额后的金额填列。

(16)"其他权益工具投资"项目,反映资产负债表日企业指定为以公允价值计量且其变动计入其他综合收益的非交易性权益工具投资的期末账面价值。本项目应根据"其他权益工具投资"科目的期末余额填列。

(17)"投资性房地产"项目,反映为赚取租金或资本增值或两者兼有而持有的房地产,主要包括已出租的土地使用权、持有并准备增值后转让的土地使用权和已出租的建筑物。本项目应根据"投资性房地产"科目的期末余额,减去"投资性房地产累计折旧(摊销)"科目和"投资性房地产减值准备"科目期末余额后的金额填列。

(18)"固定资产"项目,反映资产负债表日固定资产的期末账面价值和企业尚未清理完毕的固定资产清理净损益。本项目应根据"固定资产"科目的期末余额,减去"累计折旧"科目和"固定资产减值准备"科目的期末余额后的金额,以及"固定资产清理"科目的期末余额填列。

(19)"在建工程"项目,反映资产负债表日企业尚未达到预定可使用状态的在建工程的期末账面价值和企业为在建工程准备的各种物资的期末账面价值。本项目应根据"在建工程"科目的期末余额,减去"在建工程减值准备"科目的期末余额后的金额,以及"工程物资"科目的期末余额,减去"工程物资减值准备"科目的期末余额后的金额填列。

(20)"使用权资产"项目,反映资产负债表日承租人企业持有的使用权资产的期末账面价值。本项目应根据"使用权资产"科目的期末余额,减去"使用权资产累计折旧"科目和"使用权资产减值准备"科目的期末余额后的金额填列。

(21)"无形资产"项目,反映企业持有的专利权、非专利技术、商标权、著作权、土地使用权等无形资产的成本减去累计摊销和减值准备后的净值。本项目应根据"无形资产"科目的期末余额,减去"累计摊销"科目和"无形资产减值准备"科目期末余额后的金额填列。

(22)"开发支出"项目,反映企业开发无形资产过程中能够资本化形成无形资产成本的支出部分。本项目应根据"研发支出"科目所属"资本化支出"明细科目的期末余额填列。

(23)"长期待摊费用"项目,反映企业已经发生但应由本期和以后各期负担的分摊期限在1年以上的各项费用。本项目应根据"长期待摊费用"科目的期末余额,减去将于1年内(含1年)摊销的数额后的金额分析填列。但长期待摊费用的摊销年限只剩1年或不足1年的,或预计在1年内(含1年)进行摊销的部分,不得归类为流动资产,仍在各该非流动资产项目中填列,不转入"一年内到期的非流动资产"项目。

(24)"递延所得税资产"项目,反映企业确认的可抵扣暂时性差异产生的所得税资产。本项目应根据"递延所得税资产"科目的期末余额填列。

(25)"其他非流动资产"项目,反映企业除上述非流动资产以外的其他非流动资产。本项目应根据有关科目的期末余额,减去将于1年内(含1年)收回数额后的金额填列。

2. 负债项目的填列说明

(1)"短期借款"项目,反映企业向银行或其他金融机构等借入的期限在1年以下(含1年)的各种借款。本项目应根据"短期借款"科目的期末余额填列。

(2)"交易性金融负债"项目,反映企业资产负债表日承担的交易性金融负债,以及企业持有的直接指定为以公允价值计量且其变动计入当期损益的金融负债的期末账面价值。本项目应根据"交易性金融负债"科目的相关明细科目的期末余额填列。

(3)"应付票据"项目,反映资产负债表日以摊余成本计量的,企业因购买材料、商品和接受服务等开出、承兑的商业汇票,包括银行承兑汇票和商业承兑汇票。本项目应根据"应付票据"科目的期末余额填列。

(4)"应付账款"项目,反映资产负债表日以摊余成本计量的,企业因购买材料、商品和接受服务等经营活动应支付的款项。本项目应根据"应付账款"科目和"预付账款"科目所属的相关明细科目的期末贷方余额合计数填列。

(5)"预收款项"项目,反映企业按照合同规定预收的款项。本项目应根据"预收账款"科目和"应收账款"科目所属各明细科目的期末贷方余额合计数填列。如果"预收账款"科目所属明细科目期末为借方余额的,应在资产负债表"应收账款"项目内填列。

(6)"合同负债"项目,反映企业已收或应收客户对价而应向客户转让商品的义务,根据本企业履行履约义务与客户付款之间的关系在资产负债表中列示的合同负债。本项目应根据"合同负债"科目的相关明细科目的期末余额分析填列。

(7)"应付职工薪酬"项目,反映企业为获得职工提供的服务或解除劳动关系而给予的各种形式的报酬或补偿。本项目应根据"应付职工薪酬"科目所属各明细科目的期末贷方余额分析填列。外商投资企业按规定从净利润中提取的职工奖励及福利基金,也在本项目列示。

【例6-3】 2023年12月31日,甲公司"应付职工薪酬"科目的明细科目的资料为:工资100万元,社会保险费(含医疗保险费、工伤保险费)5.8万元,设定提存计划(含基本养老保险费)3.3万元,住房公积金4.2万元,工会经费2万元。则2023年12月31日,甲公司资产负债表中"应付职工薪酬"项目"期末余额"栏的列报金额为115.3万元(100+5.8+3.3+4.2+2)。

(8)"应交税费"项目,反映企业按照税法规定计算应交纳的各种税费,包括增值税、消费税、城市维护建设税、教育费附加、企业所得税、资源税、土地增值税、房产税、城镇土地使用税、车船税、环境保护税等。企业代扣代缴的个人所得税,也通过本项目列示。企业所交纳的税金不需要预计应交数额的,如印花税、耕地占用税、车辆购置税、契税等,不在本项目列示。本项目应根据"应交税费"科目的期末贷方余额填列,如果"应交税费"科目期末为借方余额,应以"一"号填列。

需要说明的是,对增值税而言,"应交税费"科目下的"应交增值税""未交增值税""待抵扣进项税额""待认证进项税额""增值税留抵税额"等明细科目的期末借方余额应根据情况,在资产负债表中的"其他流动资产"项目或"其他非流动资产"项目列示;"应交税费——待转销项税额"科目的期末贷方余额应根据情况,在资产负债表中的"其他流动负债"项目或"其他非流动负债"项目列示;"应交税费"科目下的"未交增值税""简易计税""转让金融商品应交增值税""代扣代缴增值税"等明细科目的期末贷方余额应在资产负债表中的"应交税费"项目列示。

(9)"其他应付款"项目,反映企业除应付票据、应付账款、预收账款、应付职工薪酬、应交税费等经营活动以外的其他各项应付、暂收的款项。本项目应根据"应付利息""应付股利""其他应付款"科目的期末余额合计数填列。其中,"应付利息"科目仅反映相关金融工具已到期应支付但于资产负债表日尚未支付的利息。基于实际利率法计提的金融工具的利息应包含在相应金融工具的账面余额中。

【例6-4】 2023年12月31日,甲公司"应付利息"科目期末贷方余额为15万元,"应付股利"科目期末贷方余额为300万元,"其他应付款"科目期末贷方余额为60万元。则2023年12月31日,甲公司资产负债表中"其他应付款"项目"期末余额"栏的列报金额为375万元(15+300+60)。

(10)"持有待售负债"项目,反映资产负债表日处置组中与划分为持有待售类别的资产直接相关的负债的期末账面价值。本项目应根据"持有待售负债"科目的期末余额填列。

(11)"一年内到期的非流动负债"项目,反映企业非流动负债中将于资产负债表日后1年内到期部分的金额,如将于1年内偿还的长期借款。本项目应根据有关科目的期末余额分析填列。

(12)"长期借款"项目,反映企业向银行或其他金融机构借入的期限在1年以上(不含1年)的各项借款。本项目应根据"长期借款"科目的期末余额,扣除"长期借款"科目所属的明细科目中将在资产负债表日起1年内到期且企业不能自主地将清偿义务展期的长期借款后的金额计算填列。

(13)"应付债券"项目,反映企业为筹集长期资金而发行的债券本金和利息。本项目应根据"应付债券"科目的期末余额分析填列。对于资产负债表日企业发行的金融工具、分类为金融负债的,应在本项目填列;对于优先股和永续债还应在本项目下的"优先股"项目和"永续债"项目分别填列。

(14)"租赁负债"项目,反映资产负债表日承租人企业尚未支付的租赁付款额的期末账面价值。本项目应根据"租赁负债"科目的期末余额填列。自资产负债表日起1年内到期应予以清偿的租赁负债的期末账面价值,在"一年内到期的非流动负债"项目反映。

(15)"长期应付款"项目,应根据"长期应付款"科目的期末余额,减去相关的"未确认融资费用"科目的期末余额后的金额,以及"专项应付款"科目的期末余额填列。

(16)"预计负债"项目,反映企业根据或有事项等相关准则确认的各项预计负债,包括对外提供担保、未决诉讼、产品质量保证、重组义务以及固定资产和矿区权益弃置义务等产生的预计负债。本项目应根据"预计负债"科目的期末余额填列。企业按照《企业会计准则第22号——金融工具确认和计量》的相关规定,对贷款承诺等项目计提的损失准备,应当在本项目填列。

(17)"递延收益"项目,反映尚待确认的收入或收益。本项目核算包括企业根据政府补助准则确认的应在以后期间计入当期损益的政府补助金额、售后租回形成融资租赁的售价与资产账面价值差额等其他递延性收入。本项目应根据"递延收益"科目的期末余额填列。本项目中摊销期限只剩1年或不足1年的,或预计在1年内(含1年)进行摊销的部分,不得归类为流动负债,仍在本项目中填列,不转入"一年内到期的非流动负债"项目。

(18)"递延所得税负债"项目,反映企业确认的应纳税暂时性差异产生的所得税负债。本项目应根据"递延所得税负债"科目的期末余额填列。

(19)其他非流动负债"项目,反映企业除以上非流动负债以外的其他非流动负债。本项目应根据有关科目的期末余额,减去将于1年内(含1年)到期偿还数后的金额分析填列。非流动负债各项目中将于1年内(含1年)到期的非流动负债,应在"一年内到期的非流动负债"项目反映。

3. 所有者权益(或股东权益)项目的填列说明

(1)"实收资本(或股本)"项目,反映企业各投资者实际投入的资本(或股本)总额。本项目应根据"实收资本(或股本)"科目的期末余额填列。

(2)"其他权益工具"项目,反映资产负债表日企业发行在外的除普通股以外分类为权益工具的金融工具的期末账面价值,并下设"优先股"和"永续债"两个项目,分别反映企业发行的分类为权益工具的优先股和永续债的账面价值。

(3)"资本公积"项目,反映企业收到投资者出资超出其在注册资本或股本中所占的份额,以及直接计入所有者权益的利得和损失等。本项目应根据"资本公积"科目的期末余额填列。

(4)"其他综合收益"项目,反映企业其他综合收益的期末余额。本项目应根据"其他综合收益"科目的期末余额填列。

(5)"专项储备"项目,反映高危行业企业按国家规定提取的安全生产费的期末账面价值。本项目应根据"专项储备"科目的期末余额填列。

(6)"盈余公积"项目,反映企业从净利润中提取的盈余公积的期末余额。本项目应根据"盈余公积"科目的期末余额填列。

(7)"未分配利润"项目,反映企业尚未分配的利润。本项目应根据"本年利润"科目和"利润分配"科目的金额计算填列。未弥补的亏损在本项目内以"一"号填列。

第二节 利润表

一、利润表概述

利润表也称为损益表,是反映企业在一定会计期间的经营成果的报表。它是在会计凭证、会计账簿等会计资料的基础上进一步确认企业一定会计期间经营成果的结构性表述,综合反映企业利润的实现过程和利润的来源及构成情况,是对企业一定会计期间经营业绩的系统总结。它是依据"收入－费用＝利润"这一会计等式,按一定的分类标准和顺序,将企业一定会计期间的各种收入、费用和利润(或亏损)进行分类排列后编制而成的。利润表反映的是企业一定时期的经营成果,因此,利润表属于动态报表,它是企业必须对外报送的会计报表之一。

企业编制利润表的目的是如实反映企业的收入、费用和利润(或亏损)的金额及其结构情况,帮助财务报表使用者全面了解企业的经营成果,分析企业的盈利能力及增长趋势,为企业作出经济决策提供相应的依据。

二、利润表的结构

利润表主要由表头和表体两部分组成。表头部分应列明报表名称、编制单位名称、编制日期、报表编号和计量单位;表体部分是利润表的主体,列示形成经营成果的各个项目及其计算过程。

利润表表体部分的基本结构主要根据"收入－费用＝利润"这一会计等式,按照各具体项目的性质和功能作为分类标准,依次将某一会计期间的收入、费用和利润(或亏损)的具体项目予以适当的排列编制而成。利润表项目的性质是指各具体项目的经济性质,如营业利润是指企业一定会计期间通过日常经营活动所实现的利润额,利润总额是指营业利润和非经常性损益净额(即损失和利得)的总和,净利润是指利润总额减去所得税费用的净额;利润表项目的功能是指各具体项目在创造和实现利润的经营活动过程中的功能与作用,如利润表中对于费用列报通常按照功能进行分类,包括开展经营活动发生的成本、销售费用、管理费用、研发费用和财务费用等。

利润表根据其结构的不同,可以分为单步式利润表和多步式利润表两种。单步式利润表是将当期全部的收入列在一起、全部的费用列在一起,然后将两者相减得出当期净损益,其特点是所提供的信息都是原始数据,便于理解。多步式利润表是通过对当期的收入、费用、支出项目按性质加以归类,按利润形成的主要环节列示一些中间性利润指标,分步计算当期净损益,以便财务报表使用者理解企业经营成果的不同来源。我国企业的利润表采用多步式利润表。

为了使财务报表使用者通过比较不同期间利润的实现情况,判断企业经营成果的未来发展趋势,企业需要提供比较利润表。为此,利润表金额栏分为"本期金额"和"上期金额"两栏。

多步式利润表的格式如表 6-3 所示。

表 6-3 利润表 会企 02 表

编制单位:　　　　　　　　　　　　　　　年　　月　　　　　　　　　　　　　　单位:元

项目	本期金额	上期金额
一、营业收入		
减:营业成本		
税金及附加		
销售费用		
管理费用		
研发费用		
财务费用		
其中:利息费用		
利息收入		
加:其他收益		
投资收益(损失以"—"号填列)		
其中:对联营企业和合营企业的投资收益		
以摊余成本计量的金融资产终止确认收益(损失以"—"号填列)		
净敞口套期收益(损失以"—"号填列)		
公允价值变动收益(损失以"—"号填列)		
信用减值损失(损失以"—"号填列)		
资产减值损失(损失以"—"号填列)		
资产处置收益(损失以"—"号填列)		
二、营业利润(亏损以"—"号填列)		
加:营业外收入		
减:营业外支出		
三、利润总额(亏损总额以"—"号填列)		
减:所得税费用		

(续表)

项目	本期金额	上期金额
四、净利润(净亏损以"-"号填列)		
(一)持续经营净利润(净亏损以"-"号填列)		
(二)终止经营净利润(净亏损以"-"号填列)		
五、其他综合收益的税后净额		
(一)不能重分类进损益的其他综合收益		
1. 重新计量设定受益计划变动额		
2. 权益法下不能转损益的其他综合收益		
3. 其他权益工具投资公允价值变动		
4. 企业自身信用风险公允价值变动		
……		
(二)将重分类进损益的其他综合收益		
1. 权益法下可转损益的其他综合收益		
2. 其他债权投资公允价值变动		
3. 金融资产重分类计入其他综合收益的金额		
4. 其他债权投资信用减值准备		
5. 现金流量套期储备		
6. 外币财务报表折算差额		
……		
六、综合收益总额		
七、每股收益:		
(一)基本每股收益		
(二)稀释每股收益		

三、利润表的编制

(一)利润表的编制步骤和内容

利润表的主要编制步骤和内容如下:

(1) 以营业收入为基础,计算营业利润。营业利润的计算公式如下:

$$营业利润 = 营业收入 - 营业成本 - 税金及附加 - 销售费用 - 管理费用 - 研发费用 - 财务费用 + 其他收益 \pm 投资收益 \pm 净敞口套期收益 \pm 公允价值变动收益 - 信用减值损失 - 资产减值损失 \pm 资产处置收益$$

(2) 以营业利润为基础,计算利润总额。利润总额的计算公式如下:

$$利润总额 = 营业利润 + 营业外收入 - 营业外支出$$

(3) 以利润总额为基础,计算净利润。净利润的计算公式如下:

净利润 = 利润总额 - 所得税费用

(4) 以净利润(或净亏损)为基础,计算每股收益。

(5) 以净利润(或净亏损)和其他综合收益为基础,计算综合收益总额。综合收益总额的计算公式如下:

综合收益总额 = 净利润 + 其他综合收益的税后净额

(二) 利润表项目的填列说明

利润表中的各项目需填列"本期金额"和"上期金额"两栏。其中,"上期金额"栏内的各项数字,应根据上年该期利润表的"本期金额"栏内所列数字填列;"本期金额"栏内的各项数字,除"基本每股收益"和"稀释每股收益"项目外,应当按照相关科目的发生额分析填列。

(1) "营业收入"项目,反映企业经营主要业务和其他业务所确认的收入总额。本项目应根据"主营业务收入"科目和"其他业务收入"科目的发生额分析填列。

(2) "营业成本"项目,反映企业经营主要业务和其他业务所发生的成本总额。本项目应根据"主营业务成本"科目和"其他业务成本"科目的发生额分析填列。

(3) "税金及附加"项目,反映企业经营业务应负担的消费税、城市维护建设税、教育费附加、资源税、土地增值税、房产税、车船税、城镇土地使用税、印花税、环境保护税等相关税费。本项目应根据"税金及附加"科目的发生额分析填列。

【例 6-5】 甲公司 2023 年度"税金及附加"科目的发生额如下:城市维护建设税 7 万元,教育费附加及地方教育附加 5 万元,房产税 30 万元,城镇土地使用税 3 万元,印花税 5 万元。则甲公司 2023 年度利润表中"税金及附加"项目"本期金额"栏的列报金额为 50 万元(7+5+30+3+5=50)。

(4) "销售费用"项目,反映企业在销售商品过程中发生的包装费、广告费等费用和为销售本企业商品而专设的销售机构的职工薪酬、业务费等经营费用。本项目应根据"销售费用"科目的发生额分析填列。

(5) "管理费用"项目,反映企业为组织和管理生产经营发生的管理费用。本项目应根据"管理费用"科目的发生额分析填列。

(6) "研发费用"项目,反映企业进行研究与开发过程中发生的费用化支出,以及计入管理费用的自行开发无形资产的摊销。本项目应根据"管理费用"科目下的"研发费用"明细科目的发生额,以及"管理费用"科目下的"无形资产摊销"明细科目的发生额分析填列。

(7) "财务费用"项目,反映企业为筹集生产经营所需资金等而发生的应予费用化的利息支出。本项目应根据"财务费用"科目的相关明细科目发生额分析填列。

"利息费用"项目,反映企业为筹集生产经营所需资金等而发生的应予费用化的利息支出,应根据"财务费用"科目的相关明细科目的发生额分析填列;"利息收入"项目,反映企业应冲减财务费用的利息收入,应根据"财务费用"科目的相关明细科目的发生额分析填列。

【例 6-6】 甲公司 2023 年度"财务费用"科目的发生额如下:银行借款利息支出 30 万元,银行手续费支出 50 万元,银行存款利息收入 15 万元。则甲公司 2023 年度利润表中"财务费用"项目"本期金额"栏的列报金额为 65 万元(30+50-15=65)。

(8) "其他收益"项目,反映计入其他收益的政府补助,以及其他与日常活动相关且计入其他收益的项目。本项目应根据"其他收益"科目的发生额分析填列。

企业作为个人所得税的扣缴义务人,根据《中华人民共和国个人所得税法》收到的扣缴税款手续费,应作为其他与日常活动相关的收益在本项目中填列。

(9)"投资收益"项目,反映企业对外投资所取得的收益。本项目应根据"投资收益"科目的发生额分析填列。如为投资损失,本项目以"一"号填列。

(10)"净敞口套期收益"项目,反映净敞口套期下被套期项目累计公允价值变动转入当期损益的金额或现金流量套期储备转入当期损益的金额。本项目应根据"净敞口套期损益"科目的发生额分析填列。如为套期损失,本项目以"一"号填列。

(11)"公允价值变动收益"项目,反映企业应当计入当期损益的资产或负债公允价值变动收益。本项目应根据"公允价值变动损益"科目的发生额分析填列。如为公允价值变动损失,本项目以"一"号填列。

(12)"信用减值损失"项目,反映企业按照《企业会计准则第22号——金融工具确认和计量》的要求计提的各项金融工具信用减值准备所确认的信用损失。本项目应根据"信用减值损失"科目的发生额分析填列。

(13)"资产减值损失"项目,反映企业有关资产发生的减值损失。本项目应根据"资产减值损失"科目的发生额分析填列。

(14)"资产处置收益"项目,反映企业出售划分为持有待售的非流动资产(金融工具、长期股权投资和投资性房地产除外)或处置组(子公司和业务除外)时确认的处置利得或损失,以及处置未划分为持有待售的固定资产、在建工程、生产性生物资产及无形资产而产生的处置利得或损失。债务重组中因处置非流动资产(金融工具、长期股权投资和投资性房地产除外)产生的利得或损失和非货币性资产交换中换出非流动资产(金融工具、长期股权投资和投资性房地产除外)产生的利得或损失也包括在本项目内。本项目应根据"资产处置损益"科目的发生额分析填列。如为处置损失,本项目以"一"号填列。

(15)"营业利润"项目,反映企业实现的营业利润。如为亏损,本项目以"一"号填列。

(16)"营业外收入"项目,反映企业发生的除营业利润以外的收益,主要包括与企业日常活动无关的政府补助、盘盈利得、捐赠利得(企业接受股东或股东的子公司直接或间接的捐赠,经济实质属于股东对企业的资本性投入的除外)、非流动资产毁损报废收益等。本项目应根据"营业外收入"科目的发生额分析填列。

(17)"营业外支出"项目,反映企业发生的除营业利润以外的支出,主要包括捐赠支出、非常损失、盘亏损失、非流动资产毁损报废损失等。本项目应根据"营业外支出"科目的发生额分析填列。

【提示】 企业在不同交易中形成的非流动资产毁损报废利得和损失不得相互抵销,应分别在"营业外收入"项目和"营业外支出"项目内填列。

(18)"利润总额"项目,反映企业实现的利润。如为亏损,本项目以"一"号填列。

(19)"所得税费用"项目,反映企业应从当期利润总额中扣除的所得税费用。本项目应根据"所得税费用"科目的发生额分析填列。

(20)"净利润"项目,反映企业实现的净利润。如为亏损,本项目以"一"号填列。

(21)"其他综合收益的税后净额"项目,反映企业根据《企业会计准则》未在损益中确认的各项利得和损失扣除所得税影响后的净额。

（22）"综合收益总额"项目，反映企业净利润与其他综合收益的税后净额的合计金额。

（23）"每股收益"项目，包括基本每股收益和稀释每股收益两项指标，反映普通股或潜在普通股已公开交易的企业，以及正处在公开发行普通股或潜在普通股过程中的企业的每股收益信息。

不存在稀释性潜在普通股的企业，应当单独列示基本每股收益；存在稀释性潜在普通股的企业，应当单独列示基本每股收益和稀释每股收益。

第三节　现金流量表

一、现金流量表概述

现金流量表是指反映企业在一定会计期间现金和现金等价物流入和流出的报表，它是以资产负债表和利润表等会计核算资料为依据，按照收付实现制要求对现金流量的结构性表述，揭示企业在一定会计期间获取现金及现金等价物的能力。其中：

（1）现金是指企业库存现金以及可以随时用于支付的存款。不能随时用于支付的存款不属于现金。

（2）现金等价物是指企业持有的期限短、流动性强、易于转化为已知金额的现金、价值变动风险很小的投资。一项投资被确认为现金等价物必须同时具备期限短、流动性强、易于转换为已知金额现金、价值变动风险很小四个条件。其中，期限短，一般是指从购买日起3个月内到期。例如，可在证券市场上流通的3个月内到期的短期债券投资等。权益性投资变现的金额通常不确定，因而不属于现金等价物。

企业应当根据具体情况，确定现金等价物的范围，一经确定不得随意变更。在本节的表述中，除非同时提及，否则现金均包括现金和现金等价物。

（一）现金流量表的结构及内容

现金流量表的结构是根据"现金流入量－现金流出量＝现金净流量"公式设计的。现金流量包括现金流入量、现金流出量和现金净流量。根据企业业务活动的性质和现金流量的功能，主要的现金流量可以分为三类并在现金流量表中列示，即经营活动产生的现金流量、投资活动产生的现金流量和筹资活动产生的现金流量。每一项又以流入量、流出量和净流量三部分分项列示。此外，企业持有除记账本位币外的以外币为计量单位的资产、负债和往来款项的，还应列示汇率变动对现金及现金等价物的影响。

1. 经营活动产生的现金流量

经营活动产生的现金流量，是指与销售商品、提供劳务有关的活动产生的现金流量，包括企业投资活动和筹资活动以外的所有交易和事项产生的现金流量。经营活动产生的现金流量分为经营活动产生的现金流入量、经营活动产生的现金流出量，以及经营活动产生的现金净流量。其主要项目包括：

（1）"销售商品、提供劳务收到的现金"项目。本项目反映企业本期销售商品、提供劳务收到的现金,以及前期销售商品、提供劳务本期收到的现金(包括销售收入和应向购买方收取的增值税销项税额)和本期预收的款项,减去本期销售本期退回商品和前期销售本期退回商品支付的现金。企业销售材料和代购代销业务收到的现金也在本项目反映。

(2)"收到的税费返还"项目。本项目反映企业收到返还的所得税、增值税、消费税、关税和教育费附加等各种税费返还款。

(3)"收到其他与经营活动有关的现金"项目。本项目反映企业经营租赁收到的租金等其他与经营活动有关的现金流入,金额较大的应当单独列示。

(4)"购买商品、接受劳务支付的现金"项目。本项目反映企业本期购买商品、接受劳务实际支付的现金(包括增值税进项税额),以及本期支付前期购买商品、接受劳务的未付款项和本期预付款项,减去本期发生的购货退回收到的现金。企业购买材料和代购代销业务支付的现金也在本项目反映。

(5)"支付给职工以及为职工支付的现金"项目。本项目反映企业本期实际支付给职工的工资、奖金、各种津贴和补贴等职工薪酬(包括代扣代缴的职工个人所得税)。

(6)"支付的各项税费"项目。本项目反映企业本期发生并支付、以前各期发生本期支付以及预交的各项税费,包括所得税、增值税、消费税、印花税、房产税、土地增值税、车船税、教育费附加等。

(7)"支付其他与经营活动有关的现金"项目。本项目反映企业经营租赁支付的租金、支付的差旅费、业务招待费、保险费、罚款支出等其他与经营活动有关的现金流出,金额较大的应当单独列示。

2. 投资活动产生的现金流量

投资活动产生的现金流量是指与非流动资产的取得或处置有关的活动产生的现金流量,包括企业长期资产的购建和不包括在现金等价物范围内的投资及其处置活动产生的现金流量。投资活动产生的现金流量分为投资活动产生的现金流入量、投资活动产生的现金流出量,以及投资活动产生的现金净流量。其主要项目包括:

(1)"收回投资收到的现金"项目。本项目反映企业出售、转让或到期收回除现金等价物以外的对其他企业的权益工具、债务工具和合营中的权益。

(2)"取得投资收益收到的现金"项目。本项目反映企业除现金等价物以外的对其他企业的权益工具、债务工具和合营中的权益投资分回的现金股利和利息等。

(3)"处置固定资产、无形资产和其他长期资产收回的现金净额"项目。本项目反映企业出售、报废固定资产、无形资产和其他长期资产所取得的现金(包括因资产毁损而收到的保险赔偿收入),减去为处置这些资产而支付的有关费用后的净额。

(4)"处置子公司及其他营业单位收到的现金净额"项目。本项目反映企业处置子公司及其他营业单位所取得的现金减去相关处置费用,以及子公司及其他营业单位持有的现金和现金等价物后的净额。

(5)"收到其他与投资活动有关的现金"项目。本项目反映企业除上述第(1)项至第(4)项以外收到的其他与投资活动有关的现金流入或流出,金额较大的应当单独列示。

(6)"购建固定资产、无形资产和其他长期资产支付的现金"项目。本项目反映企业购买、建造固定资产、取得无形资产和其他长期资产所支付的现金(含增值税款等),以及用现金支付的应由在建工程和无形资产负担的职工薪酬。

(7)"投资支付的现金"项目。本项目反映企业取得除现金等价物以外的对其他企业的权益工具、债务工具和合营中的权益所支付的现金以及支付的佣金、手续费等附加费用。

(8)"取得子公司及其他营业单位支付的现金净额"项目。本项目反映企业购买子公司及其他营业单位购买出价中以现金支付的部分,减去子公司及其他营业单位持有的现金和现金等价物后的净额。

(9)"支付其他与投资活动有关的现金"项目。本项目反映企业除上述第(6)项至第(8)项以外支付的其他与投资活动有关的现金流入或流出,金额较大的应当单独列示。

3. 筹资活动产生的现金流量

筹资活动产生的现金流量是指涉及企业财务规模的更改或财务结构组成变化的活动,也就是导致企业资本及债务规模和构成发生变动的活动产生的现金流量。筹资活动产生的现金流量分为筹资活动产生的现金流入量、筹资活动产生的现金流出量,以及筹资活动产生的现金净流量。其主要项目包括:

(1)"吸收投资收到的现金"项目。本项目反映企业以发行股票、债券等方式筹集资金实际收到的款项,减去直接支付给金融企业的佣金、手续费、宣传费、咨询费、印刷费等发行费用后的净额。

(2)"取得借款收到的现金"项目。本项目反映企业举借各种短期、长期借款而收到的现金。

(3)"收到其他与筹资活动有关的现金"项目。本项目反映企业除上述第(1)项和第(2)项以外收到的其他与筹资活动有关的现金流入或流出,金额较大的应当单独列示。

(4)"偿还债务支付的现金"项目。本项目反映企业以现金偿还债务的本金。

(5)"分配股利、利润或偿付利息支付的现金"项目。本项目反映企业实际支付的现金股利、支付给其他投资单位的利润或用现金支付的借款利息、债券利息。

(6)"支付其他与筹资活动有关的现金"项目。本项目反映企业除上述第(4)项和第(5)项以外支付的其他与筹资活动有关的现金流入或流出,金额较大的应当单独列示。

(二)现金流量表的格式

现金流量表的格式应有利于反映企业业务活动的性质和现金流量的来源,其基本原理是以权责发生制为基础提供的会计核算资料为依据,按照收付实现制基础进行调整计算,以反映现金流量的增减变动及其结果,即将以权责发生制为基础编制的资产负债表和利润表资料按照收付实现制基础调整计算编制现金流量表。现金流量表的基本格式如表6-4所示。

表6-4 现金流量表　　　　　　会企03表

编制单位：　　　　　　　　　　　　年　　月　　　　　　　　　　　　单位：元

项目	本期金额	上期金额
一、经营活动产生的现金流量：		
销售商品、提供劳务收到的现金		
收到的税费返还		
收到的其他与经营活动有关的现金		

(续表)

项目	本期金额	上期金额
经营活动现金流入小计		
购买商品、接受劳务支付的现金		
支付给职工以及为职工支付的现金		
支付的各项税费		
支付的其他与经营活动有关的现金		
经营活动现金流出小计		
经营活动产生的现金流量净额		
二、投资活动产生的现金流量：		
收回投资所收到的现金		
取得投资收益收到的现金		
处置固定资产、无形资产和其他长期资产收回的现金净额		
处置子公司及其他营业单位收到的现金净额		
收到其他与投资活动有关的现金		
投资活动现金流入小计		
购建固定资产、无形资产和其他长期资产支付的现金		
投资支付的现金		
取得子公司及其他营业单位支付的现金净额		
支付其他与投资活动有关的现金		
投资活动现金流出小计		
投资活动产生的现金流量净额		
三、筹资活动产生的现金流量：		
吸收投资收到的现金		
取得借款收到的现金		
收到其他与筹资活动有关的现金		
筹资活动现金流入小计		
偿还债务支付的现金		
分配股利、利润或偿付利息支付的现金		
支付其他与筹资活动有关的现金		
筹资活动现金流出小计		
筹资活动产生的现金流量净额		
四、汇率变动对现金及现金等价物的影响		
五、现金及现金等价物净增加额		
加：期初现金及现金等价物余额		
六、期末现金及现金等价物余额		

编制现金流量表时,调整计算方法通常有直接法和间接法两种。

(1) 直接法是指通过现金收入和现金支出的主要类别列示企业经营活动现金流量的一种方法。

【例6-7】 甲公司2023年度利润表中列示的营业收入为2 000万元,资产负债表中列示的应收账款期末余额为450万元、上年年末余额为400万元。不考虑其他因素的影响,则表明甲公司2023年度2 000万元的营业收入中有50万元尚未收到现金,即可推算出当年销售商品收到的现金为1 950万元。

(2) 间接法是指将净利润调整为企业经营活动现金流量的一种方法。

【例6-8】 甲公司2023年度利润表中列示的净利润为200万元,资产负债表中列示的应收账款期末余额为450万元、上年年末余额为400万元。不考虑其他因素的影响,则表明甲公司2023年度200万元的净利润中有50万元尚未收到现金,即经营活动产生的现金流量净额为150万元。

由此可见,直接法是以利润表中的营业收入为起算点调整计算经营活动产生的现金流量净额,而间接法则是以净利润为起算点调整计算经营活动产生的现金流量净额,两者的结果是一致的。调整计算的经营活动产生的现金流量净额,加上投资活动产生的现金流量净额和筹资活动产生的现金流量净额为报告期的现金及现金等价物净增加额,再加上报告期期初现金及现金等价物余额,等于期末现金及现金等价物余额。

以直接法编制的现金流量表便于分析经营活动产生的现金流量的来源和用途,预测企业现金流量的未来前景;而以间接法编制的现金流量表则便于将净利润与经营活动产生的现金流量净额进行比较,了解净利润与经营活动产生的现金流量差异的原因,从现金流量的角度分析净利润的质量,两者可以相互验证和补充。

按照我国现行会计准则的规定,企业应当采用直接法列示经营活动产生的现金流量。同时规定,企业应当在附注中披露将净利润调整为经营活动现金流量的信息。由此,现金流量表的格式分为直接法格式和间接法格式两种。

(三) 现金流量表的作用

现金流量表相较于资产负债表和利润表,具有许多不同的重要作用,主要表现在以下几个方面:

(1) 现金流量表提供了企业一定会计期间内现金和现金等价物流入和流出的现金流量信息,可以弥补基于权责发生制基础编制的资产负债表和利润表的某些固有缺陷,在资产负债表与利润表之间架起了一条连接的纽带和桥梁,能揭示企业财务状况与经营成果之间的内在关系,便于报表使用者了解企业净利润的质量。

(2) 现金流量表可以分别从不同角度反映企业业务活动的现金流入、流出及其影响现金净流量的因素,弥补了资产负债表和利润表分类列报内容的不足,从而帮助报表使用者了解和评价企业获取现金及现金等价物的能力,进而预测企业未来的现金流量情况,为其决策提供有力的依据。

(3) 现金流量表以收付实现制为基础,对现金的确认和计量在不同企业间基本一致,使得企业之间的会计信息可比性更强,有助于报表使用者提高决策的质量和效率。

(4) 现金流量表以收付实现制为基础编制,提高了会计信息质量,降低了企业对利润指标的依赖程度,能更好地发挥会计监督的职能作用,改善公司治理状况,进而促进实现会计决策有用性和维护经济资源配置秩序、提高经济效益的目标要求。

二、现金流量表的编制

(一)现金流量表的编制要求

现金流量表应当分别列报经营活动、投资活动和筹资活动的现金流量。现金流量应当分别按照现金流入和现金流出总额列报。然而,下列各项可以按照净额列报:

(1)代客户收取或支付的现金。

(2)周转快、金额大、期限短项目的现金流入和现金流出。

(3)金融企业的有关项目,包括短期贷款发放与收回的贷款本金、活期存款的吸收与支付、同业存款和存放同业款项的存取、向其他金融企业拆借资金,以及证券的买入与卖出等。

(4)自然灾害损失、保险索赔等特殊项目,应当根据其性质,分别归类到经营活动、投资活动和筹资活动现金流量类别中单独列报。

(5)外币现金流量以及境外子公司的现金流量,应当采用现金流量发生日的即期汇率或按照系统合理的方法确定的、与现金流量发生日即期汇率近似的汇率折算。汇率变动对现金的影响额应当作为调整项目,在现金流量表中单独列报在"汇率变动对现金及现金等价物的影响"项目中。

(二)直接法编制的现金流量表

运用直接法编制现金流量表可采用工作底稿法或"T"形账户法,也可以根据有关会计科目记录分析填列。按直接法编制的现金流量表为现金流量表的正表。

1. 工作底稿法

工作底稿法是以工作底稿为手段,以资产负债表和利润表数据为基础,分别对每一项目进行分析并编制调整分录,进而编制现金流量表的一种方法。其具体步骤和程序如下:

第一步,将资产负债表的期初数和期末数分别过入工作底稿的期初数栏和期末数栏,将同期的利润表资料过入工作底稿。

第二步,对当期业务进行分析并编制调整分录。编制调整分录时,以利润表中的项目为基础,从"营业收入"项目开始,结合资产负债表中的项目逐一进行分析调整。将有关现金及现金等价物的流入、流出,分别记入"经营活动产生的现金流量""投资活动产生的现金流量""筹资活动产生的现金流量"有关项目(即现金流量表中应列示的具体项目),借方表示现金流入,贷方表示现金流出,借方余额表示现金流入量净额,贷方余额表示现金流出量净额。分析调整编制调整分录如下:

(1)调整营业收入,分析计算"销售商品、提供劳务收到的现金"项目应填列的金额。"销售商品、提供劳务收到的现金"项目,应根据利润表及其附注中"营业收入"项目和资产负债表及其附注中"应交税费——应交增值税(销项税额)"项目的本期金额、"应收票据""应收账款""预收账款""合同负债"等项目期末与期初余额的差额(不扣除坏账准备)分析计算编制调整分录。

【例6-9】 甲公司2023年度利润表中列示的"营业收入"项目的金额为4 000万元,资产负债表及其附注中列示的"应收账款"项目的期末金额为1 200万元、期初金额为800万元,"应收票据"项目的期末金额为550万元、期初金额为280万元,"应交税费——应交增值税(销项税额)"项目的本期金额为520万元。甲公司应编制如下调整分录:

借:经营活动的现金流量——销售商品收到的现金　　　　　　3 850
　　应收账款　　　　　　　　　　　　　　　　　　　　　　400
　　应收票据　　　　　　　　　　　　　　　　　　　　　　270
　贷:营业收入　　　　　　　　　　　　　　　　　　　　　4 000
　　　应交税费——应交增值税　　　　　　　　　　　　　　520

(2)调整营业成本,分析计算"购买商品、接受劳务支付的现金"项目应填列的金额。"购买商品、接受劳务支付的现金"项目,应根据利润表及其附注中的"营业成本"项目和资产负债表及其附注中"应交税费——应交增值税(进项税额)"项目的本期金额、"存货""应付票据""应付账款""预付账款""合同资产"等项目期末与期初余额的差额,减去本期销售产品成本和期末存货中产品成本中包含的不属于购买商品支付现金的部分等分析计算编制调整分录。

【例6-10】 甲公司2023年度利润表中列示的"营业成本"项目的金额为3 000万元,资产负债表及其附注中列示的"存货"项目的期末金额为280万元、期初金额为200万元,"应付账款"项目的期末金额为650万元、期初金额为500万元,"应交税费——应交增值税(进项税额)"项目的本期金额为400.4万元[(3 000+80)×13%]。甲公司应编制如下调整分录:

借:营业成本　　　　　　　　　　　　　　　　　　　　　3 000.0
　　存货　　　　　　　　　　　　　　　　　　　　　　　　80.0
　　应交税费——应交增值税　　　　　　　　　　　　　　　400.4
　贷:应付账款　　　　　　　　　　　　　　　　　　　　　150.0
　　　经营活动的现金流量——购进商品支付的现金　　　　　3 330.4

(3)调整税金及附加,分析计算"支付的各项税费"项目应填列的金额。"支付的各项税费"项目,应根据利润表及其附注中"税金及附加"项目的本期金额、本期计入管理费用的资源税和资产负债表及其附注中"应交税费(不包括增值税)"项目期初余额减期末余额的差额、"递延所得税负债"项目期初余额减期末余额的差额、"递延所得税资产"项目期末余额减期初余额的差额,以及本期已交纳的增值税等分析计算编制调整分录。

"收到的税费返还"项目,应根据"应交税费""其他收益""税金及附加""所得税费用"等科目的发生额分析计算应填列金额。企业按规定收到或缴回的增值税期末留抵退税款项产生的现金流量,属于经营活动产生的现金流量。企业应将收到的留抵退税款项有关现金流量在"收到的税费返还"项目列示;应将缴回并继续按规定抵扣进项税额的留抵退税款项有关现金流量在"支付的各项税费"项目列示。

(4)调整销售费用,分析计算"支付其他与经营活动有关的现金"项目中因销售费用发生支付的现金。"支付其他与经营活动有关的现金"项目,应根据利润表及其附注中"管理费用""制造费用""销售费用"项目中除工资性费用和未支付现金的费用以外的费用、"财务费用"项目中支付的银行转账结算手续费、"其他应收款"项目中支付职工预借的差旅费等,

"其他应付款"项目中支付的短期租赁或低价值租赁的租金,"营业外支出"项目中支付的罚款支出、对外捐赠的现金等分析计算编制调整分录。

【提示】 对于销售费用等期间费用在调整时需要全额调整记入"经营活动产生的现金流量——支付其他与经营活动有关的现金"项目的贷方,对于其中不需要支付现金的部分,如应付职工薪酬、计提折旧或摊销等在调整相应项目时,调整记入"经营活动产生的现金流量——支付其他与经营活动有关的现金"项目的相反方向;在涉及本项目的全部调整分录完成后确定"经营活动的现金流量——支付其他与经营活动有关的现金"项目应填列的金额。(下同)

(5) 调整管理费用,分析计算"支付其他与经营活动有关的现金"项目中因管理费用发生支付的现金。

(6) 调整财务费用,分析计算"筹资活动产生的现金流量——分配股利、利润或偿付利息支付的现金"项目中因财务费用发生支付的现金。"分配股利、利润或偿付利息支付的现金"项目,应根据"应付股利""应付利息""长期借款""应付债券""财务费用""库存现金""银行存款"等科目的发生额分析计算编制调整分录。

(7) 调整投资收益,分析计算"取得投资收益收到的现金"项目应填列的金额。"取得投资收益收到的现金"项目,应根据"应收股利""应收利息""投资收益""库存现金""银行存款"等科目的发生额分析计算编制调整分录。

(8) 调整信用减值损失,企业本期计提坏账准备不直接产生现金流量。

(9) 调整所得税费用,企业计算确认应交纳的企业所得税不直接产生现金流量。

(10) 调整净利润,企业将本年利润结转至未分配利润不直接产生现金流量。

(11) 调整固定资产折旧,分析计算"支付其他与经营活动有关的现金"项目应填列的金额。

(12) 调整固定资产,分析计算"购建固定资产、无形资产和其他长期资产支付的现金"项目应填列的金额。"购建固定资产、无形资产和其他长期资产支付的现金"项目,应根据"固定资产""在建工程""工程物资""无形资产""研发支出""投资性房地产""库存现金""银行存款"等科目的发生额分析计算填列。

(13) 调整无形资产摊销,分析计算"支付其他与经营活动有关的现金"项目应填列的金额。

(14) 调整短期借款,分析计算"取得借款收到的现金"项目应填列的金额。"取得借款收到的现金"项目,应根据"短期借款""长期借款""银行存款"等科目的发生额分析计算填列。

(15) 调整应付职工薪酬,分析计算"支付其他与经营活动有关的现金"项目应填列的金额。

(16) 调整支付的职工薪酬,分析计算"支付给职工以及为职工支付的现金"项目应填列的金额。"支付给职工以及为职工支付的现金"项目,应根据实际支付的计入产品生产成本、销售费用、管理费用等项目的职工薪酬(扣除非货币性职工薪酬)和资产负债表中"应付职工薪酬"项目期初与期末余额的差额(扣除计入在建工程成本的职工薪酬)分析计算填列金额。

(17) 调整交纳或支付的增值税及其他税费,分析计算"支付的各项税费"项目应填列的金额。

(18) 调整实收资本、资本公积,分析计算"收回投资收到的现金"项目应填列的金额。

"收回投资收到的现金"项目,应根据"实收资本""资本公积""其他权益工具""应付债券""银行存款"等科目分析计算填列。

(19) 调整利润分配,计提盈余公积不产生现金流量。

(20) 调整现金及现金等价物,应根据资产负债表中"货币资金"项目期初与期末余额的差额分析计算调整。

第三步,将调整分录逐笔过入工作底稿。

第四步,核对工作底稿中各项目的借方、贷方合计数是否相等,若相等一般表明调整分录无误。资产负债表中各项目期初数额加减调整分录中的借贷金额后的金额应等于期末金额;工作底稿中调整分录借方合计金额应等于贷方合计金额。

第五步,根据工作底稿中的现金流量表项目编制正式的现金流量表。现金流量表工作底稿(简表)如表 6-5 所示。

表 6-5 现金流量表工作底稿(简表) 金额单位:万元

项目	期初数	调整分录		期末数
		借方	贷方	
一、资产负债表项目				
流动资产:				
货币资金				
应收票据				
应收账款				
存货				
流动资产合计				
非流动资产:				
长期股权投资				
固定资产				
无形资产				
非流动资产合计				
资产总计				
流动负债:				
短期借款				
应付账款				

(续表)

项目	期初数	调整分录 借方	调整分录 贷方	期末数
应付职工薪酬				
应交税费				
流动负债合计				
非流动负债：				
长期借款				
应付债券				
非流动负债合计				
负债合计				
所有者权益(或股东权益)：				
实收资本(或股本)				
资本公积				
盈余公积				
未分配利润				
所有者权益(或股东权益)合计				
负债及所有者权益(或股东权益)总计				
二、利润表项目				
营业收入				
减：营业成本				
税金及附加				
销售费用				
管理费用				
研发费用				
财务费用				
加：其他收益				
投资收益				
公允价值变动收益				
信用减值损失				
资产减值损失				

(续表)

项目	期初数	调整分录 借方	调整分录 贷方	期末数
资产处置收益				
营业外收入				
营业外支出				
减：所得税费用				
净利润				
三、现金流量表项目				
（一）经营活动产生的现金流量				
销售商品、提供劳务收到的现金				
收到其他与经营活动有关的现金				
经营活动现金流入小计				
购买商品、接受劳务支付的现金				
支付给职工以及为职工支付的现金				
支付的各项税费				
支付与其他经营活动有关的现金				
经营活动现金流出小计				
经营活动产生的现金流量净额				
（二）投资活动产生的现金流量				
收回投资收到的现金				
取得投资收益收到的现金				
处置固定资产、无形资产和其他长期资产收回的现金净额				
处置子公司及其他营业单位收到的现金净额				
收到其他与投资活动有关的现金				
投资活动现金流入小计				
购建固定资产、无形资产和其他长期资产支付的现金				
投资支付的现金				
取得子公司及其他营业单位支付的现金净额				
支付其他与投资活动有关的现金				

(续表)

项目	期初数	调整分录		期末数
		借方	贷方	
投资活动现金流出小计				
投资活动产生的现金流量净额				
（三）筹资活动产生的现金流量				
吸收投资收到的现金				
取得借款收到的现金				
发行债券收到的现金				
收到其他与筹资活动有关的现金				
筹资活动现金流入小计				
偿还债务支付的现金				
分配股利、利润和偿付利息支付的现金				
支付其他与筹资活动有关的现金				
筹资活动现金流出小计				
筹资活动产生的现金流量净额				
（四）现金及现金等价物净减少额				
四、调整分录借贷合计				

2. "T"形账户法

"T"形账户法是以"T"形账户为手段，以资产负债表和利润表数据为基础，分别对每一项目进行分析并编制调整分录，进而编制现金流量表的一种方法。其具体步骤和程序如下：

第一步，为所有非现金项目（包括资产负债表项目和利润表项目）分别开设"T"形账户，并将各项目的期末、期初变动数额过入各账户。如果某项目的期末数大于期初数，则将其差额过入和该项目余额相同的方向；反之，过入相反的方向。对于资产项目而言，如果期末余额大于期初余额，过入相关资产项目的借方，表明报告期内某项资产项目增加引发现金流出量增加；反之，如果期末余额小于期初余额，过入相关资产项目的贷方，表明报告期内某项资产项目减少引发现金流入量增加。

第二步，开设一个大的"现金及现金等价物""T"形账户，分设"经营活动""投资活动""筹资活动"三个二级"T"形账户，左边为借方登记现金流入，右边为贷方登记现金流出，借方余额为现金流入净额，贷方余额为现金流出净额。

【说明】 根据企业年度各项投资活动和筹资活动"T"形账户资料分别编制"现金及现金等价物——投资活动"和"现金及现金等价物——筹资活动"的"T"形账户以此类推，并根据经营活动、投资活动和筹资活动"T"形账户三个明细账户编制总的"现金及现金等价物"

"T"形账户,此处不再累述。

第三步,对当期业务进行分析并编制调整分录。编制调整分录时,以利润表项目为基础,从"营业收入"项目开始,结合资产负债表项目对非现金项目逐一进行分析调整。

第四步,将调整分录过入各"T"形账户,并进行核对。

第五步,根据"T"形账户编制正式的现金流量表。

(三) 间接法编制的现金流量表

企业采用间接法编制现金流量表的基本步骤如下:

第一步,将报告期利润表中净利润调节为经营活动产生的现金流量。具体方法为以净利润为起算点,加上编制利润表时作为净利润减少而报告期没有发生现金流出的填列项目,减去编制利润表时作为净利润增加而报告期没有发生现金流入的填列项目,以及不属于经营活动的现金流量。

1. 应加回的项目

本类项目属于净利润中没有实际支付现金的费用,需要在净利润的基础上分析调整的项目。其包括:

(1)"资产减值准备"项目。它反映企业报告期计提的存货跌价准备、投资性房地产减值准备、长期股权投资减值准备、债权投资减值准备、使用权资产减值准备、固定资产减值准备、在建工程减值准备、无形资产减值准备、商誉减值准备等对现金流量的影响。本项目在利润表中作为净利润项目的减项已经扣除,但在报告期内不需要支付现金,应予以加回。本项目可根据利润表中"资产减值损失"项目的填列金额直接填列。

(2)"信用损失准备"项目。它反映企业报告期计提的坏账准备对现金流量的影响。本项目在利润表中作为净利润项目的减项已经扣除,但在报告期内不需要支付现金,应予以加回。本项目可根据利润表中"信用减值损失"项目的填列金额直接填列。

(3)"固定资产折旧、油气资产折耗、生产性生物资产折旧"项目。它反映企业报告期计提的固定资产折旧、油气资产折耗、生产性生物资产折旧、使用权资产折旧、投资性房地产折旧等对现金流量的影响。本项目在利润表中作为净利润项目的减项已经扣除,但在报告期内不需要支付现金,应予以加回。本项目可根据资产负债表及其报表附注中或"累计折旧""累计折耗""生产性生物资产累计折旧""使用权资产累计折旧""投资性房地产累计折旧"科目的贷方发生额等分析计算填列。

(4)"无形资产摊销"项目。它反映企业报告期计提的无形资产摊销对现金流量的影响。本项目在利润表中作为净利润项目的减项已经扣除,但在报告期内不需要支付现金,应予以加回。本项目可根据资产负债表及其报表附注中或"累计摊销"科目的贷方发生额等分析计算填列。

(5)"长期待摊费用摊销"项目。它反映企业报告期计提的长期待摊费用摊销对现金流量的影响。本项目在利润表中作为净利润项目的减项已经扣除,但在报告期内不需要支付现金,应予以加回。本项目可根据资产负债表及其报表附注中或"长期待摊费用累计摊销"科目的贷方发生额等分析计算填列。

2. 应加回或减去的项目

本类项目属于净利润中没有实际支付现金的费用或没有实际收到现金的收益,需要在净利润的基础上分析调整。其包括：

(1)"处置固定资产、无形资产和其他长期资产的损失（收益以'－'号填列）"项目。它反映企业报告期内发生的处置固定资产、无形资产和其他长期资产的净损益对现金流量的影响。本项目内容属于计入净利润项目的投资活动产生的现金流量，在列报经营活动产生的现金流量时应予以扣除，对于发生的处置固定资产、无形资产和其他长期资产的净损失应予以加回；反之，对于实现的处置固定资产、无形资产和其他长期资产的净收益应予以减去。本项目可根据"资产处置损益"科目分析计算填列。

(2)"固定资产报废损失（收益以'－'号填列）"项目。它反映企业报告期内发生的固定资产报废净损益对现金流量的影响。本项目内容属于计入净利润项目的投资活动产生的现金流量，在列报经营活动产生的现金流量时应予以扣除，对于发生的固定资产报废净损失应予以加回；反之，对于实现的固定资产报废净收益应予以减去。本项目可根据利润表中"营业外收入"项目和"营业外支出"项目或"营业外收入"科目和"营业外支出"科目分析计算填列。在根据营业外收支分析计算时，应注意对于企业日常活动之外的且不经常发生的特殊项目，如自然灾害损失、保险赔款、捐赠等，如果其中有能够确指属于流动资产损失的应当列入经营活动产生的现金流量，不应调整。

(3)"公允价值变动损失（收益以'－'号填列）"项目。它反映企业报告期内公允价值变动损益对现金流量的影响。本项目内容属于计入企业净利润项目的投资活动产生的现金流量，同时公允价值变动收益也未产生现金流量，在列报经营活动产生的现金流量时应予以扣除，对于发生的公允价值变动损失应予以加回；反之，对于发生的公允价值变动收益应予以减去。本项目可根据利润表中"公允价值变动收益（损失以'－'号填列）"项目分析计算填列。

(4)"财务费用（收益以'－'号填列）"项目。它反映企业报告期内发生的财务费用（或收益）对现金流量的影响。本项目内容的性质较为复杂，可能分别归属于经营活动、投资活动或筹资活动产生的现金流量。各种借款利息等属于筹资活动的现金流量项目，应收票据贴现利息、办理银行转账结算的手续费等属于经营活动产生的现金流量项目。对于属于筹资活动或投资活动的财务费用应予以加回；反之，对于属于筹资活动或投资活动的财务收益应予以减去；对于属于经营活动产生的现金流量项目应根据利息费用或利息收入等具体情况分析计算调整。本项目可根据"财务费用""其他应收款——应收利息""其他应付款——应付利息"等项目的具体内容分析计算填列。

(5)"投资损失（收益以'－'号填列）"项目。它反映企业报告期内发生的投资损失（或收益）对现金流量的影响。本项目内容属于计入净利润项目的投资活动产生的现金流量，在列报经营活动产生的现金流量时应予以扣除，对于发生的投资损失应予以加回；反之，对于发生的投资收益应予以减去。本项目应根据利润表中"投资收益（损失以'－'号填列）"项目分析计算填列。

(6)"递延所得税资产减少（增加以'－'号填列）"项目。它反映企业报告期内产生的递延所得税资产减少（或增加）对现金流量的影响。递延所得税资产属于企业未来期间的应纳税所得额及应交所得税，不构成报告期的现金流量。具体而言，本项目内容属于计入净利润项目中"所得税费用"项目的内容，在计算所得税费用时，递延所得税资产减少额计入

"所得税费用"科目的增加额,减少了报告期利润表中的净利润,应予以加回;反之,递延所得税资产增加额计入"所得税费用"科目的减少额,增加了报告期利润表中的净利润,应予以减去。本项目可根据资产负债表中"递延所得税资产"项目的期末与期初金额的差额分析计算填列。

(7)"递延所得税负债增加(减少以'一'号填列)"项目。它反映企业报告期内产生的递延所得税负债增加(或减少)对现金流量的影响。递延所得税负债属于企业未来期间的应纳税所得额及应交所得税,不构成报告期的现金流量。具体而言,本项目内容属于计入净利润项目中"所得税费用"项目的内容,在计算所得税费用时,递延所得税负债增加额计入"所得税费用"科目的增加额,减少了报告期利润表中的净利润,应予以加回;反之,递延所得税负债减少额计入"所得税费用"科目的减少额,增加了报告期利润表中的净利润,应予以减去。本项目可根据资产负债表中"递延所得税负债"项目的期末与期初金额的差额分析计算填列。

(8)"存货的减少(增加以'一'号填列)"项目。它反映企业报告期内产生的存货减少(或增加)对现金流量的影响。资产负债表中"存货"项目的年末较年初减少的差额,说明报告期消耗或发出了期初存货,这部分存货在报告期不需要支付现金,但按报告期营业成本等计算的净利润已经减去了这部分不需要支付的现金,应予以加回;反之,资产负债表中"存货"项目的年末较年初增加的差额,这部分存货在报告期已经支付了现金,但按报告期营业成本计算的净利润并未减去这部分需要支付的现金,应予以减去。此外,存货减少可能有属于投资活动或筹资活动的现金流量部分,填列该项目时需要分析计算调整非经营活动的现金流量。本项目可根据资产负债表中"存货"项目期末与期初数的差额和报表附注中"存货跌价准备"项目的期末与期初数的差额分析计算填列。

3. 经营性应收应付项目的增减变动

本类项目属于不直接影响净利润的经营活动产生的现金流入量或流出量,需要在净利润的基础上分析调整的项目。其包括:

(1)"经营性应收项目的减少(增加以'一'号填列)"项目。它反映企业报告期内发生的经营性应收项目减少(或增加)对现金流量的影响。经营性应收项目包括应收票据、应收账款、预付账款、合同资产、其他应收款和长期应收款等项目中与经营活动有关的部分。资产负债表中经营性应收项目减少,表明报告期内收到了以前年度应收项目的现金,形成在净利润之外的营业活动现金流入量,应予以加回;反之,经营性应收项目增加,表明报告期的净利润中有尚未收到的现金流入量,应予以减去。本项目可根据资产负债表中"经营性应收项目"期末与期初数的差额和报表附注中"坏账准备"项目的期末与期初数的差额分析计算填列。

(2)"经营性应付项目的增加(减少以'一'号填列)"项目。它反映企业报告期内发生的经营性应付项目增加(或减少)对现金流量的影响。经营性应付项目包括应付票据、应付账款、预收账款、合同负债、其他应付款和长期应付款等项目中与经营活动有关的部分。资产负债表中经营性应付项目增加,表明报告期内"存货"等项目中存在尚未支付的应付项目的现金,在计算净利润时通过"营业成本"等项目已经扣除,形成净利润中存在尚未发生的经营活动现金流出量,应予以加回;反之,经营性应付项目减少,表明报告期计算净利润时存在尚未扣除的现金流出量,应予以减去。本项目可根据资产负债表中"经营性应付项目"期末与期初数的差额分析计算填列。

第二步,分析调整不涉及现金收支的重大投资和筹资活动项目。

本项目反映企业一定会计期间内影响资产或负债但不形成该期现金收支的各项投资或筹资活动的信息资料。例如,企业报告期内实施的债务转为资本、一年内到期的可转换的公司债券、租入使用权资产等。本项目虽然不涉及报告期实际的现金流入流出,但对以后各期的现金流量有重大影响。需要列报的项目有:

(1)"债务转为资本"项目。它反映企业报告期内转为资本的债务金额。本项目可根据资产负债表中"应付债券""长期应付款""实收资本""资本公积"等项目分析计算填列。

(2)"一年内到期的可转换公司债券"项目。它反映企业报告期内到期的可转换公司债券的本息。本项目可根据资产负债表中"应付债券——优先股"等项目分析计算填列。

(3)"租入使用权资产"项目。它反映企业报告期内融资租入的固定资产。本项目可根据资产负债表中"使用权资产""长期应付款""租赁负债"等项目分析计算填列。

第三步,分析调整现金及现金等价物净变动情况。

本项目反映现金及现金等价物增减变动及其净增加额。本项目可根据资产负债表中"货币资金"项目及现金等价物期末与期初余额及净增额分析计算填列。

第四步,编制正式的现金流量表补充资料。具体方法可以采用前述工作底稿法或"T"形账户法,也可以根据有关会计科目记录分析填列,这里不再赘述。

现金流量表补充资料(简表)如表 6-6 所示。

表 6-6 现金流量表补充资料(简表)

编制单位: ＿＿＿＿年＿＿月 单位:元

项目	本期金额	上期金额
1. 将净利润调节为经营活动现金流量		
净利润		
加:资产减值准备		
信用损失准备		
固定资产折旧、油气资产折耗、生产性生物资产折旧		
无形资产摊销		
长期待摊费用摊销		
处置固定资产、无形资产和其他长期资产的损失(收益以"-"号填列)		
固定资产报废损失(收益以"-"号填列)		
净敞口套期损失(收益以"-"号填列)		
公允价值变动损失(收益以"-"号填列)		
财务费用(收益以"-"号填列)		
投资损失(收益以"-"号填列)		
递延所得税资产减少(增加以"-"号填列)		

(续表)

项目	本期金额	上期金额
递延所得税负债增加（减少以"－"号填列）		
存货的减少（增加以"－"号填列）		
经营性应收项目的减少（增加以"－"号填列）		
经营性应付项目的增加（减少以"－"号填列）		
其他		
经营活动产生的现金流量净额		
2. 不涉及现金收支的重大投资和筹资活动		
债务转为资本		
一年内到期的可转换公司债券		
租入使用权资产		
3. 现金及现金等价物净变动情况		
现金的期末余额		
减：现金的期初余额		
加：现金等价物的期末余额		
减：现金等价物的期初余额		
现金及现金等价物净增加额		

第四节 所有者权益变动表

一、所有者权益变动表概述

（一）所有者权益变动表的概念

所有者权益变动表是指反映构成所有者权益各组成部分当期增减变动情况的报表。它是对资产负债表的补充及对所有者权益增减变动情况的进一步说明。其主要作用有两个方面：一是通过所有者权益变动表，既可以为财务报表使用者提供所有者权益总量增减变动的信息，又可以为其提供所有者权益增减变动的结构性信息，特别是能够让财务报表使用者理解所有者权益增减变动的根源。二是所有者权益增减变动表将综合收益和所有者（或股东）的资本交易导致的所有者权益的变动分项列示，有利于财务报表使用者分清导致所有者权益增减变动缘由与责任，对于考察、评价企业一定时期所有者权益的保全状况、正确评价管理当局受托责任的履行情况等具有重要的作用。

（二）所有者权益变动表的内容

在所有者权益变动表上，企业至少应当单独列示反映下列信息的项目：综合收益总额，会计政策变更和差错更正的累积影响金额,所有者投入资本和向所有者分配利润等,提取的盈余公积,实收资本、其他权益工具、资本公积、其他综合收益、专项储备、盈余公积、未分配利润的期初和期末余额及其调节情况。

所有者权益变动表的主要项目内容及其功能如下。

1. "上年年末余额"项目

本项目反映企业上年资产负债表中实收资本(或股本)、其他权益工具、资本公积、库存股、其他综合收益、专项储备、盈余公积、未分配利润的年末余额。

2. "会计政策变更""前期差错更正"项目

这两个项目分别反映企业采用追溯调整法处理的会计政策变更的累积影响金额和采用追溯重述法处理的会计差错更正的累积影响金额。它们应根据"盈余公积""利润分配""以前年度损益调整"等科目的发生额分析填列,并在"上年年末余额"的基础上调整得出"本年年初金额"项目。

3. "本年增减变动金额"项目

本项目反映所有者权益各项目本年增减变动的金额,具体内容包括:

(1)"综合收益总额"项目,反映净利润和其他综合收益扣除所得税影响后的净额相加后的合计金额。本项目应根据利润表中"其他综合收益的税后净额"和"净利润"项目填列,并对应列在"其他综合收益"和"未分配利润"栏。

(2)"所有者投入和减少资本"项目,反映企业当年所有者投入的资本和减少的资本。本项目内容包括:①"所有者投入的普通股"项目,反映企业接受投资者投入形成的实收资本(或股本)和资本溢价或股本溢价。②"其他权益工具持有者投入资本"项目,反映企业发行的除普通股以外分类为权益工具的金融工具的持有者投入资本的金额。③"股份支付计入所有者权益的金额"项目,反映企业处于等待期中的权益结算的股份支付当年计入资本公积的金额。

(3)"利润分配"项目,反映企业当年的利润分配金额。

(4)"所有者权益内部结转"项目,反映企业构成所有者权益的各组成部分之间当年的增减变动情况。本项目内容包括:①"资本公积转增资本(或股本)"项目,反映企业当年以资本公积转增资本或股本的金额。②"盈余公积转增资本(或股本)"项目,反映企业当年以盈余公积转增资本或股本的金额。③"盈余公积弥补亏损"项目,反映企业当年以盈余公积弥补亏损的金额。④"设定受益计划变动额结转留存收益"项目,反映企业因重新计量设定受益计划净负债或净资产所产生的变动计入其他综合收益,结转至留存收益的金额。⑤"其他综合收益结转留存收益"项目,主要反映:①企业指定为以公允价值计量且其变动计入其他综合收益的非交易性权益工具投资终止确认时,之前计入其他综合收益的累计利得或损失从其他综合收益中转入留存收益的金额。②企业指定为以公允价值计量且其变动计入当期损益的金融负债终止确认时,之前由企业自身信用风险变动引起而计入其他综合收益的累计利得或损失从其他综合收益中转入留存收益的金额等。

(三) 所有者权益变动表的结构

所有者权益变动表的结构为纵横交叉的矩阵式结构。

1. 纵向结构

纵向结构按所有者权益增减变动时间及内容分为"上年年末余额""本年年初余额""本年增减变动金额""本年年末余额"四栏。其用公式表达如下：

上年年末余额 + 会计政策变更、前期差错更正及其他变动 = 本年年初余额

本年年初余额 + 本年增减变动金额 = 本年年末余额

其中，本年增减变动金额按照所有者权益增减变动的交易或事项列示，即：

本年增减变动金额 = 综合收益总额 ± 所有者投入和减少资本 ± 利润分配 ± 所有者权益内部结转

2. 横向结构

横向结构采用比较式结构，分为"本年金额"和"上年金额"两栏，每栏的具体结构按照所有者权益构成内容逐项列示，即：

实收资本（或股本） + 其他权益工具 + 资本公积 − 库存股 + 其他综合收益 + 专项储备 + 盈余公积 + 未分配利润 = 所有者权益合计

纵横填列结果归结到本年年末所有者权益合计数，保持所有者权益变动表的表内填列数额的平衡。

所有者权益变动表以矩阵式结构列报，一方面，列示导致所有者权益变动的交易或事项，即所有者权益变动的来源，对一定时期所有者权益的变动情况进行全面反映；另一方面，按照实收资本、其他权益工具、资本公积、库存股、其他综合收益、专项储备、盈余公积、未分配利润等所有者权益各组成部分及其总额列示交易或事项对所有者权益各部分的影响。此外，所有者权益变动表采用逐项的本年金额和上年金额比较式结构，能够清楚地表明构成所有者权益的各组成部分本年的增减变动情况以及与上年的增减变动情况的对照和比较。

所有者权益变动表的格式如表 6-7 所示。

二、所有者权益变动表的填列方法

所有者权益变动表的填列方法是根据上年度所有者权益变动表和本年已编制的资产负债表、利润表及相关会计政策、前期差错更正和会计科目记录等资料基础上分析计算填列。各项目具体填列方法如下。

（一）"上年金额"栏的填列方法

所有者权益变动表"上年金额"栏内各项数字，应根据上年度所有者权益变动表"本年金额"栏内所列数字填列。上年度所有者权益变动表规定的各个项目的名称和内容与本年度不一致的，应对上年度所有者权益变动表各项目的名称和数字按照本年度的相关规定进行调整，填入所有者权益变动表的"上年金额"栏内。

（二）"本年金额"栏的填列方法

所有者权益变动表"本年金额"栏内各项目金额一般应根据资产负债表所有者权益项目金额或"实收资本（或股本）""其他权益工具""资本公积""库存股""其他综合收益""专项储备""盈余公积""利润分配""以前年度损益调整"等科目及其明细科目的发生额分析填列。

表 6-7　所有者权益变动表

编制单位：　　　　　　　　　　　　　　　　　　　　　　年度　　　　　　　　　　　　　　　　　　　　　　　　　　　　　　会企 04 表
　　金额单位：元

项　目	本年金额											上年金额										
	实收资本（或股本）	其他权益工具			资本公积	减：库存股	其他综合收益	专项储备	盈余公积	未分配利润	所有者权益合计	实收资本（或股本）	其他权益工具			资本公积	减：库存股	其他综合收益	专项储备	盈余公积	未分配利润	所有者权益合计
		优先股	永续债	其他									优先股	永续债	其他							
一、上年末余额																						
加：会计政策变更																						
前期差错更正																						
其他																						
二、本年初余额																						
三、本年增减变动金额（减少以"-"号填列）																						
（一）综合收益总额																						
（二）所有者投入和减少资本																						
1. 所有者投入的普通股																						
2. 其他权益工具持有者投入资本																						
3. 股份支付计入所有者权益的金额																						
4. 其他																						

(续表)

项目	本年金额									上年金额								
	实收资本（或股本）	其他权益工具			资本公积	减：库存股	其他综合收益	专项储备	盈余公积	未分配利润	所有者权益合计	实收资本（或股本）	其他权益工具			资本公积	减：库存股	其他综合收益	专项储备	盈余公积	未分配利润	所有者权益合计
		优先股	永续债	其他									优先股	永续债	其他							
（三）利润分配																						
1. 提取盈余公积																						
2. 对所有者（或股东）的分配																						
3. 其他																						
（四）所有者权益内部结转																						
1. 资本公积转增资本（或股本）																						
2. 盈余公积转增资本（或股本）																						
3. 盈余公积弥补亏损																						
4. 设定收益计划变动额结转留存收益																						
5. 其他综合收益结转留存收益																						
6. 其他																						
四、本年年末余额																						

第五节 附 注

一、附注概述

附注是对资产负债表、利润表、现金流量表和所有者权益变动表等报表中列示项目的文字描述或明细资料,以及对未能在这些报表中列示项目的说明等。附注相关信息应当与资产负债表、利润表、现金流量表和所有者权益变动表等会计报表中列示的项目相互参照,以有助于报表使用者联系相关联的信息,并由此从整体上更好地理解财务报表,全面了解企业的财务状况、经营成果和现金流量。企业在披露附注信息时,应当以定量、定性相结合的方式,按照一定的结构对附注信息进行系统合理的排列和分类,以便于报表使用者理解和掌握。

附注主要具有以下三方面的作用:①附注的披露,是对资产负债表、利润表、现金流量表和所有者权益变动表列示项目含义的补充说明,以帮助报表使用者更准确地把握其含义。②附注提供了对资产负债表、利润表、现金流量表和所有者权益变动表中未列示项目的详细或明细说明。③通过附注与资产负债表、利润表、现金流量表和所有者权益变动表列示项目的相互参照关系,以及对未能在财务报表中列示项目的说明,可以使报表使用者全面了解企业的财务状况、经营成果、现金流量和所有者权益的情况。

二、附注的主要内容

附注是财务报表的重要组成部分。企业应当按照如下顺序披露附注的内容:

(1) 企业的基本情况。其具体内容包括:①企业名称、注册地、组织形式和总部地址。②企业的业务性质和主要经营活动。③母公司以及集团最终母公司的名称。④财务报告的批准报出者和财务报告的批准报出日。⑤营业期限有限的企业,还应当披露有关营业期限的信息。⑥截至报告期末公司近3年的主要会计数据和财务指标。

(2) 财务报表的编制基础。企业应当根据《企业会计准则》的规定判断企业是否持续经营,并披露财务报表是否以持续经营为基础编制。

(3) 遵循《企业会计准则》的声明。企业应当声明编制的财务报表符合《企业会计准则》的要求,真实、完整地反映了企业的财务状况、经营成果和现金流量等有关信息,以此明确企业编制财务报表所依据的制度基础。

(4) 重要会计政策和会计估计。企业应当披露采用的重要会计政策和会计估计,不重要的会计政策和会计估计可以不披露。在披露重要会计政策和会计估计时,企业应当披露重要会计政策的确定依据和财务报表项目的计量基础,以及会计估计中所采用的关键假设和不确定因素。重要会计估计的说明,包括可能导致下一个会计期间的资产、负债账面价值重大调整的会计估计的确定依据等。

(5) 会计政策、会计估计变更以及差错更正的说明。企业应当按照会计政策、会计估计变更和差错更正会计准则的规定,披露会计政策和会计估计变更以及差错更正的有关情况。

(6) 报表重要项目的说明。企业对报表重要项目的说明,应当按照资产负债表、利润表、现金流量表、所有者权益变动表及其项目列示的顺序,采用文字和数字描述相结合的方式进行披露。报表重要项目的明细金额合计应当与报表项目金额相衔接,主要包括以下重要项目：应收款项、存货、长期股权投资、投资性房地产、固定资产、无形资产、职工薪酬、应交税费、短期借款和长期借款、应付债券、长期应付款、营业收入、公允价值变动收益、投资收益、资产减值损失、营业外收入、营业外支出、所得税费用、其他综合收益、政府补助、借款费用。

(7) 或有事项和承诺事项、资产负债表日后非调整事项、关联方关系及其交易等需要说明的事项。

(8) 有助于财务报表使用者评价企业管理资本的目标、政策及程序的信息。

本章小结

本章主要介绍了财务报表的相关知识,详细解读了资产负债表、利润表、现金流量表和所有者权益变动表的结构和编制方法。财务报表是企业财务管理的重要组成部分,对投资者、债权人和其他利益相关者具有重要意义,同时也是评估公司财务状况的重要工具。通过深入理解财务报表的构成、关键指标、分析方法和其局限性,报表使用者可以更好地评估企业的价值和风险,从而作出明智的决策。

本章练习题

一、单项选择题

1. 下列关于财务报告的表述中,不正确的是(　　)。
   A. 财务报表是财务报告的主体和核心内容
   B. 一套完整的财务报表至少包括资产负债表、利润表、现金流量表、所有者权益变动表和附注
   C. 资产负债表、利润表、现金流量表和所有者权益变动表在列报上比附注更为重要
   D. 按编报时间,财务报告分为年报和中期报告两类

2. 下列关于财务报告编制要求的表述中,不正确的是(　　)。
   A. 如果某个项目单独看不具有重要性,则一般可将其与其他项目汇总列报
   B. 如果某个项目具有重要性,则一般应单独列报
   C. 性质或功能不同的项目,一般应当在财务报表中单独列报
   D. 判断某个项目是否具有重要性,只需看该项目的性质是否重要

3. 下列各项中,应根据有关科目余额减去其备抵科目余额后的净额填列的是(　　)。
   A. 预收款项　　　　B. 其他应付款　　　　C. 货币资金　　　　D. 无形资产

4. 2023 年 12 月 31 日,甲公司有关科目期末借方余额如下："原材料"科目为 55 万元,"库存商品"科目为 35 万元,"生产成本"科目为 65 万元,"材料成本差异"科目为 8 万元(借

方余额),"工程物资"科目为50万元。不考虑其他因素。2023年12月31日,甲公司资产负债表中"存货"项目期末余额填列的金额为( )万元。

A. 163 B. 155 C. 90 D. 147

5. 甲公司2023年12月31日"无形资产"科目的余额为1 000万元,"累计摊销"科目余额为300万元,"无形资产减值准备"科目余额为50万元。甲公司2023年12月31日资产负债表中"无形资产"项目的期末余额为( )万元。

A. 650 B. 700 C. 950 D. 1 000

6. 下列关于利润表的编制的表述中,错误的是( )。
  A. 以营业收入为基础计算营业利润
  B. 以营业利润为基础计算利润总额
  C. 以利润总额为基础计算每股收益
  D. 以净利润(或净亏损)和其他综合收益为基础计算综合收益总额

7. 2023年8月,甲公司结转已销商品成本10万元、已销原材料成本2万元、随同商品出售单独计价包装物成本1万元,报废固定资产净损失3万元,不考虑其他因素。甲公司当月利润表"营业成本"项目填列的本期金额为( )万元。

A. 10 B. 16 C. 12 D. 13

8. 下列各项中,不属于现金流量表中投资活动产生的现金流量的是( )。
  A. 外购无形资产支付的现金
  B. 转让固定资产所有权收到的现金
  C. 购买3个月内到期的国库券支付的现金
  D. 收到分派的现金股利

9. 我国企业编制所有者权益变动表的列示方式是( )。

A. 账户式 B. 多步式 C. 报告式 D. 矩阵式

10. 下列关于企业财务报表附注的表述中,不正确的是( )。
  A. 附注是对财务报表的文字描述和说明
  B. 附注的主要作用之一是对报表中未能列示项目的说明
  C. 附注是企业财务报表的组成部分
  D. 企业应在附注中对财务报表的所有项目进行说明

二、多项选择题

1. 对于一般企业来说,下列关于财务报告编制要求的表述中,正确的有( )。
  A. 企业财务报表项目一般不得以金额相抵后的净额列报
  B. 一般企业应当以持续经营为基础编制财务报表
  C. 现金流量表应按照权责发生制编制
  D. 资产负债表和利润表应按照权责发生制编制

2. 下列资产负债表项目中,其期末余额应根据有关总账科目和明细科目余额分析计算填列的有( )项目。

A. "长期借款" B. "货币资金" C. "资本公积" D. "其他非流动资产"

3. 下列各项中,属于筹资活动产生的现金流量的有( )。

A. 向投资者支付的现金股利
B. 取得短期借款收到的现金
C. 销售原材料收到的银行存款
D. 偿还公司债务支付的现金

4. 下列各项中,应在资产负债表"预付款项"项目列示的有( )。
   A. "应付账款"科目所属明细账科目的借方余额
   B. "应付账款"科目所属明细账科目的贷方余额
   C. "预付账款"科目所属明细账科目的借方余额
   D. "预付账款"科目所属明细账科目的贷方余额

5. 下列各项中,属于资产负债表所有者权益项目的有( )。
   A. "每股收益"   B. "其他综合收益"
   C. "库存股"   D. "公允价值变动收益"

三、判断题

1. 企业应交纳的增值税额,应在利润表的"税金及附加"项目中填列。 ( )
2. "工程物资"科目的期末余额,应在企业资产负债表"存货"项目中列报。 ( )
3. "应付账款"项目根据"应付账款"科目和"预付账款"科目所属明细科目的期末借方余额合计数填列。 ( )
4. 利润表的结构有单步式和多步式两种,我国企业的利润表采用的是单步式结构。 ( )
5. 资产负债表中的"无形资产"项目是根据"研发支出"科目中所属的资本化支出明细科目的期末余额填列的。 ( )

答案及解析

第七章 管理会计基础

管理会计是现代会计的一个重要分支，它侧重于为企业内部管理者提供财务和非财务信息，以支持企业的决策、规划和控制活动。管理会计基础包括成本会计、预算编制、财务分析、绩效评估等多个方面，它通过收集、整理、分析和报告各种数据和信息，帮助企业管理者更好地理解企业的经营状况，制定有效的战略和决策。

管理会计不仅关注企业的财务数据，还涉及非财务信息的收集和分析，如市场需求、竞争情况、产品质量等。这些非财务信息对企业管理者作出明智的决策至关重要。管理会计的目标是为企业管理者提供准确、及时、相关的信息，帮助他们作出更好的决策，提高企业的经济效益和竞争力。

在现代企业中，管理会计发挥着越来越重要的作用。随着市场竞争的加剧和信息技术的发展，企业管理者需要更加全面和准确的信息来支持决策。因此，掌握管理会计的基础知识和技能对未来的会计专业人员来说至关重要。通过学习管理会计基础，我们可以更好地理解企业的经营状况，掌握管理会计的基本原理和方法，为未来的职业发展打下坚实的基础。

案例导入

甲公司是一家制造业企业，主要生产电子产品。由于市场竞争激烈，公司的利润率逐渐下降，经营形势严峻。为了解决这一问题，该公司决定采取管理会计工具进行成本控制和绩效评估。

首先，公司进行了全面的成本分析。通过管理会计的方法，公司对各个生产环节进行了详细的成本核算，包括原材料采购、生产过程、人力资源等。公司发现在原材料采购环节存在成本过高的问题，通过与供应商谈判、优化采购流程等措施，成功降低了原材料成本，有效提升了产品的竞争力。

其次，公司引入了绩效评估体系。通过设立关键绩效指标，如生产效率、产品质量、客户满意度等，对各个部门和员工的工作进行绩效评价。通过管理会计的方法，公司能够及时了解各环节的绩效情况，并根据评估结果采取相应的改进措施。通过持续的绩效管理，公司逐渐提高了生产效率和产品质量，有效降低了不良成本和返工率。

最后，公司实施了精细化的成本费用控制。通过利用管理会计的方法，公司对各项费用进行了详细的分析和控制,包括生产成本、销售费用、行政管理费用等。通过制定预算、设立费用控制目标和监控措施,公司成功地降低了非必要费用的支出,并将资源重点投入到核心业务领域,进一步提升了公司的竞争力和盈利能力。

通过这个案例,我们可以看到管理会计基础在企业中的实际应用。它通过成本控制、绩效评估和费用控制等手段,帮助企业优化资源配置、提高经济效益和增强竞争力。在学习管理会计基础课程时,我们可以借鉴这个案例,深入理解管理会计的原理和方法,并结合实际情况进行分析和应用。

问题:
你觉得管理会计的目标是什么?企业如何通过管理会计工具实现目标?

学习目标

通过本章的学习,学生能够达到以下学习目标:
(1) 了解管理会计的概念和目标、管理会计指引体系。
(2) 理解管理会计要素及具体内容。
(3) 掌握产品成本核算的要求和一般程序。
(4) 掌握产品成本的归集和分配。
(5) 掌握产品成本计算的方法。

课程思政

管理会计基础是企业管理中不可或缺的一部分,它对提供决策支持、优化资源配置和增强企业竞争力具有重要作用。党的二十大报告强调了"推动构建新发展格局,实施供给侧结构性改革",其中涉及优化资源配置、提高经济效益的任务。同时,党的二十大报告提出了"加快建设现代化经济体系"的目标以及"深入推进环境污染防治"的任务,强调环境保护和可持续发展。

作为当代大学生,首先应该具有关注资源利用效率和资源环境协同发展的意识,了解环保对企业长远发展的重要性,在未来的工作中需要注重环境可持续性和生态文明建设,以更好地贡献于我国经济发展。其次要具备责任感、奉献精神、创新思维和解决问题的能力,成为经济体制改革的积极参与者和推动者,为我国经济的现代化建设和可持续发展作出积极贡献。

第一节 管理会计概述

一、管理会计的概念和目标

管理会计是会计的重要分支,主要服务于单位(包括企业和行政事业单位)内部管理需要,是通过利用相关信息,有机融合财务与业务活动,在单位规划、决策、控制和评价等方面发挥重要作用的管理活动。

管理会计的目标是通过运用管理会计工具方法,参与单位规划、决策、控制、评价活动并为之提供有用信息,推动单位实现战略规划。

二、管理会计指引体系

管理会计指引体系是在管理会计理论研究成果的基础上,形成的可操作性的系列标准。管理会计指引体系包括基本指引、应用指引和案例库。

为促进单位加强管理会计工作、提升内部管理水平、促进经济转型升级,根据《中华人民共和国会计法》《财政部关于全面推进管理会计体系建设的指导意见》等,财政部于2016年6月制定了《管理会计基本指引》,该指引形成了涵盖目标、原则、要素等的基本框架,并以要素为主线铺陈章节,对单位系统应用管理会计具有指导意义。财政部于2017年10月正式发布了《管理会计应用指引第100号——战略管理》等22项管理会计应用指引,于2018年2月发布了《管理会计应用指引第202号——零基预算(征求意见稿)》等7项管理会计应用指引征求意见,于2018年6月发布了《管理会计应用指引第204号——作业预算(征求意见稿)》等5项管理会计应用指引征求意见,并于2018年8月正式发布了《管理会计应用指引第202号——零基预算》等7项管理会计应用指引。

(一) 管理会计基本指引

管理会计基本指引在管理会计指引体系中起统领作用,是制定应用指引和建设案例库的基础。基本指引是对管理会计基本概念、基本原则、基本方法、基本目标等内容的总结、提炼。然而,不同于《企业会计准则——基本准则》,管理会计基本指引不对应用指引中未作出描述的新问题提供处理依据。

(二) 管理会计应用指引

在管理会计指引体系中,应用指引居于主体地位,是对单位管理会计工作的具体指导。管理会计应用指引既遵循基本指引,又体现实践特点;既形成一批普遍适用、具有广泛指导意义的基本工具方法,又有特殊行业的应用指引;既考虑了企业,又考虑了行政事业单位。

(三) 管理会计案例库

案例库是对国内外管理会计经验的总结、提炼,是对如何运用管理会计应用指引的实例示范。建立管理会计案例库,为单位提供直观的参考借鉴,是管理会计指引体系指导实践的重要内容和有效途径,也是管理会计体系建设区别于企业会计准则体系建设的一大特色。

三、管理会计要素

单位应用管理会计,应包括应用环境、管理会计活动、工具方法、信息与报告四项管理会计要素。这四项管理会计要素构成了管理会计应用的有机体系,单位应在分析管理会计应用环境的基础上,合理运用管理会计工具方法,全面开展管理会计活动,并提供有用信息,生成管理会计报告,支持单位决策,推动单位实现战略规划。

(一) 应用环境

应用环境是单位应用管理会计的基础。单位应用管理会计,应先充分了解和分析其应用环境,包括外部环境和内部环境。外部环境主要包括国内外经济、社会、文化、市场、法律、行业等因素;内部环境主要包括与管理会计建设和实施有关的价值创造模式、组织架构、管理模式、资源、信息系统等因素。

(二) 管理会计活动

管理会计活动是单位管理会计工作的具体开展,是单位利用管理会计信息,运用管理会计工具方法,在规划、决策、控制、评价等方面服务于单位管理需要的相关活动在了解和分析其应用环境的基础上,单位应将管理会计活动嵌入规划、决策、控制、评价等环节,形成完整的管理会计闭环。

(三) 工具方法

工具方法是实现管理会计目标的具体手段,是单位应用管理会计时所采用的战略地图、滚动预算、作业成本法、本量利分析、平衡计分卡等模型、技术、流程的统称。单位应用管理会计,应结合自身实际情况,根据管理特点和实践需要选择适用的工具方法,并加强工具方法的系统化、集成化应用。

1. 战略地图

战略地图是指为描述单位各维度战略目标之间因果关系而绘制的可视化的战略因果关系图。战略地图通常以财务、客户、内部业务流程、学习与成长四个维度为主要内容,通过分析各维度的相互关系,绘制成战略因果关系图。单位可根据自身情况对各维度的名称、内容等进行修改和调整。

2. 滚动预算

滚动预算是指单位根据上一期预算执行情况和新的预测结果,按既定的预算编制周期和滚动频率,对原有的预算方案进行调整和补充,逐期滚动,持续推进的预算编制方法。滚动预算一般由中期滚动预算和短期滚动预算组成。中期滚动预算的预算编制周期通常为 3 年或 5 年,以年度作为预算滚动频率;短期滚动预算通常以 1 年为预算编制周期,以月度、季度作为预算滚动频率。

3. 作业成本法

作业成本法是指以"作业消耗资源、产出消耗作业"为原则,按照资源动因将资源费用追溯或分配至各项作业,计算出作业成本,然后再根据作业动因,将作业成本追溯或分配至各成本对象,最终完成成本计算的成本管理方法。

作业成本法主要适用于具备以下特征的单位:
(1) 作业类型较多且作业链较长。
(2) 同一生产线生产多种产品。
(3) 单位规模较大且管理层对产品成本准确性要求较高。
(4) 产品、顾客和生产过程多样化程度较高。
(5) 间接或辅助资源费用所占比重较大。

4. 本量利分析

本量利分析是指以成本性态分析和变动成本法为基础,运用数学模型和图示,对成本、利润、业务量与单价等因素之间的依存关系进行分析,发现变动的规律性,为单位进行预测、决策、计划和控制等活动提供支持的一种方法。其中,"本"是指成本,包括固定成本和变动成本;"量"是指业务量,一般指销售量;"利"一般指营业利润。

用本量利分析计算营业利润的基本公式如下:

营业利润＝(单价－单位变动成本)×业务量－固定成本

本量利分析主要用于单位生产决策、成本决策和定价决策,也可以广泛用于投融资决策等。单位在营运计划的制订、调整以及营运监控分析等程序中通常会用到本量利分析。

5. 平衡计分卡

平衡计分卡是指基于单位战略,从财务、客户、内部业务流程、学习与成长四个维度,将战略规划目标逐层分解转化为具体的、相互平衡的业绩指标体系,并据此进行绩效管理的方法。平衡计分卡通常与战略地图等其他工具结合使用。

平衡计分卡适用于战略规划目标明确、管理制度比较完善、管理水平相对较高的单位。平衡计分卡的应用对象可为单位、所属单位(部门)和员工。

(四) 信息与报告

信息包括管理会计应用过程中的财务信息和非财务信息,是管理会计报告的基本元素。单位生成的管理会计信息应相关、可靠、及时、可理解。单位应充分利用内外部各种渠道,通过采集、转换等多种方式,获得相关、可靠的管理会计基础信息。单位应有效利用现代信息技术,对管理会计基础信息进行加工、整理、分析和传递,以满足管理会计应用需要。

报告是管理会计活动成果的重要表现形式,旨在为报告使用者提供满足管理需要的信息,是管理会计活动开展情况和效果的具体呈现。报告按期间可以分为定期报告和不定期报告,按内容可以分为综合性报告和专项报告等类别。单位可以根据管理需要和管理会计活动性质设定报告期间。单位一般应以公历期间作为报告期间,也可以根据特定需要设定报告期间。

第二节 产品成本核算

产品成本是指企业在生产产品、提供劳务等活动中所发生的材料费用、人工费用,以及无法直接计入而按一定标准分配计入的各项间接费用。产品成本核算是对生产经营活动中实际发生的各项成本、费用进行计算,并作出账务处理的过程。

一、产品成本核算的要求

(一) 做好各项基础工作

做好成本核算的各项基础工作是正确核算产品成本的重要前提,成本核算如果没有可靠的基础工作,就无法取得正确、完整的原始数据,无法归集应有的生产费用以及无法进行合理的费用分配,从而无法计算出正确的产品成本。

做好成本核算的各项基础工作,主要包括以下内容:

(1) 做好定额的制定和修订工作。

(2) 建立和健全材料物资的计量、收发、领退和盘点制度。

(3) 建立和健全原始记录工作。

(4) 做好厂内计划价格的制定和修订工作。

(二) 正确划分各种费用支出的界限

企业应当根据所发生的有关费用能否归属于使产品达到目前场所和状态的原则,正确区分产品生产成本和期间费用。在进行产品成本核算时,企业应当注意划分以下几个界限:

(1) 正确划分收益性支出和资本性支出的界限。

(2) 正确划分成本费用、期间费用和营业外支出的界限。

(3) 正确划分本期成本费用与以后期间成本费用的界限。

(4) 正确划分各种产品成本费用的界限。

(5) 正确划分本期完工产品与期末在产品成本的界限。

上述五个方面成本费用的划分应当遵循"谁受益谁负担、受益越多负担越多"的原则。

(三) 根据生产特点和管理要求选择适当的成本计算方法

产品成本计算的方法必须根据产品的生产特点、管理要求及工艺过程等予以确定。在实务中,企业常用的产品成本计算方法有品种法、分批法、分步法、分类法、定额法、标准成本法等。

(四) 遵守一致性原则

产品成本核算采用的会计政策和估计一经确定,不得随意变更。在成本核算中,各种账务处理方法要保持前后一致,以使不同会计期间各项的成本资料具有可比性。

(五) 编制产品成本报表

企业一般应当按月编制产品成本报表,全面反映企业生产成本、成本计划执行情况、产品成本及其变动情况等。企业可以根据自身管理要求,确定成本报表的具体格式和列报方式。

二、产品成本核算的一般程序

产品成本核算的一般程序是指对企业在生产经营过程中发生的各项生产费用和期间费用,按照成本核算的要求,逐步进行归集和分配,最后计算出各种产品的生产成本和各项期间费用的过程。产品成本核算的一般程序如下:

(1) 根据生产特点和成本管理的要求,确定成本计算对象。

(2) 合理确定成本项目。企业计算产品生产成本,一般应当设置"直接材料""燃料及动力""直接人工""制造费用"等成本项目。

(3) 设置有关成本和费用明细账。例如,生产成本明细账、制造费用明细账、产成品和自制半成品明细账等。

(4) 收集确定各种产品的生产量、入库量、在产品盘存量,以及材料、工时、动力消耗等,并对所有已发生生产费用进行审核。

(5) 归集所发生的全部生产费用,并按照确定的成本计算对象予以分配,按成本项目计算各种产品的在产品成本、产品成本和单位成本,并结转完工产品成本。

(6) 销售库存商品后,结转产品销售成本。

为了进行产品成本和期间费用核算,企业一般应设置"生产成本""制造费用""主营业务成本""税金及附加""销售费用""管理费用""财务费用"等科目。如果需要单独核算废品损失和停工损失,还应设置"废品损失""停工损失"等科目。

三、产品成本计算对象

产品成本计算对象是指确定归集和分配生产费用的具体对象,即生产费用承担的客体。成本计算对象的确定,是设立成本明细分类账户、归集和分配生产费用以及正确计算产品成本的前提。

由于产品工艺、生产方式、成本管理等要求不同,产品项目不等同于产品成本计算对象。企业应当根据生产经营特点和管理要求来确定产品成本计算对象。

产品成本计算对象主要包括产品品种、产品的批次或批别、产品的生产步骤等。

制造业企业一般按照产品品种、批次订单或生产步骤等确定产品成本计算对象。其中,大量、大批、单步骤生产产品或管理上不要求提供有关生产步骤成本信息的,一般按照产品品种确定产品成本计算对象;小批、单件生产产品的,一般按照每批或每件产品确定产品成本计算对象;多步骤连续加工产品且管理上要求提供有关生产步骤成本信息的,一般按照每种(批)产品及各生产步骤确定产品成本计算对象;产品规格繁多的,可以将产品结构、耗用原材料和工艺过程基本相同的产品,适当合并作为产品成本计算对象。

四、产品生产成本项目

为具体反映计入产品生产成本的生产费用的各种经济用途,企业还应将其进一步划分为若干个项目,即产品生产成本项目,简称为产品成本项目或成本项目。设置成本项目可以反映产品成本的构成情况,满足成本管理的目的和要求,有利于了解企业生产费用的经济用途,便于企业分析和考核产品成本计划的执行情况。

企业应当根据生产经营特点和管理要求,按照成本的经济用途和生产要素内容相结合的原则或者成本性态等设置成本项目。对于制造业企业而言,一般可设置"直接材料""燃料及动力""直接人工""制造费用"等成本项目。

1. **直接材料**

直接材料是指构成产品实体的原材料以及有助于产品形成的主要材料和辅助材料,包括原材料、辅助材料、备品配件、外购半成品、包装物、低值易耗品等。

2. **燃料及动力**

燃料及动力是指直接用于产品生产的外购和自制的燃料和动力。

3. **直接人工**

直接人工是指直接从事产品生产的工人的职工薪酬。

4. **制造费用**

制造费用是指直接用于产品生产,但不便于直接计入产品成本,因而没有专设成本项目的耗费(如机器设备折旧费),以及间接用于产品生产的各项耗费(如机物料消耗、车间厂房折旧费等）。

对于管理上需要单独反映、控制和考核的耗费，以及产品成本中比重比较大的耗费，应该专设成本项目，否则，为了简化核算工作，不必专设成本项目。例如，我国的能源比较紧张，因而一般应按产品制定工艺用燃料和动力的消耗定额，并且专设"燃料及动力"成本项目，以便单独进行反映、控制和考核。但如果工艺上耗用的燃料和动力不多，为了简化核算工作，也可以将工艺用燃料耗费并入"直接材料"成本项目，将工艺用动力耗费并入"制造费用"成本项目。

除了上述四个主要成本项目，制造业企业还可以根据生产特点和企业管理的要求适当增加一些成本项目，如"废品损失""停工损失"等成本项目。

第三节 产品成本的归集和分配

一、产品成本的归集和分配概述

产品成本的归集是指对生产过程中所发生的各种成本费用，将由有关资产类或成本类、费用类等科目负担的成本费用在相关科目中各自进行的记录、汇总。产品成本的分配是指根据本章第二节"产品成本核算"中关于正确划分各种成本费用的五个界限，将各种成本费用按"谁受益谁负担、受益越多负担越多"的原则，运用一定的标准和方法正确地分配到各相关成本类、资产类或费用类科目中去。例如，将车间当期的制造费用分配计入本车间有关的成本计算对象；又如，月末，将"生产成本——基本生产成本——某产品"明细科目归集的某产品的全部生产成本，在本期完工产品与期末在产品之间进行分配，分别计算出本期完工产品成本和期末在产品成本；再如，月末，对企业应付未付的利息进行账务处理等。

（一）直接计入费用

对于基本生产车间发生的直接用于产品生产而且专门设有成本项目的费用，如构成产品实体的原材料费用、工艺用燃料或动力费用、生产工人薪酬费用，应单独计入"生产成本——基本生产成本"总账科目。如果是某种产品的直接计入耗费，应直接计入该产品成本明细账的"直接材料""燃料及动力""直接人工"等相应的成本项目。

（二）间接计入费用

如果是几种产品的间接计入费用，则应采用适当的分配方法，分配计入这几种产品成本明细账的"直接材料""燃料及动力""直接人工"等相应的成本项目。

与分配间接计入费用相关的计算公式如下：

$$费用分配率 = \frac{待分配费用总额}{分配标准之和}$$

某种产品或某分配对象应分配的费用 = 该产品或分配对象的分配标准额 × 费用分配率

式中，当分配所依据的标准与所分配的费用多少有比较密切的联系，分配结果才会比较合理,而且分配标准的资料比较容易取得,计算就会比较简便。

一般分配间接计入费用的标准主要有三类:

(1) 成果类,如产品的重量、体积、产量、产值等。

(2) 消耗类,如生产工时、机器工时、生产工人薪酬、原材料消耗量或原材料耗费等。

(3) 定额类,如定额消耗量、定额耗费等。

二、材料、燃料、动力费用的分配

工业企业发生的直接材料、燃料及动力费用,能够直接计入产品成本计算对象的,应当直接计入产品成本计算对象的生产成本,否则应当先按照合理的分配标准分配,再计入对应的产品成本计算对象的生产成本。

由于直接材料和燃料及动力的耗用量一般与产品的重量、体积有关,一般可以按产品的重量或体积比例分配。在消耗定额比较准确的情况下,也可以按照产品的定额消耗量或定额费用比例分配。其中,按材料定额消耗量比例分配材料费用的相关计算公式如下:

某种产品材料定额消耗量 = 该种产品实际产量 × 单位产品材料消耗定额

材料消耗量分配率 = 材料实际总消耗量 ÷ 各种产品材料定额消耗量之和

某种产品应分配的材料费用 = 该产品的材料定额消耗量 × 材料消耗量分配率 × 材料单价

按材料定额费用比例分配材料费用的相关计算公式如下:

某种产品材料定额费用 = 该种产品实际产量 × 单位产品材料费用定额

材料费用分配率 = 材料实际费用总额 ÷ 各种产品材料定额费用总额

某种产品应分配的材料费用 = 该产品的材料定额费用 × 材料耗费分配率

【例7-1】 甲公司于2023年8月生产甲、乙两种产品,共同耗用A材料9 900千克,共生产甲产品400件、乙产品100件;单位甲产品A材料消耗定额为15千克,单位乙产品A材料消耗定额为30千克。每千克A材料的单价为20元。

要求:用定额消耗量比例分配法,计算甲产品和乙产品应分配的材料费用,并作出材料分配的会计分录。

解析:

(1) 计算甲、乙产品的定额消耗量:

甲产品A材料定额消耗量=400×15=6 000(千克)

乙产品A材料定额消耗量=100×30=3 000(千克)

(2) 计算材料消耗量分配率:

材料消耗量分配率=9 900÷(6 000+3 000)=1.1

【提示】 该分配率的经济含义为甲、乙两种产品对A材料的实际消耗量是定额消耗量的1.1倍。

甲产品A材料实际消耗量=6 000×1.1=6 600(千克)

乙产品A材料实际消耗量=3 000×1.1=3 300(千克)

(3) 计算甲、乙两种产品应分配的 A 材料的实际成本：
甲产品应分配的 A 材料实际成本＝6 600×20＝132 000(元)
乙产品应分配的 A 材料实际成本＝3 300×20＝66 000(元)
甲公司应编制如下会计分录：

 借：生产成本——基本生产成本——甲产品　　　　　　　　　132 000
          ——乙产品　　　　　　　　　 66 000
  贷：原材料——A 材料　　　　　　　　　　　　　　　　　　198 000

[例 7-1]也可以采用另一种方法计算：
(1) 计算甲、乙两种产品的定额消耗量：
甲产品 A 材料定额消耗量＝400×15＝6 000(千克)
乙产品 A 材料定额消耗量＝100×30＝3 000(千克)
(2) 计算材料消耗量分配率：
材料消耗量分配率＝9 900×20÷(6 000＋3 000)＝22(元/千克)
(3) 计算甲、乙两种产品应分配的 A 材料的实际成本：
甲产品应分配的 A 材料实际成本＝6 000×22＝132 000(元)
乙产品应分配的 A 材料实际成本＝3 000×22＝66 000(元)

以上两种分配方法的计算结果相同，但后一种分配方法不能反映各种产品所应负担的材料消耗数量，不利于加强材料消耗的实物管理。

【例 7-2】 某公司于 2023 年 8 月生产甲、乙两种产品共同领用 A、B 两种原材料，合计 111 720 元。本月投产甲产品 2 000 件、乙产品 1 000 件。甲产品材料消耗定额为：A 材料 10 千克、B 材料 5 千克；乙产品材料消耗定额为：A 材料 6 千克、B 材料 8 千克；A 材料计划单价为 3 元，B 材料计划单价为 2 元。

要求：用定额费用比例分配法，计算甲产品和乙产品应分配的材料费用，并作出材料分配的会计分录。

解析：
(1) 计算甲、乙产品耗用的 A、B 两种材料的定额费用：
甲产品耗用的 A 材料定额费用＝2 000×10×3＝60 000(元)
甲产品耗用的 B 材料定额费用＝2 000×5×2＝20 000(元)
甲产品材料定额费用合计＝60 000＋20 000＝80 000(元)
乙产品耗用的 A 材料定额费用＝1 000×6×3＝18 000(元)
乙产品耗用的 B 材料定额费用＝1 000×8×2＝16 000(元)
乙产品材料定额费用合计＝18 000＋16 000＝34 000(元)
(2) 计算材料费用分配率：
材料费用分配率＝111 720÷(80 000＋34 000)＝0.98
(3) 计算甲、乙产品消耗的 A、B 两种原材料应分配的材料计划成本：
甲产品应分配的材料计划成本＝80 000×0.98＝78 400(元)
乙产品应分配的材料计划成本＝34 000×0.98＝33 320(元)
该公司应编制如下会计分录：

借：生产成本——基本生产成本——甲产品　　　　　　　　　　　　　78 400
　　　　　　　　　　　　　　　　——乙产品　　　　　　　　　　　　　33 320
　　贷：原材料　　　　　　　　　　　　　　　　　　　　　　　　　　　　111 720

燃料也属于原材料，燃料费用分配的程序和方法与上述材料费用分配的程序和方法相同。如果燃料费用在产品成本中所占比重较大，为了加强对能源费用的分析和考核，可与动力费用一起，专门设立"燃料及动力"成本项目，并可以增设"燃料"科目，对燃料费用单独进行核算。在这种情况下，直接用于产品生产的燃料，如果分产品领用，应根据领退料凭证直接计入各有关产品成本的"燃料及动力"项目；如果不能分产品领用，应采用适当的分配方法，分配计入各有关产品成本的这一成本项目。

三、职工薪酬的分配

职工薪酬是企业在生产产品或提供劳务活动过程中所发生的各种直接和间接人工费用的总和。对于职工薪酬的分配，通常有两种处理方法：一是按本月应付金额分配本月职工薪酬费用，该方法适用于月份之间职工薪酬差别较大的情况。二是按本月支付职工薪酬金额分配本月职工薪酬费用，该方法适用于月份之间职工薪酬差别不大的情况。

直接进行产品生产的生产工人的职工薪酬，直接计入产品成本的"直接人工"成本项目；不能直接计入产品成本的职工薪酬，按生产工时、机器工时、生产工人工资比例等进行合理分配，计入各有关产品成本的"直接人工"成本项目。相关计算公式如下：

生产工人薪酬费用分配率 = 各种产品生产工人薪酬总额 ÷ 各种产品生产工时之和
某种产品应分配的职工薪酬 = 该种产品生产工时 × 生产工人薪酬费用分配率

如果取得各种产品的实际生产工时数据比较困难，而各种产品的单件工时定额比较准确，也可按产品的定额工时比例分配职工薪酬。相关计算公式如下：

某种产品耗用的定额工时 = 该种产品产量 × 单位产品工时定额
生产工人薪酬费用分配率 = 各种产品生产职工薪酬总额 ÷ 各种产品定额工时之和
某种产品应分配的职工薪酬 = 该种产品定额工时 × 生产工人薪酬费用分配率

【例7-3】 甲公司基本生产车间生产A、B两种产品，2023年8月共发生生产工人职工薪酬800 000元，A产品的生产工时为500小时，B产品的生产工时为300小时。

要求：按生产工时比例分配法，计算A、B两种产品应分配的职工薪酬，并作出相应的会计分录。

解析：
生产工人薪酬费用分配率=800 000÷(500+300)=1 000(元/小时)
A产品应分配的职工薪酬=500×1 000=500 000(元)
B产品应分配的职工薪酬=300×1 000=300 000(元)
甲公司应编制如下会计分录：

借：生产成本——基本生产成本——A产品　　　　　　　　　　　　　500 000
　　　　　　　　　　　　　　　　——B产品　　　　　　　　　　　　　300 000
　　贷：应付职工薪酬　　　　　　　　　　　　　　　　　　　　　　　800 000

四、辅助生产费用的归集和分配

(一) 辅助生产费用的归集

辅助生产费用的归集是通过"辅助生产成本"总账及明细账进行的。一般按车间及产品和劳务设立明细账。辅助生产费用的归集一般有两种方式:

(1) 一般情况下,辅助生产的制造费用先借记"制造费用"科目及所属明细账,再从其贷方直接转入或分配转入"生产成本——辅助生产成本"科目及所属明细账的借方。

(2) 对于辅助生产车间规模很小、制造费用很少且辅助生产不对外提供产品和劳务的情况下,为简化核算工作,辅助生产的制造费用也可以不通过"制造费用"科目核算,直接记入"生产成本——辅助生产成本"科目及所属明细账的借方。

(二) 辅助生产费用的分配

辅助生产费用的分配应通过辅助生产费用分配表进行。辅助生产费用的分配方法很多,如直接分配法、交互分配法、计划成本分配法、顺序分配法和代数分配法等。以下介绍辅助生产费用分配较为常用的直接分配法、交互分配法和计划成本分配法的内容。

1. 直接分配法

直接分配法是指将辅助生产车间发生的生产费用直接分配给除辅助生产车间之外的各受益对象,而不考虑辅助生产车间之间相互分配耗费的一种分配方法。相关计算公式如下:

$$某辅助生产费用分配率 = \frac{该车间辅助生产费用总额}{该车间提供劳务量 - 其他辅助生产车间耗用量}$$

$$某受益单位应分配的辅助生产费用 = 该受益单位耗用量 \times 分配率$$

【例7-4】甲公司有供电和供水两个辅助生产车间。2023年8月,供电车间发生辅助生产费用69 000元,供水车间发生辅助生产费用66 500元。甲公司辅助生产车间的制造费用不通过"制造费用"科目核算。辅助生产车间提供劳务数量表如表7-1所示。

表7-1 辅助生产车间提供劳务数量表

受益单位		耗电量(度)	耗水量(吨)
基本生产车间	A产品	20 000	5 500
	B产品	18 000	8 000
	一般耗用	5 000	2 000
供电车间			1 000
供水车间		2 500	
行政管理部门		8 000	2 000
销售部门		6 500	1 500
合计		60 000	20 000

要求:采用直接分配法分配供电车间和供水车间的辅助生产费用,并编制相应的会计

分录。

解析：根据上列资料，编制直接分配法的辅助生产成本分配表(表7-2)。

表 7-2 辅助生产成本分配表(直接分配法)

2023 年 8 月

项目			供电车间	供水车间	金额合计
待分配辅助生产费用(元)			69 000	66 500	135 500
提供给辅助生产以外的劳务数量			57 500(度)	19 000(吨)	
分配率(单位成本)			1.2①	3.5②	
基本生产车间	A产品	耗用数量	20 000	5 500	
		分配金额(元)	24 000	19 250	43 250
	B产品	耗用数量	18 000	8 000	
		分配金额(元)	21 600	28 000	49 600
	一般耗用	耗用数量	5 000	2 000	
		分配金额(元)	6 000	7 000	13 000
行政管理部门		耗用数量	8 000	2 000	
		分配金额(元)	9 600	7 000	16 600
销售部门		耗用数量	6 500	1 500	
		分配金额(元)	7 800	5 250	13 050
合计			69 000	66 500	135 500

① 69 000÷(60 000−2 500)=1.2
② 66 500÷(20 000−1 000)=3.5

根据表7-2，甲公司应编制如下会计分录：

借：生产成本——基本生产成本——A产品　　　　　　　　　　43 250
　　　　　　　　　　　　　　——B产品　　　　　　　　　　49 600
　　制造费用——基本生产车间　　　　　　　　　　　　　　13 000
　　管理费用　　　　　　　　　　　　　　　　　　　　　　16 600
　　销售费用　　　　　　　　　　　　　　　　　　　　　　13 050
　　贷：生产成本——辅助生产成本——供电车间　　　　　　69 000
　　　　　　　　　　　　　　　　——供水车间　　　　　　66 500

采用直接分配法，各辅助生产车间的待分配费用只对除辅助生产车间以外的受益对象分配一次，计算工作简便；但由于各辅助生产车间包括的成本不全，分配结果不够准确。直接分配法一般适宜在辅助生产车间内部相互提供劳务不多、不进行交互分配对辅助生产成本、企业产品成本以及当期损益影响不大的情况下采用。

2. 交互分配法

交互分配法也称为一次交互分配法,其特点是辅助生产费用通过两次分配完成。企业首先将辅助生产明细账上的合计数根据各辅助生产车间、部门相互提供的劳务或产品数量计算分配率,在辅助生产车间进行交互分配;其次将各辅助生产车间交互分配后的实际费用(即交互前的费用加上交互分配转入的费用,减去交互分配转出的费用),按提供的劳务量或产品量在除辅助生产车间以外的各受益单位之间进行分配。

【例 7-5】 承[例 7-4],甲公司若采用交互分配法分配辅助生产费用,在其他条件不变的情况下,其辅助生产成本分配表如表 7-3 所示。

表 7-3 辅助生产成本分配表(交互分配法)

2023 年 8 月

项目			交互分配			对外分配		
			供电	供水	合计	供电	供水	合计
待分配辅助生产成本(元)			69 000	66 500	135 500	69 450	66 050	135 500
提供劳务数量			60 000	20 000		57 500	19 000	
分配率(单位成本)			1.1500①	3.3250②		1.2078③	3.4763④	
辅助生产车间	供电车间	耗用数量		1 000				
		分配金额(元)		3 325	3 325			
	供水车间	耗用数量	2 500					
		分配金额(元)	2 875		2 875			
基本生产车间	A 产品	耗用数量				20 000	5 500	
		分配金额(元)				24 156.00	19 119.65	43 275.65
	B 产品	耗用数量				18 000	8 000	
		分配金额(元)				21 740.4	27 810.4	49 550.8
	一般耗用	耗用数量				5 000	2 000	
		分配金额(元)				6 039.0	6 952.6	12 991.6
行政管理部门		耗用数量				8 000	2 000	
		分配金额(元)				9 662.4	6 952.6	16 615.0
销售部门		耗用数量				6 500	1 500	
		分配金额(元)				7 852.20⑤	5 214.75⑥	13 066.95
合计								135 500

① 69 000÷60 000=1.1500

② 66 500÷20 000=3.3250

③ (69 000+3 325−2 875)÷(60 000−2 500)=1.2078

④ (66 500+2 875−3 325)÷(20 000−1 000)=3.4763

⑤ 69 450−24 156−21 740.4−6 039−9 662.4=7 852.20(元)(为消除小数点尾差,倒

挤得到)

⑥ 66 050－19 119.65－27 810.4－6 952.6－6 952.6＝5 214.75(元)(为消除小数点尾差,倒挤得到)

根据表 7-3,甲公司应编制如下会计分录:

(1) 交互分配(对内分配)时:

借:生产成本——辅助生产成本——供电车间　　　　　　　　　　　　3 325
　　　　　　　　　　　　　　　——供水车间　　　　　　　　　　　　2 875
　　贷:生产成本——辅助生产成本——供电车间　　　　　　　　　　　　2 875
　　　　　　　　　　　　　　　——供水车间　　　　　　　　　　　　3 325

(2) 对外分配时:

借:生产成本——基本生产成本——A 产品　　　　　　　　　　　　　43 275.65
　　　　　　　　　　　　　　　——B 产品　　　　　　　　　　　　　49 550.80
　　制造费用——基本生产车间　　　　　　　　　　　　　　　　　　　12 991.60
　　管理费用　　　　　　　　　　　　　　　　　　　　　　　　　　　16 615.00
　　销售费用　　　　　　　　　　　　　　　　　　　　　　　　　　　13 066.95
　　贷:生产成本——辅助生产成本——供电车间　　　　　　　　　　　　69 450.00
　　　　　　　　　　　　　　　——供水车间　　　　　　　　　　　　66 050.00

采用交互分配法,由于辅助生产车间内部相互提供的劳务进行了交互分配,提高了分配结果的合理性和准确性,但由于辅助生产费用都要计算两个分配率,进行两次分配,计算工作量有所增加。

3. 计划成本分配法

计划成本分配法是先按辅助生产车间劳务的计划单位成本和实际耗用量对所有各受益对象进行分配,然后将辅助生产车间实际发生的成本(包括辅助生产车间交互分配转入的成本)与按计划成本分配转出的成本相比较,计算出的差额,即辅助生产的成本差异。辅助生产成本差异,可以追加分配给辅助生产车间以外的各受益单位,也可以简化处理,即将辅助生产成本差异全部调整计入管理费用,不再分配给除辅助生产以外各受益单位负担(本书按简化方法处理)。

【例 7-6】 承[例 7-4],甲公司若采用计划成本分配法分配辅助生产费用,假设供电车间每度电的计划单位成本为 1.1 元,每吨水的计划单位成本为 3.4 元,在其他条件不变的情况下,其辅助生产成本分配表如表 7-4 所示。

表 7-4　辅助生产成本分配表(计划成本分配法)

2023 年 8 月

项目	供电车间	供水车间	金额合计
待分配辅助生产费用(元)	69 000	66 500	135 500
提供劳务数量	60 000(度)	20 000(吨)	
计划单位成本	1.1	3.4	

（续表）

项目			供电车间	供水车间	金额合计
基本生产车间	A产品	耗用数量	20 000	5 500	
		分配金额(元)	22 000	18 700	40 700
	B产品	耗用数量	18 000	8 000	
		分配金额(元)	19 800	27 200	47 000
	一般耗用	耗用数量	5 000	2 000	
		分配金额(元)	5 500	6 800	12 300
辅助生产成本	供电车间	耗用数量		1 000	
		分配金额(元)		3 400	3 400
	供水车间	耗用数量	2 500		
		分配金额(元)	2 750		2 750
行政管理部门		耗用数量	8 000	2 000	
		分配金额(元)	8 800	6 800	15 600
销售部门		耗用数量	6 500	1 500	
		分配金额(元)	7 150	5 100	12 250
按计划成本分配金额合计			66 000	68 000	134 000
辅助生产实际成本			72 400	69 250	141 650
辅助生产成本差异			6 400	1 250	7 650

根据表7-4，甲公司应编制如下会计分录：

(1) 按计划成本分配时：

借：生产成本——基本生产成本——A产品　　　　　　　　　　40 700
　　　　　　　　　　　　　　　　——B产品　　　　　　　　　　47 000
　　　　　　——辅助生产成本——供电车间　　　　　　　　　　3 400
　　　　　　　　　　　　　　　——供水车间　　　　　　　　　　2 750
　　制造费用——基本生产车间　　　　　　　　　　　　　　　　12 300
　　管理费用　　　　　　　　　　　　　　　　　　　　　　　　15 600
　　销售费用　　　　　　　　　　　　　　　　　　　　　　　　12 250
　　贷：生产成本——辅助生产成本——供电车间　　　　　　　　66 000
　　　　　　　　　　　　　　　　——供水车间　　　　　　　　68 000

(2) 调整成本差异时：

借：管理费用　　　　　　　　　　　　　　　　　　　　　　　7 650
　　贷：生产成本——辅助生产成本——供电车间　　　　　　　　6 400
　　　　　　　　　　　　　　　　——供水车间　　　　　　　　1 250

计划成本分配法以事先制定的单位计划成本作为分配率，因而可以简化计算工作。通过辅助生产成本差异的计算,能反映和考核辅助生产成本计划的执行情况,便于对辅助生产车间的业绩进行评价和分析;将辅助生产成本差异全部计入管理费用,各受益单位所负担的劳务的成本费用都不包括辅助生产成本差异因素,便于分析和考核各受益单位的耗费水平,有利于分清企业内部各单位的经济责任。但是采用这种分配方法,辅助生产劳务的计划单位成本必须比较准确。

五、制造费用的归集和分配

(一) 制造费用的归集

制造费用的内容比较复杂,为了减少费用项目,简化核算工作,制造费用的费用项目不按直接用于产品生产、间接用于产品生产以及用于组织、管理生产划分,而将这些方面相同性质的耗费合并设立相应的费用项目。因此,制造费用的费用项目一般应该包括:机物料消耗、职工薪酬、折旧费、租赁费(不包括融资租赁)、保险费、低值易耗品摊销、水电费、取暖费、运输费、劳动保护费、设计制图费、试验检验费、差旅费、办公费、在产品盘亏、毁损和报废(减盘盈),以及季节性及修理期间停工损失等。

辅助生产车间发生的耗费,如果辅助生产的制造费用是通过"制造费用"科目核算的,应比照基本生产车间发生的耗费核算;如果辅助生产的制造费用不通过"制造费用"科目核算,则应全部借记"辅助生产成本"总账科目,并计入有关的辅助生产成本明细账相应的成本或耗费项目。

月末,应根据"制造费用"总账科目和所属明细账借方归集的制造费用,分析和考核制造费用计划的执行情况,并将制造费用分配计入各种产品成本。

(二) 制造费用的分配

只生产一种产品的车间,制造费用可以直接计入该产品的成本。在生产多种产品的车间,共同发生的制造费用一般是间接计入费用的,应当采用适当的分配方法计入各种产品的成本。分配制造费用的方法很多,通常采用的有生产工时比例法、机器工时比例法、生产工人工资比例法及年度计划分配率分配法等。企业应根据实际情况,选择合理的分配方法。分配方法一经确定,不能随意变动,以保证产品成本的客观性和可比性。

1. 生产工时比例法、机器工时比例法、生产工人工资比例法

相关计算公式如下:

$$分配率 = \frac{制造费用总额}{各种产品生产工时、机器工时、生产工人工资之和}$$

$$某种产品应分配的制造费用 = 该种产品生产工时、机器工时、生产工人工资 \times 分配率$$

【例 7-7】 2023 年 8 月,甲公司基本生产车间共生产 A、B 两种产品,通过明细账归集的制造费用总额为 120 000 元,A 产品的生产工时为 2 000 小时,B 产品的生产工时为 6 000 小时。

要求:采用生产工时比例法分配计算本月 A、B 两种产品应分配的制造费用,并编制相应的会计分录。

解析:

制造费用分配率 = 120 000÷(2 000+6 000)=15

A产品应分配的制造费用=2 000×15=30 000(元)

B产品应分配的制造费用=6 000×15=90 000(元)

根据上述资料,编制制造费用分配表(表7-5)。

表7-5 制造费用分配表(生产工时比例法)

车间名称:基本生产车间　　　　　　2023年8月　　　　　　　　金额单位:元

应借科目	生产工时	分配金额
生产成本——基本生产成本——基本生产车间——A产品	2 000	30 000
生产成本——基本生产成本——基本生产车间——B产品	6 000	90 000
合计	8 000	120 000

根据表7-5,甲公司应编制如下会计分录:

借:生产成本——基本生产成本——基本生产车间——A产品　　30 000
　　　　　　　　　　　　　　　　　　　　　　　　——B产品　　90 000
　　贷:制造费用——基本生产车间　　　　　　　　　　　　　　　120 000

2. 年度计划分配率分配法

相关计算公式如下:

$$年度计划分配率 = \frac{年度制造费用预算总额}{年度各种产品计划产量的定额工时总额}$$

$$某月某种产品应分配的制造费用 = 该月该产品实际产量的定额工时 \times 年度计划分配率$$

采用这种分配方法,不管各月实际发生的制造费用多少,每月各种产品中的制造费用都按年度计划分配率分配。但在年度内如果发现全年的制造费用实际数和产量实际数与计划数可能发生较大的差额时,应及时调整计划分配率。该方法特别适合季节性生产企业使用。

【例7-8】 甲企业为季节性生产企业,其基本生产车间全年制造费用预算总额为1 500 000元;全年各种产品的计划产量分别为:A产品50 000件,B产品80 000件,C产品60 000件;单件产品的工时定额为:A产品5小时,B产品4小时,C产品3小时。本年8月,该基本生产车间是实际产量分别为:A产品1 000件,B产品700件,C产品500件。

要求:采用年度计划分配率分配本月A、B、C三种产品应分配的制造费用,并编制相应的会计分录。

解析:

年度计划分配率=1 500 000÷(50 000×5+80 000×4+60 000×3)=2

该月A产品应分配的制造费用=1 000×5×2=10 000(元)

该月B产品应分配的制造费用=700×4×2=5 600(元)

该月C产品应分配的制造费用=500×3×2=3 000(元)

该车间该月应分配转出的制造费用为:10 000+5 600+3 000=18 600(元)

甲企业应编制如下会计分录：

借：生产成本——基本生产成本——基本生产车间——A产品　　　10 000
　　　　　　　　　　　　　　　　　　　　　　　——B产品　　　　5 600
　　　　　　　　　　　　　　　　　　　　　　　——C产品　　　　3 000
　　贷：制造费用——基本生产车间　　　　　　　　　　　　　　　18 600

六、生产费用在完工产品与在产品之间的分配

（一）在产品数量的核算

月末，产品成本明细账按照成本项目归集了相应的生产费用后，为确定完工产品总成本和单位成本，还应当将已经归集的产品成本在完工产品和月末在产品之间进行分配。为此，企业在分配前需要取得完工产品和在产品收发结存的数量资料。

在产品是指没有完成全部生产过程的产品，包括正在车间加工中的在产品（包括正在返修的废品）和已经完成一个或几个生产步骤但还需要继续加工的半成品（包括未经验收入库的产品和等待返修的废品）两部分；不包括对外销售的自制半成品。对某个车间或生产步骤而言，在产品只包括该车间或该生产步骤正在加工中的那部分在产品。

（二）生产费用在完工产品与在产品之间分配的几种情况

完工产品成本的计算应视本月产品完工的不同情况而定，一般有以下三种情况：

(1) 该产品本月已经全部完工，没有月末在产品，产品成本明细账中归集的生产成本之和，就是该种完工产品的成本。

(2) 该产品本月全部没有完工，产品成本明细账中归集的生产成本之和，就是该种在产品的成本。

(3) 该产品本月既有完工产品又有月末在产品，产品成本明细账中归集的生产成本之和，应在完工产品与月末在产品之间，采用适当的分配方法进行分配，以计算本月完工产品的总成本、单位成本和月末在产品成本。

月初在产品成本、本月发生的生产成本、本月完工产品成本和月末在产品成本四者之间的关系，可用计算公式表示如下：

月初在产品成本＋本月发生的生产成本 ＝ 本月完工产品成本＋月末在产品成本

上述公式左边两项之和为生产成本合计，也称为生产成本累计，其在完工产品与在产品之间分配有两种方法：一是将生产成本合计（生产成本累计）在本月完工产品与月末在产品之间按照一定比例进行分配，计算本月完工产品成本和月末在产品成本。二是采用一定的方法（如定额成本法、计划成本法等方法）先确定月末在产品成本，然后倒挤出本月完工产品成本。其计算公式如下：

本月完工产品成本 ＝ 月初在产品成本＋本月发生的生产成本－月末在产品成本

无论采用哪一种方法，企业都必须正确提供月末在产品数量资料，以便为生产成本在本月完工产和月末在产品之间进行分配提供依据。

(三) 生产费用在完工产品和在产品之间分配的方法

企业应结合自身生产特点,考虑在产品数量的多少、各月在产品数量变化的大小、各项成本比重的大小,以及定额管理基础的好坏等因素,采用适当的分配方法将生产费用在完工产品和在产品之间进行分配。常用的分配方法有:不计算在产品成本法、在产品按年初固定成本计价法、在产品按所耗直接材料成本计价法、约当产量比例法、在产品按完工产品成本计价法、在产品按定额成本计价法、定额比例法等。以下介绍常用的约当产量比例法、在产品按定额成本计价法和定额比例法的内容。

1. 约当产量比例法

约当产量是指月末在产品数量按照完工程度折算为"大约"相当于多少完工产品的产量。约当产量比例法就是根据本月完工产品产量与月末在产品约当产量的比例分配计算完工产品成本和月末在产品成本的一种方法。这种方法适用于月末在产品数量较大,各月末在产品数量变化也较大,产品成本中原材料成本和职工薪酬、制造费用等各项加工成本的比重相差不多的产品。相关计算公式如下:

$$在产品约当产量 = 在产品数量 \times 完工程度$$

$$费用分配率 = \frac{月初在产品成本 + 本月发生的生产成本}{完工产品产量 + 在产品约当产量}$$

$$完工产品应分配的该项成本 = 完工产品产量 \times 费用分配率$$

$$月末在产品应分配的该项成本 = 在产品约当产量 \times 费用分配率$$

根据以上公式可知,确定完工程度是约当产量比例法的关键所在。分配原材料费用时,大多采用投料率衡量完工程度;分配加工成本时,大多采用完工率衡量完工程度。

(1) 在测定完工率时,如果各工序在产品数量和单位产品在各工序的加工量相差不大,全部在产品完工程度可均按 50% 计算;如果各工序在产品数量和单位产品在各工序加工量相差较大,则应以产品工时定额为依据分工序分别测定各工序的完工率,本工序工时定额按 50% 折算。其计算公式如下:

$$某工序在产品完工率 = \frac{前面各工序工时定额之和 + 本工序工时定额 \times 50\%}{产品工时定额}$$

(2) 在测定投料率时,如果原材料是在生产开始时一次性投入,则每件完工产品与每件在产品耗用的直接材料成本是相等的,在产品的投料率可按 100% 计算;如果材料是随着生产过程陆续投入的,则应按照各工序投入的材料成本在全部材料成本中所占的比例计算在产品的投料率。

【例 7-9】 甲企业基本生产车间主要生产 A 产品,本月共生产完工产品 800 件,月末在产品 200 件,原材料在生产开始时一次性投入,在产品完工率为 50%。A 产品月初在产品成本和本月生产成本合计数分别为:直接材料费用 320 000 元,直接人工费用 252 000 元,制造费用 378 000 元。

要求:采用约当产量比例法分配本月 A 产品完工产品和月末在产品成本,并编制完工产品入库的会计分录。

解析:

(1) 直接材料费用分配率 = 320 000 ÷ (800 + 200) = 320

完工产品应分配的直接材料费用＝800×320＝256 000(元)
月末在产品应分配的直接材料费用＝200×320＝64 000(元)
(2) 直接人工费用分配率＝252 000÷(800＋200×50％)＝280
完工产品应分配的直接材料费用＝800×280＝224 000(元)
月末在产品应分配的直接材料费用＝100×280＝28 000(元)
(3) 制造费用分配率＝378 000÷(800＋200×50％)＝420
完工产品应分配的直接材料费用＝800×420＝336 000(元)
月末在产品应分配的直接材料费用＝100×420＝42 000(元)
A产品本月完工产品成本＝256 000＋224 000＋336 000＝816 000(元)
A产品月末在产品成本＝64 000＋28 000＋42 000＝134 000(元)
甲企业应编制如下会计分录：

借：库存商品——A产品　　　　　　　　　　　　　　　　　816 000
　　贷：生产成本——基本生产成本　　　　　　　　　　　　　　816 000

2. 在产品按定额成本计价法

采用在产品按定额成本计价法时，月末在产品成本按预先制定的定额成本计算，将该种产品的本月累计生产成本减去按定额成本计算的月末在产品成本的差额，就是完工产品成本。在这种计价法下，每月累计实际生产成本脱离定额的节约差异或超支差异全部计入当月完工产品成本。这种方法适用于各项消耗定额或成本定额比较准确、稳定，而且各月末在产品数量变化不大的产品。

【例7-10】 甲企业基本生产车间主要生产A产品，本月共生产完工产品800件，月末在产品200件。A产品月初在产品成本分别为：100 000元、92 000元、58 000元，本月生产成本分别为：直接材料费用220 000元、直接人工费用160 000元、制造费用320 000元。月末在产品单位定额成本为：直接材料220元、直接人工180元、制造费用300元。采用在产品按定额成本计价法计算本月A产品完工产品和月末在产品成本，计算结果如表7-6所示。

表7-6　A产品成本计算单　　　　　　　　　　　　　　金额单位：元

项目	直接材料	直接人工	制造费用	合计
月初在产品成本	100 000	92 000	58 000	250 000
本月生产成本	220 000	160 000	320 000	700 000
生产成本合计	320 000	252 000	378 000	950 000
完工产品成本	276 000④	216 000⑤	318 000⑥	810 000
月末在产品成本	44 000①	36 000②	60 000③	140 000

① 220×200＝44 000(元)
② 180×200＝36 000(元)
③ 300×200＝60 000(元)
④ 320 000－44 000＝276 000(元)
⑤ 252 000－36 000＝216 000(元)
⑥ 378 000－60 000＝318 000(元)

3. 定额比例法

采用定额比例法，产品的生产成本在完工产品和月末在产品之间按照两者的定额消耗量或定额成本比例分配。其中，直接材料成本，按直接材料的定额消耗量或定额成本比例分配；直接人工、制造费用等加工成本，可以按各该定额成本的比例分配，也可以按定额工时比例分配。这种方法适用于各项消耗定额或成本定额比较准确、稳定，但各月末在产品数量变动较大的产品。

该方法的相关计算公式如下：

$$\text{某项成本分配率} = \frac{\text{月初在产品实际成本} + \text{本月投入的实际成本}}{\text{完工产品定额资料} + \text{月末在产品定额资料}}$$

完工产品应分配的该项成本 = 完工产品定额资料 × 该项成本分配率

月末在产品应分配的该项成本 = 月末在产品定额资料 × 该项成本分配率

或：

月末在产品成本 = 月初在产品实际成本 + 本月投入的实际成本 − 完工产品成本

注意：公式中的"定额资料"可以是定额消耗量、定额成本或定额工时。

【例 7-11】 甲企业基本生产车间主要生产 A 产品，该产品月初在产品成本分别为：直接材料 1 400 元，直接人工 6 000 元，制造费用 40 000 元。本月生产成本分别为：直接材料 8 200 元，直接人工 30 000 元，制造费用 20 000 元。完工产品 4 000 件，直接材料定额成本 8 000 元，定额工时 5 000 小时。月末在产品 1 000 件，直接材料定额成本 2 000 元，定额工时 1 000 小时。完工产品与月末在产品之间，直接材料成本按直接材料定额成本比例分配，其他成本按定额工时比例分配。采用定额比例法计算本月 A 产品完工产品和月末在产品成本，计算结果如表 7-7 所示。

表 7-7　A 产品定额比例法费用分配表　　　　　金额单位：元

项目		直接材料	直接人工	制造费用	合计
月初在产品成本		1 400	6 000	40 000	47 400
本月生产成本		8 200	30 000	20 000	58 200
生产成本合计		9 600	36 000	60 000	105 600
费用分配率		0.96①	6②	10③	
完工产品成本	定额	8 000	5 000 小时	5 000 小时	
	实际成本	7 680④	30 000⑥	50 000⑧	87 680
月末在产品成本	定额	2 000	1 000 小时	1 000 小时	
	实际成本	1 920⑤	6 000⑦	10 000⑨	17 920

① 9 600÷(8 000+2 000)=0.96

② 36 000÷(5 000+1 000)=6

③ 60 000÷(5 000+1 000)=10

④ 8 000×0.96=7 680(元)

⑤2 000×0.96＝1 920(元);或:9 600－7 680＝1 920(元)
⑥5 000×6＝30 000(元)
⑦1 000×6＝6 000(元);或:36 000－30 000＝6 000(元)
⑧5 000×10＝50 000(元)
⑨1 000×10＝10 000(元);或:60 000－50 000＝10 000(元)

第四节 产品成本计算方法

一、产品成本计算方法概述

由于企业的生产类型不同、管理要求不同,对产品成本计算产生的影响也不同,这一不同主要体现在产品成本计算对象的确定上。

(一) 生产特点对产品成本计算的影响

根据生产工艺过程的特点不同,工业企业的生产可分为单步骤生产和多步骤生产。根据生产组织的特点不同,工业企业的生产可分为大量生产、成批生产和单件生产。不同的生产工艺和生产组织形成了工业企业不同的生产类型,因此确定对其成本管理的要求也不同。确定产品成本计算方法的主要因素包括产品成本计算对象、成本计算期、生产费用在完工产品与在产品之间的分配。其中,产品成本计算对象的确定既是正确计算产品成本的前提,又是区别各种成本计算方法的主要标志。

(二) 产品成本计算的基本方法

为适应各种类型生产的特点及管理要求,产品成本计算的基本方法主要包括品种法、分批法和分步法三种。产品成本计算的基本方法归纳如表7-8所示。

表7-8 产品成本计算的基本方法

产品成本计算方法	生产特点	成本管理要求	成本计算期	产品成本计算对象	适用企业
品种法	大量、大批、单步骤生产或大量、大批、装配式、多步骤生产	管理上不要求分步也不要求分批计算产品成本	每月末定期计算产品成本	产品品种	发电、采掘、化肥、面粉、食糖、水泥、砖瓦、供水等
分批法	单件、小批、单步骤生产或单件、小批、多步骤生产	管理上不要求分步但要求分批计算产品成本	完工月份计算成本,不定期	产品批别或订单、件别	船舶、重型机械、专用设备、试制新产品、服装、家具、修理作业等
分步法	大量、大批、连续式、多步骤生产	管理上要求分步计算产品成本	每月末定期计算产品成本	各步骤的半成品和产成品	纺织、冶金、汽车、自行车、化工、钢铁、造纸等

(三) 产品成本计算的辅助方法

除了产品成本计算的基本方法，企业还采用一些其他的成本计算方法。在产品品种、规格繁多的工业企业中，为简化成本计算工作，可以采用分类法；在定额管理工作中有一定基础的工业企业中，为配合和加强生产费用和产品成本的定额管理，可以采用定额法；为了加强成本控制和分析，实现成本的标准化管理，还可以采用只计算产品的标准成本，而将成本差异直接计入当期损益的标准成本法；为了更好地为企业的生产经营决策提供数据，有些企业采用一种只计算产品的变动成本，而将固定成本直接计入当期损益的变动成本法。

上述产品成本计算的辅助方法与生产类型的特点没有直接联系，且不涉及成本计算对象，它们的应用或者是为了简化成本计算工作，或者是为了加强成本管理，只要具备条件，在各种生产类型的企业均可采用。从计算产品实际成本的角度来说，它们并不是必不可少的（但不能说其不重要），所以它们称之为产品成本计算的辅助方法。产品成本计算的辅助方法必须与产品成本计算的基本方法结合起来使用，不能单独使用。

二、产品成本计算的品种法

(一) 品种法的适用范围

品种法是指以产品品种为成本计算对象，归集和分配生产成本，计算产品成本的一种方法。

品种法适用于单步骤、大量、大批生产，如发电、供水、采掘等企业。在大量、大批、多步骤生产的企业中，如果生产规模小或者车间是封闭式的，或者生产是按流水线组织的，管理上不要求按照生产步骤计算产品成本，也可以采用品种法计算产品成本，如砖瓦厂、小型水泥厂、造纸厂等。

(二) 品种法的特点

1. 产品成本计算对象

在采用品种法计算产品成本的企业中，如果只生产一种产品，产品成本计算对象就是这种产品的产成品成本。计算产品成本时，只需要为这种产品开设一本产品成本明细账，账内按照成本项目设立专栏或专行。在这种情况下，发生的全部生产成本都是直接计入成本，可以直接计入该产品成本明细账，而不存在在各产品成本计算对象之间分配成本的问题。如果企业生产多种产品，就要按照产品的品种分别开设产品成本明细账，发生的生产成本中，能分清是哪种产品耗用的，应直接计入该产品成本明细账的有关成本项目；不能分清是哪种产品耗用而是属于几种产品共同消耗的成本，则要采用适当的分配方法，先在各产品成本计算对象之间进行分配，然后分别计入各产品成本明细账的有关成本项目。

2. 成本计算期

在大量、大批、单步骤生产的企业中，由于不间断地重复生产一种或几种产品，不能在产品制造完工时立即计算出成本，成本计算期一般定期于每月末进行。在多步骤生产企业中，如果采用品种法计算成本，成本计算一般也都是定期于每月末进行。

3. 生产费用在完工产品与在产品之间的分配

(1) 在单步骤生产中，月末计算成本时，一般不存在尚未完工的在产品，或者在产品数量很小，因而可以不计算在产品成本。在这种情况下，产品成本明细账中按成本项目归集的生产成本,就是该产品的总成本,用其除以该产品的产量,就可得到该产品的平均单位成本。

(2) 在规模较小、管理上又不要求按照生产步骤计算成本的大量、大批、多步骤生产中,月末一般都有在产品,而且数量较多,这就需要将产品成本明细账归集的生产成本选择适当的分配方法,在完工产品与在产品之间进行分配,以计算完工产品与月末在产品成本。

(三) 品种法的核算程序

(1) 按产品品种设立成本明细账,根据各项费用的原始凭证和相关资料编制有关记账凭证并登记有关明细账,并通过编制各种费用分配表来分配各种要素费用。

(2) 根据各费用分配表和其他相关资料,登记辅助生产成本明细账、基本生产成本明细账、制造费用明细账等。

(3) 根据辅助生产成本明细账编制辅助生产成本分配表,对辅助生产成本进行分配。

(4) 根据制造费用明细账编制制造费用分配表,将制造费用在各种产品之间进行分配,并据以登记基本生产成本明细账。

(5) 根据各产品基本生产成本明细账编制产品成本计算单,将生产费用在完工产品与月末在产品之间进行分配。

(6) 编制产成品的成本汇总表,结转产成品成本。

三、产品成本计算的分批法

(一) 分批法的适用范围

分批法也称为订单法,是指以产品的批别为产品成本计算对象,归集和分配生产成本,计算产品成本的一种方法。

分批法适用于单件、小批生产、管理上不要求分步骤计算成本的多步骤生产,如精密仪器、专用设备、重型机械和船舶的制造,服装业、印刷业,某些特殊或精密铸件的熔铸,新产品的试制和机器设备的修理,以及辅助生产的工具模具制造等。

(二) 分批法的特点

1. 产品成本计算对象

在分批法下,产品成本计算对象是产品的批别或订单、件别。

2. 成本计算期

为了保证各批产品成本计算的正确性,各批产品成本明细账的设立和结算,应与生产任务通知单的签发和结束密切配合,协调一致,各批或各订单产品的成本总额,在其完工以后(完工月份的月末)计算确定。完工产品成本计算是不定期的,其成本计算期与产品的生产周期基本一致,而与会计报告期不一致。

3. 生产费用在完工产品与在产品之间的分配

如果是单件生产,产品完工以前,产品成本明细账所登记的生产成本,都是在产品成本;产品完工时,产品成本明细账所登记的生产成本,就是完工产品的成本,因而在月末计算成本时,不存在在完工产品与在产品之间成本分配的问题。

如果是小批生产,批内产品一般都能同时完工。在月末计算成本时,或是全部已经完工,或是全部没有完工,因而一般也不存在在完工产品与在产品之间成本分配的问题。但在批内产品跨月陆续完工的情况下,月末计算成本时,一部分产品已完工,另一部分尚未完工,这时就要在完工产品与在产品之间分配成本,以便计算完工产品成本和月末在产品成本。

(三) 分批法的核算程序

(1) 按产品批别设置产品基本生产成本明细账、辅助生产成本明细账,按车间设置制造费用明细账。

(2) 根据各生产费用的原始凭证或原始凭证汇总表和其他相关资料,编制各种要素费用分配表,分配各要素费用并据以登记相关明细账。

对于直接计入费用,应按产品批别列示并直接计入各个批别的产品成本明细账;对于间接计入费用,应按生产地点归集,并按适当的方法分配计入各个批别的产品成本明细账。

(3) 月末根据完工批别产品的完工通知单,将计入已完工的该批产品的成本明细账所归集的生产费用,按成本项目加以汇总,计算出该批完工产品的总成本和单位成本。

四、产品成本计算的分步法

(一) 分步法的适用范围

分步法是指以生产过程中各个加工步骤(分品种)为成本计算对象,归集和分配生产成本,计算各步骤半成品成本和最终产成品的一种方法。

分步法适用于大量、大批、多步骤生产,如冶金、纺织、造纸,以及大量、大批生产的机械制造等。

(二) 分步法的特点

1. 产品成本计算对象

在采用分步法计算产品成本时,产品成本计算对象是各种产品及其生产步骤,因此,产品成本明细账应按照产品品种和生产步骤设置。

2. 成本计算期

由于大量、大批、多步骤生产的产品通常生产过程较长,往往跨月陆续完工,成本计算一般都是按月、定期进行,在分步法下,成本计算期与会计报告期一致,而与产品的生产周期不一致。

3. 生产费用在完工产品与在产品之间的分配

由于大量、大批、多步骤生产的产品往往跨月陆续完工,月末各步骤一般都有未完工的在产品。采用分步法计算产品成本时,计入各种产品、各生产步骤成本明细账中的生产成本,月末一般都要采用适当的分配方法在完工产品和在产品之间进行分配,计算各产品、各生产步骤的完工产品成本和月末在产品成本。

4. 各步骤之间需要进行半成品成本的结转

由于分步法适用于大量、大批、多步骤生产的企业,这些企业的生产是分步骤进行的,上一步骤生产的半成品是下一步骤的加工对象。为了计算各种产品的成本,还需要按照产品品种,采用一定的结转方式,结转各步骤半成品成本。

(三) 分步法的核算程序

根据成本管理对于各生产步骤成本资料的不同要求和对简化成本计算工作的考虑,各生产步骤成本的计算和结转,有逐步结转和平行结转两种方法。因此,分步法也分为逐步结转分步法和平行结转分步法两种。

1. 逐步结转分步法

逐步结转分步法也称为顺序结转分步法、计列半成品成本的分步法。它是根据产品连续加工的先后顺序,按照产品的生产步骤逐步计算并结转半成品成本,最后计算出产品成本的一种分步法。

在逐步结转分步法下,各步骤耗用的上一步骤所产半成品的成本,要随着半成品实物的转移,从上一步骤的产品成本明细账转入下一步骤相同产品的成本明细账中,以便逐步计算各步骤的半成品成本和最后一个步骤的产成品成本。

逐步结转分步法适用于大量、大批、连续式、复杂式生产的企业,如钢铁厂生产钢材。

逐步结转分步法,按照半成品成本在下一步骤成本明细账中的反映方法,又可分为综合结转分步法和分项结转分步法两种。

1) 综合结转分步法

综合结转分步法是指上一步骤转入下一步骤的半成品成本,以其综合成本(不分成本项目)记入下一步骤成本计算单中"直接材料"项目或专设的"半成品"项目中,直到最后加工步骤计算出产成品成本的一种逐步结转分步法。如果半成品通过半成品仓库收发,由于各月所生产的半成品的单位成本不同,所耗半成品的单位成本可以和直接材料核算一样,采用先进先出法或加权平均法计算。

综合结转分步法可以在各生产步骤的产品成本明细账中反映各该步骤完工产品所耗半成品成本的水平和本步骤加工成本的水平,有利于各个生产步骤的成本管理。但采用综合结转分步法计算出的产成品总成本中无法反映直接材料、直接人工、制造费用等原始成本项目的构成情况,为了从整个企业的角度反映产品成本的构成,加强企业综合的成本管理,必须进行成本还原,从而要增加核算工作量。因此,这种结转方法只宜在半成品具有独立的国民经济意义、管理上要求计算各步骤完工产品所耗半成品成本,但不要求进行成本还原的情况下采用。

2) 分项结转分步法

分项结转分步法,是将上一步骤的半成品成本按原始成本项目分别转入下一步骤成本计算单中相应的成本项目内,逐步计算并结转半成品成本,直到最后加工步骤计算出产成品成本的一种逐步结转分步法。

采用分项结转分步法结转半成品成本,可以直接、正确地提供按原始成本项目反映的企业产品成本资料,便于从整个企业的角度考核和分析产品成本计划的执行情况,不需要进行成本还原。但是,这一方法的成本结转工作比较麻烦,而且在各步骤完工产品成本中看不出所耗上一步骤半成品成本是多少、本步骤加工成本是多少,不便于进行各步骤完工产品的成本分析。因此,这种结转方法一般适用于管理上不要求计算各步骤完工产品所耗半成品成本和本步骤加工成本,而只要求按原始成本项目计算产品成本的企业。

2. 平行结转分步法

平行结转分步法也称不计列半成品成本的分步法，是指在计算各步骤成本时，不计算各步骤所生产的半成品成本，也不计算各步骤所耗用上一步骤的半成品成本，而只计算本步骤发生的各项其他成本，以及这些成本中应计入产成品的份额，直到最后一步加工成产成品，才将相同产品的各步骤成本明细账中的这些份额平行结转、汇总，即可计算出各种产品的产成品成本的一种分步法。

平行结转分步法一般适用于不对外销售半成品的大量、大批、装配式、多步骤生产和管理上不要求计算半成品成本的生产，如机械制造、汽车制造等企业。这类企业的生产，先由各生产步骤对各种原材料平行加工，形成产成品必需的半成品，然后由最后生产步骤将零件、部件装配成各种生产。半成品种类很多且对外出售业务很少的企业，为简化成本计算，也可以采用这种方法。

平行结转分步法以最终产成品品种作为产品成本计算对象，并按生产步骤和产成品品种设置产品成本计算单。各生产步骤不计算半成品成本，因而也就不存在各步骤之间半成品成本的结转事项。不论半成品实物是在各生产步骤之间直接转移，还是通过半成品库收发，半成品成本不随半成品实物的转移而结转。

在平行结转分步法下，各生产步骤不计算半成品成本，虽然本步骤耗用了前面步骤生产完工转移过来的半成品，但是只计算本步骤发生的生产成本。

为了计算各生产步骤发生的成本中应计入产成品成本的份额，必须将每一生产步骤发生的成本划分为耗用于产成品部分的成本和尚未最后制成产成品的在产品部分的成本。这里的在产品包括：

（1）尚在本步骤加工中的在产品，即狭义的在产品。

（2）本步骤已完工转入半成品库的半成品（采用平行结转分步法，不需要设置"自制半成品"科目进行总分类核算）。

（3）已从半成品库转移到以后各步骤进一步加工、尚未最后制成产成品的在产品。这是就整个企业而言的广义的在产品。在平行结转分步法下，各步骤的生产成本都要在产成品与广义的在产品之间进行分配，计算这些成本在产成品成本中所占的份额和在广义的在产品成本中所占的份额。

采用平行结转分步法，各步骤可以同时计算产品成本，将应计入完工产品成本的份额平行结转、汇总计入产成品成本，不必逐步结转半成品成本，并且能够直接提供按原始成本项目反映的产成品成本资料，也不必进行成本还原，从而可以简化和加速成本计算工作。但由于平行结转分步法各步骤不计算和结转半成品成本，不能提供各个步骤的半成品成本资料及各步骤所耗上一步骤半成品成本资料，不能全面反映各步骤生产耗费水平，不利于各步骤的成本管理；在产品的成本在产成品完工以前，不随实物转出而转出，不能为各个生产步骤在产品的实物管理和资金管理提供资料。

本章小结

本章主要介绍了管理会计的基础知识。管理会计作为现代企业财务管理的核心组成部分,旨在为企业内部管理者提供准确、及时的财务和非财务信息,以支持决策制定、规划和控制活动。其中,成本核算是管理会计中的一个关键领域,它涉及对企业生产经营过程中所发生的各种耗费进行分类、归集和分配,最终计算出总成本和单位成本,其目的是为企业内部管理者提供关于产品或服务的真实成本信息,以便作出明智的决策和制定有效的成本控制措施。

本章练习题

一、单项选择题

1. 下列各项中,应作为单位应用管理会计基础的是(　　)。
   A. 工具方法　　　B. 信息与报告　　　C. 应用环境　　　D. 管理会计活动

2. 几种产品共同耗用的原材料,属于间接计入费用,可采用的分配方法是(　　)。
   A. 计划成本分配法　　　　　　　B. 定额消耗量分配法
   C. 工时比例分配法　　　　　　　D. 约当产量比例法

3. 某车间按年度计划分配率分配法进行制造费用的分配,年度计划分配率为3.2元/小时,9月"制造费用"科目月初贷方余额为500元,该月实际发生制造费用4 430元,实际产量定额工时为1 250小时。则该车间9月应分配的制造费用为(　　)元。
   A. 70　　　　　B. 4 000　　　　　C. 4 120　　　　　D. 4 200

4. 下列各项中,适用于单步骤、大量生产的是(　　)。
   A. 分批法　　　　　　　　　　B. 品种法
   C. 逐步结转分步法　　　　　　D. 平行结转分步法

5. 甲公司是一家从事矿石采掘的企业,则其适宜采用的成本计算方法是(　　)。
   A. 分批法　　　B. 品种法　　　C. 定额法　　　D. 分类法

6. 下列关于产品成本计算品种法的表述中,正确的是(　　)。
   A. 成本计算期与财务报告期不一致
   B. 以产品品种作为产品成本计算对象
   C. 以产品批别作为产品成本计算对象
   D. 广泛适用于小批或单件生产的企业

7. 下列各项中,适用于单件、小批生产产品的成本计算方法是(　　)。
   A. 品种法　　　　　　　　B. 逐步结转分步法
   C. 分批法　　　　　　　　D. 平行结转分步法

二、多项选择题

1. 下列各项中,属于制造企业设置的成本项目有(　　)。
   A."制造费用"　　C."直接人工"　　B."燃料及动力"　　D."直接材料"

2. 下列各项中,属于单位管理会计要素的有(　　)。
   A. 应用环境　　　B. 工具方法　　　C. 管理会计活动　　　D. 信息与报告

3. 下列关于品种法的表述中,正确的有(　　)。
   A. 广泛适用于单步骤、大量、大批生产的企业

B. 广泛适用于单件、小批生产的企业
C. 定期计算产品成本
D. 产品成本计算对象是产品品种

4. 下列关于产品成本计算分批法的表述中,正确的有(　　)。
   A. 需要计算和结转各步骤产品的生产成本
   B. 一般不需要在完工产品和在产品之间分配成本
   C. 成本计算期与产品生产周期基本一致
   D. 以产品的批别作为产品成本计算对象

5. 下列关于平行结转分步法的表述中,正确的有(　　)。
   A. 不计算各步骤所产半成品成本
   B. 不计算各步骤所耗上一步骤的半成品成本
   C. 按照产品加工的顺序,逐步计算并结转半成品成本
   D. 需要将生产成本在各步骤完工产品和在产品之间进行分配

三、判断题

1. 当期产品生产费用不一定都计入本期完工产品成本。（　　）
2. 采用交互分配法分配辅助生产费用时,对外分配的辅助生产费用,应为交互分配前的费用加上交互分配时分配转入的费用。（　　）
3. 无论制造费用采用什么方法分配,"制造费用"科目期末都没有余额。（　　）
4. 在产品约当产量是指期末在产品按其完工程度折合为完工产品的数量。（　　）
5. 采用逐步结转分步法,按照结转的半成品在下一步骤产品成本明细账中的反映方法,分为综合结转分步法和分项结转分步法两种。（　　）

答案及解析

参 考 文 献

[1] 财政部会计财务评价中心.初级会计实务[M].北京:经济出版社.2022.
[2] 财政部会计财务评价中心.中级会计实务[M].北京:经济出版社.2022.
[3] 李占国.基础会计学[M].4版.北京:高等教育出版社,2019.
[4] 正保会计网校.2023年度全国会计专业技术资格考试辅导教材[M].北京:中国商业出版社,2022.
[5] 全国会计专业技术资格考试课证融通教材编委会.初级会计实务[M].3版.北京:高等教育出版社,2021.